Born, Preuße / FLORIDA

Band 39 der Reihe „Selbst entdecken"

Susanne L. Born, in Hannover geboren, hat Soziologie studiert und lebte einige Jahre in Paris. Als Journalistin schrieb und fotografierte sie für bundesdeutsche Tageszeitungen. Sie geht gern zum Pferderennen und schätzt gutes Essen.

Uta Preuße, auch in Hannover geboren, hat nach ihren Reisen durch Südostasien, China, Cuba, Jamaica und die USA ihre Beamtenlaufbahn an den Nagel gehängt und ist Journalistin geworden. Sie ist begeistert vom Art Deco-Viertel in Miami Beach und mag amerikanisches Frühstück.

Special thanks to: Charles H. Alexander, Alice Born, Jerry Brown, Dr. James Eaton, Christa Elsner-Solar, Ann Fernandez, Ariane Gaffron, Ruth Wentz, Gloria Gonzalez-Micklin, Bernhard Heyne, Dee Lucas, Theo Ruff, Daniela Schetar, Iren Buchmann, Rolf Dreja, Christina Fischer, Peter Zimmermann und Brigitte Müller.

Susanne L. Born / Uta Preuße

FLORIDA
selbst entdecken

Mit 11 Karten und Stadtplänen.

Regenbogen-Verlag

Die Redaktion dieses Reisehandbuches gibt sich alle Mühe, sämtliche Informationen auf den neuesten Stand zu bringen. Trotzdem sind alle Informationen leider ohne Gewähr, denn erstens vergeht einige Zeit vom Sammeln der Informationen bis zum Erscheinen des Reisehandbuches, und zweitens treiben Preiserhöhungen die Kosten vor Ort in die Höhe. Wenn man aber auf die in diesem Buch angegebenen Preise einen bestimmten Prozentsatz schlägt (gemäß dem Erfahrungswert), kommt man auf die richtigen Zahlen.

CIP-Kurztitelaufnahme der Deutschen Bibiliothek

Born, Preuße:
Florida selbst entdecken/Susanne L. Born; Uta Preuße
Zürich, Regenbogen-Verlag 1989
(Selbst entdecken; Bd. 39)
ISBN 3-85862-055-6
NE: Born, Preuße:;GT

FLO891E1

Alle Rechte vorbehalten
© 1989 by Regenbogen-Verlag Theo Ruff, Zürich/Cochabamba
© Fotos bei den Fotografen, siehe Bildnachweis
© Gastautorenbeiträge bei den Autoren

Gestaltung: Peter Zimmermann

Redaktion: Brigitte Müller
Lektorat: Daniela Schetar
Satz: OptiPage
Druck: Fuldaer Verlagsanstalt, D-Fulda

Inhalt

Vorwort	7
Vorbereitungen/Anreise	9
Visum	9
Geld	10
Post/Telefon	12
Was mitnehmen?	13
Gesundheit	13
Maße/Gewichte/Größen	13
Anreise	13
Praktische Tips	17
Klima/Wetter	17
Verkehrsmittel	19
Unterkunft	23
Essen und Trinken	24
National-, State Parks	27
Feste/Veranstaltungen	28
Begegnung mit Florida	31
Geschichte	31
Die Indianer	35
Die Schwarzen	37
Die Zuwanderer	40
Little Havanna *von Reinhard Meier*	42
Sprachen	46
Wirtschaft	47
Kriminalität	49
Cape Canaveral *von Günter Haaf*	52
Hollywood in Florida	65
Sport und Wetten	67
Miami und Umgebung	75
– Julia Tuttles Orangenblüte	75
– Eine Stadt wächst	77
– Stadt der Exilanten	78
– Am Rande der Gesellschaft	78
– Miami-Szenen	80
– Medien	83
– Orientierung	85
– Verkehrsmittel	88
– Information	89
Downtown	90
Coconut Grove	97
Coral Gables	101
Little Havanna	104
Key Biscayne	106
Miami Beach	107
Homestead	123
Nördlich von Miami	125
Fort Lauderdale	125
Palm Beach	131
Lake Okeechobee	133
Der Südwesten	135
Naples	135
Ft. Myers	139
Ft. Myers Beach	145
Sanibel, Captiva	148
Everglades	153
Pa-hay-okee, Fluß aus Gras *von Volker Hugenschütt*	153
Fremde Pfanzenarten *von Richard Cole*	160
Miccosukee Indianer	161
Praktische Tips	163
Die Keys	168
Key Largo	169
Islamorada	171
Marathon	172
Lower Keys	173
Key West	175
Ausflug Bahamas	185
Zentralflorida	190
Orlando	190
Die weniger schöne Welt von Disney *von Terry M. Shine*	192
Informationen	195
Ausflüge	206

– Kissimmee ... 206
– Cape Canaveral ... 206
– Cocoa Beach ... 207
Ocala ... 208
Ausflüge ... 212
– Silver Springs ... 212
– Orange Springs ... 213
– Ocala National Forest ... 213
Daytona Beach ... 214
Tampa ... 219
St. Petersburg ... 226
Sarasota und Umgebung ... 236
Der Nordosten ... 241
St. Augustine ... 241
Jacksonville ... 247
Lake City ... 250
Gainesville ... 252
Der Nordwesten ... 253
Tallahassee ... 253
Ausflüge ... 258
– Thomasville/Georgia ... 258
– Wakulla Springs ... 259
Apalachicola ... 260
Pensacola ... 263
Abstecher New Orleans ... 267
Panama City ... 267
Schnee über Miami
von Marie Luise Kaltenegger ... 270
Register ... **282**

Kartenverzeichnis

Florida Übersicht ... 8
Miami Übersicht ... 74
Miami Downtown ... 91
Miami Beach ... 112/113
Everglades ... 164/165
Key West ... 174
Old Town Key West ... 178
Orlando ... 196
Tampa Downtown ... 220
Tampa Bay Area ... 224/225
Tallahassee ... 254

Lesertips

Zuschriften in Sachen Preiskorrekturen, Adreßänderungen, Ergänzungsvorschläge werden nach Möglichkeit in der nächsten überarbeiteten Ausgabe dieses Reisehandbuches als „Lesertip" publiziert. Die Autorinnen und der Verlag freuen sich über jede Zuschrift. Diese werden – sofern sie in der Neuausgabe verwendet werden – mit je einem Freiexemplar honoriert. Einsendungen bitte an folgende Adresse:

Regenbogen-Verlag
„Florida"
Postfach 472
CH-8027 Zürich

Vorwort

Seit über 60 Jahren ist Florida ein begehrtes Reiseziel. Sonnenhungrige, Rheumakranke und Rentner aus den Nordstaaten der USA zog und zieht es scharenweise in den *Sunshine State*. Nun ist Florida auch bei Europäern in Mode gekommen, vor allem seitdem *Miami Vice* über die Bildschirme flimmert. Viele suchen an den traumhaften Stränden und unter Palmen Erholung vom Alltag oder Abwechslung in *Disney World*. Preiswerte Transatlantikflüge und Dollarverfall haben zu der Florida-Begeisterung beigetragen.

Doch Florida ist mehr als Sonne, Strände und *Mickey Maus*: unberührte Natur und verschwiegene Dörfer an der Golfküste, tropischer Dschungel und einsame Inseln im Westen, Art Deco und futuristische Wolkenkratzer zwischen Wasserstraßen und atlantischem Ozean in der aufregenden Metropole Miami. Und nicht zu vergessen die riesigen Naturreservate wie z.B. die Everglades mit ihren gefiederten und gepanzerten Bewohnern.

Die Idylle hat jedoch auch Schattenseiten: Krasse Einkommensunterschiede bestimmen die gesellschaftliche Realität und reflektieren in der Regel auch die unterschiedliche Stellung von Weißen und Schwarzen. Das zieht soziale Spannungen nach sich, die mit einem Rassismus einhergehen, der in Florida noch ungebrochen zum Ausdruck kommt. Ein anderes Problem, das mit dem ersten unmittelbar zusammenhängt, sich aber vorrangig auf die Metropole Miami konzentriert, ist die Drogenkriminalität.

Dieses Buch gibt daher nicht nur Detailinformationen über Hotels, Restaurants und Verkehrsverbindungen, es vermittelt auch einen Einblick in den Lebensalltag der Floridianer, berichtet über den Hintergrund der Drogengeschäfte, erzählt vom aufstrebenden Filmbusiness, blickt hinter die Kulissen von Disney World, beschreibt die Wiederauferstehung von Miami Beach und läßt die Einwohner von Miami selbst zu Wort kommen.

Wir haben versucht, Florida über die touristischen Sehenswürdigkeiten hinaus zu portraitieren und wollen mit diesem Reisehandbuch neugierige, aufgeschlossene, interessierte und humorvolle Reisende auf ihrer Entdeckungsfahrt durch einen der vielfältigsten und spannendsten Staaten der USA begleiten.

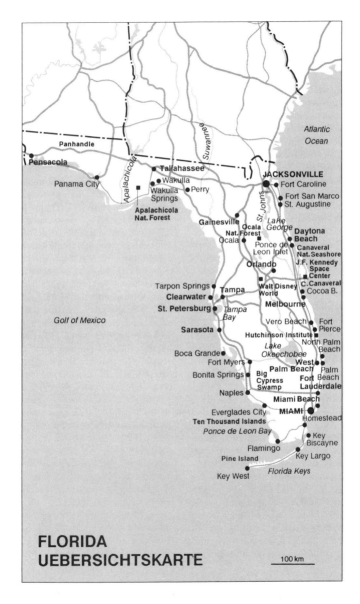

Vorbereitungen/ Anreise

Visum

Ein Besuchervisum gibt es bei den jeweiligen diplomatischen Vertretungen in **Zürich, Genf, Wien, Hamburg, Frankfurt, München, Stuttgart, Bonn** und **Berlin**. Es kann schriftlich oder persönlich beantragt werden. Benötigt werden dazu neben einem Antragsformular ein Paßfoto und der Reisepaß.

Wichtig: Der Reisepaß muß noch mindestens sechs Monate nach der geplanten Abreise aus den Vereinigten Staaten gültig sein. Die Gültigkeitsdauer eines Visum sagt nur aus, in welchem Zeitraum man einen Antrag auf Einreise in die Vereinigten Staaten stellen kann. Die Dauer des Aufenthaltes wird erst bei der Einreise von der Immigrationsbehörde festgelegt. Es ist üblich, daß die Besucher bei der Einreise nach Bargeld, Reiseschecks und Kreditkarten befragt werden. Die Einwanderungsbehörden wollen sichergehen, daß niemand illegal in den USA arbeitet.

Wer einen längeren Aufenthalt plant, sollte sich um ein Geschäftsreisevisum bemühen. Dazu bedarf es einer Bescheinigung des Arbeitgebers, der bestätigen muß, daß man geschäftlich in den USA unterwegs sein wird.

Diplomatische Vertretungen:
- **5300 Bonn 2,** Botschaft der Vereinigten Staaten von Amerika, Deichmanns Aue 29, Tel. 0228/33 91. Zuständig für Nordrhein-Westfalen.
- **1000 Berlin 33,** U.S. Mission Berlin, Clayallee 170, Tel. 030/832 40 87.
- **6000 Frankfurt a.M.,** Amerikanisches Generalkonsulat, Siesmayerstraße 21, Tel. 069/75 30 50. Zuständig für Hessen, Rheinland-Pfalz, Saarland und Regierungsbezirk Unterfranken des Landes Bayern.
- **2000 Hamburg 36,** Amerikanisches Generalkonsulat, Alsterufer 27–28, Tel. 040/441 06 61. Zuständig für Hamburg, Bremen, Schleswig-Holstein, Niedersachsen.
- **8000 München 22,** Amerikanisches Generalkonsulat, Königinstraße 5, Tel. 089/230 11.
- **7000 Stuttgart 1,** Amerikanisches Generalkonsulat, Urbanstraße 7, Tel. 0711/21 02 21.
- **1010 Wien,** Amerikanische Botschaft, Gartenbaupromenade 2, Tel. 0222/514 51.
- **3005 Bern,** Amerikanische Botschaft, Jubiläumsstraße 93, Tel. 031/43 70 11.
- **8008 Zürich,** Amerikanisches Generalkonsulat, Zollikerstraße 141, Tel. 01/55 25 66.

10 Vorbereitungen

Fremdenverkehrsamt:
■ **USTTA**, Fremdenverkehrsamt der USA, Bethmannstraße 56, D-6000 Frankfurt a.M., Tel. 069/29 52 11.

Geld

Die einfachste und sicherste Möglichkeit sind **Reiseschecks**, natürlich in US-Dollar. Sie werden von allen Restaurants, Tankstellen und Hotels angenommen (Ausnahme 100 Dollarscheine). Mit Bargeld ist es dagegen so eine Sache. Nicht alle Banken tauschen fremde Währung ein, und große Hotels verlangen oft eine stattliche Gebühr. **Geldtausch** ist auf jeden Fall möglich am Internationalen Flughafen von Miami.

Ein bequemes und bei vielen Dienstleistungsunternehmen gern gesehenes Zahlungsmittel ist die **Kreditkarte**. Die gängigsten sind *American Express, Visa* und *Eurocard/Mastercard*. Insbesondere bei den Autovermietungen bewährt sich das Plastikding. Wer nämlich glaubt, mit schnöden Dollarnoten seine Bonität zu beweisen, wird spätestens hier eines Besseren belehrt. Ohne Kreditkarte ein Auto zu mieten, gilt fast als unseriös und wenn die Vermietung nicht ganz verweigert wird, muß zumindest eine hohe Summe als Kaution hinterlegt werden. Mit Hilfe einer Kreditkarte, sofern sie über einen *Pin Code* verfügt, gibt es notfalls auch an den Geldautomaten der jeweiligen Kreditkarten-Gesellschaften Geld. Reiseschecks sind bei Vorlage der Karte ebenfalls erhältlich.

Ein Tip: Einige Kreditkarten-Gesellschaften bieten einen dreimonatigen, kostenlosen Test ihrer Karte an. Wird sie später nicht mehr benötigt, kann sie nach Ablauf der Frist wieder zurückgeschickt werden.

Ganz ohne **Bargeld** geht es trotz des Kreditkartenbooms dennoch nicht. Supermärkte akzeptieren meist nur Bares oder Reiseschecks. Und wer mit hungrigem Magen und hängender Zunge schon einmal vergeblich nach einem Restaurant gesucht hat, das eine bestimmte Karte annimmt, weiß mit Sicherheit die Vorteile von Bargeld wieder zu schätzen. So irrten wir eines Morgens ohne einen Pfennig Bargeld in der Tasche eine Stunde in Miami Beach herum, bis wir an der Tür eines Lokals endlich den ersehnten Hinweis auf die American Express Karte entdeckten. Von Frühstücksvergnügen in jenem Café konnte allerdings nicht die Rede sein, denn unwillkürlich fielen unsere Blicke immer wieder auf die Früchte in der Auslage, deren weiße Schimmelschicht böse Ahnungen im Hinblick auf die Hygiene in diesem Etablissement weckten. Wie mochte es erst in der Küche aussehen?

Soviel kostet es

Nach dem enormen *Dollarsturz* Anfang der 80er Jahre zählen die USA inzwischen längst nicht mehr zu den teuren Urlaubsländern. Die Flugpreise sind, gemessen an der Entfernung, sogar günstig, und wer beim Reisen in Florida auf Angebote achtet, muß für einen Aufenthalt nicht unbedingt mehr bezahlen als in einigen nord- und südeuropäischen Ländern. Selbstverständlich hängen die Preise vom jeweiligen Dollarkurs ab. Als der Kurs im Mai 1988 bei 1,82 Mark und 1.52 Franken lag, betrugen die Kaufkraft der Deutschen Mark und des Schweizer Franken immerhin ein Viertel mehr als daheim.

In den USA empfiehlt es sich, *zu zweit, zu dritt oder zu viert zu reisen.* Dadurch lassen sich die Kosten für Unterkunft und Mietwagen enorm reduzieren. Alleinreisende zahlen für ein Einzelzimmer in der Regel dasselbe wie für ein Doppelzimmer und viele Hotelzimmer verfügen über Schlafplätze für vier Personen. Für ein Doppelzimmer sollten im Durchschnitt 30–45 Dollar pro Übernachtung einkalkuliert werden. Bei einem längeren Aufenthalt an einem Ort ist es außerdem sinnvoll, einen Wochenpreis (wenn viel Zeit zur Verfügung steht, vielleicht sogar eine Monatsrate) auszuhandeln. Zum Vergleich: in einem Hotel in Miami Beach hätten wir während der Hauptsaison pro Tag 45 Dollar zahlen müssen. Der Wochenpreis hingegen betrug nur 190 Dollar!

Die Preise in den Restaurants variieren zwischen acht und 20 Dollar für ein Hauptgericht, je nach Ausstattung, Lage und Klassifikation. Günstig sind die sogenannten *Family Restaurants*, die aber vielfach großen Ketten angehören und ungemütlich eingerichtet sind. Für ein Dinner mit drei Gängen in einem guten Restaurant sollten etwa 30 Dollar einkalkuliert werden, Getränke nicht inbegriffen. Wer sich überwiegend mit *fast food* begnügt, kann die Reisekasse – wenn auch auf Dauer nicht unbedingt den Magen – schonen. Eine Möglichkeit, das Reisebudget nicht allzu sehr zu strapazieren, ist die Selbstverpflegung. Apartments sind häufig nicht teurer als Hotelzimmer und verfügen außerdem über eine Kochgelegenheit. Der nächste Supermarkt ist garantiert nicht weit und bis spät in die Nacht geöffnet.

Bei den meisten Preisen, sowohl in Hotels, als auch in Restaurants, kommt noch eine *Verkaufssteuer von 11 Prozent* hinzu. Dazuzurechnen ist ferner ein *Trinkgeld von 15 Prozent*, das einige Restaurants gleich auf die Rechnung aufschlagen. Ist der *tip* in der Rechnung nicht enthalten, sollte er nicht vergessen werden, denn das Bedienungspersonal erhält nur einen minimalen Stundenlohn und lebt vor allem vom Trinkgeld. *Achtung:* Nicht immer ist klar ersichtlich, ob der „tip" in der Endsumme enthalten ist oder nicht. Wer sich nicht sicher ist, sollte daher die Bedienung fragen. Das machen viele Gäste, auch Amerikaner, und es beleidigt absolut niemanden.

12 Vorbereitungen

Post/Telefon

Wer ohne feste Adresse nach Florida reist, kann sich die Post **postlagernd** an den jeweiligen Aufenthaltsort zuschicken lassen. Sie muß dort persönlich gegen Vorlage des Passes abgeholt werden und sollte folgendermaßen adressiert sein:

Name, c/o General Delivery, Main Post Office, Name der Stadt mit dem dazugehörigen *Zip Code*, der Postleitzahl.

Briefmarken gibt es außer in den Postämtern in einigen Hotels, Motels, Drugstores und Busbahnhöfen. Da die Öffnungszeiten der örtlichen Postämter unterschiedlich sind, sich am besten im Hotel oder *tourist-office* danach erkundigen. Der Service der Post läßt in Florida sehr zu wünschen übrig. Wir haben es oft erlebt, daß Briefe verlorengingen oder selbst innerhalb Floridas erst nach einer Woche eintrudelten. Post zwischen Europa und Florida braucht sechs bis neun Tage.

Das **Telefonieren** in den USA zählt nicht gerade zu den leichtesten Übungen, denn oft schaltet sich bei Ferngesprächen die Vermittlung einer Telefongesellschaft ein. Dabei handelt es sich meistens um eine Frauenstimme, die sagt: *„This is the operator, may I help you?"* Die Frage ist rein rhetorisch, denn ob gewollt oder nicht, ohne ihre Hilfestellung gibt es von öffentlichen Telefonen und vielen Hoteltelefonen kein Durchkommen zu den Lieben daheim. Dieser „Service" schlägt in der Rechnung mit einigen Dollars zusätzlich zu Buche. Um Kosten zu sparen, sollte daher möglichst nicht die „0" (für Operator) gewählt und auch nicht von Hotel telefoniert werden, weil dafür noch höhere Gebühren verlangt werden.

Am günstigsten ist das Telefonieren in der Zeit von 18–7 Uhr. Die erste Minute kostet 1,16 Dollar, jede weitere 0,68 Cents. Ermäßigte Tarife gelten auch von 13–18 Uhr (erste Minute 1,46 Dollar, jede weitere 0,86 Cents). Bei Ferngesprächen zunächst die *Code-Nummer 8* wählen, dann die *Ziffern 011* (die Vorwahl für internationale Verbindungen), die Landesvorwahl *(Deutschland 49, Österreich 43, Schweiz 41)*, die Vorwahl des Ortsnetzes ohne die Null am Anfang und schließlich die gewünschte Nummer. R-Gespräche *(collect calls)* sind übrigens nicht jederzeit möglich. Auskunft darüber erteilt die freundliche Lady, die sich eben als *operator* meldet.

Für Telefonate innerhalb Floridas gibt es übrigens eine Reihe von sogenannten *Toll-Free-Numbers*, das heißt der Anruf ist gebührenfrei. Kostenlos anwählen lassen sich unter anderem die großen Fluggesellschaften sowie bestimmte Informationsdienste, aber auch einige Autovermietungen. Gebührenfrei ist auch das *Travel-Phone*. Unter der Rufnummer *800-255-3050* gibt es *Auskünfte auf alle Touristenfragen*.

Was mitnehmen?

Während es im Laufe der Sommermonate sehr heiß werden kann, sinken die Temperaturen in der Winterzeit im Norden durchschnittlich auf 11 Grad Celsius. Hinzu kommt, daß das floridianische Wetter oft sehr launisch ist. Nach Tagen stetiger Hitze kann es nachts plötzlich so kalt werden, daß der Deckenvorrat in den Unterkünften nicht ausreicht. Ein Blick in die Klimatabelle dürfte beim Kofferpacken also eine große Hilfe sein.

Für Elektrogeräte wie Fön oder Rasierapparat sollte vor der Reise ein *Zwischen-Adapter* besorgt werden. Florida hat eine Stromspannung von 110 bis 115 Volt, Wechselstrom 60 Hertz. Geräte, die mit 50 Hertz Wechselstrom oder Gleichstrom arbeiten, funktionieren nicht. Außerdem ist auch ein Zwischenstecker („Amerika-Stecker") nötig, da unsere Stecker nicht in amerikanische Steckdosen passen.

Toilettenartikel und Kosmetika sind in Florida derart preiswert, daß wir uns immer an Ort und Stelle damit eingedeckt haben. Billig sind auch Elektrogeräte und Zigaretten.

Gesundheit

Schutzimpfungen sind zur Zeit nicht erforderlich. Da die medizinischen Leistungen in den USA ziemlich teuer sind und nicht jede Krankenkasse die Mehrkosten übernimmt, ist es sinnvoll, den Versicherungsschutz vor Reiseantritt zu klären und eventuell eine Kranken-Zusatzversicherung abzuschließen. Liegt tatsächlich ein Notfall vor, wendet man sich am besten an eines der örtlichen Krankenhäuser. Einige bieten einen *emergency service*, einen Notdienst, an, der 24 Stunden geöffnet ist.

Maße/Gewichte/Größen

1 cm: 0,394 inches
1 m: 3,281 feet
1 km: 0,621 miles
1 Hektar: 2,471 acres
1 Liter: 0,264 gallons
1 Pfund: 0,453 kilograms
1 inch: 2,54 cm
1 foot: 30,48 cm
1 yard: 91,44 cm
1 mile: 1609 m
1 acre: 0,40 Hektar
1 gallon: 3,785 Liter
1 ounce (oz): 28,35 Gramm

Anreise

Ob per Charter oder per Linie, bei dem jeweiligen Flugpreis spielt die *Saison* eine ganz zentrale Rolle. Dabei orientieren sich die Flugpreise aber nicht an den in Florida gerade herrschenden klimatischen Bedingungen, sondern eher an unseren Ferienterminen. So fallen die Sommerferien in die Hauptsaison mit den teuersten Flugpreisen, obwohl gerade in dieser Zeit in Südflorida recht wenig los ist.

Die Saisonzeiten gelten vor allem für Linienflüge, werden aber auch von Charterfluggesellschaften übernommen. Hier die Termine:

Nachsaison: 15.10. bis 14.12.; 25.12.–14.06.
Zwischensaison: 15.06. bis 14.08.; 15.12.–24.12.
Hauptsaison: 15.08.–14.10.

Zusätzlich wird bei Linienflügen mit Beginn des Jahres 1989 ein Zuschlag von 50 DM für Wochenendabflüge erhoben.

Linienflüge

Bei Linienflügen unterscheidet man die offiziellen IATA-Tarife und die von vielen Billigflugbüros angebotenen „Billigtickets", die zum Teil erheblich unter den veröffentlichten IATA-Tarifen liegen. In ihren jeweiligen Einschränkungen (Saisonzeiten, Gültigkeit) orientieren sich auch die Billigflieger an offiziellen Bestimmungen. Generell läßt sich sagen, daß die *Gültigkeit* der USA-Tickets zwischen 14 Tagen Mindestaufenthalt und 1 Jahr Maximalaufenthalt liegt, wobei Hin- und Rückflug fest gebucht werden müssen und eine Umbuchung am Zielort nur gegen eine Gebühr (260 DM) möglich ist. Einige Fluggesellschaften bieten besonders günstige Flüge an, die jedoch erst frühestens 30 Tage vor Abflug gebucht werden können – eine gute Möglichkeit Geld zu sparen, aber nichts für nervöse Naturen. Daneben gibt es sogenannte *Jugend-* oder *Studententickets*, die, je nach Saisonzeit, eine Ersparnis von bis zu 30% bieten. Jedoch kommen nur Jugendliche bis zu 22 Jahren, mit Studentenausweis bis 26 Jahren, in den Genuß dieser Vergünstigung. Einige Fluggesellschaften unterlaufen diese Bestimmung und bieten Jugendtickets bis zur Altersgrenze von 30 Jahren an.

Im Bereich der Linienflüge ist eine Flug-Kombination (Hinflug nach x, Abflug von y) problemlos möglich, als Grundlage der Preisberechnung gelten die jeweils halben Rückflugpreise.

Charterflüge

Charterflüge sind grundsätzlich saisonabhängig und haben zu Ferienterminen höhere Preise als zu anderen Zeiten des Jahres. Auch hier müssen Hin- und Rückflug fest gebucht werden. Eine Umbuchung am Zielort ist meistens nicht mehr möglich, aber mit etwas Verhandlungsgeschick wird sie vielleicht trotzdem genehmigt. Auch Charterfluggesellschaften bieten inzwischen Jugend- und Studentenflüge an, die Bedingungen gleichen den im Abschnitt „Linienflüge" erläuterten. Kurzfristig (etwa 10 Tage vor Abflug) werden im Charterbereich häufig Sonderangebote veröffentlicht, die oft einen erheblichen Preisnachlaß bringen können. Etwas für spontane Reisende, eine längerfristige Urlaubsplanung ist mit solchen Angeboten nicht möglich.

Rundflugtickets

Innerhalb der USA wird von *Delta Airlines* ein Rundflugticket für die Südstaaten der USA angeboten. Je nach Anzahl der Flugcoupons (3–8) kostet es 207–552 Dollar. Nähere Informationen dazu in jedem Reisebüro.

Billigflugbüros

Die Konkurrenz auf den Transatlantikflügen ist sehr groß. Oft kann es deshalb günstiger sein, einen Linienflug anstelle eines Charterfluges zu buchen. Generell empfiehlt es sich, Angebote bei verschiedenen Reisebüros einzuholen, da die Preise erheblich voneinander abweichen.

Nachstehend einige Preisbeispiele (abhängig natürlich von der Saisonzeit) und eine Auswahl sogenannter Billigflugbüros, die preiswerte USA-Tickets anbieten (ohne Anspruch auf Vollständigkeit):
Miami: Linie ab 990 DM; Charter ab 1199 DM.
Tampa: Linie ab 990 DM; Charter ab 1099 DM.
Orlando: Linie ab 990 DM; Charter ab 1249 DM.
Fort Lauderdale: Linie ab 1090 DM; Charter ab 1099 DM.

Deutschland:
■ **Team Reisen,**
Hauptstraße 9, 1000 Berlin 62, Tel. 030/78 14 004-05.
■ **SHR-Reisecenter,** Rothenbaumchaussee 55, 2000 Hamburg 13, Tel. 040/41 05 047.
■ **Globe Travel Service,** Berliner Allee 56, 4000 Düsseldorf, Tel. 0211/37 08 76.
■ **Le Monde,** Luxemburger Straße 176, 5000 Köln 41, Tel. 0221/44 40 42.
■ **SRID-Reisen,** Bockheimer Landstraße 131, 6000 Frankfurt 1, Tel. 069/70 30 35.
■ **ASTA-Reisen,** Keplerstraße 17, 7000 Stuttgart 1, Tel. 0711/22 41 67.
■ **Äquator Reiseladen,** Hohenzollernstraße 93, 8000 München 40, Tel. 089/271 13 50.

Österreich:
■ **Ökistra,**
Türkenstraße 4, 1090 Wien.

Schweiz:
■ **Globetrotter Travel Service,** Rennweg 35, 8001 Zürich, Tel. 01/211 77 80. Mit Filialen in Bern, Basel, Luzern, St. Gallen und Winterthur.
Als klarer Marktleader bietet der Globetrotter Travel Service umfassende Beratung und günstigste Flugtickets für Reisen auf eigene Faust. Zuerst das ausführliche Gratis-Heft *Ticket-Info* und vor allem die sehr informative Zeitschrift *Travel-Info* anfordern.

KLIMA FLORIDA

TEMPERATUREN IN °C

Region	Nordwest	Nord-Zentral	Südost	Florida Keys
Januar	11.5	15.3	19.2	21.5
Februar	12.6	16.0	19.5	22.0
März	15.6	18.6	21.3	23.6
April	19.9	21.8	23.5	25.6
Mai	23.1	24.1	25.1	27.1
Juni	26.5	26.8	28.4	28.6
Juli	27.2	27.5	27.6	29.2
August	27.2	27.6	27.8	29.2
September	25.0	26.6	27.2	28.4
Oktober	20.8	23.2	25.1	26.4
November	12.2	18.8	22.1	23.9
Dezember	12.0	16.0	19.8	21.9

NIEDERSCHLÄGE IN CM

Region	Nordwest	Nord-Zentral	Südost	Florida Keys
Januar	10.08	6.04	5.41	4.24
Februar	10.92	7.89	5.18	4.69
März	14.42	10.18	5.63	3.96
April	11.07	7.08	8.28	5.51
Mai	9.34	8.05	14.37	6.37
Juni	14.65	17.90	21.66	11.55
Juli	20.14	21.13	16.45	10.43
August	17.85	19.73	16.15	11.35
September	17.44	17.52	22.25	18.64
Oktober	7.51	9.52	21.86	14.14
November	7.84	4.47	6.55	6.78
Dezember	10.71	5.58	4.69	3.86

Praktische Tips

Klima und Wetter

Vor einer Reise nach Florida ist es sinnvoll, die Klimatabellen für die einzelnen Regionen sehr genau zu studieren. Das Wetter ist nicht zu jeder Zeit überall gleich und kann äußerst launisch sein. Während sich die sonnenhungrigen Urlauber zur Weihnachtszeit bei Temperaturen um 25 Grad am Strand aalen, müssen die Bewohner von Pensacola im nördlichen Florida ihre Winterjacken aus dem Schrank holen und die Heizung einschalten. Ferner kann es während der Regenperiode im Sommer durchaus passieren, daß ganze Stadtviertel überschwemmt werden. Daran haben dann zwar die Kinder ihren Spaß, die mit Gummibooten über die Straßen paddeln, aber „mum" und „dad" sind weit weniger erfreut darüber, wenn der Motor des neuen Autos zuviel Wasser schluckt und ein neuer fällig wird.

Florida ist in *sieben verschiedene Wetterzonen* eingeteilt. Im Januar beträgt die Durchschnittstemperatur in Key West immerhin 22 Grad Celsius, dagegen herrschen zu dieser Zeit im Nordwesten nur 12 Grad. Während der Hundstage im Sommer regnet es am häufigsten, in den Everglades fallen im Juni rund 21 Zentimeter Niederschlag. Im südlichen Florida regnet es im Juni und Juli fast täglich. In Anbetracht der enormen Hitzegrade sind die kräftigen Regenschauer recht angenehm, zumal es sich danach etwas abkühlt.

Für eine unangenehme Überraschung sorgen dagegen während der *Hurrikan-Saison* von Juni bis Ende Oktober gewaltige Stürme, die Fensterscheiben erzittern lassen und ganze Häuser aus den Angeln heben können. Ein Wirbelsturm, der mehr als 118 Stundenkilometer erreicht, heißt Hurrikan. Er bildet sich, wenn Wind mit hoher Geschwindigkeit auf eine tropische Tiefdruckzone trifft. In welche Richtung genau sich ein Hurrikan vorwärtsbewegt, können die Meteorologen nicht exakt vorhersagen, aber in der Regel läßt sich die Route in etwa abschätzen. Die meisten Hurrikane, die in der Karibik und im Golf von Mexiko entstehen, ziehen an Florida vorbei, ohne Schaden anzurichten. Dennoch beobachten die Experten vom *National Hurrican Center* in Miami jede Entwicklung ganz genau, denn wenn ein Hurrikan über einen Küstenstrich hinwegrast, kann es zu schlimmen Verwüstungen kommen und Menschenleben kosten. Einer der stärksten Hurrikans in der Geschichte Floridas zerstörte am *Labor Day 1935* Brücken und Flaglers Eisenbahn auf den Keys. Hurrikane können sich mitunter als ziemlich hartnäckig erweisen. Bis sie in kühlere Regionen vordringen, wo sie an Kraft verlieren, dauert es meist acht bis zehn Tage. Um die Kraft eines Hurrikans zu schwächen, rücken ihm die Piloten der Flugzeugstaffel des *Hurricane Center* auf gefährliche Weise zu Leibe. Sie fliegen in das windstille Auge des Hurrikans, wo die Maschinen ordentlich hin und hergeschüttelt werden, wenn sie die Hurrikanwände durchdringen. Die Einsatzstaffel beschießt die Innenwände des Hurrikans mit Silberjod, wodurch das Drehmoment und das Aufheizen reduziert werden sollen. Dabei stellen sich für Ökologen allerdings die Frage, welche Auswirkungen derartige Eingriffe auf Klima und Umwelt haben.

Vor bösen Überraschungen schützt man sich am besten durch folgende *Vorsichtsmaßnahmen:*
1. Fernsehkanal 7 zur Information einschalten.
2. Falls kein Gerät vorhanden, die Zeitungen studieren oder Einwohner nach dem letzten Stand befragen.
3. Auf Ausflüge verzichten und insbesondere die Küstenregion meiden.

Weniger gefährlich als ein Hurrikan sind die *tornados*, die schweren Gewitterstürmen ähneln und ebenfalls recht selten vorkommen.

Reisezeit

Für diejenigen, denen es nichts ausmacht, während der tropisch-feuchtwarmen Hitzeperiode mehrfach täglich die Kleidung zu wechseln, für den kommt neben der Wintersaison auch die *Sommersaison* (von *Mai* bis *September*) als Reisezeit in Betracht. Im südlichen Florida ist zu dieser Zeit Nebensaison, das heißt, die Preise für Unterkunft liegen teilweise bis zu 50 Prozent niedriger als in der Hochsaison.

Die meisten Touristen kommen von *Mitte Dezember* bis *Ende April* in den Süden Floridas. Insbesondere über Weihnachten ist eine Menge los. Das heißt allerdings nicht, daß dann alle Hotels hoffnungslos ausgebucht sind und Sonnenhungrige sich am Strand wie Ölsardinen fühlen müssen. Florida verfügt über ein riesiges Angebot an Hotels, Motels und Apartments und selbst während der Hochsaison findet sich an den zahlreichen Stränden immer ein ruhiges Plätzchen. Im Gegensatz zur südlichen Region ist im nördlichen Florida in den Sommermonaten Hochsaison. Kurz gesagt: zu den Zeiten, wo das angenehmste Klima herrscht – also warme Tage und kühle Nächte – ist es auch teurer.

Temperaturenvergleich

Fahrenheit (F), Celsius (C)

F	=	C
32	=	0
40	=	4
50	=	10
60	=	16
68	=	20
76	=	24
86	=	30
90	=	32

100 = 38
103 = 40
113 = 45

Verkehrsmittel

Auto

Das bequemste Verkehrsmittel ist das Auto, zumal Florida über ein hervorragendes Straßennetz verfügt. Den **eigenen PKW** mitzunehmen ist nicht zu empfehlen, da die europäischen Wagen für die USA umgerüstet werden müssen. Allein dieser Aufwand lohnt sich nicht, ganz abgesehen von den Kosten, die bei einem Schiffstransport anfallen. Also ein **Mietwagen** – doch wer jünger als 25 Jahre ist, sollte sich zuvor nach dem Mindestalter erkundigen. Manche Gesellschaften lassen nur Fahrerinnen und Fahrer ans Steuer, die mindestens 18, in einigen Fällen sogar 21 oder 25 Jahre alt sind. Ein internationaler Führerschein wird dagegen nicht verlangt.

Viele Mietwagengesellschaften bestehen auf einer Bezahlung per Kreditkarte oder verlangen bei Barzahlung eine hohe Kaution. *Der Wagen kann aber auch schon von zu Hause aus bestellt werden, was erheblich preiswerter ist.* Ein zusätzlicher Vorteil: Gibt es am Reiseziel kein Fahrzeug der bestellten Wagenkategorie, verleihen die meisten Vermieter ohne Aufpreis ein Auto der nächsthöheren Preisklasse.

Im Gegensatz zu einigen anderen US-Staaten spielt es in Florida keine Rolle, in welcher Stadt der Wagen später wieder abgegeben wird. Voraussetzung ist natürlich, daß die Vermieter dort über eine Vertretung verfügen. Für einen anderen Abgabeort wird selten ein Aufpreis verlangt. Beim Abschluß eines Mietvertrages sollte unbedingt eine unbegrenzte Kilometerzahl vereinbart werden, denn sonst kann es teuer werden. Die günstigsten Tarife bieten im allgemeinen die Vermieter *Alamo, Budget* und *Value.*

■ Die **Toll-Free-Numbers** der Vermieter im einzelnen:
Budget 1-800-527-0700,
Alamo 1-800-327-9633,
Value 1-800-327-2501.

Eine weitere Alternative ist es den *Sunshine State* per **Wohnmobil** zu bereisen. Das Fahrzeug sollte am besten bei einem Reiseveranstalter zu Hause gebucht werden. So ist sichergestellt, daß man die richtige Größe zur richtigen Zeit erhält.

Florida im **gekauften Auto** zu erkunden, lohnt sich bei einem längeren Aufenthalt auf jeden Fall. Die zahlreichen Gebrauchtwagenhändler verschachern alte Modelle teilweise zu Spottpreisen und Reparaturen sind, verglichen mit europäischen Preisen, günstig. Die meisten Werkstätten sind spezialisiert und haben Ersatzteile vorrätig. Die Kosten für eine Haftpflichtversicherung hängen von der Region ab, für die das Auto zugelassen wird. Miami ist am teuersten, weil dort die meisten Unfälle passieren. *Unser Tip:* Eine Adresse in Florida angeben und

DISTANZTABELLE (MILES)

	Daytona Beach	Fort Lauderdale	Fort Myers	Jacksonville	Key West	Miami	Ocala	Orlando	Panama City	Pensacola	Sarasota	St. Augustine	Tallahassee	Tampa	West Palm Beach
Daytona Beach		232	207	89	411	257	76	54	332	432	186	53	235	139	189
Fort Lauderdale	232		133	320	180	25	276	209	537	638	203	282	445	235	43
Fort Myers	207	133		285	274	145	196	153	448	549	71	251	356	124	124
Jacksonville	89	320	285		499	345	95	134	261	360	240	39	163	190	277
Key West	411	180	274	499		155	437	371	699	800	345	457	607	388	223
Miami	257	25	145	345	155		298	232	560	661	216	302	467	249	68
Ocala	76	276	196	95	437	298		72	262	363	145	83	170	96	233
Orlando	54	209	153	134	371	232	72		334	435	132	98	242	85	166
Panama City	332	537	448	261	699	560	262	334		103	378	292	97	332	494
Pensacola	432	638	549	360	800	661	363	435	103		479	386	198	433	595
Sarasota	186	203	71	240	345	216	145	132	378	479		227	285	54	188
St. Augustine	53	282	251	39	457	302	83	98	292	386	227		195	179	240
Tallahassee	235	445	356	163	607	467	170	242	97	198	285	195		240	402
Tampa	139	235	124	190	388	249	96	85	332	433	54	179	240		195
West Palm Beach	189	43	124	277	223	68	233	166	494	595	188	240	402	195	

wenn es die eines flüchtigen Bekannten ist, an die dann die Rechnungen geschickt werden. Als „Bekannte" stellen sich der Autohändler oder die Versicherungsvertreterin gern zur Verfügung.

Drivaways:
Manche Firmen verdienen ihr Geld damit, Autos für deren Besitzer von Ort A nach Ort B zu transportieren und suchen Fahrer, die diese Arbeit kostenlos für sie erledigen. In den meisten Fällen sollen die Fahrzeuge allerdings in einen anderen U.S.-Bundesstaat gebracht werden. Die Fahrer(innen) müssen eine kleine Sicherheit hinterlegen und das Auto zu einem bestimmten Zeitpunkt am Zielort abliefern. Viel Zeit steht für die Fahrt nicht zur Verfügung. Die Strecke Miami – New York ist in rund vier Tagen zu bewältigen, von Miami nach Kalifornien gibt es rund eine Woche Zeit. *Driveaway*-Firmen befinden sich übrigens nur in großen Städten.

Straßennetz:
Florida verfügt über ein ausgezeichnetes, sehr übersichtliches Schnellstraßen-System. Die zulässige *Höchstgeschwindigkeit* beträgt nirgendwo mehr als *65 Meilen pro Stunde*, das heißt 105 Stundenkilometer. Innerhalb der *Ortschaften* sind lediglich *35 Meilen pro Stunde* erlaubt.

Die Autobahnen – *Turnpikes, Freeways, Interstates, Parkways* und *Expressways* – sind numeriert, ebenso die Fernstraßen und Autobahnringe um die Großstädte. Einige davon sind gebührenpflichtig, was auf den Landkarten jeweils angegeben ist *(toll)*. Trotz der relativ einfachen Orientierung sollte das Kartenmaterial vor Reiseantritt sorgfältig studiert werden, insbesondere, wenn kein Beifahrer dabei ist. Sonst kann es passieren, daß man eine Autobahnausfahrt verpaßt und plötzlich in einer ganz anderen Gegend landet. Ausfahrten sind zwar einige Meilen vorher gekennzeichnet, aber wegen der mehrspurigen Straßen, deren Abzweigungen oft erst spät erkennbar sind, ist rechtzeitiges Einordnen ratsam.

Insbesondere auf Miamis Schnellstraßen ist äußerste Vorsicht geboten. Jährlich sterben Hunderte von Verkehrsteilnehmern, weil sie viel zu schnell fahren, die Ausfahrten verpassen und plötzlich bremsen, wenn sie ihren Irrtum bemerken. Auf europäische Verkehrsteilnehmer wirken die verschlungenen Betonpisten mit ihren sechs Spuren (in jede Fahrtrichtung!) geradezu unheimlich. Daß sich die Ausfahrten auf beiden Seiten der Fahrbahn befinden, kompliziert das Autofahren und die Orientierung zusätzlich. Wir haben uns nur langsam daran gewöhnt, bei einer angezeigten Ausfahrt die Fahrspur unverzüglich zu wechseln, denn wenn es heißt *Exit*, ist schon alles zu spät.

Die Straßen sind außerdem mit dem Hinweis versehen, in welche Richtung (*east* für Osten, *west* für Westen, *north* für Norden und *south* für Süden) sie führen. Orientierungsschwierigkeiten machen sich dabei bitter bemerkbar: Wer Ost und West verwechselt und munter drauflosfährt, darf sich nicht wundern, wenn er statt an der Golfküste am Pazifik landet.

Abkürzungen:
Ave: Avenue
Blvd: Boulevard
Dr: Drive
Ft.: Fort
Hwy: Highway
MM: Milemarker
Pkwy: Parkway
Rte: Route
Rd: Road
SR: Stateroad
St: Street
S: Süden
W: Westen
E: Osten
N: Norden
U.S.: United States

Zug/Bus

Nicht zwischen allen Städten Floridas verkehren Züge. Eine gute Ost-West Verbindung gibt es aber zwischen Miami und Tampa; die Reisezeit beträgt rund 5 Stunden. Dagegen befördern die Züge zwischen Key West, Fort Myers, Naples, Tallahassee und Pensacola keine Passagiere. Da ist es um das Bussystem schon wesentlich besser bestellt. Zu den größten Transportunternehmen auf diesem Sektor zählen *greyhound* und *trailways*, die alle wichtigen Städte innerhalb Floridas anfahren und darüber hinaus auch weitere Strecken in den USA. Vor rund einem Jahr hat sich Greyhound die Trailways-Gesellschaft einverleibt. Einige Trailways-Stationen werden aber weiterhin genutzt. Die meisten größeren Städte verfügen über ein eigenes, lokales Bussystem. Damit sind aber nicht alle Sehenswürdigkeiten erreichbar, und wie in Ocala und St. Augustine liegen einige interessante Flecken weit außerhalb. Manche kleine Stadt, darunter zum Beispiel das nette Örtchen Apalachicola, ist mit öffentlichen Verkehrsmitteln bedauerlicherweise überhaupt nicht zu erreichen.

Die Fahrzeiten per Bus oder Zug halten sich in Grenzen. Mit dem Auto geht es wegen den Geschwindigkeitsbegrenzungen auch nicht wesentlich schneller. Einige Beispiele: *Miami–Key West*, 5 Stunden. *Miami–Fort Lauderdale*, 1 Stunde. *Fort Lauderdale–Kennedy Space Center*, 6 Stunden. *Orlando–St. Petersburg*, 3 Stunden.

Flugzeug

Wer sich den Luxus gönnen möchte oder nicht viel Zeit zur Verfügung hat, kann innerhalb Floridas das Flugzeug benützen. Größere Flughäfen gibt es neben Miami in Orlando, Tampa, Fort Lauderdale, West Palm Beach, Daytona Beach, Jacksonville, Pensacola und Fort Myers.

Taxifahren

Taxifahren ist in Florida nicht gerade preiswert, besonders dann nicht, wenn lange Strecken zurückgelegt werden müssen. Mit der Gesellschaft *Yellow Cab* kostet die erste angefangene Meile einen Dollar, jede weitere Sechstel-Meile 20 Cents. Die Taxenpreise sind auf der Karosserie der Wagen angezeigt.

Unterkunft

Übernachtungsmöglichkeiten gibt es in Florida in Hülle und Fülle, selbst in den kleinsten, abgelegenen Orten. An den Durchgangsstraßen prangen bunte Leuchtschriften, die für **Motels** werben, die populärste Art der Unterkunft bei einer Reise über Land, und wenn sie schon nicht besonders originell ist, dann wenigstens einigermaßen preiswert. Die meisten Motels, bei denen das Auto direkt vor der Zimmertüre abgestellt wird, gehören großen Ketten an, die Einrichtung ist ziemlich genormt: Ein *King-Size*-Bett für zwei Personen, manchmal auch zwei kleinere Einzelbetten, gehören ebenso zur Standardausstattung wie der Fernseher und die Klimaanlage. Die meisten Motels verfügen außerdem über einen Swimmingpool, was in den heißen Sommermonaten sehr angenehm ist. Zu den preiswerten Motelketten gehören *Motel 6*, *Red Carpet* und *Econo Lodge*, die aber leider oft außerhalb und an Durchgangsstraßen liegen.

Hotels unterscheiden sich nicht wesentlich von den Motels, sind aber im allgemeinen weniger an Durchgangsstraßen zu finden. In vielen Städten gibt es kleine und preiswerte Stadthotels, aber auch an den Stränden lohnt es sich, nach Unterkünften der unteren Preiskategorie zu suchen. Nicht immer sind Hotels in Strandnähe teurer als in der Stadt. Nur für Meerblick sind in der Regel einige Dollar mehr fällig. Unterschieden wird übrigens noch zwischen *Oceanfront*, das heißt das Zimmer liegt direkt am Wasser, und *Oceanview*. Bei letzterem kann es passieren, daß eine leichte Halsverrenkung nötig ist, um in den Genuß der Meeressicht zu kommen.

Originelle Übernachtungsmöglichkeiten bieten die Häuser mit **Bed & Breakfast**. Dabei handelt es sich zumeist um alte viktorianische Villen mit Holzdielen und liebevoll zusammengestelltem Mobiliar. Das Frühstück ist im Preis inbegriffen. Bedauerlicherweise sind viele *B & B's* relativ teuer.

Einige größere Städte in Florida verfügen über **Jugendherbergen** oder **YMCA's**. Das Netz ist nicht sehr dicht und die Preise liegen für Mitglieder (unser Jugendherbergsausweis reicht aus) bei 10 Dollar pro Person. Verglichen mit preiswerten Unterkünften in Hotels oder Motels erscheint das nicht billig, aber Alleinreisende sparen auf diese Weise eine Menge Geld. Außerdem sind Jugendherbergen ein idealer Treffpunkt für Traveller aus verschiedenen Ländern.

Camping

Die Preise für Campingplätze variieren in Florida enorm und hängen von der jeweiligen Region ab, in der das Zelt aufgeschlagen wird. Der Touristenort Key West ist natürlich teurer als ein Campingplatz im einsamen Norden. Am schönsten gelegen sind die *Campgrounds* in den *State Parks* und trotz der letzten Preiserhöhung 1988 noch immer etwas günstiger als die privaten „campgrounds". Nicht alle Campingplätze akzeptieren Zelte, denn in den USA ist diese Art Ferien zu machen nicht sehr populär. Aber bei den in diesem Reisehandbuch erwähnten Campingplätzen sind Camper mit Zelten gern gesehen.

■ **Florida Department of Natural Resources**, Marjory Stoneman Douglas Building, 3900 Commonwealth Blvd, Tallahassee, Fl 32399.
Auskünfte über Camping in State Parks.

■ **Florida Campground Association:** 1638 N Plaza Dr, Tallahassee, Florida 32308.
Hier ist eine kostenlose Broschüre über die angeschlossenen Campingplätze der Florida Campground Association erhältlich.

Essen und Trinken

„Please wait to be seated", lautet auch in Florida die erste Botschaft beim Betreten eines Restaurants. Sie ist sozusagen die Ouvertüre zu einem meist mehrstündigen Verhaltens- und Kommunikationsritual, das die Amerikaner bis zur Perfektion beherrschen. *Please wait to be seated* ist eine Anordnung, ein netter, aber durchaus ernstgemeinter Hinweis in einem Spiel mit festen Regeln. Nicht nur in besseren Restaurants gilt es als unhöflich, eigenmächtig und unverzüglich den nächstbesten Tisch anzusteuern, vielleicht gar einen mit Meerblick oder den neben der Familie aus Texas, die ihre *Steaks* nicht etwa *rare* (blutig) oder *medium* (rosa), sondern *well done* verzehrt, was floridianische Gourmets und Küchenchefs auf die Palme bringt. Für die Zuweisung der Plätze sorgt eine Frau, die hinter einem Pult am Eingang hervorlächelt.

Am Tisch angelangt werden die Servietten mit einer gekonnten Bewegung entfaltet, auf Hose oder Rock plaziert und ein leise dahingehauchtes „I hope you enjoy your dinner" beendet den ersten Auftritt des Bedienungspersonals. Wer die Zeit bis zum dem Hauptgericht nicht mit hungrigem Magen überbrücken will, bestellt sich am besten vorweg einen *Appetizer*. In Florida bestehen die Vorspeisen meistens aus Meeresfrüchten, *Seafood*, eines der Standbeine der floridianischen Küche. Nirgendwo schmecken die *Shrimps* besser als hier. Sie werden entweder gekocht *(boiled)* oder fritiert *(fried)* serviert. Letztere Zubereitungsart hat uns nicht besonders begeistert, denn der Eigengeschmack der Meeresfrüchte leidet unter der dicken Panade erheblich. Neben Shrimps holen die Fischer überwiegend *Clams,* (Venusmuscheln) *Scallops,* (Jakobsmuscheln), *Lobster* (Hummer), *Crabs* (Krebse) und *Oysters* (Austern) aus den Gewässern um Florida.

Eine der teuersten, weil besonders raren Meeresfrüchte-Spezialitäten sind die *Stonecrabs* (Steinkrabben). Sie werden deshalb so genannt, weil ihre Schale hart wie Stein ist. Sie werden nur zwischen Oktober und Frühjahr gefangen. Die Fischer dürfen dieser seltenen Spezies lediglich eine Schere abtrennen. Die andere brauchen die Krebse zu ihrer Verteidigung, wenn sie, wie es die Vorschriften verlangen, wieder ins Meer geworfen werden.

Als Hauptspeise finden wir auf den Speisekarten der meisten Restaurants neben verschiedenen Steaksorten wie *Prime Rib, Sirloin Steak, T-Bone Steak* und *Porterhouse Steak* eine große Auswahl an Fischsorten, die wie die Fleischgerichte auf verschiedene Weise zubereitet werden.

Zu den am meisten verbreiteten Fischarten zählen *Red Snapper* (Seebarbe), *Mullet, Pompano* (Makrele), *Trout* (Forelle) und *Salmon* (Lachs). Auf den Tisch kommen die Fische entweder gebacken *(baked),* gekocht *(boiled)* oder pochiert *(poached),* gedünstet *(steamed),* geräuchert *(smoked)* oder fritiert *(fried).*

Der letzte Schrei bei den Gourmets war lange eine besonders exotische Zubereitungsart, die von den französischen Einwanderern aus New Orleans stammt. Fisch und Fleisch werden *blackened.* Kritiker der *Cajun-Küche* mögen einwenden, daß die Gerichte nicht anders als schlichtweg angebrannt serviert werden, was sie tatsächlich auch sind. Eine Gewürzmischung, bestehend aus verschiedenen Pfeffersorten, Paprika, Basilikum, Thymian, Oregano, Senf- und Knoblauchpulver wird in einer gußeisernen Pfanne solange erhitzt, bis sie schwarz ist. Fleisch oder Fisch, das dann in der Pfanne gebraten wird, erhält so seine schwarze Färbung. Die Cajun-Küche ist zwar noch nicht ganz out, aber die Trendsetter haben schon wieder eine neue Vorliebe entwickelt, die der *karibischen Küche* gilt; deren süß-saure und äußerst scharfe Gerichte sind derzeit sehr gefragt.

Als Beilagen zu Fisch und Fleisch gibt es meistens Salat, eine gebackene Kartoffel *(baked potato)* oder Pommes frites *(French Fries).* Die Portionen sind in der Regel so gut bemessen, daß viele Gäste das Lokal mit einer *doggie bag* verlassen. Ob es allerdings tatsächlich die Hunde sind, die von der Mahlzeit am nächsten Tag profitieren, ist die Frage. Schließlich läßt sich der Rest der Mahlzeit am nächsten Tag gut aufwärmen und das Geld für eine kleine Zwischenmahlzeit ist gespart.

Die *Early Birds* sind eine weitere Möglichkeit die Haushalts- oder Reisekasse zu schonen, aber nur für diejenigen, die sich in der Zeit von 16 bis

18 Uhr schon Deftiges einverleiben wollen. Viele Restaurants bieten während dieser Zeit besonders preiswerte Gerichte an, um die tote Zeit zu überbrücken.

Wir haben uns stattdessen bis zum Abendessen lieber mit einem *üppigen Frühstück* begnügt. Die amerikanische Variante mit Spiegeleiern, Bratkartoffeln und Toast wird in Florida häufig durch einen ziemlich seltsam schmeckenden Brei, genannt *Grits*, ergänzt. Sehr lecker schmeckten uns hingegen die *Muffins,* kleine süße Gebäckteilchen mit Blaubeeren, Rosinen und anderen Füllungen.

Eine andere Spezialität, die meist als Nachtisch auf den Tisch kommt, ist *Key Lime Pie*, ein süß-saures Dessert aus Teig und Limonen, das ähnlich schmeckt wie Zitronenbaisers. Meist wird auch Käse als Zutat verwendet.

Neben der floridianischen Küche, die mittlerweile durch Einflüsse der zahlreichen Einwanderer geprägt wurde, finden sich zahlreiche Restaurants mit japanischen, chinesischen, mexikanischen, cubanischen, spanischen, französischen, italienischen und deutschen Spezialitäten, so daß die Wahl eines entsprechenden Restaurants manchmal schwerfällt. In Miami ißt es sich zweifellos in den kleinen *cubanischen* Restaurants am günstigsten, die es in *Little Havanna* an jeder Straßenecke gibt.

An der *Calle Ocho* können allerdings Sprachprobleme auftauchen, falls man der spanischen Sprache unkundig ist. Und wer von *Arroz con Pollo* (Huhn mit Reis) und *Picadillo* (Reis oder Nudeln mit einer Art Bolognesesoße) und *Frijoles Negros* (schwarze Bohnen) genug hat, kann den Geschmacksnerven beim japanischen *Sushi,* (kleinen, marinierten Fischhäppchen in Reis) Abwechslung verschaffen. Wenn beim Anblick der wagenradgroßen Pizzen, die an fast jeder Straßenecke angeboten werden, schon von vornherein der Appetit vergehen sollte, bieten sich immer noch Salatbars als Alternative an. *Fast-Food-Ketten,* die auch in Florida überall vertreten sind, haben wir nicht aufgesucht.

Während in den Restaurants gute französische, kalifornische und neuerdings auch australische Weine angeboten werden, ist das amerikanische Bier nicht besonders zu empfehlen, zumal es keinem Reinheitsgebot unterliegt. Die Exportbiere aus Deutschland, Belgien und Mexiko sind zwar etwas teurer, aber wir haben lieber 50 Cents mehr bezahlt, als am nächsten Tag mit schwerem Kopf aus dem Bett zu steigen. In Mode gekommen sind in den letzten Jahren Diätbiere mit weniger Kalorien, die dafür aber auch scheußlich schmecken und umgangsprachlich *Ziegenpisse* genannt werden.

National- und State Parks

In Florida gibt es mehr als 100 *State Parks*. Dabei handelt es sich um Gebiete, die aus unterschiedlichsten Gründen unter Schutz gestellt wurden. Der Begriff „Park" ist vielleicht etwas irreführend, denn es handelt sich nicht allein um Wälder oder andere landschaftliche Gebiete. Einige *State Parks* sind historische Stadtviertel (wie zum Beispiel das lateinamerikanische Viertel **Ybor City in Tampa**), Forts oder ehemalige Schlachtfelder. Es gibt sogar einen „Unterwasser State Park" und zwar den **Pennekamp Coral Reef State Park** bei Key Largo.

Zu den Staatsforsten, die als Landschaftsschutzgebiete ausgewiesen sind, gehören der **Choctawhatchee, Apalachicola, Osceola** und **Ocala National Forest**. In diesen Gebieten leben viele seltene und vom Aussterben bedrohte Tierarten. Der größte ist der Apalachicola National Forest mit riesigen Seengebieten und zahlreichen Flüssen.

In den meisten State Parks und in den Nationalparks gibt es Möglichkeiten zum *Campen*. Die Ausstattung ist recht unterschiedlich. Einige Gebiete verfügen über sanitäre Anlagen, Picknicktische, Barbecue-Plätze und Strom. In anderen Gegenden gibt's nur pure Natur. Dort ist meistens wildcampen erlaubt. Die Anlagen in den State Parks sind in der Regel sehr gepflegt und die Beschilderung erleichtert die Orientierung enorm.

In Gegenden, die am Wasser liegen, werden oft auch Boote vermietet. *Ausflüge zu Wasser* sind wirklich empfehlenswert, da man auf diese Weise immer ein Stückchen unberührte Natur zu sehen bekommt. Außerdem ist die Vogelwelt in Florida einfach einzigartig. Selbst ohne Fernglas haben wir die interessantesten Arten zu sehen bekommen. *Vorsicht* ist aber auf jeden Fall vor den Alligatoren geboten, denn die Biester sollen zwar nicht besonders intelligent sein, dafür aber wahnsinnig schnell. Die Ranger in den Parks weisen deshalb immer wieder darauf hin, sie nicht zu füttern. Alligatoren fressen zwar sehr selten, aber wenn sie erst mal auf den Geschmack gekommen sind ... Die eigentlichen Plagegeister in den Wäldern sind die *Moskitos,* die uns unglücklicherweise immer gerade dann gepiesackt haben, wenn wir kein Mückenspray dabeihatten. Besonders in den feuchten Sommermonaten sind sie ein ziemlich lästiges Übel in einigen Sumpfgebieten.

Die **Everglades** genießen von allen Gebieten die höchste Schutzkategorie. Sie sind als *Nationalpark* von der Internationalen Naturschutzunion anerkannt. Das gesamte Gebiet umfaßt rund 12 000 Quadratkilometer – fast die ganze Südspitze Floridas und ist größer als der U.S.-Staat Delaware.

Neben den Everglades gibt es sechs weitere Nationalparks. Dazu gehören

Big Cypress, ein Gebiet, das im Norden vom Alligator Alley und im Süden vom Tamiami Trail durchschnitten wird. Im Westen reicht Big Cypress bis Everglades City und im Osten bis zur Tamiami Ranger Station. Insgesamt umfaßt der Park 6200 Quadratkilometer. Es handelt sich um ein Sumpfgebiet, das zu einem Drittel mit Zypressen bewachsen ist und in dem Florida Panther und Schwarzbären zu Hause sind.

Die Sehenswürdigkeiten des **Biscayne National Parks**, der sich 21 Meilen östlich der Everglades befindet, liegen unter Wasser verborgen: die Korallenriffs, die *Städte des Meeres*, sind von zahlreichen Fischarten bevölkert. Das Küstenschutzgebiet **Gulf Islands National Seashore** verläuft vor der Golfküste im Norden Floridas über 150 Meilen bis Mississippi. Neben den Inseln gehören Teile des Festlandes dazu. **Canaveral National Seashore** zwischen New Smyrna Beach und Titusville an der Ostküste reicht bis an das Kennedy Space Center. **De Soto National Monument** am Manatee River bei Sarasota und **Fort Jefferson Monument** auf den Tortuga Inseln sind wegen ihrer historischen Bedeutung unter besonderen Schutz gestellt worden.

Feste/ Veranstaltungen

In den einzelnen Städten und Regionen Floridas finden im Jahr zahlreiche Festivals und Veranstaltungen statt. Die genauen Termine sind bei den lokalen Touristeninformationen zu erfahren.

■ **Florida Department of Commerce, Division of Tourism**: 126 West Van Buren Street, Tallahassee, Florida 32399-2000.
Hier ist der *Florida Events Calendar* erhältlich.

Zur Orientierung hier eine grobe Übersicht, die keinen Anspruch auf Vollständigkeit erhebt. Sie basiert auf den Angaben des Department of Commerce.

Januar
Orange Bowl (Football), Miami, 1. Januar
Citrus Queen Festival, Lakeland
Stephan Fosters Memorial, White Springs
Old Island Days, Key West
Rodeo and Frontier Days, Homestead
Kamelien-Blumenausstellung, Pensacola
Art Deco Wochenende, Miami Beach

Februar
Daytona 500 (Autorennwoche), Daytona Beach
Beach Music Festival, Winter Park
Seemuschelausstellung, St. Petersburg

Edison Lichterfest, Ft. Myers
Citrus Festival, Winter Haven
Casparilla (Piraten-Karneval), Tampa
Florida State Fair, Tampa
Seminolen Stammesfest, Dania
Ocean Sailing Race, von St. Petersburg bis Ft. Lauderdale
Mardi Gras, Pensacola
Kunstausstellung, Ft. Walton Beach

März

12-Stunden Grand Prix, Sebring
Festival der Staaten, St. Petersburg
König Neptun Festival, Sarasota
Fiesta (lateinam. Folklore), Tampa
De Soto Gedenkfest, Bradenton
Erdbeerfest, Plant City
Fiddler's and Bluegrass Festival, White Springs
Springtime Tallahassee, Tallahassee
Stephan Foster Musiktage, White Springs

April

Studentisches Segelprogramm, Sarasota
Cypress Gardens Festival, Cypress Gardens
Art Festival, Cedar Key
Gadsen Heritage Festival, Quincy
Old Spanish Trail Festival, Crestview
Spring Festival of Arts, Panama City
Suwannee River Cracker Folk, White Springs

Mai

Sandburgen-Wettbewerb, Sarasota
International Folk Festival, Miami
Tarpon Round-up (Angelwettbewerb), St. Petersburg
Florida Folk Festival, White Springs
Flying High Circus, Tallahassee
Rodeo, Jasper
Seville Arts and Crafts Festival, Pensacola

Juni

Tarpon Round-up, St. Petersburg
Tampa Angelwettbewerb, Tampa
Fünf-Flaggen-Fiesta, Pensacola
Greyhound Dog Races (Saisonbeginn)
Jai Alai (Saisonbeginn)
New College Summer Music Festival, Sarasota
Billy Bowlegs Festival, Ft. Walton Beach
Jefferson County Watermelon Festival, Monticello
Panhandle Watermelon Festival, Chipley
Pensacola International Billfishing Tournament, Pensacola

Juli

Independence Day, überall, 4. Juli
Firecracker 400 (Serienwagenrennen), Daytona Beach
Florida Rodeo, Arcadia
Silver Spurs Rodeo, Kissimmee
Fiesta, St. Augustine, 15–18 Juli
Shakespeare-By-The-Sea, Miami Beach
Seafood Dinner, Panama City
Shark Rodeo, Pensacola
Pensacola Jaysees Professional Rodeo, Pensacola

August
Shakespeare-By-The-Sea, Miami
Days in Spain, St. Augustine
Blue Crab Festival, Panacea
Fun Day, Wausau

September
Surf-Wettbewerb, Cocoa Beach
Labour Day Boot-Rennen, Merrit Island, 2. September
Florida Folk Festival, White Springs
Billfishing Tournament, Destin
Antiquitätenmesse, Pensacola
Seafood Festival, Pensacola

Oktober
Western Roundup, Pensacola, 5.–7. Oktober
Wasserski-Meisterschaften, Cypress Gardens
Bellview Junction Western Roundup, Pensacola
Boggy Bayou Mullet Festival, Niceville-Valparaiso
Deep Sea Fishing Rodeo, Destin
Florida Forest Festival, Perry
Northwest Florida Championship Rodeo, Bonifay
Seafood Festival, Cedar Key
Sonnenfest, Panama City Beach
Halloween, 31. Oktober

November
Oldtimer Festival, Ormond Beach
Seafood Festival, Apalachicola
Blue Angels, Pensacola
Great Gulf Coast Festival, Pensacola
Market Days, Tallahassee
Seefood Festival, Apalachicola

Dezember
Gator Bowl (Football), Jacksonville
Weihnachtsschiffsparade, Pompano Beach
Orange Blossom Classic (Football), 8., 12. Dezember
Weihnachtsveranstaltungen, White Springs

Begegnung mit Florida

Geschichte

1513: Auf der Suche nach einem Jungbrunnen entdeckte der vom atlantischen Ozean heransegelnde Spanier Juan Ponce de León Land. Er ging in der Nähe von St. Augustine am St. Johns' River von Bord. Weil gerade Ostern war, taufte er die Gegend *La Florida*.

1516–1561: Hernando de Soto „eroberte" Florida 1539 mit seiner Truppe. Auf der Suche nach Gold zogen die in Ritterrüstungen gequetschten Konquistadoren durch die Wildnis, töteten und versklavten die Indianerstämme. Gold fanden sie trotzdem nicht. 1559 gründete De Luna die erste spanische Kolonie in der Nähe von Pensacola.

1564: Der Franzose René de Laudonnière baute Fort Caroline für Charles IX am St. John's River.

1565: Pedro Menéndez De Aviles von Spanien lief mit seiner Flotte in St. Augustine ein. Er besetzte Fort Caroline und massakrierte die französische Schiffsbesatzung von Admiral Ribault auf Anastasia Island bei St. Augustine.

1566: Jesuitenpriester gaben sich alle Mühe, die Indianer zum christlichen Glauben zu bekehren.

1573: Die Franziskaner taten dasselbe.

1586: Der britische Seefahrer Sir Francis Drake landete in St. Augustine und brannte es nieder.

1600: Im 17. Jahrhundert weiteten die spanischen Kolonisatoren ihren Einfluß auf ganz Florida aus.

1702: Die Briten wollten bei der allgemeinen Landverteilung unter den Kolonialmächten nicht zurückstehen. Sie griffen spanische Siedlungen an und belagerten St. Augustine 52 Tage lang. Die Stadt wurde schließlich erobert, das Fort dagegen nicht. James Moore von Carolina drang in Mittelflorida ein und zwang die Spanier zur Aufgabe der Missionsarbeit.

1719: Auch die Franzosen mischten sich wieder ein: sie eroberten Pensacola und betrachteten die Golfküste als die ihre.

1740: Der britische General James Oglethorpe besetzte Florida von Georgia aus. Sein Versuch, St. Augustine einzunehmen, scheiterte an fehlendem Wasser und Proviant.

1763: Die Spanier „tauschten" Florida mit den Engländern gegen Cuba.

1776: Rebellierende Kolonisten proklamierten in anderen Bereichen Nordamerikas ihre Unabhängigkeit, in Florida kam es jedoch nicht zu Unruhen.

1781: Spanien nahm den Engländern Pensacola ab und vertrieb sie.

◀ *Im Oktober finden in Cypress Gardens die Wasserski-Meisterschaften statt.*

1783: England gab Florida an Spanien zurück. Williams Charles Wells gründete die erste Zeitung Floridas, die „East Florida Gazette". Er brachte eine Sonderausgabe heraus, in der der Sieg der Briten im Revolutionskrieg verkündet wurde.
1813: Andrew Jackson, späterer Präsident der USA, eroberte Pensacola, das den Briten als Basis für die Operationen gegen die Amerikaner diente.
1818: Der Widerstand der Indianer gegen die fremden Besatzer löste den ersten Seminolenkrieg aus. Andrew Jackson bekämpfte Seminolen und geächtete Neger im Gebiet zwischen Pensacola und Suwannee.
1819: Der amerikanische Staatsminister John Quincy Adams und der spanische Minister Luis de Onis trafen die Vereinbarung, daß Spanien Ost- und Westflorida an die Vereinigten Staaten abtreten sollte. Dafür erließen die USA der im Niedergang begriffenen Weltmacht Schulden in Höhe von fünf Millionen Dollar.
1821: Jackson war drei Monate Gouverneur in Florida. Anschließend regierte er das Land als Präsident des Weißen Hauses.
1822: William P. Duval aus Kentukky wurde zum Gouverneur Floridas ernannt. Die Seminolenstämme versammelten sich bei St. Augustine und stimmten einem Abkommen mit der Regierung in Washington zu, nach dem sie mitsamt ihren schwarzen Sklaven in ein Reservat im Westen Mittelfloridas umziehen sollten.
1824: Tallahassee wurde inzwischen Regierungssitz.
1830: Die Seminolen befanden das neue Territorium als ungeeignet für Ackerbau. Daraufhin erließ die U.S.-Regierung ein Umsiedlungsgesetz, mit dem die Seminolen gezwungen werden sollten, sich in das heutige Oklahoma zurückzuziehen. Auf ihr Land in Florida sollten sie verzichten. Der mutige Indianerhäuptling Osceola stieß als Zeichen seines Protestes ein Messer in das Dokument, es kam zu Indianeraufständen.
1832: Der *supreme court* verfügte, daß Indianerreservate als souveräne innerstaatliche Nationen anzusehen sind.
1834–1837: Die erste Eisenbahn wurde in Betrieb genommen.
1835–1837: Während des zweiten Seminolenkrieges ließ General Jessup den Indianerhäuptling Osceola in St. Augustine festnehmen, als dieser mit einer Friedensflagge den Waffenstillstand erklären wollte. Der indianische Landbesitz war von 137 auf 52 Millionen Morgen zusammengeschrumpft.
1842: Ende des zweiten Seminolenkrieges, fast 4000 Indianer und Negersklaven wurden nach Arkansas umgesiedelt.
1845: Florida wurde am 3. März Bundesstaat der USA. Großgrundbesitzer wandten sich gegen die Abschaffung der Sklaverei.
1851: Dr. John Gorrie aus Apalachicola erfand die Eismaschine, einen Vorläufer des Kühlschranks.
1855–1858: Viele Seminolen flüchte-

ten sich im Zuge der Zwangsdeportationen in die Everglades und die Sümpfe von Big Cypress. Als eine Gruppe Landvermesser getötet wurde, die die Indianer als Eindringlinge ansahen, kam es zum dritten Seminolenkrieg.

1861: Die Großgrundbesitzer setzten sich durch: Florida trat aus der Union aus und schloß sich der Südstaaten-Konföderation an. Inbetriebnahme der Eisenbahnstrecke Tallahassee – Cedar Key.

1864: Größte Schlacht zwischen Konföderierten und Unionstruppen bei Lake City. Es kämpften über 10 000 Soldaten gegeneinander, der Vormarsch der Union kam vorübergehend zum Stillstand.

1865: General Robert E. Lee erklärte für Florida die Kapitulation. Während des Bürgerkrieges gab es 5000 Tote. Die Schwarzen wurden weiter von den weißen Amerikanern unterdrückt und vom Ku-Klux-Klan gepeinigt und massakriert.

1879: Einrichtung von Internaten, in denen die indianischen Kinder fern der Einflüsse ihrer Eltern „zivilisiert" werden sollten.

1880: Floridas Bevölkerung war auf 270 000 angewachsen.

1884: Der erste Zug von Henry B. Plant rumpelte auf den Gleisen in Tampa ein.

1885: Henry M. Flagler begann, in Florida pompöse Hotels zu errichten, ein ganzes Eisenbahn-Streckennetz gleich dazu.

1894 – 1899: Der Frost vernichtete ganze Zitrusernten. Die Industrie zog weiter in den Süden.

1896: Miami wurde an das Eisenbahn-Streckennetz angeschlossen.

1911: Lincoln Beachey flog bei Nacht über Tampa. Es handelte sich um den ersten Nachtflug in der Fluggeschichte.

1914: Erster Linienflug zwischen Tampa und St. Petersburg.

1924 – 1925: Bauboom in Florida, die Spekulation blühte. Neben vornehmen Luxuswohnungen entstanden erste Siedlungen mit Golfplätzen. John Ringling gründete seinen spektakulären Zirkus in Sarasota.

1926: Ein Hurrikan zerstörte große Bereiche Miamis, 200 Menschen kamen um.

1929: Börsenkrach und wirtschaftliche Depression. Viele Millionäre verarmten über Nacht.

1933: Der Verkauf von Bier wurde legalisiert.

1941 – 1944: Florida florierte durch die Rüstungsindustrie und diente ab jetzt als Trainingszentrum für Soldaten.

1950: Die Herstellung von Konzentrat aus Zitrusfrüchten entwickelte sich zum Hauptindustriezweig. Bei der Rindfleischproduktion stand Florida in den Staaten an 12. Stelle. Die erste Rakete wurde in Cape Canaveral gestartet.

1953: Das „Florida Agricultural and Mechanical Collage for Negros" wurde zur schwarzen Universität in Tallahassee.

1959: Die Flugstrecke Miami – New York eröffnete das Jet-Zeitalter. Seit der Machtübernahme der Kommunisten auf Cuba unter Fidel Castro strömten Tausende von Flüchtlingen jährlich nach Südflorida.

1960: Die Bevölkerung wuchs auf rund fünf Millionen an.

1967: Die Regierung ernannte Orangensaft zum offiziellen Staatsgetränk.

1968: Floridas Verfassung erfährt eine grundlegende Änderung. Der erste durch öffentliche Abstimmung gewählte Politiker, ein Republikaner, erhielt einen Sitz im U.S.-Senat.

1969: Neil Armstrong betrat als erster Astronaut den Mond. Eine von Cape Kennedy abgefeuerte Rakete, die Apollo 11, beförderte ihn dorthin.

1970: Florida erhielt von der Regierung den Spitznamen *Sunshine State.*

1971: Disney World eröffnete am 1. Oktober. Kostenaufwand: 600 Millionen Dollar.

1973: Besucherrekord in Florida: über 25 Millionen Touristen besuchten den „Sunshine State". Auch aus Cuba strömten die Menschen weiter nach Florida. Jährlich kamen 48 Tausend Flüchtlinge.

1975: Gouverneur Reubin Askew ernannte Joseph W. Hatchett zum ersten schwarzen Richter am *supreme court.*

1978: Jesse J. McCrary wurde der zweite schwarze Staatssekretär und Mitglied des Kabinetts.

1979: Miami Beach meldete einen Rekord an Steuereinnahmen: 3,7 Millionen Dollar haben Hotels, Essen und Getränke erbracht. U.S.-Präsident Ronald Reagan rief die Indianer zur Selbstbeschränkung auf und forderte Privatinitativen, als die Mittel für Jobs in den Reservaten im Bundeshaushalt gekürzt wurden.

1983: Die *Space Shuttle Challenger* beförderte eine fünfköpfige Crew ins Weltall. 38 Brücken verbinden jetzt die Keys zwischen Key Largo und Key West.

1984: Die durch einen Schiffsunfall zerstörte „Sunshine Skyway Bridge" über die Tampa Bay wurde für 215 Millionen Dollar repariert. Donald Duck feierte seinen 50. Geburtstag in Disney World. Die *metrorail* in Miami nahm ihren Betrieb auf.

1986: Tragödie am Kennedy Space Center: eine „Challenger" explodierte nach dem Start, sieben Astronauten starben. Die Fernsehserie *Miami Vice* flimmerte erstmals über die Bildschirme und brachte zusätzliche Touristen nach Miami.

1987: Bob Martinez, Republikaner, wurde erster Gouverneur spanischer Abstammung. Florida rangiert mit seiner Bevölkerungsdichte an vierter Stelle in den USA.

1988: Eine erneute „Challenger-Mission" verlief erfolgreich. Bei den Senatswahlen erhielt der Republikaner Connie Mack, der gegen den Demokraten Buddy MacKay kandidierte, mit einem Vorsprung von nur 10 000 Stimmen einen Sitz im U.S.-Senat. Bei den Präsidentschaftswahlen stimmten 61 Prozent der Bevölkerung für George Bush. Der Demokrat Michael Dukakis erhielt 39 Prozent der Stimmen.

1989: Die Filmgiganten Universal und Disney eröffneten in Orlando zwei riesige Filmfabriken. Florida wird ein zweites Hollywood.

Die Indianer

Als die ersten spanischen Siedler 1559 Florida „entdeckten", war dieses Fleckchen Erde schon lange von verschiedenen Indianerstämmen bewohnt. Die *Timucuan, Calusa, Tocobega, Mayaimi, Apalachee* und *Chot* lebten in den verschiedenen Regionen Floridas, hatten bereits eine hochentwickelte Kultur, betrieben Ackerbau und jagten. Die europäischen Eroberer sorgten jedoch bald dafür, daß diese Ruhe gestört wurde. Auf der Suche nach Gold und neuem Landbesitz für die spanische Krone führten die *Conquistadores*, die Eroberer, einen blutigen Feldzug gegen die Indianer. Bereits 1560 lebte nach Schätzungen von Historikern nur noch ein Viertel der Ureinwohner. Nach der Übergabe Floridas an die Briten deportierten die Spanier die letzten 200 Eingeborenen nach Cuba. Wenig später kamen die *Oconee Creeks*, in Florida Seminolen (die „Wilden") genannt, auf der Flucht vor Sklavenhändlern aus Georgia nach Florida. Ebenso fanden zahlreiche entlaufene Negersklaven in Florida Unterschlupf, zum Teil bei den Seminolen.

Im Laufe der Zeit kam es immer wieder zu kriegerischen Auseinandersetzungen zwischen Seminolen und den amerikanischen Siedlern, als die Indianer versuchten, ihr Land zu verteidigen. Als *Andrew Jackson* einen ihrer Häuptlinge aufhängen ließ, kam es zum *ersten Seminolenkrieg (1817–18)*. Aber die Seminolen hatten gegen das Aufgebot der U.S.-Army keine Chance und unterwarfen sich. Florida befand sich zu dieser Zeit in spanischer Hand, die Macht übten aber bereits die Amerikaner mit ihrer Armee aus. Die amerikanische Regierung verlangte von den Indianern, ihren Landbesitz im nördlichen Teil Floridas aufzugeben und nach Süden zu wandern. Beide Seiten schlossen 1823 den Vertrag von *Moultric Creek*. Doch das Land, das die Seminolen in der Bucht von Tampa vorfanden, erwies sich als ungeeignet für den Ackerbau.

Es herrschte ohnehin Unzufriedenheit unter den Indianern und als 1830 das *Indian Removal Bill* unter dem inzwischen zum Präsidenten avancierten Andrew Jackson beschlossen wurde, demzufolge sich alle Indianer in ein Gebiet westlich des Mississippi zurückziehen sollten, kam es zu erneuten Zusammenstößen. Der Vertrag von Moultric Creek war plötzlich hinfällig geworden und man mutete den Seminolen zu, in ein Gebiet umzusiedeln, in dem bereits ihre Todfeinde, die *Creek-Indianer*, lebten. Bei Verhandlungen auf Fort King bei Silver Springs schlug *Osceolas* große Stunde. Als General Wiley Thompson, Regierungsbeauftragter für Indianerfragen, den Häuptlingen einen Federkiel hinhielt, mit dem sie ihr weiteres Schicksal besiegeln sollten, stieß der junge Indianer eine Klinge durch das Papier mit den Worten: „So werde ich künftig alle eure Verträge unterschreiben." Dieser mutige Auftritt machte Osceola zum Helden unter den Seminolen, und selbst bei den amerikanischen Generälen und Soldaten genoß er Respekt. Als General Thompson während einer Zusammenkunft Osceola verhaften ließ, versammelte der Indianer nach seiner Freilassung die Seminolen und griff Fort King an. Das war der Anfang des *zweiten Seminolenkrieges*. Die Seminolen kämpften taktisch klug, kannten sich in den Sümpfen besser aus als die amerikanischen Soldaten und fügten ihnen schwere Verluste zu. Aber auch die Indianer mußten zahlreiche Niederlagen einstecken. Als die Gegner Osceola ein Friedensangebot überbringen ließen, ritt der Seminolenhäuptling mit einer Friedensfeder und einer Friedenspfeife nach St. Augustine. Dort angekommen, ließ General Jessup ihn einsperren. Diese Gefangenschaft konnte Osceola niemals überwinden. Ein Jahr nach seiner Festnahme starb er, verzweifelt über das hoffnungslose Schicksal seiner Stammesgenossen, im Alter von 34 Jahren.

Mit weiteren falschen Versprechungen gelang es den amerikanischen Generälen schließlich, rund 3000 Seminolen nach New Orleans und Oklahoma zu deportieren. Einige waren jedoch in die Everglades und die Sümpfe bei Big Cypress geflohen. Dort kam es 1855 zum *dritten* und letzten *Seminolenkrieg*, der acht Jahre dauerte. Aber angesichts der Übermacht ihrer Feinde blieb den Indianern keine Chance. Ganz besiegt wurden sie allerdings nie.

Heute leben die Seminolen zum Teil in den Reservaten bei Hollywood, Big Cypress und Brighton am Lake Okeechobee und in kleinen Dörfern entlang des Tamiami Trail. Im Zuge der Wiedergutmachung erhalten sie finanzielle Zuwendungen von der U.S.-Regierung und brauchen unter anderem keine Grundstückssteuer zu entrichten. Erhebliche Einnahmen haben die Reservate durch den Verkauf von Zigaretten und den Betrieb von Bingo-Hallen. Ein weiterer Erwerbszweig ist der Tourismus. In einigen Vorzeigedörfern stellen die Seminolen indianisches Kunsthandwerk her und veranstalten Alligatorenkämpfe, bei denen die Männer Haut und Haar riskieren. Ein Geschäft, das von einigen Stammesangehörigen als Ausverkauf der Kultur kritisiert, von den meisten jedoch akzeptiert wird. „Wir teilen gerne und zeigen anderen etwas vom unserem Erbe", erzählte uns Winnifred Tiger, die in den Bergen von Oklahoma aufwuchs und heute für den Bereich Bildung des *Seminole Tribe of Florida* zuständig ist. Ihre Tochter ist mit einem *non-indian*, wie die Seminolen sagen, verheiratet, einem Italiener. Beide leben im Reservat in Hollywood. Viele Seminolen ziehen es nicht nur aus finanziellen Gründen vor, in den Reservaten zu leben. „Wir sind es gewohnt, in Dörfern zu leben", meint Betty Mae Jumper, Chefredakteurin der Seminolenzeitung *Seminole Tribune*. Sie wurde als erste Frau zur Stammesvorsitzenden gewählt, ein Amt, das sie vier Jahre ausübte. „In den Reservaten ist die Vereinsamung nicht so groß wie in den Städten, der Zusammenhalt unter den Menschen ist stärker", berichtet Betty Mae Jumper.

Rund 1800 Seminolen sind als Stammeszugehörige registriert, das bedeutet, sie haben zu einem Viertel indianisches Blut in sich. Das Land auf dem sie leben ist ihnen von der U.S.-Regierung zur Verfügung gestellt worden. Die 600 *Miccosukee* unterhalten ihre eigene Stammesorganisation mit einer eigenen Regierung.

Während die junge Generation mehr und mehr englisch spricht, pflegen die älteren Seminolen noch ihre Stammessprache, einen Creek Dialekt, genannt *Muskogee*. Den Alten sind die bitteren Erfahrungen der Vergangenheit noch präsent, als viele Seminolen gezwungen wurden, der *Straße der Tränen* nach Oklahoma zu folgen. Ihr Mißtrauen gegenüber den Weißen war so groß, daß sie ihre Kinder nicht zur Schule schickten. „Das hat sich inzwischen geändert", berichtet Winnifred Tiger, „heute haben wir es mit Eltern zu tun, die selbst zur Schule gegangen sind." Der Anteil derjenigen, die die Schulausbildung vorzeitig abbrechen, hat sich seit 1977 (68 Prozent) auf 30 Prozent verringert. „Ein großer Fortschritt", betont Tiger, „denn wir sind stolz auf unsere Geschichte und Kultur, aber wir nehmen uns auch das Gute von den Weißen und dazu zählt die Bildung." Zur Bildung gehöre es auch, in den Schulen davon zu berichten, welche Rolle die Indianer in der Geschichte Amerikas spielen.

Die Schwarzen

Wer etwas über die Geschichte der Schwarzen erfahren möchte, stöbert am besten im Archiv des *Black Archives* in Floridas *A & M University* in Tallahassee. 500 000 Dokumente, darunter zahlreiche Originale, die hier in den Schubladen schlummern, müssen noch aufgearbeitet werden. „Die Historie dieser Nation umfaßt auch die Geschichte der afroamerikanischen Schwarzen und das wird von den Weißen heute noch immer ignoriert", kritisiert Dr. James Eaton, der Leiter des Archivs und zeigt auf die lange Bildergalerie berühmter schwarzer Wissenschaftler, Lehrer und Politiker.

Viele Schwarze waren aus Georgia und Carolina nach Florida geflohen, um der Sklaverei zu entrinnen. In dem dünn besiedelten Florida versteckten sie sich in den Sümpfen und arbeiteten für die Seminolen. Einige erwarben sogar eigenes Land und legten

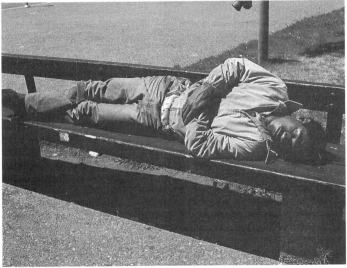

Schwarze

Plantagen an. 1860 gab es in Florida rund 61 500 Sklaven. Bis 1964, als der *Civil Rights Act* das Ende der Rassentrennung einleitete, mußten sie in getrennten Stadtvierteln leben und waren an den Universitäten nicht zugelassen. Sogar in Schulen, öffentlichen Gebäuden, Bussen, Hotels und Restaurants wurde die Rassentrennung strikt eingehalten. Noch vor 60 Jahren lebten die meisten Schwarzen auf dem Lande. Diejenigen die in den Städten wohnten, hatten ihre Stadtviertel auf der im Landesinneren liegenden Seite der Eisenbahn, während die Weißen am Meer und in Küstennähe wohnten. Einige Schwarze hatten das Rassenproblem „gelöst", indem sie sich in *Eatonville* seßhaft machten, einer Stadt, in der nur Schwarze lebten und die von Schwarzen regiert wurde.

Inzwischen ist vieles anders geworden: Schwarze Abgeordnete sitzen im Parlament und in den Stadträten, bekleiden öffentliche Ämter wie Robert Ingram, Bürgermeister von Opa-Locka, einem Stadtteil Miamis. In Spitzenpositionen sind Schwarze jedoch nach wie vor kaum vertreten und obwohl ihr Bevölkerungsanteil in Florida heute bei 13 Prozent liegt, haben sie bei weitem nicht dieselben Chancen wie ihre weißen Landsleute. „Die Arbeitslosenrate bei den jungen schwarzen Männern ist wahnsinnig hoch", berichtet Dr. James Eaton. In den Schwarzenvierteln von Miami, schätzt Mohamed Hamaludin, Redakteur der Schwarzenzeitung *Miami Times*, liegt die Arbeitslosigkeit bei 50 Prozent und auch ansonsten ist sie doppelt so hoch wie bei den Weißen. Zusätzliche Probleme gibt es in den Schwarzenvierteln, seit die *Crackwelle* über das Land schwappt. Hamaludin: „Die Jungs glauben, damit verdienen sie das große Geld. Die Gefängnisse im Land sind zur Hälfte belegt mit jungen Schwarzen", so Hamaludin, „da muß man sich fragen, ob das Rassismus ist oder ein Ausdruck ihrer sozialen Lage?" Statt mehr Gefängnisse zu bauen, sollte der Staat mehr Geld für Ausbildungsprogramme zur Verfügung stellen.

Am Beispiel der Personalpolitik der Brandbehörde in Palm Beach wird deutlich, mit welchen Schwierigkeiten Schwarze immer noch zu kämpfen haben. Unter der Überschrift „Palm Beach Racism" veröffentlichte die Miami Times am 13. Oktober 1988 einen Artikel, in dem beschrieben wurde, wie das Amt systematisch versucht, Schwarze daran zu hindern, Mitglied der Feuerwehr zu werden. „Das Department setzte die Anforderungen bei den Bewerbungen so hoch an, daß 59 der 61 schwarzen Bewerber automatisch ausgeschlossen wurden. Müssen sie sich nicht fühlen, als lebten sie in Zeiten der *Rassentrennung*?" Nicht nur dieses Beispiel zeige, daß Schwarze noch immer nicht zum etablierten Amerika gehören, betont Hamaludin, oder wie es Dr. James Eaton vom Black Archives noch drastischer formuliert: „Der Rassismus ist tief ver-

◀ «*Die Historie der USA umfaßt auch die Geschichte der afroamerikanischen Schwarzen und das wird von den Weißen heute noch immer ignoriert*», kritisert Dr. J. Eaton vom *Black Archives.*

wurzelt, die Weißen denken immer noch, sie seien Götter."

Die Zuwanderer

Davon ausgehend, daß Florida mit seiner Bevölkerungszahl noch im Jahre 1900 an letzter Stelle aller U.S.-Bundesstaaten lag, so hat sich der *Sunshine State* im Eiltempo auf die Spitze dieser Statistik zubewegt. Schon 1990, haben die Regierungsbehörden ausgerechnet, steht Florida bereits an dritter Stelle. Dichter besiedelt als Florida sind zur Zeit noch Kalifornien, New York und Texas.

Woher kamen und kommen die vielen Zuwanderer, die in Florida eine neue Existenz gründen? In erster Linie aus dem Norden und sie kommen hierher, um ihren Lebensabend in angenehmen Klima zu verbringen: es sind die *Ruheständler*. In gewisser Hinsicht ist Florida da den übrigen Teilen Amerikas ein bißchen voraus, denn die Überalterung der Bevölkerung läßt sich überall beobachten. Unter Floridas Sonne lebt es sich eben angenehmer als im kühlen Norden und außerdem spart man Kosten für Wintergarderobe und Heizung. Inzwischen ist jeder fünfte der 14 Millionen Einwohner Floridas älter als 65 Jahre. Vom Seniorenzustrom, der vor 50 Jahren begann, haben viele Hotel- und Apartmentbesitzer profitiert.

Aber heute gilt es unter *Trendsettern* wieder als schick, beispielsweise in Miami Beach zu leben.

Noch ein anderer Verdrängungsprozeß ist in Miami zu beobachten. In Miami Beach – lange eine der größten *jüdischen Gemeinde* der Welt, wohnen heute zunehmend Menschen *hispanischer* Herkunft. Neben den Synagogen und Geschäften, die koschere Lebensmittel anbieten, finden sich cubanische Cafés und Supermärkte und auf den Straßen wird spanisch gesprochen. Seit Fidel Castro auf Cuba 1959 die Macht übernahm, strömen jährlich Tausende von Cubanern nach Südflorida. Aber auch aus anderen lateinamerikanischen Ländern kommen Flüchtlinge.

Ein anderer Strom von Zuwanderern kommt aus den nördlichen Staaten wie New York, Michigan, Illinois und Ohio. Sie, die *Yankees*, brachten einen anderen Lebensstil nach Florida, der von den Nachkommen der alten Siedler, den *Crackers,* mißtrauisch und argwöhnisch beäugt wird. Während die Crackers alte Traditionen eher beibehalten wollen, haben die Yankees das Bild der Städte durch Wolkenkratzer und Schnellstraßen verändert.

Gymnastik für Ruheständler in Miami Beach (oben). Politisch auf dem Vormarsch: ▶
Hispanics in Miami (unten).

Little Havanna

Erfolgreiche Integration und steigender Einfluß der Exilcubaner. Ein Bericht von Reinhard Meier.

Von den rund zwei Millionen Einwohnern in der Agglomeration von Miami sind heute fast die Hälfte spanischsprachiger Herkunft. Die in jeder Hinsicht stärkste Gruppe unter den „Hispanics" bilden die seit der Machtergreifung Fidel Castros aus Cuba geflohenen oder emigrierten Cubaner. Seit drei Jahren amtiert in Miami ein in Cuba geborener Bürgermeister.

Der Kaffee an der *Calle Ocho*, der achten Straße im Südwesten von Miami, schmeckt hinreißend. Er ist tiefschwarz, stark und duftend und hat nichts mit jenem wässrig-geschmacklosen Gebräu zu tun, das im Norden Amerikas normalerweise als Kaffee angeboten wird. Die Calle Ocho ist die *Hauptverkehrsader* von „Little Havanna", dem Zentrum der in Miami lebenden Exilcubaner. Die jüngere freundliche Frau, die an der Theke des kleinen Restaurants den Cafecito serviert, fühlt sich hier freilich schon lange nicht mehr im Exil.

Die einen und die anderen

Sie ist *vor mehr als zwei Jahrzehnten* als achtjähriges Mädchen mit ihren Eltern aus Cuba nach den USA emigriert. Längere Zeit lebte sie zuerst in Connecticut, jetzt ist sie in Miami mit einem Italiener verheiratet und hat zwei Kinder, die natürlich amerikanische Staatsbürger sind. Die Frau, die Spanisch und Englisch gleichermaßen mühelos spricht, besitzt zwar immer noch ihre cubanische Staatsbürgerschaft, denkt aber keineswegs mehr daran, sich je wieder in ihrem Geburtsland niederzulassen, selbst wenn dort andere politische Verhältnisse herrschen würden. Sie fühlt sich in Amerika verwurzelt, was nicht bedeutet, daß keine Kontakte mehr zu Cuba bestehen. Alle Monate einmal telefoniert sie mit Verwandten auf der Zuckerinsel, und einmal war sie dort für eine Woche auf Besuch.

Der alte Mann mit der verwitterten Seemannsmütze, der neben uns an der Theke seine Zigarette raucht, kommt ebenfalls aus Cuba, spricht aber kein Englisch, obwohl er schon seit 15 Jahren in Miami lebt. Die *Familie ist auf Castros Insel* geblieben. „La Señora es comunista", fügt er hinzu und deutet damit an, daß es in seiner Familie offenbar tiefgreifende Differenzen gibt. Falls ein anderes Regime in Cuba an die Macht käme, würde er sofort dorthin zurückkehren, erklärt der alte Emigrant.

Politische Ansprüche

Die beiden Gespräche sind ein Beispiel für den *unterschiedlichen Assimilationsgrad* und die verschiedenartigen Erwartungen unter den Exilcubanern in Miami. Die Cubaner bilden mittlerweile die zahlenmäßig größte Gemeinschaft im bunten Völkergemisch der sonnigen Boom-Metropole an der Südostspitze der USA. Von den rund 1,8 Millionen Einwohnern in der Großagglomeration Miami (Dade County) sind heute *knapp die Hälfte sogenannte Hispanics*, also Bürger und Einwanderer mit spanischer Muttersprache; unter diesen wiederum bilden die Cubaner zahlenmäßig mit weitem Abstand die *größte Gruppe*. In der eigentlichen Stadt Miami ist der Anteil der spanischsprachigen Bevölkerung und namentlich der Cubaner sogar noch erheblich höher. Die seit der Machtergreifung Fidel Castros vor dreißig Jahren in verschiedenen Wellen einströmenden Auswanderer oder Flüchtlinge von der Zuckerinsel haben sich wirtschaftlich in den USA größtenteils recht erfolgreich etabliert. In jüngerer Zeit ist auch ihr politischer Einfluß auf regionaler und kommunaler Ebene zu einer markanten Kraft angewachsen.

Prominentes Beispiel für diese Entwicklung war vor drei Jahren die Wahl eines *gebürtigen Cubaners* zum *Bürgermeister* von Miami. Der heute 39jährige *Xavier Suarez* muß aber trotz seinem Geburtsort als Vertreter der zweiten Exilgeneration eingestuft werden. Er hat den größten Teil seiner Jugend in den USA verbracht, spricht perfekt Amerikanisch und studierte in Havard Jurisprudenz. Diese Generation denkt und fühlt in erster Linie amerikanisch, die Rückkehr nach Cuba ist für die meisten kaum noch ein Thema, was freilich nicht bedeutet, daß man mit dem Castro-Regime seinen Frieden gemacht hat. Politisch sind die Exilcubaner und ihre Kinder mehrheitlich *eindeutig konservativ* orientiert. Auf ihre Initiative hin ist bereits eine breite Straße im Zentrum von Miami *nach Präsident Reagan* benannt worden. Mit dieser Präferenz befinden sich die cubanischen Emigranten und ihre Nachfahren in guter Harmonie mit dem allgemeinen politischen Trend im Sonnenstaat Florida. Dieser ist schon seit längerer Zeit fest in der Hand der Republikaner. Bei der Präsidentschaftswahl 1988 hatte der demokratische Präsidentschaftsbewerber Dukakis seine Erfolgschancen gegenüber dem Rivalen Bush als derart hoffnungslos beurteilt, daß er sich entschied, auf spezielle Werbeanstrengungen in Florida zu verzichten.

Batista-Anhänger und „Marielitos"
Natürlich stimmen die Exilcubaner in Amerika ungeachtet ihres ausgeprägten Zusammenhalts *nicht immer in allen politischen Fragen überein*. Einer ihrer Vertreter schrieb im „Miami Herald", der führenden Zeitung in der Region, er sei entsetzt über den glanzvollen Empfang, den Gruppen der spanischsprachigen Gemeinschaft in Miami einem der Hauptakteure im Iran-Contra-Skandal des Weißen Hauses, Oliver North, bereitet hätten. Wer derart unredliche Machenschaften auf dem Kerbholz habe wie dieser North, sei kein Held und auch kein guter Amerikaner. Es sei an der Zeit, daß sich alle Cuba-Amerikaner,

die sich zu den amerikanischen Werten bekennen, dieser Tatsache bewußt würden, ermahnte der Leserbriefschreiber seine Landsleute.

Soziale und teilweise auch politische Unterschiede ergeben sich unter den Exilcubanern allein schon wegen der unterschiedlich langen Erfahrungen in Amerika und der *nicht einheitlichen Umstände der Ausreise* aus der angestammten Heimat. Die Anhänger und Funktionäre des Batista-Regimes, die unmittelbar nach dem Sieg Fidel Castros im Jahre 1959 nach Florida geflohen sind, haben gewiß einen anderen sozialen Hintergrund und teilen schwerlich in allen Belangen die gleichen Vorstellungen wie die Emigranten, die Cuba erst ein oder zwei Jahrzehnte später verlassen haben.

Als spezielle Gruppe unter den Cubanern gelten die „Marielitos", das sind jene 125 000 Emigranten, die Castro vor acht Jahren in einer Art Massenschub ausreisen ließ und die von amerikanischen Schiffen vom cubanischen *Hafen Mariel* nach Miami geholt worden sind. Castro hatte bei dieser Gelegenheit einige tausend Kriminelle und Geisteskranke von seiner Insel abgeschoben, die in der Folge nicht nur den amerikanischen Behörden, sondern auch der cubanischen Gemeinschaft in Miami schwere Probleme bereiteten. Erst im vergangenen Jahr hat ein Aufstand von *2000 cubanischen Kriminellen,* die in Georgia interniert waren und die gegen den beabsichtigten Rücktransport nach Cuba rebellierten, die Öffentlichkeit auf diese heikle Bürde aufmerksam gemacht. Der Strom cubanischer Emigranten und Flüchtlinge nach Miami fließt aber ständig weiter. Im Durchschnitt der letzten Jahre waren es rund zehntausend Ankömmlinge.

Eine Büste José Martís
Die starke Präsenz der „Hispanics" springt in *Downtown-Miami,* dem teils exotisch-verlockenden, teils alptraumhaft dröhnenden Stadtzentrum mit seinem wuchernden Wald von glitzernden Wolkenkratzern, sofort ins Auge. Viele Geschäfte sind englisch und spanisch angeschrieben, und an jeder Ecke werden spanischsprachige Zeitungen angeboten. Der „Miami Herald", die einflußreichste Zeitung im Süden Floridas, gibt ein eigenes spanischsprachiges Blatt heraus, „El nuevo Herald". Dessen Auflage erreicht allerdings weniger als ein Viertel der englischen Auflage von 420 000 Exemplaren. Dies läßt vermuten, daß die „Hispanics", die ja zahlenmäßig eine größere Gruppe bilden als die *Anglos*, mehrheitlich doch den englischen „Herald" lesen und damit den Grad ihrer Amerikanisierung zum Ausdruck bringen. Auch wenn für die erste oder zweite Generation der „Hispanics" das Spanische noch die Muttersprache ist – der Weg zum sozialen und wirtschaftlichen Aufstieg führt zweifellos über das Amerikanische.

Little Havanna

Enge Beziehungen zwischen Miami und Cuba muß es schon gegeben haben, bevor Fidel Castro dort die Macht ergriff und ein Teil seiner Landsleute nach Florida entfloh. Nahe beim Stadtzentrum, unter einem Gewirr von auf Pfeilern gestützten Autobahnen, steht auf einem neu gestalteten, aber etwas verloren wirkenden Platz eine goldene Büste. Sie ist dem cubanischen Schriftsteller *José Martí* gewidmet. Die Inschrift erinnert daran, daß José Martí (1853 bis 1895) für die Freiheit Cubas gelebt hat und dafür gestorben ist. Das Denkmal ist laut Inschrift ein *Geschenk an die Stadt Miami,* überreicht von der cubanischen Tourismusbehörde im Namen des cubanischen Volkes im Januar 1950, also neun Jahre vor dem Sturz Batistas. Das Castro-Regime hat José Martí zu einem zentralen Säulenheiligen seiner Ideologie gemacht. Ob der tote Dichter, der für die Befreiung seiner Heimat kämpfte und den USA kritisch gegenüberstand, mit dieser Vereinnahmung einverstanden gewesen wäre, kann man bezweifeln. Er hätte sich aber fraglos auch gegen den Kult gewehrt, den das Batista-Regime mit seinem Namen trieb.

Spanische Vergangenheit
Die ganze Geschichte Floridas ist im übrigen engstens mit hispanischen und cubanischen Bezügen verknüpft. Ein spanischer Edelmann und Abenteurer, *Juan Ponce de León,* der Kolumbus 1493 auf seiner zweiten Reise nach Amerika begleitet hatte, landete 1513 erstmals an der Küste der sonnigen Halbinsel, die er nach dem Datum in seinem Kalender als *Pascua Florida,* das österliche Blumenfest, bezeichnete. Die Spanier gründeten einige Jahrzehnte später im nördlichen Teil Floridas, bei *St. Augustine,* die erste dauerhafte europäische Niederlassung in der Neuen Welt. Bis in die Mitte des 19. Jahrhunderts stand das damals weitgehend unbevölkerte und unerforschte Florida formell wechselweise unter spanischer und britischer Oberherrschaft, bis es *1845 als 27. Bundesstaat* in die amerikanische Union aufgenommen wurde. Damals zählte die Halbinsel, die flächenmäßig so groß ist wie England und Wales zusammengenommen, ganze 58 000 Einwohner. Heute sind es etwa 14 Millionen. Allein in den letzten 25 Jahren hat sich die Bevölkerung von Miami, der größten Stadt Floridas, mehr als verdoppelt. Eine im milden Klima üppig blühende *Tourismusindustrie,* vorteilhafte Steuerbedingungen und in jeder Hinsicht enge Verbindungen zu Lateinamerika und zur karibischen Inselwelt (inklusive der berüchtigten Drogengeschäfte) haben entscheidend mit zu dieser expansiven Entwicklung des südlichsten Kontinentalzipfels der USA beigetragen.

Natürlich haben die glänzenden Fassaden der Ferien- und Finanzstadt Miami und Miami Beach, in der es nur die Dimensionen Gegenwart und Zukunft zu geben scheint, auch ihre

Schattenseiten. Längst nicht alle gesellschaftlichen oder ethnischen Gruppen in dieser ruhelosen Metropole haben sich derart erfolgreich etabliert wie die Exilcubaner. In „Liberty City", dem *schwarzen Armenviertel* unweit vom Zentrum, ist – anders als in „Little Havanna" – kaum etwas von aufstrebender Bürgerlichkeit oder emsiger Geschäftigkeit zu sehen.
(Reinhard Meier, Dr. phil., geboren 1945, ist Korrespondent der Neuen Zürcher Zeitung in Bonn, Moskau, seit 1988 in Washington.

Dieser Artikel wurde erstmals in der Neuen Zürcher Zeitung, Wochenendausgabe 22./23. Oktober 1988, veröffentlicht.)

Sprachen

Offizielle Landessprache in Florida ist *Englisch*. Gleichwohl pflegen zahlreiche Einwanderer aus lateinamerikanischen Ländern und Europa ihre eigene Sprache. Nur in Miami schien das alles eine Zeitlang anders zu sein. Es gab eine lange Auseinandersetzung darüber, ob Englisch ausdrücklich zur offiziellen Landessprache erklärt werden sollte. Bei Volksabstimmungen anläßlich der Wahlen im Jahr 1988 stimmten 83 Prozent der Floridianer dafür, englisch zur offiziellen Landessprache zu erklären. Auslöser dieser Debatte war unter anderem der Unmut der englischsprachigen Amerikaner, die auf den Straßen, bei Behörden und in Geschäften Verständigungsschwierigkeiten haben.

„Wissen Sie, was mich stört?", sagte unser *Anglo*-Gesprächspartner in einem Restaurant, „das junge cubanische Paar am Nebentisch spricht fließend englisch. Ich kenne beide. Aber was tun sie? Unterhalten sich auf spanisch. Die werden sich nie anpassen, nie". Das werden sie jetzt wahrscheinlich müssen, ob sie wollen oder nicht. *Mit* den Stimmen der *Hispanics*, von denen nur 57 Prozent mit dem Gesetzentwurf nicht einverstanden waren. Damit haben sie sich ans Messer von vorurteilsbeladenen und rassistischen *Non-Hispanics* geliefert. Während die jungen Latinos, vor allem die mit höherer Schulbildung, alle fließend englisch sprechen, leben die Älteren in einer rein spanischsprechenden Umgebung.

Die Konsequenzen waren bereits einige Tage nach der Wahl in den Tageszeitungen nachzulesen. Eine Welle der offenen Diskriminierung griff um sich. Ein Angestellter der Publix-Supermarktkette wurde entlassen, weil er während der Arbeitszeit mit einer Kollegin spanisch sprach. Der Bürgermeister von Corals Gables, ein Weißer mit Südstaatenmanier, sagte vor der Bürgermeisterwahl in einem Fernsehinterview, daß er ein besserer Kandidat sei als sein spanischsprechender Widersacher. Man wisse ja schließlich, daß *Hispanics* morgens nicht aus dem Bett kämen. (Siehe auch das Kapitel „Little Havanna".)

Wirtschaft

Der *Sunshine State* mit seinen 1300 Meilen umfassenden Küstengebieten und den feinen, weißen Sandstränden profitiert heute mehr denn je vom **Tourismus**. Nach der Statistik des *Florida Department of Commerce* haben sich die Besucherzahlen in den letzten Jahren enorm gesteigert. Einer der Gründe dafür ist die Eröffnung von **Disney World** im Jahre 1971. Seitdem sind die Besucherzahlen von 23 auf 40 Millionen jährlich in die Höhe geschnellt. Aus gutem Grund rühmt sich die Disney Company, einer der größten Steuerzahler in Zentralflorida zu sein. 50 Millionen fließen allein durch die Verkaufssteuer von Disney in die Staatskasse. Daß die Touristen diese besagte Steuer zahlen, kommt den Einwohnern in Florida sehr zugute.

Mittlerweile gibt es in Florida an die 20 000 Apartments, 1000 Hotels, 5000 Motels. Zum Tourismusboom hat sicher auch der Dollarsturz im Jahre 1982 beigetragen, denn seitdem ist der Aufenthalt für Touristen aus Europa wesentlich preiswerter. Mehr und mehr Besucher kommen aber auch aus dem Norden der USA, um während der kalten Wintermonate die Sonne in Florida zu genießen. Sie sind das eigentliche Standbein der hiesigen Tourismusbranche.

Im Fahrwasser der Tourismusindustrie machen auch Bauleute und Grundstücksmakler ihre Geschäfte. Es gibt nur noch wenige Küstenstriche, an denen nicht unzählige Schilder auf *Real Estate*, Grundstücksverkäufe, hinweisen und insbesondere in Orlando sind Spekulanten immer noch Tür und Tor geöffnet.

Ein weiterer Industriezweig ist die **Landwirtschaft**. Der **Orangenanbau** ist ein bedeutender Faktor. Den ersten Orangenhain legten die Spanier 1759 bei St. Augustine an, im Laufe der Jahrzehnte erwiesen sich die Gebiete im Norden jedoch als ungeeignet für den Orangenanbau. Frost und Kälteeinbrüche zerstörten teilweise ganze Ernten. Die Farmer zogen schließlich immer weiter gen Süden. Das Geschäft mit den Zitrusfrüchten macht sich offensichtlich nicht nur für die Floridianer gut bezahlt. Es soll sogar deutsche Besitzer von Zitrusplantagen geben. Neben Orangen werden auch Mandarinen, Pampelmusen, Limonen und natürlich Zitronen angebaut. Insgesamt ernten die Farmen jährlich rund fünf Millionen Tonnen Apfelsinen und 1,5 Millionen Tonnen Pampelmusen. Den Farmern kommt das günstigte Klima in Florida sehr zugute: Sie ernten drei- bis viermal im Jahr.

Nachdem unermüdliche Viehzüchter nach vielen Versuchen eine Rinderrasse gezüchtet haben, die Sonne und Hitze trotzt, ging es in Florida auch mit der **Viehzucht** bergauf. Vor allem in der Gegend um Ocala weiden viele Rinder, darunter auch die berühmten *Charolais*. In rinderreichen Gegenden, schaffen die Floridianer auch gleich die entsprechende Western-Atmosphäre, indem sie Rodeos veranstalten.

Ein weiterer Landwirtschaftszweig ist der **Tabakanbau**. Im Gadsen County werden hochwertige Sorten angepflanzt, deren Stauden als Deckblätter für Zigarren Verwendung finden. Die Erntearbeit, die vorwiegend Schwarze erledigen, muß per Hand erfolgen, damit die Blätter nicht beschädigt werden. Die Produktion von Zigarettentabak hat sich dagegen für die Plantagenbesitzer nicht als besonders lukrativ erwiesen, weil der gesetzlich vorgeschriebene Mindestlohn von 3,50 Dollar pro Stunde die Kalkulation über den Haufen warf.

Baumwolle ist ebenfalls kein entscheidender Wirtschaftsfaktor, auf so manchen ehemaligen Baumwollfeldern wachsen heute Sojabohnen. Viele Farmer im Norden ernten heute **Erdnüsse**, rund 25 000 Hektar sind damit bepflanzt. Im Süden gibt es viele **Gemüsefelder**, während in der Gegend um den Lake Okeechobee vor allem Zuckerrohr angebaut wird.

Die **Forstwirtschaft** hat in den vergangenen Jahrzehnten im wahrsten Sinne des Wortes ziemlich zugeschlagen und in Zusammenhang mit den Städten, die Bauland gewinnen wollten, einen Großteil der üppigen Wälder dem Erdboden gleichgemacht. Die Pinienwälder im nördlichen Florida liefern Gummimark, das für das Imprägnieren von Schiffsrümpfen gebraucht wird.

Bei den **Bodenschätzen** rangiert eindeutig **Phosphat** an erster Stelle. Es wird in den Minen von Bone Valley bei Bartow abgebaut. Floridas Anteil in diesem Bereich macht 80 Prozent der gesamten Weltproduktion aus.

Nicht zu vergessen der Fischfang und die Austernaufzucht: Die **Fischerei** ist der älteste Erwerbszweig Floridas, bereits 1880 zählte die Fangflotte rund 1000 Boote. Heute sind es viermal so viele und die Fischer bringen vor allem *Red Snapper, Mullet,* und *Grouper* (Seebarbe, Meeräsche) an Land. Von den Küstengebieten profitiert Florida auch noch auf andere Weise. **Schiffsbau** und **Schiffsfrachten** − ob mit Gütern oder Menschen, bringen zusätzlich Geld in die Kasse. Zwei Millionen Tonnen Fracht im Jahr werden in 170 Häfen in alle Welt verschifft. Ein eindrucksvolles Bild vermitteln die riesigen **Kreuzfahrtschiffe**, die im Hafen von Miami vor Anker liegen. Die meisten nehmen Kurs auf die Bahamas oder stechen nur für einige Stunden in See. Leidenschaftlichen Spielern bieten sie die einzige Zufluchtsstätte, denn auf See sind Glücksspiele wie Roulette, die in Florida verboten sind, erlaubt. Das größte Passagierschiff der Welt, die „Sovereign of the Seas", ist 1987 fertiggestellt worden und bietet 2300 Fahrgästen Platz.

Im Zuge der **Raumfahrtentwicklung** haben sich in Florida zahlreiche High-Tech-Unternehmen angesiedelt, die unter den Herstellern von Industriegütern inzwischen einen Spitzenplatz einnehmen.

Die **Arbeitslosenzahl** liegt nach offiziellen Schätzungen bei 4 Prozent. Dabei sind einzelne Bevölkerungsgruppen jedoch nicht erfaßt. Wie uns ein Redakteur der *Miami Times*, einer Zeitung für Schwarze, die in Miami erscheint, berichtete, sei die Arbeitslosenziffer bei den Schwarzen mehr als doppelt so hoch. Ein Anreiz für Investoren sind die niedrigen Löhne, denn die **Gewerkschaften** haben im *Sunshine State* weniger Einfluß als in anderen Bundesstaaten.

Kriminalität

1985 hatte Florida die *höchste Kriminalitätsrate* in den Vereinigten Staaten. Auf 100 000 Einwohner kamen 7574 schwere Verbrechen. In Florida wurden 1985 die meisten Einbrüche in den USA verübt und bei den Morden lag der *Sunshine State* an dritter Stelle. 1986 listete die Statistik insgesamt 120 977 Gewaltverbrechen wie Mord, Vergewaltigung und Raub auf – im Verhältnis zum Vorjahr eine Steigerung von 13 Prozent. Innerhalb Floridas stand Dade County (Großagglomeration Miami) mit 12 000 Delikten per 100 000 Einwohner an der Spitze. Gemeldet wurde 392 Morde, 932 Vergewaltigungen und 14 616 Raubüberfälle. In diesem Jahr wurden 629 111 Menschen verhaftet, darunter viele junge Leute. Fünf Prozent der Täter war nicht älter als 15 Jahre. 83 Prozent aller Delikte und 89 Prozent der Gewaltverbrechen wurden von Männern verübt. Statistisch betrachtet ereignete sich in Florida etwa alle vier Minuten ein Gewaltverbrechen, eine alarmierende Zahl, die Polizei und Bevölkerung in Unruhe versetzte.

Auch 1987 sah es nicht besser aus: Die Polizei in Dade County registrierte insgesamt 225 719 Delikte. 1988 wurde der Personalbestand der Polizei in Miami Beach erheblich aufgestockt. Sie versucht unter anderem, das Problem durch scharfe Kontrollen am Strand und auf den Straßen in den Griff zu bekommen. Viele Einwohner schützen sich inzwischen selbst. Es wird Wachpersonal für Apartmentkomplexe und Einfamilienhäuser eingestellt, und in einigen Gegenden weisen große Schilder darauf hin, daß das Gebiet durch *neighborhood watch* kontrolliert wird.

Wie offizielle Stellen, die mit der Kriminalitätsbekämpfung zu tun haben, vermuten, hängt die Zunahme der Kriminalität mit der Verbreitung von *crack* zusammen, einer Art gestreckten Kokains, das wesentlich preiswerter ist als Kokain und eine starke Abhängigkeit bewirkt. Um ihre Sucht zu finanzieren, verüben die Drogenabhängigen Einbrüche und Raubüberfälle. In einigen Fällen haben Menschen selbst für kleine Geldbeträge ihr Leben lassen müssen. Von den eigentlichen Urhebern, denjenigen, die vom Drogengeschäft in erster Linie profitieren und von den *Geld-*

waschinstituten ist in den offiziellen Statistiken dagegen nicht die Rede.

Drogen

Das Drogenproblem steht wie überall in Amerika auch in Florida an erster Stelle. Immer wieder fordern Politiker Geld für den *„Krieg gegen die Drogen"* und bei den letzten Präsidentschaftswahlen 1988 spielte dieses Thema eine wichtige Rolle. Dabei warf der Demokrat Michael Dukakis dem damaligen Vizepräsidenten und Gegenkandidaten George Bush und der Reagan-Regierung die Zusammenarbeit mit Panamas Ex-Diktator Noriega vor, der für *Schmiergelder* in Höhe von vielen Millionen Dollar dafür gesorgt hatte, daß die kolumbianischen Drogenhändler auch in Panama ungehindert Kokain anbauen konnten und der die U.S.-Administration bei ihren illegalen Aktionen mit den nicaraguanischen Contras unterstützt hatte.

Murray Waas, Enthüllungsjournalist aus Washington D. C., schrieb dazu in der in Miami erscheinenden *New Times:* „Als die Reagan-Administration keine öffentliche Unterstützung für die nicaraguanischen Contras erhielt, wandte sie sich an die berüchtigsten Drogendealer der Welt ... die Contras bekamen ihre Waffen und Miami Kokain." Noriega wurde im Februar 1988 in Miami angeklagt, Bestechungsgelder in Höhe von 5,4 Millionen Dollar von der einflußreichsten Organisation im Drogengeschäft, dem *Medellin Kartell*, erhalten zu haben. Das Medellin Kartell, ein Zusammenschluß der mächtigsten kolumbianischen *drug lords*, verfügt über Geld und Einfluß eines multinationalen Konzerns. Einer der konsumfreudigsten unter den Drogenchefs baute 80 Fußballfelder und einen ganzen Vorort mit preiswerten Wohnungen. Auf seiner riesigen Hazienda befinden sich 24 künstliche Seen und ein Privatzoo mit Giraffen und Elefanten. Das Kartell beschäftigt Bauern in Peru und Bolivien, die in den Anden Kokainpflanzen anbauen. In kolumbianischen Labors werden sie mit Äther und Aceton zu *Kokain* verarbeitet und von dort aus über Zentralamerika und die Karibik in die USA verschifft. Ein Kilogramm Kokainpaste, das nach Kolumbien geschmuggelt wird, ist 1700 Dollar wert, nach der Verarbeitung bereits 4000 Dollar. In den USA steigt der Preis schließlich sogar auf 18 000 Dollar.

Den höchsten Profit machen die „drug lords" aber mit *Crack*. Beim Verkauf bringt das Kokainsurrogat pro Kilo mehr als 160 000 Dollar. Für *Kolumbien* ist der Anbau von Kokain zum größten Exportfaktor geworden und die wesentlichen Bereiche der Politik, der Justiz, der Polizei und des Militärs werden von den „drug lords" kontrolliert. Wer sich nicht kaufen läßt, wird umgebracht. In den letzten Jahren haben 181 Beamte der Drogenkommission, zwölf Reporter, 57 Richter und ein Justizminister ihr Leben gelassen.

Drogenhandel:
Es ist nicht möglich, Miami auch nur annähernd zu verstehen, ohne etwas über die Allmacht des *amerikanischen Dollars* zu wissen. Der Drogenhandel ist fest in den Händen von Kolumbianern. Die günstige *geographische Lage* zwischen Nord- und Südamerika, die bequemen und vor allem nahen Luft- und Seewege in alle Richtungen prädestinieren Miami geradezu zum Drogenumschlagplatz Amerikas. Von hier aus wird das Kokain weiter zu den Verbrauchern geschleust, nach Louisiana, Texas und Kalifornien.

Selbst wenn die Drogenfahnder wieder einmal 8000 Pfund Kokain bei einer Razzia aufgespürt haben, ist das Miamis Tageszeitungen keine Schlagzeile mehr wert. Allein 1987 wurden 68 729 Pfund Kokain in Miami und Umgebung beschlagnahmt.

Miami Vice sei nicht erfunden, meint der Produzent der Serie, „wir haben das genommen, was da war, und dann ein paar Geschichten drumherumgesponnen". Wenn das stimmen würde, müßten *Crockett* und *Tubbs* unter Umständen selbst ins Gefängnis wandern. Das FBI untersucht seit Monaten die größte *Korruptionsaffäre* in seiner Geschichte – bislang ohne großen Erfolg. 59 Polizisten wurden zwar vom Dienst suspendiert, doch die Detektive sind der Ansicht, daß weit mehr als 100 Polizisten ihre Finger in Drogengeschäften haben. Staatsanwältin Jant Reno ist sich bewußt, daß „Drogen und Drogengeld eine riesige Verführung zur Korruption darstellen, auch für Polizisten."

Am Drogengeschäft sind unter anderem zahlreiche Banken beteiligt, die als *Geldwaschanlagen* für die Drogengelder fungieren. 1988 beschlagnahmte die U.S.-Regierung im Rahmen der größten Untersuchung von Geldwaschgeschäften in der Geschichte des Zolls zahlreiche Konten von insgesamt 41 Banken – dreiviertel davon waren Banken in Florida, auf denen sich mysteriöse Gelder in Millionenhöhe befanden. Die *Bank of Credit and Commerce International* wurde beschuldigt, Gelder in Höhe von 31 Millionen gewaschen zu haben. Die Kontenführung lief über Mittelsmänner. Die Untersuchungskommission warf der Bank nicht nur vor, gewußt zu haben, daß die Gelder aus Drogengeschäften stammten, sondern ihre Kunden bei der Geldwäscherei sogar beraten zu haben. Dies ist kein Einzelfall. Suspekte Konten wurden bei nahezu allen großen Banken Floridas entdeckt.

Cape Canaveral: Zum Himmel hoch fliegend, zu Tode gestürzt

Von Günter Haaf

Von Amerikas Weltraumbahnhof am Cape Canaveral starteten einst die „Helden der Nation" zum Mond. Dann sollte der Jungfernflug der Raumfähre „Columbia" im April 1981 eine neue Epoche der Raumfahrt einläuten. Doch technische Pannen zerrieben die Träume von bemannten Routineflügen ins All – bis schließlich, am 28. Januar 1986, die Raumfähre „Challenger" explodierte. Erst im September 1988, nach gut zweieinhalbjähriger, schmerzlicher Pause, konnte die NASA die Shuttle-Flüge wieder aufnehmen.

Über allen Sümpfen ist Ruh'. Nur auf den wenigen, quer durchs Marsch- und Buschgelände geschlagenen Straßen rollen in regelmäßigen Abständen Busse. Abgeschirmt durch getönte Scheiben und gekühlt von Klimaanlagen nehmen die Touristen das subtropische Tier- und Pflanzenleben da draußen im Nationalen Wildschutzgebiet *Merritt Island* kaum wahr. Sie sind nicht gekommen, um die seltenen Seekühe oder die Alligatoren in der Moskito-Lagune zu beobachten, nicht, um nach den mehr als 280 verschiedenen Vogelarten dieses Schutzgebietes Ausschau zu halten. Zielstrebig steuern die Busse rostende Stahlskelette an, auch verwitternde Bunker, gewaltige Gebäude ohne Fenster und eine überdimensionale Betonpiste mit dem optischen Reiz einer Bodenfliese im städtischen Hallenbad. Hier also hoben die Gemini-Astronauten ab, dort nahm die Katastrophe der „Challenger" ihren Lauf. Die gespenstische Tour zu den toten Tempeln inmitten wuchernder Natur gehört zu den großen Touristenattraktionen Floridas.

Mehr als eine Million Besucher lassen sich Jahr für Jahr zu den Sehenswürdigkeiten des *Kennedy Space Center* der US-Raumfahrtbehörde NASA sowie der südlich angrenzenden Cape Canaveral Air Force Station karren. Dabei tragen die fliegenden Objekte, die es gewöhnlich über Amerikas „Weltraumbahnhof" zu sehen gibt, fast immer Federn und fast nie Feuerschweife: Den Millionen Vögeln, die über dem 567 Quadratkilometer großen, zu neun Zehnteln als Nationales Wildschutzgebiet ausgezeichneten Raumfahrtzentrum schwirren, stehen seit der Explosion der „Challenger" nur wenige zivile Raketenstarts der NASA gegenüber – meist unbemannte Starts, seit dem 26. Shuttle-Flug vom 29. September 1988 auch wieder – in monatelangem Abstand – bemannte Raumfähren-Missionen.

Stets bemannt ist in dem beschaulichen Bahnhof allerdings das *Visitors Information Center*. Dort bleiben neben den Bus-Reisenden Jahr für

Mehr als eine Million Besucher sehen sich Jahr für Jahr das Kennedy Space Center ▶
der US-Raumfahrtbehörde NASA an.

Jahr auch noch etliche hunderttausend Touristen hängen, die sich ein paar Dollar für die Tour sparen. Sie schauen sich die Raumfahrer-Reliquien der Mercury-, Gemini- und Apollo-Ära an, wandern durch den „Raketengarten" und erstehen Erinnerungsstücke im Souvenirshop. Im großzügigen Besucherzentrum erinnert eine kleine Tafel an die sieben Astronauten, die an Bord der „Challenger" umkamen. Gregory Jarvis, Ronald McNair, Allison Onizuka, Judith Resnik, Francis Scobee und Micheal Smith sowie – als „Fluggast" – die Lehrerin Christ McAuclife. Dennoch ist die Raumfähre ein Symbol amerikanischen Nationalstolzes geblieben. Wortgewandte Führer überschütten ihre dichtgedrängten Zuhörer mit den technischen Superlativen des Space Shuttle und des Kennedy-Raumfahrtzentrums – so, als wäre das Desaster vom 28. Januar 1986 nur eine lästige Panne gewesen. Die Wirklichkeit der Besucher ist die Simulation: Im Vorführraum, einer Art Disneyworld-Filiale am Cape Canaveral, röhren die Raumfähren routinemäßig alle zehn Minuten ins All.

Draußen scheint der Raketenstartplatz in einen Dornröschenschlaf verfallen zu sein. Verborgen in fensterlosen Hangars und im gewaltigen, 160 Meter hohen Würfel des *Vehicle Assembly Building*, in dem einst die Saturn V-Raketen für den Flug zum Mond aufgetürmt wurden, werden die drei verbliebenen Raumfähren „Columbia", „Discovery" und „Atlantis" auf die bevorstehenden Flüge vorbereitet. Erst einige Tage vor einem Starttermin – der aus technischen Gründen und des Wetters wegen immer wieder verschoben werden kann – rollt das jeweils startbereite Shuttle, auf einem riesigen Raupenschlepper stehend, im Schneckentempo dem Raumfähren-Startkomplex 39 entgegen. Erst dann wird für Besucher sichtbar, was im „Visitors Center" so attraktiv präsentiert ist: *Raumflugzeuge*.

Die Raumfahrt ist, das mußte die NASA allen Propagandasprüchen zum Trotz bitter erfahren, ein riskantes Unternehmen geblieben – technisch und politisch. Als die Vereinigten Staaten nach dem Sputnik-Schock und nach Juri Gagarins Raumflug-Premiere den prestigeträchtigen Wettlauf ins All mit der Sowjetunion aufnahmen, glaubte die Nation fast uneingeschränkt an die „neue Front" jenseits der Atmosphäre. Der alte Pioniergeist, die technisch-organisatorische Meisterleistung des Apollo-Projektes und ein klares, für jedermann leicht begreifbares Ziel – der Mond – überdeckten eine rationale Diskussion über realistische Ziele der zivilen Raumfahrt: Welche wissenschaftlichen, technischen und wirtschaftlichen Weltraum-Projekte könnten langfristig sinnvoll sein? Welche Missionen sollten bemannt und welche besser unbemannt geflogen werden?

So war es, rückblickend gesehen,

kein Wunder, daß die NASA nach den Triumphen der Apollo-Mondlandungen gleich doppelt ins Leere stürzte: Das öffentliche Interesse schmolz Anfang der siebziger Jahre ebenso schnell dahin wie die einst üppigen Etats. In diese Zeit der Ernüchterung fiel die Entstehungsgeschichte der Raumfähre.

Das ursprünglich geplante NASA-Konzept mußte aus Geldmangel bis auf die Knochen abgemagert werden. Nichts wurde es mit einem doppelt wiederverwendbaren, aus Transporter und Orbiter bestehenden Shuttle, nichts aus der ständig bemannten Raumstation oder gar der Mondstation, den ursprünglichen Zielen der Raumtransporter.

Auch Wissenschaftler, die Experimente im All planten, blieben dem Projekt einer bemannten Allzweckfähre gegenüber eher skeptisch: Sie fürchteten – wie sich herausstellen sollte: zu Recht – höhere Kosten und zeitliche Verzögerungen wegen der höheren Sicherheitsanforderungen der bemannten Raumfähren. Schließlich sollte die Spedition von Nachrichten- und Wettersatelliten sowie der Transport militärischer Raumfracht das Shuttle-Programm rentabel machen.

So entstand ein gut 37 Meter langes, stummelflügeliges Raumschiff, das sieben Astronauten und – maximal – knapp 30 Tonnen Fracht in eine erdnahe Umlaufbahn hieven können sollte – das *Space Shuttle*. Es sollte sich als technisch und wirtschaftlich schwer beherrschbarer Kompromiß erweisen, nachdem es im April 1981 mit zweijähriger Verspätung gegenüber der ursprünglichen Planung erstmals von Cape Canaveral aus startete. Pannen führten zu immer stärkeren Verzögerungen; das ursprüngliche Ziel, jede der inzwischen vier Raumfähren schon zwei Wochen nach einer Landung wieder startbereit zu machen, erwies sich als unerreichbar. Schlimmer noch: Gravierende Konstruktionsschwächen wurden, trotz interner Kritik, nicht behoben, die Lehren aus Beinahe-Katastrophen nicht gezogen. So kam es, daß ein billiger Dichtungsring an einer der beiden Feststoff-Hilfsraketen beim 25. Shuttle-Start versagte und die *Challenger* über dem Raumfahrtzentrum explodierte.

Mit dem Sechs-Milliarden-Mark-Gefährt zerstoben auch die Hoffnungen vor allem der NASA-Mitarbeiter am Cape Canaveral, endlich wieder Anschluß an die glorreiche Raumfahrt-Zeit der sechziger Jahre zu finden. Zerplatzt ist auch der Traum von der billigen Raumfahrt-Spedition per Shuttle – die unbemannten Wegwerfraketen wie die europäische *Ariane* erwiesen sich als preiswerter, ohne wesentlich unzuverlässiger zu sein. Vergangen ist die Hoffnung der NASA, beim Prestige-Wettlauf mit dem großen Konkurrenten Sowjetunion dank überlegener Technik im Weltraum endgültig davonzuziehen.

Hinfällig sind auch die Pläne, zum 500. Jahrestag der Entdeckung Amerikas im Jahr 1992 eine ständig bemannte Raumstation mit Hilfe der Shuttle-Flotte in einer Erdumlaufbahn zu installieren und damit die „Industrialisierung" des Weltraums einzuläuten. Äußerst ungewiß ist schließlich das Schicksal etlicher unbemannter wissenschaftlicher Raumfahrtmissionen, die schon längst an Bord der Raumfähre hätten starten sollen – darunter ein „Galileo" genannter Roboter, dessen Flug zum Jupiter ursprünglich bereits für 1982 geplant war, der aber nach dem „Challenger"-Unglück erneut eingemottet werden mußte. Nur eines scheint im Frühjahr 1989 sicher: Der Einfluß des Militärs auf die zivile Raumfahrtbehörde NASA ist größer als je zuvor. Und dabei hatte das Pentagon schon vor dem Ende der „Challenger" rund ein Drittel der Shuttle-Flüge gebucht gehabt.

Der gewichtige militärische Einfluß kann nicht überraschen. Schließlich geht die gesamte Raumfahrt auf kriegerische Technik zurück, abgesehen von den Träumen und Basteleien früher Raketenpioniere. Phantasievolle Schriftsteller wie *Jules Verne* erdachten sich im vorigen Jahrhundert plausibel klingende technische Möglichkeiten, mit denen ihre Helden – im Roman – die Anziehungskraft der Erde verlassen konnten. Und schon Anfang dieses Jahrhunderts machten sich die geistigen Väter des Weltraumfluges, der Russe *Konstantin Ziolkowsky* und der Deutsche *Hermann Oberth*, Gedanken über künstliche Monde und Reisen zu benachbarten Gestirnen. Oberths jüngerer Kollege *Eugen Sänger* diskutierte bereits 1933 in seinem Buch „Raketenflugtechnik" die Idee eines wiederverwendbaren Raumtransporters. Etwa zur selben Zeit experimentierte der amerikanische Physikprofessor *Robert Goddard* als erster erfolgreich mit kleinen Raketen, die – anders als herkömmliche Feuerwerkskörper – mit flüssigem Treibstoff angetrieben wurden: Am 31. Mai 1935 erreichte eine von Goddards Raketen die Höhe von rund 2300 Metern.

Erst der Zweite Weltkrieg machte aus den zivilen Spielereien blutigen Ernst. Sowohl der „heiße" wie auch der „kalte Krieg" waren Triebfedern des Fortschritts. So schreibt der Berliner Raumfahrtexperte *Harro Zimmer*: „Am 3. Oktober 1942 vollführte die erste Großrakete der Welt, das deutsche Aggregat 4 (A 4), später von der nationalsozialistischen Propaganda Vergeltungswaffe 2 (V 2) genannt, von Peenemünde an der Ostseeküste aus ihren ersten erfolgreichen Flug" – die 14 Meter lange und 14 Tonnen schwere Rakete flog 90 Kilometer hoch und 192 Kilometer weit. Am 4. Oktober 1957 startete der erste von Menschenhand geschaffene Erdsatellit „Sputnik 1" in der Nähe der „trostlosen Steppensiedlung Tjuratam am Fluß Syr-Darja, in Kasachstan gelegen" (Zimmer).

Der Schuß von Tyuratam ging, im Wortsinn, um die Welt. Er erschütterte zutiefst das Selbstverständnis der

USA, die führende Technik-Nation der Erde zu sein – und er löste die Lawine aus, die das sandig-sumpfige Cape Canaveral in den Weltraumbahnhof der USA verwandelte. Neben dieser offensichtlichen Verbindung zwischen dem sowjetischen und dem amerikanischen Startplatz gibt es noch einen weiteren Verknüpfungspunkt: Peenemünde.

Nach dem Zusammenbruch des Dritten Reiches fielen die „Vergeltungswaffen" und ihre Erbauer den Russen und Amerikanern in die Hände. Zwei Männer aus Peenemünde halfen dann den USA an entscheidender Stelle, den Sputnik-Schock in den Triumph der Mondlandung umzuwandeln: *Wernher von Braun*, der Vater der Mondrakete Saturn V, und *Kurt Debus*, der langjährige Direktor des Kennedy-Raumfahrtzentrums. Beide hatten nach dem Krieg in den USA rasch Karriere gemacht. Von Braun wurde 1950 technischer Direktor des Fernlenkwaffenzentrums der amerikanischen Armee in Huntsville, Alabama. Debus übernahm wenig später die Aufsicht über den mit zunächst nur 37 Mann besetzten Raketenstartplatz der Armee am Cape Canaveral, von wo aus von 1953 an die ersten Redstone- und Jupiter-Interkontinentalraketen abgeschossen wurden.

Cape Canaveral war den amerikanischen Raketenschützen schon 1947 als ideales Testgebiet aufgefallen. Das Kap – eine etwa 60 Quadratkilometer große, sandige Nehrungsinsel, die durch eine Lagune vom Festland getrennt ist – unterbricht als einziger Landvorsprung den sonst geraden Verlauf der Ostküste Floridas. Schon 1513 ankerte der spanische Konquistador Ponce de León vor dem auffälligen Knick in der Küste, aber erst 92 Jahre später erkundeten andere Spanier das Kap und gaben ihm seinen Namen nach dem dort wachsenden dichten Schilfröhricht.

Die US-Militärs waren an dem freien Schußfeld vor Cape Canaveral – dem offenen Atlantik – besonders interessiert, nachdem eine verbesserte V 2-Rakete über das alte Versuchsgelände White Sands im Bundesstaat New Mexico hinausgeschossen und auf einem Friedhof südlich der Stadt Juarez im benachbarten Mexiko niedergegangen war. Im Sommer 1950 stand die erste Startrampe am Kap.

Ein anderer geographischer Vorteil des Startplatzes in Florida wurde den amerikanischen Raketenschützen erst richtig bewußt, als sie das Raumfahrt-Rennen mit ihren sowjetischen Konkurrenten aufnahmen. Der Kugelform der Erde wegen dreht sich nämlich ein Punkt am Äquator mit höherer Geschwindigkeit um die Erdachse als ein Ort weiter nördlich oder südlich. Wenn beim Start eines Erdsatelliten direkt am Äquator in Richtung Osten dieser „Bonus" genutzt wird, bekommt die Rakete schon vor dem Abheben die höchstmögliche Rotationsgeschwindigkeit der Erdoberfläche von rund 1675 Kilometer pro Stunde mit; am 47. Breitengrad, der durch den Vierwaldstätter See läuft, beträgt die Rotationsgeschwindigkeit nur noch etwa 1100 Kilometer pro Stunde (ein Satellit, der die Erde in einer Höhe von 500 Kilometern umkreist, legt 27 340 Kilometer in der Stunde zurück).

Je näher ein Startplatz am Äquator liegt, desto weniger Treibstoff braucht die Rakete, um eine bestimmte Nutzlast ins All zu tragen: ein Vorteil, den vor allem die europäische Raumfahrtagentur ESA mit ihrem äquatornahen Startplatz Kourou in Französisch-Guayana nützt, der aber auch Cape Canaveral (28,5 Grad nördlicher Breite) attraktiver als etwa Tjuratam (47 Grad Nord) macht.

Der Standortvorteil nützte den Amerikanern freilich nichts, als das Piep-piep des *ersten Sputnik* (russisch für „Satellit") 1957 das Weltraumrennen der Großmächte einläutete. Zwar hatten auch die sowjetischen Raketeningenieure das V 2-Prinzip weiterentwickelt. Im Gegensatz zu ihren amerikanischen Kollegen bündelten sie jedoch mehrere Triebwerke zu – für die damalige Zeit – sensationell schubstarken Trägerraketen: Sputnik 1 wog 83,6 Kilogramm, Sputnik 2 (gestartet am 3. November 1957) schon 508 Kilogramm und Sputnik 3 vom 15. Mai 1958 gar 1327 Kilogramm. Nicht genug, Sputnik 2 trug auch mit der Eskimohündin Laika das erste Lebewesen in eine Erdumlaufbahn. Dagegen nahmen sich die hektischen amerikanischen Versuche wie vergebliche Liebesmüh' aus. Oft versagten US-Raketen schon beim Start in Cape Canaveral – und das vor den Fernsehkameras.

Eine Entscheidung für 80 Milliarden Mark

Während die aufgeschreckten Amerikaner den sowjetischen Erfolgen nacheiferten, wurden – wenig beachtet – die Weichen zum späteren Erfolg der Raumfahrtmacht USA gestellt. Schon im Frühling 1957 hatten die Raketenspezialisten der US-Army um Wernher von Braun erste Studien für eine Superrakete angefertigt, die mit rund 750 Tonnen Schub etwa zehnmal stärker als die damals stärkste amerikanische Rakete, die Jupiter, werden sollte. Ursprünglich hieß der geplante Gigant Juno V, doch Mitte 1958 setzte sich der Name durch, der später das Synonym für den amerikanischen Raketenerfolg wurde: *Saturn*.

Im Juli 1958 bündelte die US-Regierung ihre zuvor verstreuten Forschungsvorhaben, indem sie die *zivile Luft- und Raumfahrtbehörde NASA* schuf. Knapp zwei Jahre später brachte Präsident Dwight D. Eisenhower das Raketenspezialistenteam der US-Army – und damit die Saturn-Rakete – in die NASA ein: das heute noch als Raketenentwicklungszentrum fungierende *Marshall Space Flight Center* in Huntsville, Alabama. Ebenfalls 1960 ging das von Debus geleitete Raketenstartgelände der

Armee am Cape Canaveral samt 535 Mitarbeitern an die zivile Raumfahrtbehörde über. Ein Jahr später wurde schließlich das dritte große NASA-Zentrum, zuständig für den bemannten Raumflug, im texanischen Houston gegründet (das Hauptquartier der NASA befindet sich in Washington).

Im Frühjahr 1961 überschlugen sich dann die Ereignisse. Am 12. April startete *Jurij Gagarin* als erster Mensch zu einer Erdumkreisung und demonstrierte damit den Vorsprung der russischen Raumfahrt. Am 25. Mai nahm Präsident *John F. Kennedy* die Herausforderung an und verpfändete mit seiner berühmt gewordenen Rede die Ehre der Vereinigten Staaten: „Ich glaube, daß diese Nation sich dem Ziel verpflichten sollte, bis zum Ende des Jahrzehnts einen Mann auf dem Mond zu landen und ihn wieder sicher zur Erde zurückzubringen."

Kennedys Entscheidung kostete den amerikanischen Steuerzahler mehr als 80 Milliarden Mark, aber die damals schon vorhandene Kritik an dem milliardenfressenden Prestigeunternehmen Raumfahrt ging im „Wettlauf zum Mond" unter. Schon kurz nach dem Start des ersten Sputnik hatte der große deutsche Physiker und Nobelpreisträger Max Born das Leitmotiv der Raumfahrtkritik geschrieben: „Ich gehöre zu der Generation, die noch zwischen Verstand und Vernunft unterscheidet. Von diesem Standpunkt ist die Raumfahrt ein Triumph des Verstandes, aber ein tragisches Versagen der Vernunft!" Und der Chemiker Philip Abelson, ehemaliger Chefredakteur der einflußreichen amerikanischen Wissenschaftszeitschrift „Science", sprach 1963 das Mißtrauen vieler Forscher gegenüber dem geplanten Apollo-Mondlandeprogramm aus: „Ich glaube, im Hinblick auf dauerhafte Werte wird bei der Landung eines Menschen auf dem Mond sehr wenig herauskommen – zwei oder drei Fernseh-Spektakel, und damit hat sich's."

Doch die Mahnungen fruchteten nichts. Der amerikanische Kongreß hatte entschieden, die Mondmänner der NASA „1. Klasse reisen zu lassen". Am Cape Canaveral kaufte die NASA ein Gebiet von der Fläche des Bodensees. Gut 500 Quadratkilometer des für 72 Millionen Mark erstandenen Geländes haben bis heute hauptsächlich die Funktion einer Sicherheitszone: sie werden als Naturschutzgebiet vom *National Wildlife Service* der USA betreut. Auf Merritt Island entstanden Kontrollzentrum und das gigantische *Vehicle Assembly Building* des Startkomplexes 39, auf der Sanddüne am offenen Atlantik die beiden Startplattformen 39-A und -B – die Abschußrampen für die Mondraketen und, nach etlichen Änderungen, nun auch für die Raumfähre.

Rund eine halbe Milliarde Dollar pumpte die NASA allein in den Startkomplex 39, den eigentlichen Mondbahnhof, darunter 13,6 Millionen

Dollar für die beiden riesigen Raupenfahrzeuge, mit denen dann die Mondrakete Saturn V samt Startturm und Abschußrampe (Gesamtgewicht rund 8000 Tonnen) von der Montagehalle zu den 5500 und 6800 Meter entfernten Startplattformen geschleppt wurden (die Raupenschlepper tragen auch das Space Shuttle, das betankt und mit den beiden großen Hilfsraketen versehen gut 1900 Tonnen wiegt).

Als der Mondbahnhof noch eine riesige Baustelle war, lief an den südlich angrenzenden Startkomplexen das Mercury-Programm erfolgreich aus, begannen die Vorbereitungen für die Flüge mit den zweisitzigen *Gemini-Kapseln,* starteten die ersten Saturn I-Raketen „mit der Präzision eines Uhrwerks", wie die NASA in ihrer Cape Canaveral-Chronik „Moonport" lobt. In diese anhaltende Erfolgsstory platzte am 22. November 1963 die Nachricht von der Ermordung John F. Kennedys. Sein Nachfolger, der Texaner Lyndon B. Johnson, nannte daraufhin das NASA-Raketenstartzentrum in *John F. Kennedy Space Center* um und gab Cape Canaveral den neuen Namen *Cape Kennedy*. (Johnsons Name wurde später im Zentrum für bemannte Raumflüge in Houston verewigt, das heute *Lyndon B. Johnson Space Center* heißt). Zehn Jahre später, am 29. Mai 1973, machte der damalige Gouverneur von Florida, Reubin Askew, den Namenswechsel wieder rückgängig: Cape Canaveral, eine der ältesten geographischen Bezeichnungen der USA, sollte weiter existieren, während das NASA-Startzentrum seinen Namen zur Erinnerung an Kennedy behielt.

Die ersten Männer auf dem Mond
Schon Mitte der sechziger Jahre war abzusehen, daß die NASA Präsident Kennedys Ziel erreichen würde. Im Februar 1966 startete zum ersten Mal eine unbemannte *Apollo-Kapsel* mit der kleinen Schwester der Mondrakete, der Saturn I-B, die beim Start „nur" 585 Tonnen wog. Und am 9. November 1967 hob zum ersten Mal die 111 Meter hohe, 2890 Tonnen schwere Mondrakete Saturn V vom Startkomplex 39-A ab und trug eine unbemannte Apollo-Kapsel in eine Erdumlaufbahn.

Zwischen den Jungfernflügen der kleinen und großen Saturn erlitt die NASA einen tragischen Rückschlag. Bei einer Routineprüfung im Startkomplex 34 zur Vorbereitung des ersten bemannten Apollo-Fluges entzündete am 27. Januar 1967 ein Kurzschluß brennbares Kabelmaterial in der Raumkapsel mit der Seriennummer 204. Die drei Astronauten Virgil Grissom, Edward White und Roger Chaffee versuchten verzweifelt, dem Feuer zu entkommen, das wegen der reinen Sauerstoffatmosphäre im Raumschiff rasch die Intensität einer Schweißbrennerflamme erreichte. Doch der komplizierte Ausstiegsmechanismus der Luke, die sich selbst unter normalen Umständen nicht schneller als in 90 Sekunden öffnen ließ, verhinderte die Flucht.

Das Unglück machte die NASA und ihre Mitarbeiter vorsichtiger. Die Ausstiegsluke wurde so geändert, daß sie sich mit einem Handgriff in Sekundenschnelle öffnen ließ, und die reine Sauerstoffatmosphäre in der Kapsel mußte einem weniger feuergefährlichen Gemisch von 60 Prozent Sauerstoff und 40 Prozent Stickstoff weichen. Die nochmals verstärkte Sorgfalt ließ dann das Apollo-Mondlandeprogramm ohne größere Pannen ablaufen: Am 11. Oktober 1968 flog die erste bemannte Apollo-Kapsel um die Erde; zu Weihnachten desselben Jahres katapultierte eine Saturn V die drei Apollo 8-Astronauten Frank Borman, James Lovell und William Anders als erste Menschen aus dem Schwerefeld der Erde in eine Kreisbahn um den Mond; am *21. Juli 1969* schließlich betraten *Neil Armstrong* als erster und *Edwin Aldrin* als zweiter Mensch den Mond, während ihr Kollege *Michael Collins* mit *Apollo 11* um den Erdtrabanten kreiste.

*Nach der Katerstimmung
neue Erfolge*
Nachdem Kennedys Versprechen eingelöst und die sowjetische Konkurrenz geschlagen war, sank das Mondlandespektakel in sich zusammen. Apollo 12 lief im November 1969 schon mit präziser Langeweile ab. Apollo 13 sorgte freilich noch einmal für Schlagzeilen: Ausgerechnet am 13.4.1970 (Ortszeit Cape Canaveral) riß beim Flug zum Mond ein Sauerstofftank und legte die Energieversorgung des Raumschiffs lahm. James Lovell, Fred Haise und John Swigert zogen sich in die angekoppelte Mondlandefähre zurück, flogen im Bogen um den Mond und wasserten mit ihrer Apollo-Kapsel am 17. April im Südpazifik.

Nach der glimpflich verlaufenen Panne starteten noch vier weitere Apollo-Mannschaften zu erfolgreichen Mondexpeditionen – drei weniger, als ursprünglich geplant. Erst beim letzten Flug hatten die Wissenschaftler, denen das Mondprogramm von Anfang an zu aufgebläht vorkam, mit dem Geologen Harrison Schmitt einen der Ihren mit an Bord. Apollo 17 war am 7. Dezember 1972 der erste (und letzte) Nachtstart einer Saturn-V-Rakete. Geologe Schmitt und sein Kommandant Eugene Cernan brachen noch einmal alle Mondlanderekorde, als sie ingesamt 75 Stunden auf dem Trabanten verbrachten, dort mit dem mitgebrachten Mondauto 33,6 Kilometer zurücklegten und 113,5 Kilogramm Mondgestein einsammelten. Insgesamt hatte das Apollo-Programm bei sechs Landungen zwölf Astronauten auf dem Mond abgesetzt, die zusammen 385 Kilogramm Gestein mit zur Erde zurückbrachten – eine Ausbeute, die gut 200 Millionen Mark pro Kilogramm kostete.

Zweifellos hatte das Mondprogramm die USA zur führenden Raumfahrtmacht gemacht. Nach der

Euphorie folgte freilich eine Katerstimmung in Washington, die zu enormen Budgetkürzungen bei der NASA führte. Unter dem Motto „Zurück zur Erde" verschwanden die Pläne einer bemannten Marslandung in den Schubladen und selbst das Programm zum Bau des wiederverwendbaren Raumtransporters wurde mit 5,5 Milliarden Dollar so schwach finanziert, daß das Space Shuttle kaum vom Boden kam. Nur viermal noch hoben nach Apollo 17 amerikanische Astronauten vom Startkomplex 39 des Kennedy Space Center ab – jedesmal in der kleineren Saturn 1-B: dreimal während des Skylab-Programms – der ersten bemannten Raumstation, einer umgebauten 3. Stufe der Saturn V – und einmal für das erste amerikanisch-sowjetische Gemeinschaftsvorhaben der bemannten Raumfahrt, das „Apollo Sojus Test Program" von 1975.

Die lange Pause bis zum Einsatz der Raumfähre und die Budgetkürzungen für andere Programme machten das Kennedy Space Center zu einem vergleichsweise ruhigen Ort. Mitte der siebziger Jahre, als der Startkomplex 39 zum *National Historic Site* erklärt wurde, arbeiteten nur noch rund 16 000 Menschen am Kap, zehntausend weniger als ein Jahrzehnt zuvor. Dennoch konnte das Raumfahrtzentrum, konnte die NASA Erfolge vermelden, die der Mondlandung eigentlich nicht nachstanden – auch wenn es sich um unbemannte Flüge handelte: US-Sonden schickten Bilder von Merkur und Venus, von Mars, Jupiter und sogar vom fernen, beringten Saturn zurück. 1976 landeten zwei Viking-Roboter auf dem Mars, ohne dort auf Lebensspuren zu stoßen. Ende 1978 tauchten vier Landekapseln der amerikanischen Raumsonde Pioneer Venus 2 in die glühendheiße Atmosphäre des Morgensterns ein. Und die Farbfotos, die die Sonden Voyager 1 und 2 seit 1979 vom Jupiter und seinen Monden, vom beringten Saturn und – Voyager 2 im Jahr 1986 – sogar vom fernen Uranus zurückfunkten, übertrafen alle Erwartungen. Ende 1989 wird Voyager 2 schließlich den 8. und vorletzten Planeten – den Neptun – passieren.

Die Bilder aus den Tiefen des Alls sind für die NASA zugleich quälende Erinnerungen an bessere Zeiten. Die Raumfahrtbehörde hatte in ihrer Finanznot in den siebziger Jahren alles auf die Karte Raumfähre gesetzt – und damit den Schwarzen Peter gezogen. Zwar flogen die vier gebauten Shuttles zwischen April 1981 und Dezember 1985 insgesamt 24mal ins All. Aber die Freude an den erfolgreich abgeschlossenen Flügen war von Anfang an getrübt: permanente Pannen am Raumfahrzeug sorgten für ständige Verzögerungen im viel zu engen Zeitplan; verlorene – weil von Hilfsraketen nicht weitertransportierte – Satelliten unterminierten den Ruf und die Wirtschaftlichkeit des Transportmittels Raumfähre.

Schon vor dem „Challenger"-Desa-

◀ *Von Amerikas Weltraumbahnhof am Cape Canaveral starteten einst die «Helden der Nation» zum Mond.*

ster hatte sich abgezeichnet, daß die Shuttle-Rechnung der NASA nicht aufgehen konnte. Auf dem inzwischen lukrativen Markt des Transports von Nachrichten- und Wettersatelliten war den amerikanischen Raumfähren mit der europäischen Großrakete „Ariane" ein tüchtiger Konkurrent erwachsen. China und Japan sowie private amerikanische Konsortien drängen zudem in dieses Geschäft.

In der bemannten Raumfahrt baut die Sowjetunion beharrlich ihre „Sojus"-Raumstationen aus. Russische Kosmonauten haben die amerikanischen Dauerflugrekorde an Bord des *Skylab* von 1973/74 – 84 Tage – längst weit überboten: 1979 verbrachten die beiden Kosmonauten Wladimir Ljachow und Valerij Rjumin 175 Tage in der Raumstation Saljut 6. Und 1988 wurde der Rekord von den Kosmonauten Manarow und Titow auf 366 Tage geschraubt.

Sogar bei der wissenschaftlichen Erkundung des Sonnensystems mußte die NASA ihre Konkurrenten vorbeiziehen lassen. Symptomatisch für die Folgen der zu einseitigen Entscheidung für die Raumfähre waren die Forschungsflüge zum Kometen Halley, der nach 76 Jahren wieder in die Nähe der Erde gekommen war: Als im März 1986 eine Flottille von fünf unbemannten Raumsonden den berühmtesten aller Schweifsterne passierte, war kein amerikanischer Späher dabei. Die Erkundung übernahmen je zwei sowjetische und japanische Sonden sowie das europäische Raumfahrzeug „Giotto", das aus nur 10 000 Kilometer Entfernung die ersten Fotos vom harten Kern des Kometen lieferte.

Auch wenn die NASA ihre Shuttle-Starts vom Kennedy-Raumfahrtzentrum 1988 wieder aufgenommen hat, ist die Zukunft des Weltraumbahnhofs als *das* Tor zum All ungewiß. Denn möglicherweise ist die bemannte Raumfahrt mit all ihrem menschlichen Drama nur eine Übergangsphase: „Intelligente" Roboter könnten die allermeisten Aufgaben im All übernehmen – ohne jene schweren und deshalb teuren Lebenserhaltungssysteme, ohne die der Mensch keine Sekunde im Raum überleben könnte.

Amerikanische, britische und deutsche Konstrukteure haben in den letzten Jahren Pläne für horizontal – also wie Flugzeuge – startende Raumfahrzeuge vorgelegt. Solche „Hyperschallflieger" sollen sowohl mit Raketen- als auch mit luftatmenden Düsenmotoren ausgestattet sein. Erdacht hat sich die Raumflugzeuge – sie sollen in einer knappen Stunde nach dem Start jeden Punkt der Erde erreichen können – der deutsche Weltraumpionier Eugen Sänger schon im Jahre 1933; ihm zu Ehren heißt das bundesdeutsche Hyperschall-Projekt folgerichtet „Sänger".

Sollten „Sänger" oder das britische „Hotol" oder der amerikanische „Orient Expreß" je starten, verlöre Cape Canaveral womöglich endgültig seine Vormachtstellung als Zentrum der bemannten Raumfahrt des Westens. Denn dann würden die Starts von Flughäfen in der Nähe der großen Städte erfolgen. Aber vielleicht bliebe dem Kennedy Space Center ja doch noch die Rolle als „Disneyworld Spaceport"?

(Günter Haaf, 1946 in Stuttgart geboren, arbeitete unter anderem vier Jahre beim „Stern" und war neun Jahr lang Wissenschaftsredakteur bei der „Zeit". Seit 1986 ist er verantwortlicher Redakteur der Zeitschrift „Geo Wissen".

Dieser für das Buch aktualisierte Beitrag wurde erstmals im Merian-Heft „Florida", 5/1980, Hoffmann und Campe Verlag, Hamburg, veröffentlicht.)

Hollywood in Florida

Bislang wagte niemand ernsthaft, Hollywood als Filmhauptstadt der Welt in Frage zu stellen. Warum auch? Tatsache ist, daß in dem kleinen Vorort von Los Angeles jährlich für sechs Billionen Dollar Filme gedreht werden. New York folgt mit 2,5 Billionen vor Florida mit 250 Millionen Dollar. Doch im *Sunshine State* tut sich was: Am Highway von Orlando nach Disneyworld signalisiert ein Wasserturm mit gigantischen Mäuseohren den Standort eines neuen Studiokomplexes, der Touristenboom und Filmgeschäft unter einen Hut bringen will. *Disney* hat *Metro Goldwyn Mayer,* dem Filmriesen aus Hollywood, Filmrechte und die Rechte an der Nutzung des Kürzels *MGM* abgekauft, 400 Millionen Dollar in sein Projekt gesteckt und will mit Studiotouren für Touristen und Produktion von Filmen das große Geld machen. Nur 25 Kilometer entfernt steigen die *Universal Studios* in Orlando für die geschätzte Summe von 500 Millionen Dollar mit einem ähnlichen Projekt in das Filmgeschäft ein. Gerüchten zufolge will auch *Paramount* nachziehen.

Floridas Metropole Miami ist bereits heute der führende Produzent von kommerziellen Werbespots in den USA. Hunderte kleiner Studios haben sich dort allein letztes Jahr im Sog der Krimiserie *Miami Vice* niedergelassen. Die Einwohner von Miami ärgern sich über die Episoden mit den smarten Rauschgiftfahndern *Don Johnson* und *Philip Michael Thomas,* weil das durch cubanische Einwanderer eh schon lädierte Ansehen der Stadt durch die tatsächlich existierende Drogenkriminalität noch weiter verschlechtert wird. Aber Regisseure und Fotografen sind dem Charme der Metropole verfallen. Da sind der für teures Geld renovierte Art Deco-Distrikt von Miami Beach, die gläsernen Wolkenkratzer von *Downtown,* der weiße palmengesäumte Strand , das blaugrüne Meer – kein technisch noch so gut ausgestattetes Studio kann das bieten.

Wären die Floridianer früher nicht ganz so konservativ gewesen, dann wäre Hollywood heute wahrscheinlich nicht viel mehr als irgendeine dieser austauschbaren amerikanischen Vorstädte mit Supermarkt, McDonald's und Waschsalon an der Durchgangsstraße. Filmpionier *Sidney Olcott* aus New Jersey ging 1902 wegen des schönen Wetters und der filmreifen tropischen Umgebung nach *Jacksonville* in Nordflorida. Die Bewohner von Jacksonville, Südstaatler wie sie im Buche standen, hatten jedoch mit den ihrer Meinung nach ungesitteten und unmoralischen Filmmenschen nichts im Sinn. Sie fürchteten um den guten Ruf ihrer Stadt und verwiesen sie per eilig gefaßtem Gerichtsbeschluß des Landes. Die Filmcrew zog gen Westen, nach Kalifornien, wo die Menschen freundlicher und die Gesetze liberaler waren. Hollywood wurde Hollywood – und Jacksonville blieb ein unbekanntes Küstenstädtchen.

Trotzdem wurden in Florida auch Filme produziert, denn die Vegetation mit Küste, Dschungel, klaren Quellen und das Vorhandensein von wilden Tieren waren die optimale Kulisse für Abenteuerfilme. *Tarzans* markerschütternder Urschrei ertönte 1930 im tiefsten Dschungel Floridas in *Wakulla Springs* bei Tallahassee zum ersten Mal und noch heute schwärmen die älteren Einwohner, von denen einige Nebenrollen erhielten, daß kein späterer Tarzan so kunstvoll die Liane geschwungen habe wie der zwölffache Olympiasieger im Schwimmen, Johnny Weissmuller. „*Das Ungeheuer der blauen Lagune*" trieb 1954 sein Unwesen in *Silver Springs* nördlich von Orlando, wo ein Jahr darauf Jane Russell für die Unterwasserszenen in „*Underwater*" tauchen lernen mußte. Anfang der 60er Jahre waren dann die Küstenreviere um Miami Drehorte für die Abenteuer von Delphin *Flipper*.

Der Grund dafür, daß Filmproduzenten heute wieder nach Florida strömen, hat allerdings nicht nur mit schönem Wetter und Gratiskulisse zu tun. Im Gegensatz zu Kalifornien haben die Gewerkschaften nach floridianischem Gesetz nicht viel zu melden. Ein mehrmonatiger Streik von Drehbuchautoren, der Hollywoodproduktionen im Sommer 1988 für einige Monate lahmlegte, wäre in Florida undenkbar. „*Hire and fire*" – anheuern, zu billigsten Stundenlöhnen inklusive Selbstaufopferung für den Arbeitgeber, und bei geringem Anpassungsgrad wieder rausschmeißen – so interpretiert man hier immer noch das im Grundgesetz der Vereinigten Staaten verbriefte Recht auf Arbeit.

Im Gegensatz zu Tom Brinkmoeller von den Disney-Studios, der meint, Hollywood werde auch noch die nächsten 20 Jahre die Nummer Eins im Filmgeschäft der USA sein, spricht Richard M. Jackson von Universal von einem gleichgewichteten Nebeneinander von Orlando und Hollywood bereits in fünf bis acht Jahren. Miami nicht eingerechnet.

Sport und Wetten

In den Sportbeilagen der Zeitungen nimmt die Berichterstattung über *Football* und *Baseball* den größten Raum ein. Minutiös werden die *ups* und *downs* der lokalen Mannschaften analysiert und kommentiert, Tabellenstände ausgewertet und Statistiken aufgestellt. Dieser Zuschauersport ist in Florida derart beliebt, daß auch die kleinsten Gemeinden Unsummen ihres Etats für den Bau von Stadien ausgeben. Wer sich nicht rechtzeitig um Tickets kümmert, muß entweder zu Hause bleiben, oder Schwarzmarktpreise zahlen. Bei Heimspielen der *Miami Dolphins* im 80 000 Zuschauer fassenden **Joe Robbie Stadium** ist ein Sitzplatz nicht unter 50 Dollar zu haben. Die Dolphins spielen in der *National Football League*, der Football-Bundesliga. Andere Profi-Footballmannschaften in Florida sind die *Gators*, die sich in Jacksonvilles **Gator Bowl** auf ihre Gegner werfen und die *Buccaneers*, die in Tampa ihre Panzer überstreifen. Die 1988er Champs im College-Football sind die *Hurricanes*, die ihre Spiele in der **Orange Bowl** mitten in Miami austragen. Wenn es zu einem Aufeinandertreffen mit den Muskelmännern von *Notre Dame* kommt, ebenfalls eine Uni-Mannschaft aus Miami, versetzen Zeitung und Fernsehen Wochen vorher Land und Leute in Aufregung.

Durch den Einkauf erstklassiger Spieler nimmt seit Oktober 1988 auch eine lokale Basketballmannschaft am professionellen Sportgeschäft teil. *Miami Heat* bringt alle zwei Wochen die **Miami Arena** in *Downtown* zum Kochen. Zur Vermarktung dieses in Miami bislang zweitklassigen Sports trägt die lokale Prominenz gern bei. Don Johnson, Saundra Santiago, Gloria Estefan, Bürgermeister Suarez, Stadträte und abgetakelte Boxer werden während der Spiele in einem VIP-Raum mit Champagner und Lachsschnittchen bei Laune gehalten. Als Gegenleistung beteuern sie zu Beginn, in den Aus-Zeiten, der Pause und am Ende des Spiels vor laufenden Fernsehkameras, daß Basketball einfach *great* und ihr *favorite sport* sei.

Im März, wenn in New York der letzte Schnee weggeschippt wird und in Chicago die Zentralheizungen auf vollen Touren laufen, wärmen sich die bekanntesten Baseball-Mannschaften der USA in Florida zur bevorstehenden Saison auf. Daß dabei nicht nur trainiert wird, nehmen Trainer und Coachs gelassen hin. Sie drücken sogar bei Saufgelagen der Spieler ein Auge zu. Die *Chicago White Socks* machen dann Sarasota unsicher, die *New York Yankees* fallen in Ft. Lauderdale ein, die *Red Sox* aus Boston mischen das verschlafene Winter Haven auf und die *Cincinnati Reds* liegen in Tampa vor Anker.

Aus diesen und anderen lokalen Mannschaften wird dann die *Grapefruit-Liga* gebildet, die in den großen

Stadien Floridas eine Spielserie austrägt.

Auch die Football-Mannschaften überwintern gern in Florida. Sie treffen im Rahmen von Pokalspielen aufeinander. Es geht um den *Orange Bowl* und die *Orange Blossom Classic* in Miami, den *Tangerine Bowl* in Orlando und den *Gator Bowl* in Jacksonville.

An *Soccer* (Fußball) ist niemand mehr so richtig interessiert. Die Zeiten, in denen Gerd Müller als Zugpferd der *Lauderdale Strikers* die Aufmerksamkeit der Massenmedien auf sich zog, sind vorbei. Nur eine Frauenfußballmannschaft der Barry-Universität in Miami hält sich wacker in der Frauenliga und schafft es sogar, einige Schlachtenbummler ans Feld zu holen. Warum die Amerikaner Fußball nicht mögen? George Steinbrenner, Eigentümer und Coach der *New York Yankees*, versuchte eine Erklärung: „Beim Soccer spielt sich so viel in der Mitte des Feldes ab. Und dann geht es vor und wieder zurück und alles dauert so lange. Wir mögen das nicht. Es muß in *eine* Richtung gehen. Was wir sehen wollen sind *knockouts* und *touchdowns*."

Seitdem im Frühjahr 1988 die staatliche *Lotterie* eingeführt wurde, ist unter den Floridianern das Lottofieber ausgebrochen. Während der Ziehung am Samstagabend sind die Straßen wie leergefegt, weil alle vor den Fernsehschirmen auf die Ansage „ihrer" Zahlen lauern. Einen Meilenstein setzte Sheelah Ryan aus Winter Springs, als sie am 3. September 1988 in Tallahassee einen Scheck über 55 Millionen Dollar in Empfang nahm. Weil einige Wochen niemand sechs Richtige auf dem Ticket hatte, häufte sich der Jackpot auf eine derartige Summe an. Die Leserbriefe in allen größeren Zeitungen des Landes hatten alle denselben Tenor: „Was zum Teufel will ein einzelner Mensch mit 55 Millionen anfangen?" Sie schlugen vor, die Lottogesellschaft solle doch den Jackpot gefälligst auf die anderen Ränge aufteilen. Für drei Richtige gibt es nämlich nur schlappe 5 Dollar.

In der Regel wird der Jackpot jede Woche abgeräumt. Die Glücklichen erhalten um die acht Millionen Dollar und dürfen im Fernsehen auftreten. Befragt, wie sie das Geld auszugeben gedenken, sagen die meisten, sie wollen „die Kinder absichern", Häuser, Eigentumswohnungen, westdeutsche Autos und japanische Stereoanlagen kaufen.

Die Einführung der Lotterie hat dem *Wettsport* bis zu 30 Prozent an Umsatz weggenommen. Die Eigentümer von *Jai-Alai-Frontons*, wo eine amerikanische Version des baskischen *Pelota* gespielt wird, und von Hunde- und Pferderennbahnen versuchen daher, mit massiver Werbung in Zeitungen und lokalen Fernsehstationen, alte Kunden an sie zu erinnern und neue hinzuzugewinnen. Trotz der Einbußen sind die Wettumsätze in Florida enorm – in einem billigen Pferderennen an einem Dienstagnachmittag werden im Schnitt 20 000 Dollar an die Totalisatorkassen getragen.

In Miami und Umgebung gibt es täglich mehrmals bei verschiedenen Veranstaltungen mit Wettbetrieb die Möglichkeit, Geld gewinnbringend anzulegen. Die Hunderennbahnen **Flagler** und **Biscayne** operieren nie zur gleichen Zeit, ebenso wie die Pferderennbahnen **Hialeah, Calder** und **Gulfstream.** Jedes Jahr gibt es aufs neue ein zähes Ringen um die Öffnungszeiten, denn jede Rennbahn möchte die Wintersaison und damit das Geld der Touristen mitnehmen.

Zum Leidwesen der Rennbahnbesitzer – alle *race tracks* befinden sich in Privatbesitz – gibt es in Florida kein *off-track-betting*, keine öffentlichen Wettannahmestellen. Es sind jedoch Bestrebungen im Gange, die Regierung mit Hinweis auf erkleckliche Steuereinnahmen von der Einführung von Wettannahmestellen zu überzeugen. *Illegale Buchmacher* können sich über fehlende Kunden nicht beklagen und gehen ihrem Geschäft ziemlich unbehelligt nach.

Pferderennen finden das ganze Jahr über auf vier Rennplätzen statt, in Tampa auf den **Tampa Bay Downs** und in Miami auf Hialeah, Calder und Gulfstream. **Hialeah**, die schönste der drei Bahnen in Greater Miami, wurde nach dem Vorbild von Longchamp bei Paris gebaut und 1932 eröffnet. Amerikaner verspüren angeblich ein „european feeling", was immer das auch sein mag, wenn sie die geschwungene Freitreppe zum Clubhaus erklimmen und von den Balkonen und großzügigen Verandas die Rennen beobachten.

Im Innenteil des **Hialeah Race Course** leben die Nachfahren der ersten nach Florida importierten *Flamingos* an einem künstlich angelegten See. Während ihnen anfangs noch die Flügel gestutzt wurden, blieben spätere Zuzöglinge auch ohne diese Maßnahme. Viele Jahre hielt der Rennbetrieb die Flamingos von der Fortpflanzung ab. Die Hoffnungen auf eine natürliche Vergrößerung des Bestandes waren lange aufgegeben, als die Weibchen 1976 ganz unerwartet mit der Bruttätigkeit begannen und bald das erste Flamingokind ins Nest legten. Heute haben sich die Flamingos an die Pferde gewöhnt und starten manchmal sogar während eines Rennens zu waghalsigen Tiefflügen in Richtung Zielgerade.

Wen wundert's, daß die *Flamingo Stakes* der Höhepunkt der Rennsaison sind. Dieses Rennen für hocheingeschätzte Dreijährige gilt als Feuerprobe für die Teilnahme an den renommiertesten Zuchtrennen der USA.

Gulfstream liegt nur einen Block vom Ozean entfernt in Hallandale, nördlich von Miami Beach. Der Eröffnungstag im Jahre 1939, als 18 000 Vollblutfans an einem heißen Donnerstagnachmittag 225 000 Dollar an die Schalter trugen, war ein Riesenerfolg. Doch nach bereits vier Tagen war Gulfstream wieder pleite.

Am darauffolgenden Montag wurden nur noch 80 000 Dollar umgesetzt; die Preisgelder waren seit dem zweiten Tag des Meetings nicht mehr ausbezahlt worden. Schuld war kein kurzsichtiges Management. Die Rennbahn war viel zu weit vom einwohnerreichen Miami entfernt, es gab weder eine Bus- noch eine Bahnverbindung. Zudem waren Benzin und Autoreifen rationiert. Und warum den Weg nach Gulfstream fahren, wo Hialeah doch gleich um die Ecke lag? Erst als die Bevölkerungszahl von Broward County anstieg, wagten die neuen Besitzer die Wiedereröffnung. Seit 1944 floriert das Geschäft.

In Gulfstream wird das *Florida Derby* ausgetragen, ein Renntag, der mehr mit Entertainment als mit Pferdesport zu tun hat. Schließlich ist das Fernsehen im Rahmen einer mehrstündigen Live-Sendung dabei und das bringt Werbeeinnahmen. Artisten führen Kunststückchen auf, Kamele rennen um die Wette, immerlächelnde Meerjungfrauen fahren auf dem künstlichen See inmitten der Bahn Wasserski und durch die Kehlen durstiger Zocker fließt der eigens (von der Rumfirma) kreierte *Captain Morgan Derby Daiquiri*. Ganz nebenbei: Das Florida Derby wurde unter anderem von so erstklassigen Galoppern wie *Northern Dancer, Alydar, Spectacular Bid* und *Cryptoclearance* gewonnen.

„Schön kühl, aber das war's dann auch", lautet die Ansicht vieler Turffans über **Calder**, die Rennbahn im Norden Miamis, deren Tribüne komplett von Glas umgeben ist. Bösartige Zungen behaupten, daß die größte Klimaanlage Südfloridas, die Nettoeinnahmen eines Renntages verschlingt. Montags nach Calder? Fehlanzeige. "Sorry, we're closed". Da verhandeln sie immer mit der Stromgesellschaft um einen neuen Kredit.

Verantwortungsvolle Pferdebesitzerinnen und -besitzer meiden Calder nach Möglichkeit. Jockeys wagen nicht dran zu denken: Die Sandbahn hat einen Tartanuntergrund, von dem sich die Rennbahnbesitzer schnell gelaufene Zeiten versprachen. Doch der Preis für Rekorde ist hoch. Die Tartanschicht löst sich an heißen Tagen auf und es entstehen kleine Löcher, die dann mit Sand zugeschüttet werden. Jockeys und Pferde begeben sich bei jedem Start auf einen Weg ins Ungewisse, der allzu häufig mit der nüchternen Rennbericht-Formel „broke down" endet. Für die Vierbeiner bedeutet das in den meisten Fällen „Tod durch Erschießen", die sturzgeübten Jockeys sind froh, wenn sie mit dem Schrecken davonkommen.

Von Oktober bis April ist Florida Treffpunkt der *Sulkykünstler*. Die besten Traber und Fahrer der Welt kommen dann nach **Pompano Park** zwischen Miami und Ft. Lauderdale. Europäische Trabrennfans müssen sich daran gewöhnen, neben den gewohnten Trabrennpferden auch Rennen sogenannter *Pacer* anzusehen. Sie

Von den 47 Windhundrennbahnen in den USA befinden sich allein 18 in Florida (oben). ▶
Der Lieblingswettsport der Latinos ist Jai-Alai (unten).

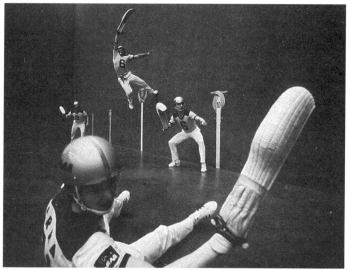

laufen im Paßgang, was recht lustig aussieht. Weniger witzig ist, daß sie durch die Anbringung von Lederriemen an Beinen und Hals an anderen Gangarten gehindert werden. Die hochkarätigsten Rennen mit Dotierungen zwischen 100 000 und 630 000 Dollar bleiben jedoch den Trabern vorbehalten. Die schnellsten unter ihnen, *Mack Lobell, Napoletano* und *Coton Hanover* aus den USA treffen dabei auf harte Konkurrenz wie *Sugarcane Hanover* aus Schweden und *Ourasi* aus Frankreich.

„See Greyhounds Fly" wirbt ein riesengroßes Plakat am *Dolphin Expressway*. Kurz vor der Abfahrt an der West Flagler Street ist der erste Stau, auf der 37th Avenue geht dann gar nichts mehr. 19.30 Uhr – in einer Viertelstunde ist *Post Time* im **Flagler Kennel Club**, Miamis *Windhund-Rennbahn*. Dieser Sport erfreut sich bei den Floridianern großer Beliebtheit. Nicht unbedingt aus Zuneigung zu den Tieren, sondern vor allem wegen der guten Gewinnchancen beim Wetten. In jedem der 13 Rennen pro Veranstaltung starten nur acht Hunde und wenn man davon ausgeht, daß zwei oder drei Hunde keine Chance haben, sind die Möglichkeiten, auf die Schnelle zu ein paar Dollar zu kommen, recht gut. Am besten dazu geeignet ist die *Quiniela*, bei der die ersten zwei Hunde in beliebiger Reihenfolge gewettet werden müssen. Eine Kombination von drei Hunden kostet bei einem Mindesteinsatz von 2 Dollar in der sogenannten *Quiniela-*

Box 6 Dollar, und selbst wenn der Favorit gewinnt und ein ebenfalls chancenreicher Hund zweiter wird – oder umgekeht –, gibt es mindestens 20 Dollar zurück.

Hindernis für europäische Touristen: Die Formen der *Greyhounds* sind, obwohl sie im Programm erklärt werden, im Gegensatz zu denen beim Pferderennen auf Anhieb nicht zu verstehen. Es dauert eine Weile, ehe klar wird, was die neun Zahlenspalten bedeuten. Ein Tip für Anfänger: Unter der Spalte *off* steht eine Zahl, die bedeutet, als wievielter der Hund beim letzten Start aus der Box heraus gestartet ist. Die schnellsten Starter, gute *breaker*, haben bei den kurzen Distanzen vielfach auch im Ziel die Nasen vorn.

Die Rennen werden mit der langgezogenen Ansage „Heeere comes Speedy" gestartet. Während die Windhunde in ihren Startboxen noch aufgeregt kläffen, jagt *Speedy*, das vorgetäuschte Beutetier, an ihnen vorbei. Erst dann öffnen sich die Boxen und die Hunde nehmen die Verfolgung auf. Manchmal entsteht tatsächlich der Eindruck, als würden die schlanken Hunde fliegen. Mit 40 Stundenkilometern rasen sie ums Oval, wobei es in den Kurven manchmal zu harmlosen Zusammenstößen kommt.

Laufen die Hunde bei Flagler ihrem *Speedy* hinterher, so heißt im **Biscayne Kennel Club** in Miami Shores das Ziel ihrer Begierde *Rusty* und in Bonita Springs auf dem **Naples-Ft.Myers Dog Track** an der Golfküste verfolgen sie *Sharky* (in Alabama hetzen sie hinter *Yankee* her).

Von den 47 Windhundrennbahnen in den USA befinden sich allein 18 in Florida. Der **Hollywood Greyhound Track** macht mit durchschnittlich 700 000 Dollar pro Veranstaltung bei einer durchschnittlichen Besucherzahl von 5000 die größten Umsätze, während die kleine Rennbahn auf Key West mit rund 600 Besuchern pro Veranstaltung nur (aber immerhin!) auf rund 40 000 Dollar kommt.

Gute Rennhunde können eine Menge Geld einbringen. Beispielsweise machte der 1984 in Pension gegangene *Marathon Hound* in vier Jahren 225 000 Dollar. Der Distanzspezialist dominierte die Flagler-Szene drei Jahre lang und gewann 114 Rennen, darunter sieben Zuchtrennen. Die vierbeinigen Heldinnen und Helden von heute heißen *Mary Sutter, Priscillan, Dry Twist, Pogo Bee* und *Close but no Cigar*.

Die *Latinos* von Miami haben mit den Hunderennen nicht viel im Sinn. Ihr Lieblingswettsport, mit dem sie vielfach aus ihren Heimatländern vertraut sind, ist *Jai-Alai* (auf deutsch: Fröhliches Fest). Als eine Art Handballspiel bildete es einen wichtigen Teil der baskischen Tradition in Europa. Bei dem schnellen Spiel versuchen behelmte Männer, einen Gummiball mittels eines geschwungenen Korbes unerreichbar für ihre Gegner gegen eine Wand zu donnern. Das ist nicht ungefährlich, und manchmal wird aus dem fröhlichen ein trauriges Fest.

Wenn nämlich ein unachtsamer Spieler den mit 200 Stundenkilometern zurückprallenden Ball an den Kopf bekommt. Wie auf Pferde und Hunde, so kann auf die Spieler, die *Pelotari*, gewettet werden. Da unmittelbar auf Menschen gewettet wird, sind die Manipulationsmöglichkeiten beim *Jai-Alai* verführerisch groß.

Wettarten

Win = Siegwette

Place = Hund, Pferd oder Spieler kann erster oder zweiter werden.

Show = wie *Place* inkl. Platz drei.

Quiniela = Zwillingswette, erster und zweiter in unrichtiger Reihenfolge. Diese Wettart gibt es *nicht* beim Pferderennen.

Perfecta = erster und zweiter in richtiger Reihenfolge.

Trifecta = Erster, zweiter und dritter in richtiger Reihenfolge.

Quiniela Double = Zwillingswette der ersten beiden Rennen.

Superfecta = die vier Erstplazierten in richtiger Reihenfolge.

Kombinationswetten heißen *boxing* (Vollkombinationen) und *wheeling* (Teilkombinationen). Mindesteinsätze betragen 2 Dollar, ausgenommen die Dreierwette, die mit einem Dollar gespielt werden kann. Entsprechend den Mindesteinsätzen werden auch die Quoten ausgerechnet. Die Ansage der Wette am Wettschalter, dem *window*, muß eine bestimmter Reihenfolge haben, z.B. „*two dollars to win on number 6.*" oder „*1 Dollar Trifecta box on the 2 – 4 – 6.*"

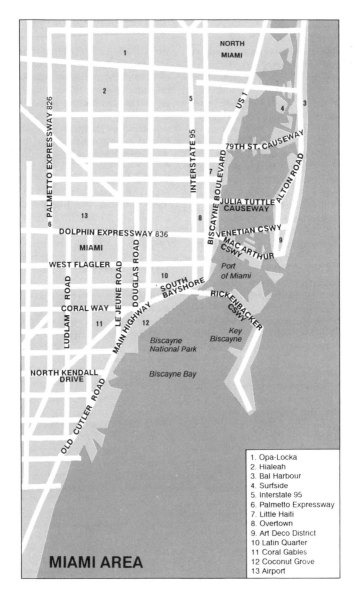

Miami und Umgebung

Was sagen Floridianer über Miami? Die Meinungen sind widersprüchlich: „Zu gemischt. Zu viele Cubaner. Zu viele Flüchtlinge aus Lateinamerika. Mekka der Drogenschmuggler. Vergewaltigungen, Raubüberfälle, Verkehrschaos", sagen die einen. „Miami ist aufregend, eine Mixtur aus verschiedenen Kulturen wie nirgendwo. Tolle Musik, tolle Leute, 'ne Menge zu sehen und aufzuspüren", sagen die anderen.

Die Boeings am *Miami International Airport* spucken täglich 21 000 Menschen aus. Der Urlauber aus Hamburg steht in der Ankunftshalle und wischt sich den Schweiß von der Stirn. Fünf Grad Kälte zu Hause, 32 Grad Hitze hier. Mannomann! Er sieht sich um. Einen netten Flughafen haben sie, tolle Farben, lila, da muß erstmal einer drauf kommen. Im Fernsehen hat er schon hundertmal den Vorspann von *Miami Vice* gesehen. Diese Hochhäuser! Leuchten nachts in pink und türkis. Na, sind eben verrückt die Amerikaner. Er zögert. Amerikaner? Angeblich sprechen hier alle spanisch. Sind aus Cuba gekommen, weil sie da nicht reich werden können. „Sie wissen nicht zufällig, wo Don Johnson wohnt? Stimmt das eigentlich mit dem Kokain und den Drogenschmugglern? Wie komme ich nach Miami Beach, an den Strand mit den vielen Palmen?"

Quer durch alle ethnischen Bevölkerungsgruppen zieht sich eine ungemeine Begeisterung für „ihre" Stadt. Ungeachtet vieler sozialer Probleme ist eine Lebensfreude, eine positive Energie spürbar, die den Alltag und vor allem die Freizeit prägt. Die Menschen sind neugierig, immer auf Entdeckungsreise. Es gibt so viel zu sehen, zu tun, stets neues, weil sich diese Stadt so schnell verändert. Und wie sie sich verändert. Nicht im Laufschritt, Miami jagt voran und ständig kreisen Baukräne über der Stadt. So entsteht eine subtropische Szenerie mit futuristischen Wolkenkratzern und einem ultramodernen Hafen in Pastelldesign, in dem die Kreuzfahrtschiffe aus aller Welt anlegen.

Julia Tuttles Orangenblüte

Die Geschichte von Miami ist kurz und turbulent. Eine namenlose Siedlung am *Miami River* gab sich den Namen des Flusses, um sich eine Identität zu verschaffen. Der Rest der Welt erfuhr erst zu Beginn dieses Jahrhunderts von Miami, als sich die Eisenbahnschienen von *Henry M. Flagler* wie Krakenbeine ins Land schoben.

Bei der Erschließung Miamis war auch eine Frau namens *Julia Tuttle* beteiligt. Madame Tuttle erinnerte sich nach dem Tod ihres Mannes an ihre Kinderferien nördlich des Okeechobee Rivers und kaufte Land. Mit ihren beiden Töchtern pflegte sie dort um 1890 eine Orangenplantage. Als nach scharfen Frösten Flagler sein Projekt einer Bahnlinie nach Key West aufgeben wollte, brachte ihm der Postbote einen kleinen Karton mit dem Absender: Julia Tuttle, Miami. „Wer zum Teufel ist diese Lady und wo liegt dieses Miami?", fragte sich Herr Flagler, während er neugierig das Paket aufschnürte. „My Goodness", stieß er hervor und sank in den Sessel zurück, während der Butler nach Wasser eilte. Eine Orangenblüte im Dezember! Da hielt er doch tatsächlich den Beweis in den Händen, daß nicht alle Welt schneebegraben vor sich hinfror. Frau Tuttle, eine Yankee-Lady aus Cleveland, die sich in Floridas Wärme geflüchtet hatte, veranlaßte Flagler zu einem gigantischen Unternehmen.

Er borgte sich Geld bei seiner wohlhabenden Frau und machte sich auf ins tropische Paradies. Er prügelte die Arbeiter durch das moskitoverseuchte Gebiet an der Küste des atlantischen Ozeans. Die Welt sollte staunen, was aus dieser Wildnis zu machen war. Er würde in die Geschichte Floridas eingehen, er, Massa Flagler, der sich auf zeitgenössischen Fotos den Schweiß ... der Stirne wischt, so tut, als hätte er die Schienen eigenhändig gelegt. Seht her Leute, nur in die Hände spucken und tüchtig mit anpacken, dann schafft ihr's, sagen Henrys Augen. Der amerikanische Traum.

Um der ersten großen Bodenspekulation Floridas den Weg zu ebnen, mußte ein Verkehrsweg vorhanden sein. Und dann noch ein paar Mangrovenwälder roden und feudale Hotels hinstellen, und die reichen Freunde aus New York würden ihre freie Zeit hier verbringen, dachte sich der smarte Henry. Sie würden nicht länger ihre Zeit damit verschwenden, wochenlang über den großen Teich zu fahren, um an die *Côte d'Azur* oder nach *Deauville* zu gelangen. Flaglers Eisenbahnschienen markieren seinen Weg: St. Augustine, Daytona, Palm Beach. Im *April 1896* rollte die erste Dampflok in Miami ein. Kinder schwenkten Fähnchen und die Menge johlte.

Henry M. Flagler starb im begnadeten Alter von 82 Jahren, ohne je einen Pfennig an seinen Unternehmungen verdient zu haben. Kurz vor seinem Tod im Jahre 1913 sagte er in einem Interview: „Wenn es nicht für Florida und seine Bewohner gewesen wäre, hätte ich woanders investiert und wäre heute ein ziemlich reicher Mann. Der Wunsch, anderen zu helfen, entsteht dann, wenn man selbst alles zum Leben hat. Ich bin zu der festen Überzeugung gekommen, daß der beste Weg, sich selbst zu helfen, derjenige ist, anderen zu helfen."

Eine Stadt wächst

Coconut Grove war der erste Stadtteil Miamis und wurde 1888 von dem Segler und Fotografen Ralph Munroe gegründet. Sein Haus am Main Highway nannte er **The Barnacle**, die Entenmuschel. Heute ist es als historisches Museum zu besichtigen. Nach und nach siedelten in Coconut Grove viele schwarze Familien, hauptsächlich von den Bahamas, und **The Grove** wurde die erste scharze *community* in Miami.

Die 20er Jahre: Die Bodenspekulantion blühte. Mit von der Partie war *Al Capone*. Der König von Chicagos Unterwelt kaufte sich auf **Palm Island** am MacArthur Causeway eine Villa. Sie diente ihm jedoch nicht als Wohnsitz, sondern als Exklusivbordell und Spielcasino für seine „Geschäftspartner".

Börsenmakler *George Merrick* konnte es sich leisten, einen ganzen Stadtteil nach seinen Träumen bauen zu lassen. Italienische Riviera, spanische Haziendas und französische Eleganz vereinigte Merrick in dem, was er „mediterranen Stil" nannte. Das Kind bekam den Namen **Coral Gables**. Inmitten der aufstrebenden Metropole des zwanzigsten Jahrhunderts ließ er Fontänen in die Höhe schießen, staunende Winterurlauber durch Häusereingänge und Tore im spanischer Bauweise wandeln.

Glenn Curtis – auch für ihn bedeutete die Realisierung seiner Phantasien keinen finanziellen Kraftakt – gründete zunächst **Hialeah** und **Miami Springs** als Urlaubsorte für reiche Nordstaatler. Dann machte er sich an sein Meisterstück, den Stadtteil **Opa-Locka**. Die *Märchen aus tausendundeiner Nacht* waren ihm nicht aus dem Kopf gegangen, und er las sie immer und immer wieder. Sie faszinierten ihn derart, daß er nach Motiven aus den Erzählungen Kopien in Stein anfertigen ließ, Minarette, Türme und weißes Mauerwerk. Die Straßen benannte er nach den Hauptfiguren aus „Arabian Nights". Es gibt einen *Sharazad Boulevard*, eine *Ali Baba Avenue* und eine *Aladdin Street*.

In **Kendall**, **Carol City** und **Miami Lakes** entstanden große Frucht- und Gemüseplantagen, Rinderfarmen und Gestüte. Da schufteten die ehemaligen Sklaven, die vor dem Rassismus der Südstaatler geflohen waren.

Ein paar Jahre später wurde **Miami Beach** Leben eingehaucht. Das süße Leben war angesagt. Zwischen *Art Deco*, *streamline moderne* und *spanish mediterranean revival*, den Stilarten der Neubauten, tummelten sich die Touristen.

Während des Zweiten Weltkrieges war Miami Ausbildungsplatz für Soldaten. Viele von ihnen blieben, als der Krieg vorbei war. Es gab inzwischen Schulen, eine Universität und ein gut ausgebautes Straßennetz. Und das Wetter war gut. Das bedeutete vor allem ein preiswertes Leben – keine Heizkosten – keine Wintermäntel.

Stadt der Exilanten

Flüchtende Politiker, Flüchtlinge mit Fluchtkapital, gestrandete Revolutionäre jeglicher politischer Richtung – sie haben in Miami ein zweites Zuhause gefunden.

Die sandinistische Revolution hat seit 1979 an die 70 000 *Nicaraguaner* nach Südflorida gebracht. Viele warten auf ein Zeichen der Änderung und wollen dann wieder in ihre Heimat zurückkehren. Tausende haben sich von der Contra-Bewegung distanziert und wollen bleiben. Ihr Status unter dem U.S.-Gesetz ist höchst unsicher: Die Reagan-Regierung garantierte lediglich eine einjährige Arbeitsgenehmigung und es bedarf eines Gesetzes der Bundesbehörden, um Nicaraguaner einzubürgern.

Das Hauptquartier der U.S.-amerikanischen Contrabewegung befindet sich direkt gegenüber vom Flughafen an der Nordwest 37. Straße. Der frühere Contrachef *Arturo Cruz* führt nach seinem Rücktritt im März 1988 ein Luxusleben in seiner noblen Eigentumswohnung auf Key Biscayne. Der Ex-Präsident Nicaraguas, der 72-jährige *Dr. Francisco Urcuyo*, teilt sich mit seiner Frau und einem Neffen ein kleines Apartment in Südwest-Miami. Ein ehemaliger Sandinistenführer ist Parkwächter in Coconut Grove.

Little Haiti im Nordosten der Stadt ist das Hauptquartier der Oppositionsführer Haitis sowie Wohnsitz der panamesischen Dissidenten *Roberto Eisenmann* und *Gilbert Mallol*. Mallol hat mit der finanziellen Unterstützung des U.S.-State Department in einem feinen Büro in der Brickell Avenue seine Rückkehr nach Panama sorgfältig vorbereitet. Seit dem Sturz *Noriegas* sitzt der 32-jährige Ingenieur auf dem Sprung zur Regierungsübernahme. Andere zentralamerikanische Exilanten wie *Alvaro Saravia* aus El Salvador mögen den Tag eher fürchten und verfluchen, an dem die Geschichte mit ihnen abrechnet. Der ehemalige Führer der salvadorianischen Armee und angeblicher Verbündeter des rechtsgerichteten Führers *Roberto d'Aubuisson*, floh 1985 nach Miami. De facto hält er sich illegal in den USA auf und wurde verhaftet, angeblich wegen Überschreitung des Touristenvisums. Der wahre Grund für seine Verhaftung: hohe U.S.-Beamte wollen Saravia zurück nach El Salvador deportieren, wo er als einer der Hauptverdächtigen am Mord an Erzbischof Oscar Romero im März 1980 vor Gericht kommen soll. Die Anschuldigung, so Saravias Rechtsanwalt, sei völlig aus der Luft gegriffen und sein Mandant sei seinerseits ein unschuldiges Opfer politischer Verfolgung.

Am Rande der Gesellschaft

Von den 1,9 Millionen Einwohnerinnen und Einwohnern *Dade Countys* (der „Landkreis" von Miami), Miami und seine *suburbs* umfassend, ist jeder zweite *Hispanic*, jeder dritte weiß, jeder fünfte schwarz. Weiße

Amerikaner, schwarze Amerikaner, Juden, Immigranten aus Cuba, Nicaragua, Haiti, Puerto Rico, El Salvador, Honduras, Panama, Kolumbien, Jamaica. Wie funktioniert das Zusammenleben der Kulturen dieses Völkergemischs? Kurz gesagt: Von funktionieren kann nicht die Rede sein. Die Spannungen zwischen den ethnischen Gruppen sind enorm. Sie bleiben unter sich, leben in ihren eigenen Gemeinschaften. Grenzüberschreitungen gibt es kaum. Miami ist durchzogen von Ghettos: Liberty City, Overtown, und Little Haiti, Straßenzüge in Opa-Locka, Coconut Grove und Downtown Miami.

Overtown war in den 40er Jahren eine intakte schwarze *community* voller Elan, mit Geschäften, Schulen, Kirchen. Die Schwarzen lebten gerne hier. Billie Holiday, Nat King Cole, Louis Armstrong, Duke Ellington und Sammy Davis jr. traten in den Nachtclubs auf. Northwest Second Street hieß *Little Broadway*. Dann wurde die Interstate 95 mitten durch Overtown gebaut, oder besser: drüberweg. Heute müßte es *undertown* heißen. Und der Stadtteil ist in jeder Beziehung unten, ganz weit unten. „*The toughest ghetto in the United States*", urteilte die New York Times.

Overtown, in einem Rechteck begrenzt von 20. und 46. Straße sowie Biscayne Boulevard und Interstate 95, hat die höchste Kriminalitätsrate der Stadt. Hier prägen Arbeitslosigkeit, Gewalt und Drogenmißbrauch den Lebensalltag. Hier stehen Wohnbaracken, in denen sich niemand wohlfühlt, aber viele haben keine Wahl. Die Stadt schert sich einen Dreck um den Zustand der Behausungen und läßt nicht einmal den Müll abtransportieren. Die Bewohner trauen ihren eigenen Nachbarn nicht. Sie sind abgestumpft gegenüber dem, was sie täglich sehen müssen, haben kaum noch Energie zur Auflehnung. Schwarze, die nicht in Overtown wohnen müssen, kommen nicht her. Auch andere nicht, denn hier hat niemand etwas verloren. Schon gar nicht weiße Touristen.

Auch **Liberty City** westlich der Interstate 95 zwischen 46. und 69. Straße ist ein überwiegend von Schwarzen bewohntes Gebiet. Während in einigen Straßenzügen sehr gepflegte Häuser stehen, sind andere sehr heruntergekommen. Viele Schwarze wohnen in *trailerparks* (Wohnwagensiedlungen); manchmal zu elft in einem einzigen Zimmerchen.

In den Jahren 1980 und 1982 gab es gewalttätige Aufstände von jungen Schwarzen. Aus Verzweiflung über ihre miesen Lebensbedingungen, für deren Verbesserung sie keine Anzeichen sahen, liefen sie in Liberty City und ihren anderen Ghettos *Amok*. Seitdem haben sich die Probleme eher noch weiter verschlimmert. Dazu beigetragen hat der Zuzug von anderen Schwarzen, den französischsprechenden aus Haiti, den spanischsprechenden aus Cuba, den englischsprechenden aus der Karibik. Die kulturellen Unterschiede verkomplizieren das Zusammenleben und machen eine Verständigung über ethnische Grenzen hinweg so gut wie unmöglich.

Mit großer Skepsis beobachten die Schwarzenführer den stetig wachsenden politischen Einfluß der YUCAS. Sie glauben nicht daran, daß ihre Anliegen von *cuban americans* berücksichtigt werden. Gleichzeitig mißtrauen sie dem *anglo establishment*. Immer noch wird den Schwarzen der Weg zur Verwirklichung des amerikanischen Traums verbaut, obwohl sie doch so sehr an ihn glauben. Für Schwarze ist es so gut wie unmöglich, die Lizenz für ein *Franchise*-Unternehmen zu bekommen. Ein Autohändler mit drei Geschäften bildet die Ausnahme. Vor allem die Fast-Food-Ketten wie Burger King, Kentucky Fried Chicken und McDonald's wehren sich gegen die Lizenzvergabe an Schwarze. Garth Reeves, Chefredakteur der Schwarzenzeitung *Miami Times*, ist davon überzeugt, daß „das Plantagensystem immer noch existiert, es funktioniert nur subtiler".

Östlich der Interstate 95 und südlich des Causeways an der 79. Straße liegt **Little Haiti**. Seit den 80er Jahren kamen Haitianer nach Miami. Die meisten von ihnen halten sich illegal in Miami auf, weil sie von der U.S.-Botschaft in Haiti keine Aufenthaltsgenehmigung bekommen. Ab und zu fliegen Organisationen auf, die einen schwunghaften und einträglichen Handel mit falschen Pässen betreiben. Der Trick besteht darin, nur die Fotos auszutauschen und nach gelungener Einreise den Ausweis per Post zurückzuschicken, so daß er erneut verwendet werden kann. Die Haitianer sind auf der sozialen Stufenleiter Miamis ganz unten angesiedelt. Ihren Zusammenhalt stellen sie über eine einstündige Radiosendung auf WKAT her, die jeden Abend ab 18 Uhr über den Äther geht. Viele Anrufer unterhalten sich dann mit den Moderatoren über Alltagseinerlei und äußern Musikwünsche. *Haitian-Music* ist gerade *in*.

In **Surfside** und **Bal Harbour** ist kein Mensch dunkler Hautfarbe zu entdecken. Die alten weißen Männer mit der Südstaaten-Mentalität sorgen in ihren exklusiven Clubs dafür, daß kein Schwarzer und keine Schwarze eine Wohnung bekommt. Auch dann nicht, wenn sie die horrenden Mietpreise zufällig bezahlen könnten. Viele Weiße, vornehmlich Amerikaner und Juden, verlassen Miami. Zwischen 1980 und 1985 haben über 100 000 von ihnen Dade County den Rücken gekehrt. (Siehe auch Kapitel „Little Havanna".)

Miami-Szenen

„Mögest du in interessanten Zeiten leben!" – Dieses alte chinesische Sprichwort war als Fluch zu verstehen. Die Chinesen hatten dafür sicher ihre Gründe. Es wird oft gesagt, daß Südflorida in den letzten Jahrzehnten zu einem unsicheren und gefährlichen Platz geworden ist. Aber daß es langweilig ist, kann niemand im Ernst behaupten. Besonders Journalisten nicht. Miami ist heute eine Stadt mit vielen Brennpunkten und wohin man sich auch wendet, immer gibt es irgendetwas, das Aufmerksamkeit erweckt. Überall warten interessante Motive auf die Fotografen, sie brauchen nur auf den Auslöser zu drücken. Aber anstelle von Schnappschüssen, die mit der Kamera eingefangen werden, lassen sich Eindrücke auch auf Papier festhalten: Stimmungs-Schnappschüsse, wenn man so will. Befragt man die Menschen auf den Straßen Miamis, kommen die erstaunlichsten und unterschiedlichsten Antworten über diese Stadt zusammen. In einem Punkt sind sich alle einig: Wir leben in interessanten Zeiten, wie immer man diesen Spruch auch auffassen mag.

Shellie Milano, arbeitet bei Arties's Big Sub am Tresen. Sie trägt ein T-Shirt mit der Aufschrift des Restaurants und schwatzt mit *Steve Cohn*, 19, einem Angestellten von Q-Records. Shellie: „Ich lebe seit 16 Jahren hier. Als ich noch jung war, gefiel es mir besser. Ich meine, Kriminalität und so – es wird schlimmer. Wenn ich Kinder habe, ziehe ich nach Nordflorida." Steve: „Soviel ich weiß gibt's da in South Dade irgendwo 'ne Stadt, die ist absolut spanisch." Shellie: „Little Havanna." Steve: „Yeah, right. Da gibt es keine Amerikaner." Der Interviewer: „Warst du schon mal da?" Steve: „Nein."

Vincente Carballo, 65, pensioniert, hat eine Cafeteria in Little Havanna. Er spricht englisch: „Miami ist für mich der Himmel. Warum? Weil ich *Cuban-American* bin, darum. Ich lebe seit 20 Jahren hier. Mir ist es egal, was andere denken. Ich betrachte mich nicht als Ausländer. Frag mal die Amerikaner, wer ihre Vorfahren sind? Indianer? Wohl kaum. Meine Enkel sind in Miami geboren. Sie sind Amerikaner."

In einem South Beach Park sitzen *Bessie Ehrenberg, 77*, und *Frank Gondelmann, 87*, inmitten von Pensionären. Beide sind in Rußland geboren und nach der Revolution in den 20er Jahren geflüchtet. Zunächst lebten sie in New York City bevor sie nach Miami kamen, um hier ihren Lebensabend zu verbringen. Sie betrachten South Beach mit gemischten Gefühlen. Bessie: „In manchen dieser Hotels leben viele alte Leute. Sie wollen alles neu machen, um mehr Geld verlangen zu können, so daß die Alten verschwinden müssen." Sie schüttelt den Kopf. „Und heute stehlen sie deine Taschenbücher, deinen Schmuck." Frank: „Ich finde, es ist inzwischen besser geworden." Bessie: „Und warum willst du dann abends nicht ausgehen?" Frank: „Well, God bless America. Jeden Monat kommt der Scheck. God bless the union. Jeden Monat schicken sie den Scheck. Ich mag Miami. In 13 Jahren ist mir nichts passiert. Keiner hat meiner Frau die Kette vom Hals gerissen. Ich kann nichts Negatives sagen. Ich sage

God bless. Alles ist in Ordnung." Bessie: „Ich habe gehört, daß diese Gruppe, die von Cuba gekommen ist, nichts taugt." Frank: „Ich weiß es nicht. Viele Menschen kommen ins Land, weil sie den Kommunismus nicht mögen." Bessie: „Du weißt hoffentlich, daß die Fachleute in Cuba geblieben sind. Nur die armen Leute kommen hierher." Frank: „Hey, I was a poor boy when I came here."

Olga Peraza, auf Cuba geboren, an einer Straßenecke in Little Havanna: „Als wir hierherkamen, war diese Gegend nichts. Die Gebäude alle abgerissen. Jetzt ist es sehr schön. Das ist Fortschritt."

John Dorscher, Journalist, seit 1970 Einwohner in Dade-County: „Ich war irgendwann um die Mittagszeit auf dem Weg zu einem Sandwich Shop am Biscayne Boulevard, eine Strecke, die ich mehrmals die Woche zu Fuß zurücklege. Plötzlich schreckte mich der Lärm eines Bulldozers aus meinen Tagträumen: ein Gebäude wurde gerade niedergerissen. Einen Moment starrte ich auf die Überreste, unfähig, mich daran zu erinnern, was hier einmal gestanden hat. Das nette italienische Restaurant? Nein, das war noch da. Das Bankgebäude aus Glas und Stahl? Es stand ebenfalls noch. Dann fiel's mir ein: Es war Burger King. Das Gebäude stand gerade 10 bis 15 Jahre. Ich erinnerte mich an ein ähnliches Erlebnis in den 70er Jahren, als ich in einem Apartment in Coconut Grove wohnte. Damals frühstückte ich des öfteren bei Tom Thumb. Eines Morgens sah ich, wie Bulldozer eine kleine Baumgruppe niederwalzten. Ein Passant klärte mich auf. Die Baumgruppe mußte verschwinden, um für das gegenüberliegende Restaurant Platz für Parkplätze zu schaffen. Ich war über diesen Umweltfrevel so entsetzt, daß ich beschloß, in dem besagten Lokal nie mehr zu essen. Das ist inzwischen ohnehin nicht mehr da, das Shopping-Center Mayfair steht heute an der Stelle. Seltsam, je länger ich in Miami lebe, desto weniger schockt mich dieser *„Fortschritt"*. Miami ist eine Stadt der Veränderungen. Dinge kommen und gehen. Insofern ärgerte mich die Sache mit Burger King kaum, ich fand sie eher kurios. Was mochte es für einen Grund geben, dieses neue Gebäude abzureißen? Wie lautet die neueste Definition von Fortschritt?"

Reinaldo Godinez, 35, aus Cuba, Verkäufer im Juweliergeschäft in der Lobby des Fontainebleau: „Die Preise rangieren bei uns von 10 bis, oh, 30 000 Dollar. Die Leute, die in der Lobby herumspazieren sehen irgendetwas, das sie mögen. Und sie haben die Kreditkarte, dieses Plastikgeld – und kaufen. 25 Prozent der Gäste im Fontainebleau sind spanischsprachig. Dann kommen noch Touristen aus Israel und England. Von den Niederlanden auch. Die sind Superkunden. Deutsche ebenfalls. Aber erst die Japaner. Ich sollte demnächst japanisch lernen."

Randy Lacey, 43: „Ich bin hier aufgewachsen und lange Zeit mochte ich

Miami nicht. Vor 30 Jahren waren die Orte noch klein, dann wuchsen sie und es gab ein gigantisches Mischmasch ohne eigenen Charakter. Heute zeigen die Leute mehr Interesse. Downtown ist im Kommen und South Beach wird schöner. Und ich liebe die spanischsprechenden Leute. Sie sind sehr familienorientiert. Sie haben uns viel gebracht."

Dorothy Solomon, 55, Dade-Einwohnerin, geht mit ihrer Tochter in der Broward Mall einkaufen: „Diese Woche wollte ich einen Datenverarbeitungskurs besuchen und mußte feststellen, daß nur auf spanisch unterrichtet wird. Das ärgert mich. Ich komme aus Kanada, wo englisch und französisch gesprochen wird. Spanisch und Englisch geht auch. Aber Englisch ist Hauptsprache und es ärgert mich, daß ich als Staatsangehörige diesen Kurs nicht besuchen kann. Es ist interessant, wenn Menschen aus vielen Kulturen zusammenkommen. Aber es kann doch nicht angehen, daß ich hier spanisch sprechen muß, obwohl ich es nicht will."

Maricille Youte, 18, und *Andre Pearson, 17*, warten vor dem Omni Hotel auf den Bus: „Es gibt zuviel Mord und Drogen. Ich sehe nichts, was gut ist. Wenn du schwarz bist, kommt es darauf an, wo du hingehst. Manche vertrauen Schwarzen nicht, andere schon. Manche haben immer noch ihre Vorurteile."

Thelma Peters: „Wir lebten früher in den Pinienwäldern, heute ein Teil der Barry University, 114th Street und Northeast Avenue ... Wir hatten Kühe und Hühner und verkauften Milch und Eier. Im Sommer plagten uns die Moskitos. Dann steckten wir uns Zeitungen unter die Kleidung, da konnten die Biester nicht durchstechen. Natürlich gab es Rassentrennung. Es herrschte eine starke Südstaaten-Atmosphäre. Es gab Zeiten, da durften Schwarze keine Autos fahren. Wenn eine Familie aus dem Norden kam und einen schwarzen Chauffeur mitbrachte, durfte er den Wagen hier nicht fahren ..."

Celso Werneck, ein in Brasilien geborener Künstler, verkauft in Bayside Lederwaren. Er ist seit 1973 in den USA und spricht englisch mit einem starken Akzent: „Wir müssen endlich begreifen: egal ob du ein Ausländer bist oder nicht. Die Sprache und die Farbe ist nicht ausschlaggebend. Hauptsache, du bist ein guter Mensch."

(John Dorschner lebt seit 1970 in Dade County. Er ist Journalist und arbeitet für den Miami Herald).

Medien

In jeder größeren Stadt Floridas erscheint mindestens eine Tageszeitung. Die höchsten Auflagen haben der **Miami Herald**, die **St. Petersburg Times** und der **Orlando Sun Sentinel**. Neben den englischsprachigen Zeitungen sind die spanischsprachige Tageszeitung **Diario Las Americas** sowie zwei italienische Zeitungen erhältlich. Gut im Geschäft sind die fünf religiösen Zeitungen für Baptisten, Methodisten und Katholiken sowie fünf jüdische und sieben schwarze Zeitungen.

In Miami gibt es zwei große Tageszeitungen, den **Miami Herald** und die **Miami News**. Wer wissen will, was in Miami los ist, hält sich am besten an den Miami Herald. Die Tageszeitung hat eine konservative Grundtendenz, aber viele Redakteure setzen sich erfolgreich darüber hinweg. Die sehr umfangreiche Sonntagsausgabe ist schnell vergriffen, obwohl sie in einer Auflage von 400 000 Exemplaren herausgegeben wird. Sie enthält das *Tropics Magazine* mit feuilletonistischen Beiträgen und Polit-Features. Außerdem gibt es eine Beilage mit Veranstaltungshinweisen, Kinoprogramm, Theatervorschau, Restauranttips und Konzertkritiken. Unter der Kleinanzeigenrubrik *Miscellaneous Announcements* finden sich supergünstige Angebote für Greyhound- und Flugtickets sowie Eintrittskarten für Sport- und Musikveranstaltungen.

Das wöchentlich erscheinende Anzeigenblatt **New Times** ist hervorragend gemacht. Trotz der Abhängigkeit von Inserenten, bewahrt der Herausgeber seiner Zeitung eine kritische Haltung. Sie ist gleichzeitig ein Forum für freie Journalistinnen und Journalisten, die bei den etablierten Blättern keine Chance bekommen. Die Veranstaltungstips der New Times sind die informativsten der Stadt, weil sie neben den großen Veranstaltungen auch Lesungen und Auftritte unbekannter Künstler berücksichtigen. Die kostenlose New Times erscheint jeden Mittwoch und liegt in roten Zeitungskästen aus, die überwiegend in South Beach und in Coconut Grove stehen.

Miamis *Gays*, Lesben wie Schwule, informieren sich in der wöchentlichen Ausgabe des **David Magazine** und der floridaweit erscheinenden **twn – The Weekly News**. Neben vielen Anzeigen von Bars, Nachtclubs, Diskos, Saunen, Hotels und Restaurants gibt es Beiträge zur politischen Lage der Homosexuellen, zu Aids und diskriminierenden Fernsehsendungen. Beide Veröffentlichungen sind männlich dominiert, haben keine weiblichen Redakteurinnen und berichten daher auch nicht über Anliegen von Lesben. David und twn liegen in den Bars aus.

Die ebenfalls wöchentlich erscheinende **Jewish World** hält ihre *community* über jüdische Feiertage, Außen- und Innenpolitik sowie lokale Ereignisse auf dem laufenden.

Eine Ausgaben pro Woche bringt auch die Redaktion der **Miami Times**, dem Sprachrohr für Schwarze, heraus. Ihre Anliegen drehen sich nach wie vor um Bürgerrechte – Berichte über Diskriminierungen jeder Art füllen gut vier Zeitungsseiten.

Einen Einblick in das Privatleben sogenannter „Prominenz" gibt das **Miami Beach Magazine**. Wir erfahren, wer sich wann und (vor allem) mit wem, in welchen Restaurants und Bars herumtreibt. Hätschelkind *Don Johnson* ist zum Leidwesen der Zeitungsmacher leider sehr publikumsscheu und gibt keine Auskünfte über seine jeweilige Freundin, sein erstes Auto oder sein Lieblingsessen. Ansonsten informiert das Blatt darüber, wie sich reiche und berühmte Leute – und noch mehr die, die vorgeben, es zu sein – anziehen, ihre Wohnungen einrichten oder wohin sie in Urlaub fahren.

Allein in Miami und Palm Beach gibt es siebzehn (!) lokale Fernsehstationen. Über das Tagesgeschehen wird in allen Details berichtet. Das wichtigste Ereignis steht immer am Anfang einer Sendung.

Überregionale Nachrichten liefern die in New York ansässigen *Networks* **ABC**, **CBS** und **NBC** an die Stationen 4, 5, 7, 10, 12 und 34, von denen 5 und 7 sowie 10 und 12 ein gemeinsames Abendprogramm und halbstündige Nachrichten um 19 und 23 Uhr ausstrahlen. Diese Stationen senden ab und zu durchaus anspruchsvolle, sozialkritische Reportagen.

Während die Fernsehstationen in ihrer Anzahl gerade noch überschaubar sind, machen sich unzählige Rundfunksender auf AM und FM Konkurrenz. Jüdische, schwarze, cubanische, religiöse und andere Sender sind ebenso zu hören wie solche, die sich auf bestimmte Musikarten festgelegt haben. **Hot 105** spielt die Charts rauf und runter, **WTMI FM 93,1** ist der Klassiksender, **95,7 The Wave** legt Soft-Rock auf und **Power 96** hat den Miami Sound besetzt.

Orientierung

Selbst langjährige Einwohner verirren sich von Zeit zu Zeit in Miami, vor allem im Stadtteil Hialeah, wo das numerische Zählsystem der Straßen anders ist, als in den anderen Gebieten. Ansonsten gilt: *streets* verlaufen von Ost nach West, *avenues* von Nord nach Süd. Die Numerierung der Straßen beginnt in Downtown an der Ecke **Miami Avenue** und **Flagler Street**. Alle *streets* und *avenues*, die sich nördlich von der Flagler Street befinden, tragen vor der *Nummer* die Bezeichnung Nordwest, abgekürzt *NW*. Umgekehrt haben sie südlich der Flagler Street den Zusatz Südwest, also *SW*.

Die **Interstate 95** führt von Nord nach Süd quer über Miami hinweg. Zu den Hauptverkehrszeiten zwischen 16 und 19 Uhr ist die Interstate dicht, obwohl fünf, manchmal sogar sechs Spuren in jede Fahrtrichtung vorhanden sind. Beim Autofahren auf der Interstate ist *Vorsicht* geboten – wird eine Ausfahrt angezeigt, heißt es *sofort* die Spur wechseln. Ausfahrten werden nur *ein Mal* ausgeschildert und das meistens noch sehr unübersichtlich.

Wer sich am Flughafen ein Auto mieten möchte oder bereits zu Hause eins bestellt hat, wird von einem *shuttle-service* in Kleinbussen zu den Autovermietern gefahren. Vom Flughafen aus ist *Miami Beach* am besten über den **Dolphin Expressway**, (Stateroad 836) und die Interstate 395, den **Mac Arthur Causeway**, zu

erreichen. Diese Strecke führt direkt nach **South Beach**. Eine andere Verbindung nach Miami Beach führt ebenfalls über den Dolphin Expressway, allerdings weiter über die Interstate 95 Richtung Norden, Ausfahrt **Interstate 195**, den **Julia Tuttle Causeway**. Dieser Causeway mündet in die **Arthur Godfrey Road**.

Noch weiter nördlich und ebenfalls über den Dolphin Expressway und die Interstate 95 zu erreichen, ist der **John F. Kennedy Causeway**. Er wird auch **79th Street Causeway** genannt, weil er die Verlängerung der 79. Straße in Nordwest-Miami ist. Der Causeway führt nach Miami Beach in Höhe *Northshore*.

Eine Möglichkeit, den Expressways und Interstates auf dem Weg nach Miami Beach zu entgehen, ist die Route über die **Flagler Street**, die direkt nach Downtown führt, und den **Biscayne Boulevard**, der eine Abzweigung auf den **Venetian Causeway** hat. Diese Strecke kostet allerdings 50 Cents Gebühr.

Auch *Key Biscayne, Coconut Grove* und *Coral Gables* sind am bequemsten über das Schnellstraßensystem zu erreichen. Die Interstate 95 in Richtung Süden mündet in den **South Dixie Highway**, wo eine Ausfahrt nach Key Biscayne führt. Es geht über den **Rickenbacker Causeway**, der einen Dollar Gebühr kostet.

Von der Interstate 95 und den South Dixie Highway gelangt man über den **Bay Shore Drive** nach *Coconut Grove*. Das Zentrum von Coconut Grove rund um die **Grand Avenue** und **Main Highway** ist gut ausgeschildert.

Nach *Coral Gables,* direkt auf die Vorzeigestraße **Miracle Mile**, (offiziell: Coral Way) führt die **SW 22nd Street**, die vom South Dixie Highway abgeht.

Wer zur Pferderennbahn nach *Hialeah* fahren will, sollte sich strengstens daran halten, die **NW 79th Street** nicht zu verlassen. Sie ist die Verlängerung des **79th Street Causeway** und auch als Ausfahrt von der Interstate 95 ausgeschildert. Wir haben versucht, dem Straßensystem von Hialeah auf die Schliche zu kommen, haben aber aufgegeben, als wir hörten, daß sogar langjährige Bewohner dieses Stadtteils mit dem Nummerngewirr nicht zurechtkommen.

In das *arabische Viertel* von *Opa-Locka* zu gelangen, braucht einige Geduld, denn es wird viel gebaut und jeden Tag gibt es eine andere Umleitung. Die Interstate 95-Ausfahrt **NW 135th Street** ist eine Einbahnstraße, also muß man auf den **Opa-Locka Boulevard** abbiegen, um direkt in das Zentrum des Stadtteils zu kommen. Es ist günstiger, an der Kreuzung **27th Avenue** rechts abzubiegen, weil ansonsten ein Kanal die Zufahrt unmöglich macht. Von dort geht es in die **Burlington Street**, die genau auf den **Sharazad Boulevard** führt.

Im Norden Miamis befinden sich die Stadtteile *Hollywood* und *Hallandale*. Die Interstate 95-Ausfahrt **Hollywood Boulevard** führt direkt

◀ *Kontrastreiches Miami.*

nach Hollywood. Es ist aber auch möglich, die Ausfahrt **Pembroke Road** zu nehmen. Die schönste, wenn auch nicht gerade die schnellste Strecke zu den Stränden von Hollywood und Hallandale führt über die **A1A**, die Küstenstraße. Von Miami Beach aus geht es ungefähr eine Stunde an Hotels, Parks und Stränden auf der **Collins Avenue** entlang, bevor kurz hinter **Golden Beach** und der Abfahrt zum **Gulfstream Race Track** Hollywood in Sicht kommt.

Verkehrsmittel

■ Das lokale Bussystem heißt **Metrobus** und hat *ein weit verzweigtes Netz durch ganz Dade County*. Die Busse halten in angenehm kurzen Abständen an den Haltestellen mit der blaugrünen Metrobus-Aufschrift. Egal, wohin es gehen soll, von Coral Gables nach Homestead, von Miami Beach nach Downtown oder vom Flughafen nach Coconut Grove – die Fahrt kostet für Erwachsene einen Dollar, für Jugendliche bis 18 und ältere Leute ab 65 Jahre 50 Cents (Personalausweis dabeihaben). Es müssen unbedingt Münzen bereitgehalten werden, da die Fahrerinnen und Fahrer angewiesen sind, nicht auf Papiergeld herauszugeben. Insgesamt gibt es 114 Routen.

■ Zwischen *Kendall* und *Hialeah* verkehrt **Metrorail**, eine futuristisch anmutende Schienenbahn, die auf Hochstraßen über Miami hinwegschwebt. Die Züge werden nicht mehr von Menschen, sondern von Computern gesteuert. Fahrer gibt es daher nicht. Der große Vorteil von Metrorail: Während der *rush-hour* mit ihren elenden Verkehrsstaus ist das Vorankommen völlig problemlos. Bei allen Metrorail-Stationen können PKW's für einen Dollar abgestellt werden. Fahrtpreise wie bei Metrobus. Münzen abgezählt dabeihaben.

■ In Downtown mit seinen Parkplatzproblemen (entweder gibt es keine Parkplätze oder sie kosten ab 3 Dollar die Stunde) sind wir gerne mit dem **Metromover** unterwegs gewesen. Die Hochbahn fährt eine Rundstrecke von *Bayfront Park* über *Greyhound Terminal*, *Government Center Station* und *Flagler Street*. Die Fahrt eignet sich auch hervorragend dazu, einen Überblick über die Innenstadt zu bekommen. Erwachsene zahlen 25 Cents, Jugendliche bis 18 und ältere Leute bis 65 Jahre 10 Cents. Auch im Metromover müssen die Fahrgäste das Geld abgezählt dabeihaben.

Metrobus, Metrorail und Metromover werden von derselben Gesellschaft unterhalten. Daher gibt es zeitlich genau abgestimmte und zudem *preiswerte Umsteigemöglichkeiten* zwischen den einzelnen Transportmitteln. Umsteigetickets (*transfers*) sind bei den Busfahrern beziehungsweise an den automatischen Schaltern erhältlich: Bus kombiniert mit Rail 25 Cents (ermäßigt 10 Cents), Rail 75 Cents (ermäßigt 40 Cents). Der Transfer von Rail nach Mover ist kostenlos.

■ Das Transportunternehmen unterhält eine **hot-line** unter Tel. 639-6700. Wer Fahrräder transportieren will, informiert sich unter Tel. 375-4507 *(bicycle coordination)*. Etwas verloren oder gefunden? Tel. 375-3366 anrufen!

■ Zwischen *Bayside* und *Coconut Grove* verkehrt täglich von 15 bis 23 Uhr ein Trolley-Service. Die Fahrt mit **Lolly** kostet einen Dollar. Wer sich *The Grove* einmal in Ruhe ansehen und den vor allem an Wochenenden horrenden Verkehrsstaus aus dem Weg gehen will, liegt mit Lolly goldrichtig. Abfahrt ist am Eingang zur *Bayside*.

■ **Greyhound.** Informationen unter Tel. 945-0801.

Vom *Airport* transportiert ein Franchise-Unternehmen die Fahrgäste zur Greyhound-Station 4111 NW 27th St. Die Zubringerstation befindet sich im Tiefgeschoß. In Miami gibt es vier Greyhound-Stationen:

Downtown, 99 NE 4th St.

North Miami Beach, 16250 Biscayne Blvd.

Miami Beach, 71th St Ecke Harding Ave. In South Beach gibt es leider keine Greyhound Station.

Coral Gables, Union Bus Station, 23100 Salsido St.

■ **Auto Driveway, Dependable Car Travel,** 162 Sunny Isle Blvd, Tel. 945-4104.

■ **Amtrak:** 8303 NW 37th Ave. Tel. (800)872-7245.

■ **Miami International Airport:** 10 Kilometer westlich der Stadtmitte.

Informationen

■ **Area-Code:** 305
■ **Notrufnummer:** 911
■ **Greater Miami Chamber of Commerce,** 701 Brickell Ave., Suite 2700, Tel. 539-3000.
■ **Greater Miami Convention & Visitors Bureau,** 4770 Biscayne Blvd. Tel. 573-4300.
■ **Post:** General Post Office, Flagler-Station, 500 NW 2nd Ave. Tel. 371-2911 oder 371-3751. Wer sich Post schicken lassen möchte, muß sie an obige Adresse mit dem Zusatz *general delivery*, Miami, Fl 33131 senden lassen. Die Post wird 30 Tage aufbewahrt.
■ **Krankenhaus:** Cedars Medical Center, 1400 NW 12th Ave. Tel. 325-5511. Das Krankenhaus unterhält ein Hotel für Angehörige und Freunde der Patienten. 24-Stunden-Service.
■ **Konsulat der BRD:** 100 Biscayne Blvd. Tel. 358-0290.
■ **Konsulat der Schweiz:** 10045 SW 72nd St. Tel. 274-4210.
■ Gestohlene oder verlorene **Kreditkarten** sind bei den entsprechenden Kartengesellschaften zu melden. *American Express:* Tel. (800) 221-7282 oder im Miami-Büro 32 Miracle Mile in Coral Gables, Tel. F3446-3381. *Visa/Mastercard:* Tel. (800)556-5678.

Rennbahnen:

■ **Flagler Greyhound Track,** Ecke NW 37th Ave und 7th St, Tel. 649-3000. Die Abendveranstaltungen (Mo bis Sa) beginnen um 19.45 Uhr,

Matinees (Di, Do und Sa) um 12.30 Uhr.
- **Biscayne Dog Track,** 320 NW 115th St, Tel. 754-3484, Zeiten wie bei Flagler.
- **Hollywood Greyhound Track,** US Hwy 1 Ecke Pembroke Rd in Hollywood, Tel. 758-3647.
- **Calder Race Course,** 21001 NW 27 Ave nahe Joe Robbie Stadium, Tel. 625-1311. Rennsaison aller Pferderennbahnen telefonisch erfragen oder im Sportteil des Miami Herald nachsehen. Calder hat montags geschlossen.
- **Hialeah Race Course,** 79th St in Hialeah, Tel. 885-8000. Am besten mit der Metrorail zu erreichen, die direkt am Rennbahneingang hält. Während der Saison jeden Tag geöffnet.
- **Gulfstream Park,** US Hwy 1 in Hallandale, Tel. 454-7000.
- **Pompano Harness Track,** Race Track Rd in Pompano Beach. Über die Interstate 95 Abfahrt Atlantic Blvd. Rennbeginn 19.30 Uhr. Sonntags keine Rennen.
- **Miami Jai-Alai,** 3500 NW 37th Ave Ecke NW 36th St, Flughafennähe, Tel. 633-6400.
- **Dania Jai-Alai,** Dania Beach Blvd in Dania, Tel. 426-4330. Di bis Sa.
- **Miami Arena,** 721 NW 1 Ave, Tel. 577-4328.
- **Joe Robbie Stadium,** 2269 NW 199 St, nahe Calder Race Course, Tel. 620-2578.
- **Orange Bowl Stadium,** 1501 NW 3 St, Tel. 284-2400.

Downtown

Im Zentrum von Miami ragte, bis zu seiner Renovierung 1988, inmitten der blitzenden Fassaden der Wolkenkratzer ein alter Turm im spanischen Renaissancestil in die Höhe, an dem der Zahn der Zeit ganz erheblich genagt hatte: der **Freedom Tower**. Das einstige Symbol der Medien – errichtet wurde das Bauwerk von der *Miami Daily News* – erlangte für zahlreiche Flüchtlinge aus Cuba in den 60er und 70er Jahren eine besondere Bedeutung. Der alte Turm war die erste Anlaufstelle für eine halbe Million Menschen, die der Zuckerinsel den Rücken gekehrt hatten. Später wechselten die Besitzer und das Bauwerk verfiel mehr und mehr. Einem Konsortium aus Saudi-Arabien war der alte Turm dennoch knapp neun Millionen wert, als kleines nostalgisches Präsent an die Stadt sozusagen. Wobei der Kaufpreis für das Bauwerk selbst den geringsten Posten des ganzen Projektes ausmachte, die Renovierungskosten betrugen 20 Millionen Dollar.

Dabei war den Saudis offensichtlich kein Aufwand zu groß und das Feinste aus aller Welt gerade gut genug. Die neuen spanischen Ziegel stammen vom selben Hersteller wie die alten, die Kristalleuchter aus Italien und die 1500 Pfund schweren Eichentüren aus Guatemala. Während die Mitglieder des *Heritage Clubs*, denen zwei Stockwerke in dem Turm

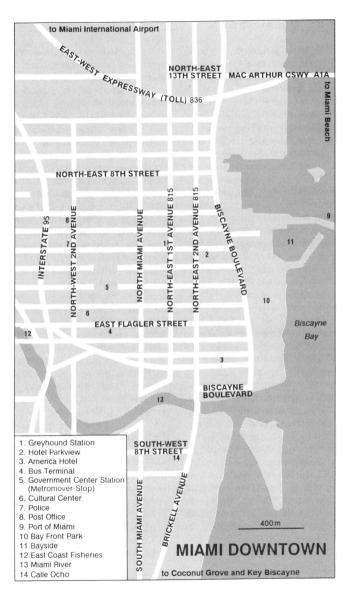

zur Verfügung stehen, in den höchsten Tönen schwärmen, fand Howard Kleinberg, der als Redakteur in dem Gebäude arbeitete, das Ganze sei doch etwas zuviel des Guten. "Nostalgie?", antwortete er auf die Frage eines Reporters anläßlich der Eröffnung, „das Haus war ein Schweinestall. Ein schreckliches Verlagsgebäude". Andere schwärmen in den höchsten Tönen, wie ein cubanisch-amerikanischer Arzt, der gleich sieben Etagen anmietete.

Neue Bauwerke werden in Miami mit einem fast unvorstellbaren Kostenaufwand hochgezogen, alte werden renoviert. Die Stadt wächst und wächst. Von den futuristischen Bankgebäuden stand vor acht Jahren noch kein einziges. Inzwischen erwecken die glitzernden Wolkenkratzer den Eindruck, als wollten sie im Rahmen einer Schönheitskonkurrenz möglichst viel Aufmerksamkeit auf sich lenken. Die Architekten und Designer haben Downtown zur Spielwiese ihrer Phantasien auserkoren. Da ist das stufenförmige Gebäude der **Cen Trust Savings Bank**, durch das der *Metromover* hindurchfährt und das nachts in verschiedenen Farben beleuchtet wird. Oder **Atlantis**, ein Apartmentkomplex an der Brickell Avenue. Nicht nur Exzentrik ist gefragt, sondern auch Höhe. 1988 planten die Saudis, das 55 Stockwerke hohe Gebäude der **Southeast Bank** mit einem neuen Bürokomplex um 17 Etagen zu übertreffen.

Inmitten der futuristischen Kulisse wirkt das Gelände am **Miami River** geradezu anachronistisch. Unter den grauen Betonarmen der Highways, die die Stadt wie ein gigantisches Spinnennetz überziehen, schippern rostige Fischerboote ihre Fracht zu den Anlegestellen, modern alte Schuppen vor sich hin. Noch ist das Gebiet am Miami River, das früher von Indianern besiedelt war, eine kleine Idylle, doch Stadtplaner und Investoren haben bereits große Pläne: Am Miami River soll ein Touristenkomplex nach dem Beispiel der *Fishermens's Warf* in San Francisco entstehen, eine Anlegestelle mit Souvenirshops und Restaurants.

Bislang strömten die Besucher in die **East Coast Fisheries**, ein einfaches Fischrestaurant, das ein wenig an die alten Hafenkneipen in Hamburgs St. Pauli erinnert. Fische und Meeresfrüchte, tonnenweise von einer eigenen Fangflotte angeliefert, werden den Gerüchten nach inzwischen aber auch schon per Mikrowelle zubereitet. Am Miami River erstreckt sich der **Jose Marti Park**. An dieser Stelle befand sich 1980 *Tent City*, eine Zeltstadt für die Flüchtlinge von *Mariel*. Heute prägen die Cubaner das Geschäftsleben von Downtown. In den kleinen Läden gibt es günstige Elektroartikel, Schuhe und Kosmetika. Insbesondere bei Elektrogeräten lassen sich die in den Schaufenstern angegebenen Preise erheblich herunterhandeln. Freunde französischer Haute Couture kommen im **Fashion District** an der Northwest 5th Avenue zwischen 24. und 30. Street auf ihre Kosten. Die Boutiquen führen Mode von Yves St. Laurent, Pierre Cardin, Christian Dior und anderen bekannten Modeschöpfern; teilweise zu erheblich herabgesetzten Preisen.

Tagsüber herrscht auf den Straßen von Downtown geschäftiges Treiben. An den Straßenständen werden frische Früchte und Getränke angeboten, manchmal spielen Musikgruppen und in den Straßen bilden sich lange Autoschlangen. Einen kostenlosen Parkplatz zu ergattern, ist ein seltener Glücksfall. Die zahlreichen Gesellschaften, die in der Innenstadt Parkplätze anbieten, langen kräftig zu. Seit wir einmal nach einem dreistündigen Einkaufsbummel vier Dollar losgeworden sind, stellen wir unser Auto lieber auf dem kostenlosen Parkplatz der Post ab.

Bayside ist eines der schönsten Einkaufszentren von Miami. Es liegt direkt am Wasser in der Nähe des Hafens. In den kleinen Geschäften wird Kunsthandwerk aus aller Welt angeboten, allerdings zu entsprechenden Preisen, denn die Ladenmieten sind horrend. Zwar wird der 1987 eröffnete Komplex von den Stadtplanern als Glanzleistung gelobt, doch hinter den Kulissen kriselt es. Der erwartete Besucherstrom blieb bislang aus und durch die Touristendollars allein fließt nicht genügend Geld in die Kassen der Geschäfte.

Neben dem Einkaufszentrum erstreckt sich der **Bayfront Park** mit einem Amphitheater, das für große Veranstaltungen wie Musikfestivals genutzt wird. Nur wenige Schritte entfernt liegen die Anlegestellen der großen Luxusliner, die von hier aus zu den Kreuzfahrten in die Karibik auslaufen. Einige bieten auch Kurzausflüge aufs offene Meer an, bei denen an Bord diniert und gespielt wird. Die Schiffe, die spät abends in See stechen, sind festlich beleuchtet und meistens spielen Jazz- oder andere Musikbands zur Unterhaltung der Gäste.

Auch wenn Sie selbst keine Kreuzfahrt gebucht haben, ein Abstecher zu den Terminals ist immer ein Erlebnis. Vor den riesigen Schiffen wirken die Autos und kleineren Jachten wie Spielzeuge, und es ist fast unglaublich, welche Menschenmassen in so einen Luxusliner hineinpassen. Allein die Abfertigung an den Schaltern, das Einchecken des Gepäcks, dauert Stunden. Die *Sovereign of the Seas*, das größte Kreuzfahrtschiff der Welt, hat ihren Heimathafen in Miami. Über 2200 Passagiere haben darauf Platz. Der Luxusliner der *Royal Caribbean Cruise Lines*, der für 185 Millionen Dollar in St. Nazaire, Frankreich, gebaut wurde, läuft jeden Samstag zu einer Kreuzfahrt nach Nassau, San Juan und St. Thomas aus.

Miami hat sich zum *größten Kreuzfahrtzentrum* der Welt entwickelt. Jährlich reisen rund 4 Millionen Passagiere von hier in die Karibik, nach Mexiko und Europa.

Unterkunft

Die preiswerteren Hotels in Downtown sind insgesamt ziemlich heruntergekommen und verhältnismäßig teuer. Wer nicht gerade aus Zeitgründen und wegen der Nähe zur Greyhound-Station eine Übernachtung in Downtown vorzieht, fährt besser nach Miami Beach, wo es zahlreiche preiswerte Unterkünfte gibt. Die billigen Stadthotels unterscheiden sich in Standard und Preis kaum voneinander, deshalb haben wir unsere Auswahl auf zwei Adressen beschränkt.

■ **Hotel America,** 273 NE 2nd Ave, Tel. 373-0672.
Sehr einfach, aber etwas sauberer als das Parkview. EZ 27 $, DZ 30 $.

■ **Hotel Parkview,** 259 NE 4th St, Tel. 373-0825.
Das Hotel liegt in der Nähe Greyhound-Station und Bayside. Es wirkte bei unserem Besuch ziemlich heruntergekommen, sollte aber renoviert werden. EZ 25 $, DZ 30 $ ohne Steuer.

Essen und Trinken

■ **East Coast Fisheries,** 40 SW North River Dr.
Eines der *ältesten Fischrestaurants* in Miami, das eine eigene Fangflotte unterhält, die auf den Keys stationiert ist. Die Atmosphäre in dem Lokal ist einzigartig: Vergilbte Wände mit verstaubtem maritimen Kleinkram und uralten Plakaten deuten darauf hin, daß hier seit der Eröffnung vor 50 Jahren anscheinend nicht allzuviel renoviert wurde. Obwohl es nicht besonders preiswert ist, strömen die Puristen unter den Seafood-Fans in Massen in das Lokal. Bei der Zubereitung von Fisch und Meeresfrüchten wird nicht viel Aufwand betrieben.

■ **Granny Feelgood's,** 190 SE 1th Ave. *Filiale:* Im Spa, 4441 Collins Avenue.
Im Gegensatz zu den Fast Food Restaurants setzt diese Kette auf *natürliche Zutaten ohne chemische Zusätze* nach dem Motto: „Ein gesunder Körper ist das Gästezimmer der Seele, ein kranker ihr Gefängnis". Die Gerichte werden alle frisch zubereitet, leider auch per Mikrowelle. Das reichhaltige Angebot beinhaltet vegetarische Spezialitäten wie gegrillter *Tofu, Lasagne* mit Spinat und Gemüsepizza. Außerdem gibt's köstliche, frisch gepreßte Fruchtsäfte.

Museen

■ **Bakehouse Art Complex,** 561 NW 32nd St.
In dieser ehemaligen Brotfabrik in Overtown befinden sich heute Ateliers verschiedener Künstler. Das alternative Projekt wurde 1987 mit öffentlicher Unterstützung ins Leben gerufen. Die *South End Alternative Theater Company* probt hier, das *Miami Glass Studio* und eine Goldschmiede haben Räume in dem alten Haus bezogen. Hin und wieder finden Seminare und Workshops zu verschiedenen Themen statt.

■ **Black Archives,** 5400 NW 22nd Avenue.
Dokumente und andere Exponate ge-

ben einen interessanten Einblick in die Geschichte der schwarzen *communities* von Dade County.
- **Metro-Dade Cultural Center,** 101 W Flagler St.

In diesem Komplex befinden sich eine gutbestückte **Bibliothek** mit einer großen Abteilung über Florida, das **Center of Fine Arts** und das **Historical Museum of Southern Florida**. Das Center of Fine Arts präsentiert ständig wechselnde Ausstellungen mit Werken von Künstlern aus aller Welt. Das historische Museum informiert über die Geschichte Floridas, die Entwicklung von Miami sowie die Geschichte der Schwarzen. Sehenswert ist auch die mediterrane Piazza vor dem Kulturzentrum.

Einkaufen
- **Capitol Hifi Record Center,** 74 E Flagler St und 264 E Flagler St.

Einer der *bestsortierten Plattenläden* in Downtown. Viel Salsa, Pop, Soca.
- **Perfumania,** 1 SE Third Ave.

Große Auswahl an *Kosmetika,* über 150 Parfums zu niedrigen Preisen.

Wassertrips
Miami bietet optimale Möglichkeiten für Ausflüge aufs Wasser. Das Angebot ist fast unüberschaubar, weil kleine Segeljachten und Motorjachten von verschiedenen Stellen aus in See stechen. Wer ein Boot chartern will, schaut sich am besten an einer der *Marinas* in **Coconut Grove,** in **Miami Beach** (Nähe A1A) oder auf **Watson Island** um (einige Chartergesellschaften und Preisbeispiele sind in den jeweiligen Kapiteln aufgeführt). Die großen Kreuzfahrtschiffe starten vom Port of Miami auf **Dodge Island** nähe Downtown.
- **Seaescape,** 1080 Port of Miami, Tel. 379-0000.

Seascape bietet neben Tagestouren auf die Bahamas (siehe Kapitel „Bahamas") auch Dinner-Kreuzfahrten aufs Meer an. Die sechsstündige Tour kostet inklusive Musik und Essen 39 $ pro Person.
- **Kapitän Roy,** Watson Island Marina bietet zweistündige Segelturns für 5 $ pro Person an. Ein Lobster-Dinner ist im Preis enthalten.

Nachtleben
- **Tobacco Road,** 626 S Miami Ave, Tel. 374-1198.

Mittags kommen vor allem Geschäftsleute zum Essen her, abends spielen bekannte *Blues-Musiker*. Tobacco Road ist eines der ältesten Nachtlokale von Miami. Angeblich ist der berüchtigte Gangsterboß Al Capone hier ein- und ausgegangen. Freitags und samstags 5 $ Eintritt.
- **Les Violins,** 1751 Biscayne Blvd, Tel. 371-8668.

Nachtclub im Stil Alt Havannas, in dem jeden Abend Shows im Las Vegas-Stil geboten werden. Die Gruppen kommen aus Frankreich, Cuba, Brasilien und Spanien. Eintritt 10 $.

Coconut Grove

Lange Zeit galt Coconut Grove als das *Greenwich Village* Miamis, weil sich zahlreiche Künstler hier niedergelassen hatten. Im Gegensatz zu anderen Siedlungen, die später entstanden, lebten hier Reiche, Arme, Schwarze, Weiße, Intellektuelle und Künstler zusammen. Coconut Grove, meist nur kurz **The Grove** genannt, entwickelte sich zu einem Kaleidoskop der Kulturen und sozialen Schichten. Diese Vielfalt macht Coconut Grove, das mit seiner tropischen Vegetation zu den schönsten Stadtvierteln zählt, auch heute noch besonders anziehend. Die Architektur dieser Gegend an der **Biscayne Bay** wurde von den Schwarzen geprägt, deren Holzhäuser an den Baustil auf den Bahamas und auf Key West erinnern.

Uns kam eine Fahrt nach Coconut Grove immer wie ein Ausflug in einen herrlichen Dschungel vor. In diesem Dschungel handeln allerdings auch zahlreiche Kleindealer mit Drogen, zu den Hauptumschlagplätzen zählen einige Bereiche der **Grand Avenue**. Coconut Grove hat sich mittlerweile zu einem ziemlich heißen Pflaster entwickelt und einsame Ecken sind nachts besser zu meiden.

Zu den bekanntesten lokalen Künstlern, die in Coconut Grove leben und arbeiten, gehört *Jim Lewk*, der eigenwillige Skulpturen aus Kupfer herstellt. Einige seiner dünnen Drahtmännchen schmücken die Häuser von Bob Hope und Jimmy Carter. Der 47jährige Künstler ist allerdings nur im Winter in seinem Atelier in der 2519 Abaco Avenue anzutreffen. In den heißen Sommermonaten arbeitet er lieber in Neuengland. Die Atmosphäre in The Grove inspiriert auch *Eileen Seitz*. Ihre Aquarelle spiegeln das exotische Flair Coconut Groves mit bunten Vögeln, tropischen Gewächsen und alten Holzhäusern. Inzwischen leben und arbeiten mehr Künstler in **South Beach** und auch in Sachen Nachtleben hat das Art Deco-Viertel Coconut Grove längst den Rang abgelaufen.

An den Wochenenden füllen sich die Straßen und Lokale mit Nachtschwärmern und Touristen verursachen ein Verkehrschaos. Dann heißt es, sehen und gesehen werden, denn kein anderer Stadtteil ist ein so beliebtes Pflaster für Flaneure. Im Zentrum von Coconut Grove zwischen **Grand Avenue** und **Main Highway** gibt es viele Boutiquen, Feinschmeckerläden und Restaurants, die vor allem junges, schickes Publikum anlocken. Ein Publikum mit einer ausgesprochenen Vorliebe für französische Kultur, denn in keinem anderen Stadtteil gibt es so viele Straßencafés und Geschäfte, die Spezialitäten und Mode *à la France* anbieten.

Preiswerte Unterkünfte gibt es im Grove nicht und viele junge Leute, die auf keinen Fall woanders als hier wohnen wollen, zahlen dafür zum Teil horrende Mieten oder leben in Wohngemeinschaften.

◄ *Orient in Miami – Stadtteil Opa-Locka (oben). Privater Flohmarkt in Hialeah (unten).*

Informationen
■ **Chamber of Commerce**, 2820 McFarlane Rd, Tel. 444-7270.

Unterkunft
■ **Bed & Breakfast Co**, P.O. Box 262, Fl 3342, Tel. 661-3270.
Diese Organisation vermittelt Unterkünfte für B & B's in ganz Florida. In Coconut Grove gibt es einige Adressen, die nur telefonisch reserviert werden können. Die Preise variieren von etwa 35 $ in der Nebensaison bis 70 $ in der Hauptsaison.

Essen und Trinken
■ **Cafe Sci-Sci**, 3043 Grand Ave.
Das In-Restaurant im Grove. Treffpunkt der Schickeria und entsprechend teuer. Das Rinderfilet-Carpaccio mit frischem Parmesan und Pilzen ist zwar unübertroffen, aber gute italienische Küche gibt es in anderen Restaurants zu wesentlich günstigeren Preisen. Außerdem ist es nicht jedermanns Geschmack, inmitten von Abgasen und Verkehrsgewimmel an einer Durchgangsstraße zu dinieren.
■ **Grand Café** im Grand Bay Hotel, 2669 S Bayshore Dr.
Das Grand Bay Hotel ist eine der *exklusivsten Nobelherbergen* Miamis. Rod Stewart wohnt am liebsten hier, wenn er mal wieder in Florida ist. Aber auch viele andere zahlungskräftige Gäste bevorzugen das terrassenförmige Hotel an der Biscayne Bay. In der obersten Etage befindet sich ein Ableger des nobelsten Nachtclubs der Welt, des *Regine's*. Er ist nur Mitgliedern und Hotelgästen zugänglich.

Im Hotel befindet sich auch das Restaurant **Grand Café**, das neue amerikanische Küche und französische Spezialitäten zu entsprechend exklusiven Preisen serviert. Hauptgerichte gibt es nicht unter 20 $. Wer sich mal etwas Besonderes gönnen will, sollte den pochierten *Maine Lobster* mit Mousse aus Jakobsmuscheln und Trüffelsoße probieren. Empfehlenswert ist auch der *sonntägliche Brunch*. In der Zeit von 11.30 – 15 Uhr gibt's ein Superbuffet mit herrlichen Extravaganzen wie Lachs, geräucherter Forelle, Hummer in Kokossoße, Königinpaste, tropischen Früchten und ausgezeichneten Torten. Kostenpunkt: 19 $.
■ **La Bread Station**, 3176 Commodore Plaza.
Und noch einmal französisch: belegte *Baguettes* und *Croissants* gibt es in vielen leckeren Variationen ab 4 $. Jeden Abend spielt eine andere Band auf der kleinen Bühne vor dem Restaurant. Ihre Gage sammeln die Musiker mit dem Hut ein. Die Musikrichtungen wechseln sich ab, sind jedoch meistens *Calypso* oder andere karibisch gefärbte Klänge.
■ **La Petite Pâtisserie**, 3045 Fuller Street.
Da im Zentrum von Coconut Grove ohnehin vieles an Frankreich erinnert, darf natürlich auch eine Pâtisserie nicht fehlen. Bei knusprigen *Croissants* mit oder ohne Füllung, *Quiches*, Obsttörtchen und einem Espresso läßt sich die Szenerie auf der Straße

herrlich beobachten. Immer wenn wir wieder einmal *Sehnsucht nach Paris* verspürten, haben wir uns an einen der kleinen runden Tische gesetzt und sind in Erinnerungen geschwelgt.

■ **Oak Feed**, 3030 Grand Ave.
Dieser Naturkostladen ist eine wahre Fundgrube für alle, die auf *Makrobiotik, bio-dynamische Kost* und kosmetische Naturpräparate schwören. Allein das Herumstöbern macht Spaß, denn es gibt viele ausgefallene Waren wie etwa Lippenstifte ohne Chemie. Nebenan ist **Pita and Eats**, ein Naturkostimbiß, der kleine Gerichte wie *Tofu Sandwiches* und *Pitas* anbietet. Abends gibt es vegetarische Spezialitäten ab 5 $. Eine angenehme Alternative zu den vielen ultrateuren Freßtempeln in Coconut Grove.

■ **Sharky's**, Main Hwy Ecke Commodore Plaza.
Nach einem ausgedehnten Schaufensterbummel landen die meisten Touristen, die in Reisebussen von Miami Beach hierherkutschiert werden, in diesem Restaurant. Wer sich dafür interessiert, wie es mit dem heimischen Wetter steht oder ob schon wieder Politiker zurückgetreten sind, erkundigt sich am besten hier danach. Das kleine Ecklokal ist auch ein günstiger Beobachtungsposten: Auf dem Weg in eines der umliegenden Cafés läßt es sich die Schickeria nicht nehmen, mit quietschenden Reifen den neuen Wagen vor Sharky's vorzuführen. Spezialität von Sharky sind *frische Meeresfrüchte*.

■ **Steve's Ice Cream**, Main Hwy Ecke Fuller Street.
Wer sich den Appetit auf *Eis* trotz der Wahnsinnspreise nicht verkneifen kann: hier gibt es fast jede Geschmacksrichtung.

■ **The Village Inn**, 3131 Commodore Plaza.
Nach *preiswerteren* Restaurants muß in Coconut lange gesucht werden. Hier ist eines: Lunch von 6–10 $, Dinner 11–20 $. Durch die rustikalen, mit dunklem Holz verzierten Wände wirkt dieses Restaurant wie eine Grotte. Dekorativ aufgehängte alte Blechblasinstrumente und Jazzplakate deuten darauf hin, daß es hier regelmäßig *Livemusik* gibt.

Sehenswert

■ **The Barnacle Historic Site**, 3485 Main Hwy.
Einen guten Eindruck *vom Leben der ersten Siedler in Südflorida* vermittelt dieser restaurierte Wohnsitz, den Ralph Munroe 1888 erbaute. Er lebte völlig isoliert in dieser Wildnis, arbeitete als Marinearchitekt und Fotograf und entwickelte unter anderem Schiffe, die sich für den Verkehr in den Küstengebieten eigneten. Neuankömmlinge versuchte Munroe davon zu überzeugen, daß Mensch und Natur in Einklang leben sollen.

■ **Vizcaya Museum**, 3251 S Miami Avenue.
Die Vorliebe der Amerikaner für den Glanz des alten Europa wurde mit dieser *imposanten Villa im italienischen Renaissancestil* eindrucksvoll unter Beweis gestellt. Der Industrielle

James Deering, Vizepräsident von International Harvester, hatte sie 1916 als Winterwohnsitz errichten lassen. Er reiste in ganz Europa herum, um die 34 Zimmer seines Anwesens an der Biscayne Bay mit kostbaren Antiquitäten und Kunstgegenständen zu füllen. Deering taufte die Villa auf den baskischen Namen *Vizcaya*, was soviel wie „besserer Platz" bedeutet. An diesem *besseren Platz* mit seinen prächtigen Gärten im Barock- und Renaissancestil treffen sich hin und wieder auch bekannte Persönlichkeiten wie 1987 Präsident Ronald Reagan und Papst Paul II.

Galerien

■ **American Details,** 3107 Grand Avenue.
Wie der Name schon sagt, sind in dieser Galerie Produkte aus den USA erhältlich. Die Besitzer *Lynn* und *Gary Stam* entdeckten ihre Liebe zum Kunsthandwerk bei der künstlerischen Verarbeitung von Holz. 1980 eröffneten sie ihre erste Galerie in New York. Inzwischen haben sie ihre Palette erweitert und bieten ein breites Spektrum amerikanischen Kunsthandwerks an. Es lohnt sich, ein bißchen herumzuschauen: Neben Steingut, Glas und Schmuck finden sich Kuriositäten wie Holzkrawatten.

■ **Coconut Grove Gallery,** 3109 Grand Ave.
Da die Galeristin *Cassandra Grayson* von den örtlichen Künstlern „ohne Namen" nicht besonders viel hält, sind in ihrer Galerie ausschließlich teure Bilder und Skulpturen bekannter Künstler ausgestellt.

Einkaufen

■ **Dust and Glitter,** 3490 Main Highway.
Neben den zahlreichen Boutiquen mit der neuesten Mode bietet dieser *Secondhand-Laden* etwas für Nostalgiefans.

■ **French Kisses,** 3109 Commodore Plaza.
Riesenauswahl an *Postkarten und Postern,* entworfen von französischen Künstlern und mit Motiven aus Frankreich. Bis 24 Uhr geöffnet.

■ **Grove Bookworm,** 3035 Fuller St.
Außer neuen *Büchern* führen die Inhaber leicht angestaubte Exemplare zu herabgesetzten Preisen.

■ **Kuntry Store,** 2988 SW 27 Ave.
Täglich geöffnet von 5.30 – 2 Uhr.
Supermärkte mit ihrer sterilen Einrichtung sind im allgemeinen kein Ort für einen ausgedehnten Einkaufsbummel. Dieser ist anders. Hinter der altertümlichen Holzfassade verbirgt sich ein interessantes Innenleben. In den engen Gängen zwischen den Regalreihen lagern über *500 Weinsorten* aus aller Welt, 100 verschiedene Biere und lebende Hummer. Verkauft wird frisch zubereiteter Fisch und Shrimps.

Wassertrips

An der Dinner Key Marina in Coconut Grove können Segel- und Motorboote jeglicher Größe gechartert werden. *Easy Sailing* nimmt für ein 7-

Meter-Segelboot pro Tag 125 $. Es eignet sich für fünf Personen. Eine 6-Meter-Jacht kostet pro Tag 105 $. Ein Segelschein wird nicht verlangt. Motorjachten mit Kapitän gibt es ab 40 $ pro Stunde (in den kleinen Booten haben bis zu fünf Personen Platz).

Fahrrad-Vermietung

Wer Coconut Grove per Fahrrad erkunden möchte, kann es bei **Dade Cycle**, 3216 Grand Ave, für 15 $ pro Tag oder für 3 $ pro Stunde mieten.

Nachtleben

■ **Biscayne Baby,** 3336 Virginia St, Tel. 445-3751.
Heiße *karibische Rhythmen* mit Reggae- und Steelbands, Rock and Roll und andere Livemusik.
■ **Cheers,** 5922 S Dixie Hwy.
Schwulenkneipe. Dienstags gibt es von 16–1 Uhr alle Getränke für die Hälfte, montags ist *Ladies' Night* und donnerstags stellt DJ Danny jeweils sein neuestes *Video & Music-Programm* vor.
■ **Cherry Grove,** 2490 SW 17th Ave.
Die einzige Frauenbar Miamis ist täglich von 17–3 Uhr geöffnet. Samstags ist DJ-Musik, mittwochs *Wet T-Shirt Contest*. Sonntags trifft frau sich zum kalten Buffet. Am Wochenende 3 $ Eintritt.
■ **Tavern in the Grove,** 3416 Main Hwy, Tel. 447-3884.
Urige Kneipe, in der es mehrmals die Woche Livemusik gibt. Viel *Blues*. Sich nach der *Ladies Night* erkundigen, dann sind die Getränke für Frauen umsonst.
■ **Uncle Charlie's,** 3673 Bird Ave.
Schwulendisko mit regelmäßigen Live-Auftritten, beispielsweise von lokalen Travestie-Künstlern und *male strippers*.
■ **Video Dance Theatre Hi-Volt,** Grand Ecke 32nd Ave.
Diskothek im Zentrum von Coconut Grove.

Feste

Das *Chamber of Commerce* veranstaltet einmal im Jahr das **Coconut Grove Arts Festival** auf den Straßen von Coconut Grove. Künstler aus dem Grove und ganz Miami stellen Kunsthandwerk aus. Das Festival gibt einen guten Überblick darüber, was in Sachen Kunst gerade läuft. Termin beim Chamber erfragen. Ein weiteres großes Ereignis ist das **Goombay Festival,** zur Erinnerung an die Siedler, die von den Bahamas Ende des 18. Jahrhunderts nach Florida kamen. Auf der Grand Avenue spielen Calypsobands und an den Eßständen gibt es Spezialitäten von den Bahamas.

Coral Gables

Coral Gables ist das Pflaster der reichen, weißen Oberschicht, bevorzugte Wohngegend der Yuppies und eines der wichtigsten Geschäftsviertel Miamis in der Nähe des Flughafens. George Merricks *City Beautiful*, die im Zuge des Florida-Booms ent-

stand, gilt noch heute als eine der feinsten Adressen. In Coral Gables gibt es die besten Feinschmeckerlokale, Hotels und sündhaft teure Einkaufspassagen. Wer über entsprechende Mittel verfügt, kauft sich ein Anwesen im mediterranen Stil an einem der Golfplätze oder den palmenumsäumten Kanälen. Nicht überall ist es so exklusiv wie in der Gegend um den **Coral Way**. In den preiswerteren Unterkünften südlich und nördlich der **Calle Ocho** haben sich in den letzten Jahren viele Cubaner niedergelassen – sehr zum Ärger der konservativen, weißen Oberschicht, die den hispanischen Einfluß, der auf der politischen Ebene immer mehr zunimmt, zurückdrängen will.

Die Einfahrt nach Coral Gables wird durch das sogenannte Sonnentor **La Puerta del Sol** an der Douglas Road/Tamiami Trail markiert. Im Innern des alten Stadtkerns von Coral Gables liegt das imposante **Biltmore Hotel** an der Anastasia Avenue. Das Elternhaus des Gründers von Coral Gables, George E. Merrick, befindet sich 907 Coral Way. Es wurde 1898 gebaut und später unter Verwendung von Korallenfelsen aufgestockt. Aus diesem Baumaterial ist auch das **Coral Castle**, 28655 Federal Hwy entstanden. Im Innern des Hauses befinden sich handgearbeitete Möbel und solarbeheizte Badewannen. Ein gutes Beispiel spanischer Kolonialarchitektur ist die **City Hall** von Coral Gables an der **Miracle Mile**. Bei einem Bummel durch Coral Gables,

das neben der spanischen Architektur übrigens auch interessante Viertel im holländischen, französischen und chinesischen Stil umfaßt, sollte auf jeden Fall eine Besichtigung des venezianischen **Swimmingpools** eingeplant werden. Das große Schwimmbecken befindet sich 2701 DeSoto Blvd.

Ein kleines, etwas außerhalb gelegenes Paradies ist der **Fairchild Tropical Garden**, ein riesiger botanischer Garten, der mit über 5000 verschiedenen Pflanzenarten aus aller Welt der größte in den Vereinigten Staaten ist. *Wirklich sehenswert.*

Unterkunft

■ **Ponce de Leon Hotel,** 1721 Ponce de Leon Blvd, Tel. 446-9178.
Ausgesprochen preiswertes Hotel im Zentrum von Coral Gables. Nette Besitzer, denen viel an Sauberkeit und Atmosphäre liegt. *Sehr empfehlenswert.* Die Preise für EZ (30 $) und DZ (35 $) sind das ganze Jahr über gleich.

Essen und Trinken

■ **Canton II,** 2624 Ponce de Leon Boulevard.
Eines der besten *chinesischen Restaurants* in Miami. Manche nehmen angeblich sogar die lange Anfahrt von Palm Beach und Broward County auf sich, um hier zu dinieren. Spezialität des Hauses ist Huhn in Honigsoße.

■ **La Crêperie Bretonne,** 148 Giralda Ave.
Die Crêperie ist eines der zahlreichen

◀ *Luxus, Millionäre, schöne Mädchen, Yachten, Villen ...*
und die Allmacht des amerikanischen Dollars ...

netten Restaurants in dieser Straße und zudem noch *preiswert*. Das Lokal mit gemütlichen Holzmöbeln und Postern aus der Bretagne an den Wänden vermittelt eine authentische Atmosphäre, und sogar die Musik kommt aus Frankreich. Neben Crêpes in allen erdenklichen Variationen gibt es herrliche Salate mit tollen Dressings und sehr guten Wein.

■ **Rudolph's,** 1222 S Dixie Hwy. Täglich 11.30 – 24 Uhr.
Das *beste Barbecue-Restaurant* in Miami, denn die Sauce macht einfach süchtig. *Texas beef ribs* und *spare ribs* sind so, wie sie sein sollen: außen knusprig, innen zart. Die Einrichtung nennt sich „kinemathographisches Art Deco".

Sehenswert
■ **Parrot Jungle,** 11000 SW 57th Ave.
Tropischer Garten, in dem *1200 Papageien* leben. Die gefiederten Gesellen zeigen in den Shows, was sie können: Fahrradfahren, Handstand und Pokern.

Little Havanna

Der Duft von starkem cubanischen Kaffee zieht durch die Straßen, wo so gut wie kein englisch gesprochen wird. Ein Bier bestellt man am besten mit den Worten *una cerveza*. Kein Zweifel: wir befinden uns in Cubas heimlicher Hauptstadt, in Little Havanna. Als sich zahlreiche Cubaner nach der Machtergreifung Castros mit Sack und Pack nach Florida absetzten, landeten die meisten von ihnen in dem Viertel zwischen **West Flagler Street** und **Southwest 22nd Street**. Sie eröffneten Restaurants und Straßencafés, Geschäfte für den täglichen Bedarf, Autowerkstätte und Tankstellen. Bald hieß die 8. Straße auch unter den *Anglos* nur noch **Calle Ocho** und das Viertel Little Havanna. Inzwischen leben die Cubaner verstreut über das ganze Stadtgebiet und wer ein quirliges, buntes *latinquarter* erwartet, in dem sich das Leben vorwiegend auf den Straßen abspielt, wird enttäuscht sein. Die Calle Ocho ist ebenso wie die Flagler Straße eine ziemlich öde Ausfallstraße, die in westlicher Richtung in die Everglades führt. Das Leben spielt sich in den Restaurants und Privathäusern ab und *Salsamusik* kann man sich ebensogut in den Clubs von Hialeah, Miami Beach oder Downtown anhören. Doch obwohl mittlerweile viele Cubaner in andere Stadtviertel gezogen sind, ist die Calle Ocho noch immer so etwas wie das Herz der cubanischen Gemeinde.

Das **Cuban Museum of Arts and Culture**, 1300 SW 12th Avenue veranstaltet regelmäßig Ausstellungen, Vorlesungen und Konzerte, um die hispanische Tradition nicht in Vergessenheit geraten zu lassen.

Ihren Stars wollen die Cubaner demnächst nach dem Beispiel Hollywoods ein Denkmal setzen: Nachdem die cubanische Salsaqueen *Celia Cruz* einen Stern auf dem berühmten *Three Miles Walk of Fame* erhielt, fanden *Sara* und *Javier Soto*, von *Stars Inc.*, einer nicht profitorientierten Organisation zur Förderung der Musiker, daß es an der Zeit sei, auch etwas für die weniger bekannten Salsamusiker zu tun. Die Stadt stimmte dem Vorschlag zu, die Calle Ocho zwischen 12th und 17th Straße mit Sternen für cubanische Künstler zu pflastern. Die ersten, deren Namen verewigt werden sollen, sind *Gloria Estefan* und die *Miami Sound Machine*, eine cubanische Popgruppe, die nicht nur in Miami große Konzerterfolge feiert.

Die Drogenszene Klein Havannas spielt sich hauptsächlich an der Flagler Street, zwischen 6. und 12. Avenue ab. Ihren Stoff setzen die Dealer vorwiegend an Leute ab, die sie kennen. (Siehe auch Hintergrundsgeschichte über „Little Havanna".)

Essen und Trinken
■ **Versailles**, 3555 SW 8th St.
Eine Institution Klein Havannas ist dieses Restaurant, das abends an der auffälligen grünen Lichtreklame zu erkennen ist. Drinnen ähnelt es durch die vielen Spiegel, Lampen und kurzen Gardinen vor den Fenstern ein wenig einem riesigen französischen Bistro. Das Versailles wird zwar von vielen Touristen aufgesucht, aber auch die Cubaner mögen es. Abends sieht man hier viele gut angezogene Geschäftsleute, die sich zum Essen treffen. Dafür, daß das Lokal so bekannt und beliebt ist, sind die Preise wirklich niedrig. Ein zartes *Palomina Steak* mit Platanen, Reis und schwarzen Bohnen gibt es für 8 $ und auch die anderen Gerichte liegen alle unter 10 Dollars.

■ Einige Querstraßen weiter auf der Calle Ocho befindet sich das **Malaga**, ein spanisch-cubanisches Restaurant, in dem *Julio Iglesias* gerne speist, wenn er in Miami ist. Zahlreiche Zeitungsartikel, die in der Eingangshalle aushängen, dokumentieren, daß es auch anderen Prominenten geschmeckt hat. Die Atmosphäre ist durch die kleinen Räume etwas intimer als im Versailles, das Essen meistens recht gut. Fisch- und Fleischgerichte ab 7 $.

■ Ein argentinisches Spezialitätenrestaurant, das sich durch die nette, *familiäre Atmosphäre* angenehm von den großen hektischen Etablissements abhebt, ist das **Argentina Mundial**, 2901 SW 8th St. Besitzer Lito, dessen Konterfei auf einem großen Poster über der Theke zu sehen ist, serviert nicht nur selbst, sondern greift zu fortgeschrittener Stunde auch gerne zu Gitarre oder Mikrofon. Wenn Lito seinem Temperament freien Lauf läßt, nimmt er eine Musikkassette aus einem Köfferchen und haucht zu den Klängen fast professionell ins Mikro. Was das Essen anbetrifft, gibt es die üblichen Barbecues (manche mit Innereien) ab 6 $.

Plattengeschäfte
■ **Do-Re-Mi Music Center,** 1829 SW 8th St. Mo bis Sa 10.30–20 Uhr.
Dieser Schallplattenladen führt fast ausschließlich Salsa.
■ **Rincon Musical,** 1680 SW 8th St.
Hauptsächlich kolumbianische, argentinische und *latin music*.

Key Biscayne

Nur ein paar Autominuten von Miami Downtown entfernt, liegt das Inselparadies Key Biscayne, ein bevorzugtes Urlaubsdomizil der Reichen. Die wenigen Hotels sind wahnsinnig teuer und wer Geld hat, legt sich eine Eigentumswohnung *(condiminium)* mit eigener Bootsanlegestelle zu. Zu den betuchten Bewohnern, die sich auf Key Biscayne niedergelassen haben, gehört unter anderem Amerikas Ex-Präsident Richard Nixon. Einen Besuch ist Key Biscayne trotz aller Exklusivität wert, denn die öffentlich zugänglichen Strände sind herrlich und an den Wochenenden läßt sich hier die Ruhe einer abgeschiedenen Tropenidylle genießen.

Die einzige Landverbindung von Miami nach Key Biscayne ist der **Rickenbacker Causeway**. Entlang des Causeways vermietet **Windsurfing on the Islands** für 12 $ pro Stunde Surfbretter. Zweistündiger Privatunterricht kostet 30 $.

An der Südseite des Causeways liegt das **Miami Seaquarium**, in dem der berühmte Fernsehdelphin Flipper (oder vielmehr einer der Nachkommen) seine Runden dreht. Die Shows bestreiten neben ihm einige Seelöwen und ein Killerwal. Außerdem können Haie und Seekühe besichtigt werden. Gegenüber dem Seaquarium befindet sich **Planet Ocean**, eine Ausstellung über die Ozeane, in der verschiedene Experimente vorgeführt werden. Unter anderem werden die Entstehung eines Hurrikans und der Verlauf des Golfstroms gezeigt. Auf der ersten Insel, **Virginia Key**, sind einige Meeresforschungsinstitute und Freizeitparks mit Meerestieren.

Ideal zum Schwimmen und Faulenzen ist die **Bill Baggs/Cape Florida Recreation Area**, die mit Picknicktischen ausgestattet ist. Am Südzipfel dieses schönen Strandes ragt ein 30 Meter hoher Leuchtturm in den Himmel.

Biscayne National Park
Südlich von Key Biscayne liegt ein 70 000 Hektar großes Meeresschutzgebiet, das nur per Boot zu erreichen ist. Die Parkverwaltung, am **Convoy Point/Homestead Bayfront Park**, 13 Kilometer östlich von Homestead, organisiert Ausflüge für 15 $. Auf der größten Insel in diesem Gebiet, **Elliot Key**, befindet sich ein einfacher Campingplatz. Auskünfte darüber erteilt die Parkverwaltung, Tel. 247-7275.

Das Comeback von Miami Beach

Unerbittlich schmettert die Fallbirne gegen die weiße Fassade des *Senator*. In den Lärm der krachenden Schläge mischen sich die Protestrufe entsetzter Zuschauer, die mit dem Hotel ein Stück der Geschichte Miami Beachs schwinden sehen. „Wissen Sie", ereifert sich ein 83jähriger Rentner, der ein T-Shirt mit der Aufschrift „Save the Senator" trägt, „das war vor 50 Jahren ein ganz feines Hotel, mit viel Kristall und schönen Möbeln." Viel ist von dem Prunk jener Tage nicht übrig geblieben, denke ich angesichts der Trümmer, die sich auf dem Eckgrundstück an der Collins Avenue anhäufen. Welche Erinnerungen mögen die älteren Einwohner mit diesen Mauern verbinden, die jetzt nach und nach dem Erdboden gleichgemacht werden. „It's crime", schreit eine Mittvierzigerin dem Baggerfahrer entgegen. Eine alte Frau wischt sich verstohlen ein paar Tränen aus dem Gesicht.

Daß ausgerechnet das Senator, eines der Flaggschiffe des *Art Deco-Viertels,* Platz machen soll für einen Parkplatz, weil die Besitzer sich davon ein besseres Geschäft versprechen, hat viel Wirbel ausgelöst. Mitglieder einer Bürgerinitiative hatten tagelang vor dem Grundstück ausgeharrt, sich sogar an den Geländern festgekettet. Sie kämpften für ein Symbol, das Miamis gute und schlechte Phasen repräsentierte. Ich versuche mich zurückzuversetzen in die 30er Jahre nach der Depression. Vor allem Touristen aus dem Norden strömten damals hierher, darunter Leute mit *champagner taste, but a beer budget,* wie es heißt. Leute, die nach dem Börsenkrach über Nacht Millionen verloren hatten. Sie kamen mit dem Zug, fuhren mit gemieteten Cadillacs und trugen abends wie gewohnt ihren Smoking, wenn sie zu den Klängen der Jazzkapellen tanzten. In den Hotels konnten sie sich fühlen wie auf den Kreuzfahrtschiffen, die sie sich nicht mehr leisten konnten. Eine Illusion, die Architekten durch die Bauweise der Hotels bewußt vermittelten: Die Gebäude waren nicht nur mit Fischen, Palmen und Flamingos verziert, durch die eine Affinität zur Landschaft deutlich wurde, einige ähnelten sogar richtigen Hochseedampfern, mit Bullaugen anstelle von Fenstern, mit Bug und Deck. Ein Hotel nach dem anderen entstand in diesen Jahren. Die Architekten interpretierten Bauhausstil, Kubismus und Jugenstil, die neue Architektur nannte sie *streamline* oder *mediterranes Design.*

Miami Beach kam immer mehr in Mode und avancierte zur *Riviera Amerikas.* Die Insel entwickelte sich bald zum Mekka reicher Industrieller, der Flaneure, Stars und Sternchen. In den Bars und Restaurants richteten sich die Scheinwerfer auf Clark Gable, Gary Cooper und Kirk Douglas. In den Bars und Lokalen

der 50er Jahre gaben sich Stars wie Frank Sinatra, Jerry Lewis und Sammy Davis jr. die Klinke in die Hand. „Yeah, das waren Zeiten", seufzt der alte Mann neben mir, während Bauarbeiter die Überreste des Senator beiseite räumen.

Dann galt Miami Beach als *„Wartesaal Gottes",* weil immer mehr Pensionäre aus dem Norden hierherzogen, um in dem warmen Klima ihren Lebensabend zu verbringen. In den heruntergekommenen Hotels und Billigwohnungen in South Beach fanden sie preiswerte Unterkünfte. Zudem gibt es in Florida im Gegensatz zu anderen Bundesstaaten viele Steuervergünstigungen, was wiederum viele Wohlhabende anlockte. 1980 mischte sich eine weitere Gruppe unter die *Senioren* und *jüdischen* Einwanderer, die die Kultur dieses Stadtteils mittlerweile durch zahlreiche Synagogen, Kulturzentren und Kosher-Restaurants wesentlich mitgeprägt hatten: *cubanische* Flüchtlinge. Sie kamen aus Mariel, einem kleinen Hafenstädtchen an der cubanischen Küste. Unter den 120 000 Menschen, die Fidel Castro damals ausreisen ließ, befanden sich auch Sträflinge und Insassen psychiatrischer Anstalten. Viele zogen nach South Beach, und es heißt, daß die Kriminalität in dieser Gegend seitdem erheblich zunahm. War damit das Schicksal von Miami Beach endgültig besiegelt? Es sah fast so aus, als sei das einstige Urlaubsparadies, das Dorado der Reichen, der Bohemiens, der Künstler und der Mittelklasse zum Synonym für Gewalt und Drogen geworden. Viele wollten keinen Pfifferling mehr investieren, der alte Charme der Hotels in pink- und blauweißen Farben verblaßte zunehmend. Die stolzen Trophäen von einst verfielen. Lediglich alte Reklameschilder zeugten noch von dem Leben, das einmal in den Bars und Restaurants pulsierte. Bye, bye, Miami Beach? Mitnichten. Plötzlich begannen sich clevere Investoren und Kunstinteressierte für das Erbe der Vergangenheit zu interessieren. Warum nicht aus dem Kapital schlagen, was noch vorhanden war? Schließlich hatten es andere Städte auch verstanden, das Flair ihrer Altstädte in Szene zu setzen und als Touristenattraktion zu verkaufen. Und befand sich nicht in Miami Beach die größte Anhäufung von *Art Deco-Architektur?* Der Plan funktionierte. South Beach – genauer gesagt, der Bereich zwischen 6. und 24. Straße, erhielt einen Platz im *National Register of Historic Places.* Die Tatsache, daß die Hotelbesitzer nun für die Renovierung der alten Gebäude Steuerabschreibungen geltend machen konnten, löste eine Kettenreaktion aus. Viele der 800 Wohnhäuser und Hotels im Art Deco-Stil wurden restauriert. Zu den ersten Objekten gehörte das *Carlyle Hotel,* das sich neben dem *Cardozo, Cavalier* und *Leslie* heute im Besitz der Royal-Gruppe befindet. Ebenso wie das Senator, für dessen Erhaltung die Besitzer Darlehen in Millionenhöhe kassierten.

◀ Im Art Deco-District zwischen 5th und 23th Street befinden sich zahlreiche sehenswerte Hotels und Wohnhäuser.

Die Mitglieder der *Miami Design Preservation League,* die das Gebäude um jeden Preis retten wollten, hatten mit dem Abriß einen langen Kampf verloren. Sie befürchten, daß in Zukunft noch weitere Gebäude der Fallbirne zum Opfer fallen könnten. „Private Investoren und die Stadt sind leider immer noch stark an Hochhäusern interessiert", erklärt mir Barbara Capitman in einem Café am Ocean Drive. Und Abrißgenehmigungen könne die Stadt trotz der historischen Bedeutung des Viertels erteilen. Zwar wurde der „Preservation League" inzwischen ein Anhörungsrecht bei der zuständigen Stadtkommission eingeräumt, „aber ob das tatsächlich nützt, wird die Zukunft zeigen", sagt Barbara Capitman.

Die Zukunft: Sie scheint trotz Fallbirne und Spekulantentum besiegelt. *„A new beginning"* lautet die Devise und an einigen Gebäuden künden Aufschriften das Comeback von Miami Beach an. Ein Comeback, das inzwischen mit rasender Geschwindigkeit wie ein Fieber ganz Miami erfaßt hat. Noch im vergangenen Jahr wirkte South Beach ziemlich öde und ausgestorben. In den drei, vier Bars und Cafés am Ocean Drive spielten die Jazzkapellen für die wenigen Gäste, die dort ihre Cocktails schlürften. Nur an den Wochenenden kamen sie aus der ganzen Stadt ins *Edison,* wo bekannte Bands wie *Pili Pili* auftraten und die Schickeria sich in Limousinen mit Chauffeur vorfahren ließ.

Während ich meinen Espresso trinke, braut sich am Horizont eine regelrechte Farborgie zusammen. Es ist 4 Uhr nachmittags. Zeit, ein optisches Spektakel zu beobachten, das South Beach in ein fantastisches Lichtermeer taucht. Der Himmel gleicht einer Leinwand, auf die ein Aktionskünstler immer neue Farben aufträgt. Die in sanftem Pink, Rosa und Blautönen gehaltenen Hotels wirken durch die milde Sonneneinstrahlung wie die Kulisse eines Hollywoodfilms. Selbst die banalsten Details wie die gelbe Markise eines Eiscafés oder die roten Neonlettern am Eingang des Clevelander Hotels bekommen plötzlich etwas Eigentümliches. Sie leuchten so intensiv, als wollten sie wenigstens einmal am Tag die besondere Aufmerksamkeit der Vorbeigehenden auf sich ziehen. Sogar das Meer hat seine Farbe gewechselt. Hinter dem weiten weißen Strand am Lummus Park verfließt anstelle der türkisen Wellen eine tiefdunkle Masse mit dem Horizont. Eine Kulisse wie geschaffen für die Filmregisseure von *Miami Vice,* die hin und wieder bei den Dreharbeiten hier anzutreffen sind.

Paradoxerweise hat gerade diese Serie, welche die Stadt mit Drogen, Mord und Korruption in Szene setzt, zum neuen Ruhm von Miami Beach beigetragen. Doch was heißt paradox – vielleicht macht gerade dieser Hintergrund einen Teil der Faszination aus.

Die schicken Hotels locken inzwischen wie in den Anfangszeiten ein Publikum an, das so gemischt ist wie die Nationalitäten in Miami. In den neueröffneten Clubs treten wieder weltbekannte Stars auf, so zum Beispiel Ray Charles in *Woddy's,* einer Diskothek des Rolling Stones Mitglieds Ron Wood. In den Diskos wie *Club Nu, Paris* und *China Club* entfaltet sich nach 23 Uhr ein schillerndes Nachtleben. Nur heute stehen andere Stars im Rampenlicht: die Bee Gees, die in Miami Beach Wohnsitz und Tonstudios besitzen, Elton John, Eddy Murphy und Rod Stewart.

Fast jede Woche eröffnen neue Restaurants in South Beach, wobei sich die Besitzer in Sachen Interieur – natürlich im Art Deco-Stil gehalten – gegenseitig zu übertreffen versuchen. Auf der ehemaligen *Fifth Avenue of the South,* der *Lincoln Road Mall,* befinden sich mittlerweile zahlreiche Ateliers und Kunstgalerien. Mein Blick fällt auf das kleine Hotel gegenüber. Die Stühle, die im letzten Jahr noch davorstanden, sind verschwunden. Ein Zeichen, daß die Alten, die lange hier wohnten, gegangen sind. So wie Marjorie, die ich bei meinem Abendspaziergang auf der Lincoln Mall treffe. Jeden Tag füttert sie die herumstreunenden Katzen. Ihr feines graues Haar ist nach hinten gesteckt, ihre dünnen Arme sind mit einer alten Strickjacke bedeckt. „Der Besitzer hat das Hotel renoviert und die Preise erhöht", erzählt sie. Von ihrer kleinen Rente konnte Marjorie die Zimmermiete nicht mehr bezahlen und zog in eine billige Absteige um. Ein Beispiel von vielen. Je mehr sich South Beach herausputzt, desto mehr werden die Alten beiseite geschoben.

Die Sonne ist längst untergegangen. In den Restaurants am *Ocean Drive* decken Kellner die Tische mit Silber und Stoffservietten. Am Swimmingpool des *Edison Hotels* versammelt sich ein schickes Publikum. Nebenan leuchtet die rote Neonschrift des Clevelander. An der neuen Bar ist die Szene lockerer: Touristen in Shorts, ein paar bullige Typen mit Tätowierungen, ein paar Künstler aus South Beach. Im *Lummus Park* beenden die Alten ihre Abendgymnastik, manche sitzen auf Bänken und spielen Schach. Einige klappen am Strand ihre Stühle zusammen und ziehen in kleinen Gruppen davon. Die Sirenen eines Krankenwagens heulen wie so oft durch die Straßen: Vielleicht hat wieder jemand den Weg nach Hause nicht mehr geschafft.

Orientierung

Miami Beach ist ein *lebendiger Mikrokosmos,* eine bunte Mixtur verschiedener Kulturen. In welcher Stadt der Welt liegen jüdische Viertel, die sich rund um die Synagogen gebildet haben, Häuserzeilen, in denen überwiegend Latinos leben, Kunst und Kitsch, jung und alt, schon so dicht beieinander. „Miami Beach ist eine ungeheure Stimulanz", verriet uns eine befreundete Kunstmalerin, die

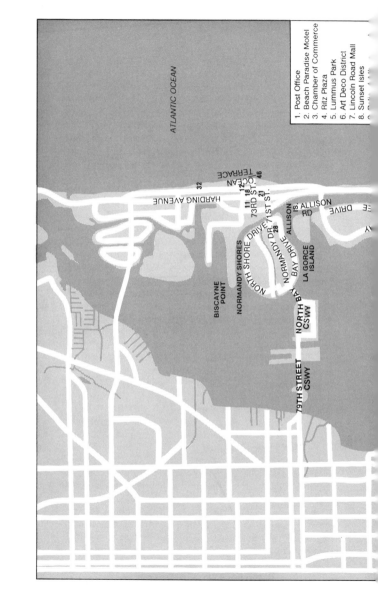

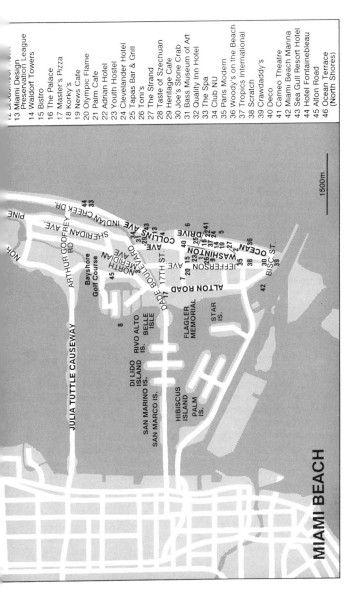

ihren Wohnsitz von Key West hierher verlegte.

Um den kleinen Geheimnissen in Miami Beach auf die Spur zu kommen, reicht ein Aufenthalt von ein paar Tagen nicht aus, zumal das Gebiet in einzelne Parzellen unterteilt ist, die wiederum ein interessantes Eigenleben in sich bergen. Das Gebiet von Miami Beach erstreckt sich von **South Pointe**, dem südlichsten Zipfel der Insel, bis **Sunny Isle**. **North Miami Beach** ist ein Stadtgebiet für sich und befindet sich auf dem Festland.

Am interessantesten ist die Gegend zwischen **5th** und **21th Street**. Sie umfaßt den **Art Deco-District** mit zahlreichen, teils sehr aufwendig restaurierten Hotels in zarten Pastellfarben. In den Wohnhäusern leben neben Rentnern heute viele junge Leute, die hierherzogen, als es vor ein, zwei Jahren wieder in Mode kam, in Miami Beach zu wohnen. Die Mieten in den Art Deco-Häusern, die noch nicht renoviert wurden, sind vergleichsweise billig. Und wer in **South Beach** wohnt, hat es abends nicht weit zu den Restaurants und Nachtclubs, die wie Pilze aus dem Boden schießen. Eine Attraktion jagt die nächste und eine Diskothek, die heute noch *in* ist, kann morgen schon wieder *out* sein.

Am **Ocean Drive** vor dem **Lummus Park**, der schönsten Strandmeile in Miami Beach, haben in den letzten Jahren viele neue, meist schicke und teure Restaurants eröffnet. Die Hotels sind mit aufwendigen Mitteln restauriert worden und beherbergen heute ein vorwiegend junges Publikum. Überfüllt ist es nur an den Wochenenden, ansonsten ist in den Cafés noch ein bißchen von dem Flair der 30er Jahre spürbar: aufs Meer schauen und bei leiser Jazzmusik träumen.

Einige der schönsten Art Deco-Hotels wie das **Waldorf Towers**, das **Carlyle** und das **Cardozo**, liegen direkt am Ocean Drive. Andere, wie das **Governor** und das **Plymouth** an der **21st Street**, sind über das ganze Viertel verstreut. Einen guten Überblick über Art Deco-Architektur und Design vermittelt die *Miami Design Preservation League*, die jeden Samstag Führungen durch den Art Deco-Distrikt anbietet.

Inmitten des Art Deco-Viertels, aber auch in den anderen Bereichen von Miami Beach, sind zahlreiche jüdische Geschäfte, vor allem an der **Washington Avenue**, der Hauptgeschäftsstraße. Miami Beach ist neben New York immer noch eine der größten *jüdischen Gemeinden* der Welt. Von den 243 000 Einwohnern jüdischen Glaubens leben die meisten in diesem Teil der Stadt, obwohl der jüdische Bevölkerungsanteil in den letzten Jahren hier drastisch abgenommen hat. „Die Alten sind gestorben und viele Jüngere bevorzugen andere Stadtteile", meint Rabbi Norman S. Lipson von der *Greater Miami Jewish Federation*. Die ersten jüdischen Einwanderer kamen Mitte der 20er Jahre im Zuge des Florida-Booms aus dem Norden der Vereinigten Staaten nach Miami Beach. Obwohl sie einem starken Antisemitismus ausgesetzt waren – an vielen Hotels prangten Schilder „no dogs or Jews" – und der Ku Klux Klan Judenhetze betrieb, riß der Zustrom nicht ab. Viele Synagogen und jüdische Organisationen entstanden, und 1938 wurde Mitchell Wolfson zum ersten jüdischen Bürgermeister von Miami Beach gewählt.

Während der Judenverfolgung im Nationalsozialismus blieben den Juden, die aus Deutschland emigrieren wollten, die Türen der USA allerdings verschlossen. „Die Amerikaner nahmen sie nicht auf", erinnert sich Rabbi Lipson. Als die St. Louis von Hamburg aus in Richtung Cuba auslief und die Flüchtlinge dort trotz gültiger Visa nicht an Land durften, mußte das Schiff mitsamt Passagieren an Bord umkehren und wieder Kurs auf Europa nehmen. Die 930 Passagiere der St. Louis erhielten später Visa für Frankreich, Holland, Belgien und Großbritannien. Doch lediglich diejenigen, die eine Einreiseerlaubnis für Großbritanien hatten, waren vor ihren Verfolgern sicher. Die meisten Passagiere der St. Louis sind später in den Konzentrationslagern umgekommen.

Erst nach dem Zweiten Weltkrieg kamen viele jüdische Emigranten nach Miami Beach. An den Holocaust, dem sie in Deutschland entronnen waren, erinnert heute eine Gedenktafel im **Holocaust Memorial Park**, in die die Namen der Opfer eingraviert sind. In Miami gibt es über 50 orthodoxe, konservative sowie reformistische Kongregationen und nahezu alle Universitäten bieten Veranstaltungen in Judaistik an, die für alle Interessierten offen sind. Sogar die Vorlesungen an der **Talmudic University**, die allerdings in hebräisch gehalten werden, sind für jeden zugänglich. Die jüdische Gemeinde verfügt ferner über eigene Zeitungen, Fernseh- und Rundfunkprogramme. Für die jüngere Generation schickt der Rundfunkmoderator Yaron Raab als Alternative zu Michael Jackson und Madonna jeden Sonntag eine Stunde lang jüdische Rapmusik über den Äther.

In Miami Beach gibt es zahlreiche Restaurants, die *kosher food* anbieten. Bei der Zubereitung der Speisen achtet ein Rabbi darauf, daß Milch und Fleischprodukte nicht vermischt werden. Einen guten Überblick über das gesamte Angebot und die jüdische Kultur in Miami gibt die Broschüre *Getting around in Jewish Miami*, die 1988 von der *Central Agency for Jewish Education* herausgegeben wurde.

Wer sich für Kunst, Künstlerinnen und Künstler interessiert, ist in der **Lincoln Road Mall** richtig. In dieser Straße, die wegen ihrer zahlreichen teuren Modeboutiquen einmal als die *Fifth Avenue* des Südens bezeichnet wurde, befanden sich in den letzten Jahren hauptsächlich kleine Geschäfte mit Elektroartikeln, Schuhläden und Haushaltswaren. Inzwischen haben zahlreiche Kunstschaffende leerstehende Räume angemietet und Ateliers und Galerien eröffnet, in denen es sich herrlich herumstöbern läßt. Eines der originellsten Restaurants von Miami Beach liegt ebenfalls an der Lincoln Mall, das **Wet Paint Café**. Die phantasievolle Wandbemalung stammt von den französischen Künstlern Pierre Marcel und Jacques Olivier. Selbst die Tische sind Kunstobjekte und können erworben werden.

Die Straßen südlich der 5. Straße sollten besser gemieden werden, denn Überfälle und Diebstähle sind hier den Polizeiberichten zufolge an der Tagesordnung. An den Stränden fahren die Polizeiautos regelmäßig Patrouille, denn die *Kriminalitätsrate* in Miami Beach ist ziemlich hoch. Es vergeht kaum ein Tag, an dem nicht wieder ein Einbruch in ein Hotel oder ein Apartment gemeldet wird. Als die Kriminalitätsziffer 1987 um 25 Prozent im Vergleich zum Vorjahr angestiegen war, riefen Einwohner und Behörden nach Verstärkung des Polizeiaufgebots. Mit Erfolg: Im Laufe der nächsten Jahre soll der Polizeiapparat noch weiter aufgestockt werden.

Restaurantbesitzer und Hoteliers an der **Ocean Terrace** in den **North Shores** haben sogar einen eigenen Wachdienst eingestellt, um die Gegend nördlich der 71. Straße für Touristen attraktiver zu machen. An der Ocean Terrace liegen einige Art Deco -Hotels, die in der Vergangenheit ziemlich vernachlässigt wurden. Jetzt haben findige Geschäftsleute frische Luft gewittert und wollen diese Gegend nach dem Beispiel des Ocean Drive kräftig aufpolieren. Der Besitzer des Broadmoor Hotels, Jay Litt, zeigt sich optimistisch: „Wenn es den Leuten da unten zu kommerziell wird, kommen sie hierher."

Der Großteil des Tourismus spielt sich bislang noch in den riesigen Hotelkästen in der Gegend um das mondäne **Fountainebleau** ab, ein Hotel der Hilton-Kette. Rechts und links der **Collins Avenue** stehen zahlreiche dieser scheußlichen Betonburgen, die in den 60er Jahren entstanden sind. Die Bewohner der gegenüberliegenden Prachtvillen an der Alton Road mußten sich wohl oder übel von Meerblick auf Betonblick umstellen.

Die **Alton Road** ist eine der *Prachtstraßen* von Miami Beach; rechts und links der Straße befinden sich luxuriöse Villen mit vielen Palmen. Sie führt an zwei Golfplätzen entlang. An der 29. Straße empfiehlt sich ein Abstecher auf die **Sunset Isles**. Von dem Wachposten und der Schranke am Eingang sollte man sich nicht abhalten lassen, denn die Bewohner der vier kleinen Inseln wollen damit lediglich unliebsame Gäste und neugierige Besucher abschrecken. Die Straße ist jedoch öffentlich und für alle zugänglich.

Bei unserer ersten Tour über diese Inseln glaubten wir unseren Augen nicht zu trauen. Auf diesem kleinen Gebiet verbirgt sich ein ungeheurer

Reichtum: riesige Anwesen, hohe Palmen und weite Grünflächen. Keine Geschäfte, kein Schmutz – eine Szenerie wie im Film und ein ungeheurer Kontrast zu den ärmeren Wohngebieten, Wohnwagensiedlungen und Schwarzenghettos. „Wer in Miami leben will, muß lernen, Widersprüche auszuhalten", dieser Satz unserer Freundin Betty ging uns seitdem nicht mehr aus dem Kopf.

Widersprüche und *Kontraste* prägen das Alltagsleben; auch in Miami Beach. Während die Schickeria an den Wochenenden ihre neuesten Superschlitten mit quietschenden Reifen um die Ecken jagt und aus der Quadrophonieanlage ein Höllenlärm dröhnt, bettelt ein paar Straßen weiter ein Junkie um ein paar Dollars für Dope. Während die polnischen Juden mit langen Bärten und schwarzen Hüten in die Synagoge gehen, feiern ein paar Cubaner eine Party mit heißen Salsarhythmen. *Das ist Miami Beach.*

Informationen

■ **Chamber of Commerce**, 1920 Meridian Ave, Tel. 672-1270.
■ **Post**, 13th St Ecke Washington Street.
■ **Zip Code**: 33141.
■ **Miami Beach Police Department**, 120 Meridian Ave, Tel. 673-7900.

Unterkunft

■ **The Adrian Hotel**, 1060 Ocean Dr, Tel. 538-0007. EZ und DZ ab 35 $, vom 16. Nov – 30. März ab 50 $.

Hübsches, *kleines Art Deco-Hotel* im mediterranen Stil. Gerade frisch renoviert.
■ **Broadmoor**, 7450 Ocean Terrace, Tel. 866-1631.
Wie eine riesige rosa *Bonbonniere* ragt das Broadmoor am Strand in den blauen Himmel. Der Besitzer hat es 1988 für eine Million Dollar erworben und plant eine Renovierung. Auf dem Parkplatz vor dem Hotel wurde zeitweise mit Crack gehandelt, aber die Polizeikontrollen sollen verschärft werden, um diesen noch wenig frequentieren Teil des Strandes sicherer zu machen. Gleich neben dem Hotel beginnt ein sehr schöner Teil von Miami Beach mit großem Erholungspark, viel Grün und ohne Betonburgen. EZ und DZ 35 – 40 $ in der Nebensaison. Hauptsaison 45 – 65 $. Dafür gibt es Meerblick (drauf bestehen), Fernseher und ein großes Badezimmer. Die Wochenrate beträgt 140 Dollar.
■ **The Clevelander Hotel**, 1020 Ocean Drive, Tel. 531-3485. EZ und DZ ab 35 $, ab Mitte Dezember ab 55 $. Zimmer mit Küchen und einige mit Meerblick (entsprechend teurer).
Das renovierte Hotel verfügt über einen Pool, der eigentlich nicht notwendig ist, weil das Meer direkt vor der Tür liegt. Im Clevelander wohnen vor allem jüngere *Trendsetter* und Künstler. Seit die gestylte Bar am Pool 1988 eröffnete, zählt das Hotel abends zu den In-Treffs von South Beach.

■ **Patio Paradise Motel,** 7320 Byron Ave, Tel. 868-6344.
Das sehr gepflegte, kleine Motel liegt etwas abseits vom Strand in der Nähe der Greyhound Station 71th Street. Saubere Zimmer mit TV und Air Condition ab 22 $ inkl. Steuer. Von Februar–März ab 30 $. Apartments sind etwas teurer. Vor dem Motel ist eine Patio, so daß man auch draußen sitzen kann.

■ **Ritz Plaza Hotel,** 1701 Collins Ave, Tel. 531-6881.
Von den großen Art Deco-Hotels, die direkt am Strand liegen, schneidet das Ritz beim Preis-Leistungsvergleich am besten ab. EZ und DZ gibt es in der Nebensaison schon ab 22 $, DZ mit Meerblick ab 28 $. Selbst in der Hochsaison vom 1. Dez–März gibt es Zimmer ab 24 $ (pro Woche 145 $). Die Zimmer sind modern eingerichtet und sehr gepflegt. Das Ritz verfügt außerdem über einen riesigen Swimmingpool. *Unser Tip!*

■ **Sea Gull Resort Hotel,** 100 21th Street.
Einziges *Gay-Hotel* mit Diskothek in Miami Beach. Deshalb versammelt sich die Schwulenszene vor allem an diesem Teil des Strandes. Das Ressort verfügt über eine Bar und einen Swimmingpool. Frauen sind gerne gesehen. EZ und DZ 29–35 $, *Oceanview* und *-front* 35–45 $.

■ **Waldorf Towers,** 860 Ocean Dr, Tel. 531-7684.
Eines der schönsten Art Deco Hotels am Ocean Drive. Sehr geschmackvoll restauriert. Auch die Lobby ist sehenswert. Etwas luxuriöser als das Adrian. Zimmer vom 16. April–14. Dez ab 50 $, die übrige Zeit ab 75 $.

■ **Youth Hostel** und *Clay Hotel,* 1438 Washington Ave, Tel. 534-2988.
Die Jugendherberge, der ein Hotel angeschlossen ist, befindet sich in einem der *schönsten Gebäude* von Miami Beach. Das Haus in mediterranem Baustil mit seinen schmucken Fensterläden und Markisen hat Popstar *Elton John* so begeistert, daß er nach einem Konzert in Miami hier einen Videoclip produzierte. Auch als Drehort für *Miami Vice* wurde die Jugendherberge mehrfach genutzt. Sie liegt sehr zentral inmitten des Art Deco-Viertels an der Hauptgeschäftsstraße von South Beach. Die meisten der 100 Betten der Jugendherberge stehen in *dormitories* (Schlafsälen). Es gibt nur zwei Doppelzimmer, die gleichviel kosten. Mitglieder zahlen 8 $, Nichtmitglieder 12 $. Vom 1. Jan–1. April 1 $ Aufschlag.
Die Preise für das **Clay Hotel** liegen wesentlich höher. EZ 15–20 $, DZ 22–30 $. Die teureren Zimmer verfügen über ein eigenes Bad. Die Räume sind zwar gepflegt, aber recht klein und einfach eingerichtet.

Camping

■ **Kobe Trailer Park,** 11900 NE 16 Ave, Tel. 893-5121.
Der Campingplatz liegt 2 Meilen von Miami Beach entfernt und zentral. Die Gebühr beträgt das ganze Jahr über 18 $ (zwei Personen mit Zelt).

Essen und Trinken

■ **Bistro,** 842 Lincoln Rd.
Eines der originellsten Restaurants in Miami Beach. Es wird von einer Gruppe junger Leute aus Westdeutschland geführt, die nicht nur *Weinerschnitzel* und *Bratwurst* anbieten, sondern hervorragende Fisch- und Fleischgerichte der amerikanischen Küche. An den rustikalen Holztischen sitzen deutsche Touristen, Künstler, die in den Ateliers nebenan arbeiten und Ruheständler, die das preiswerte Essen schätzen. Das Bistro ist das mit Abstand *billigste* Restaurant, Hauptgerichte gibt es für etwa 5 Dollar.

■ **Heritage Café,** 430 21th St.
Französisches Restaurant, das hin und wieder preiswerte Menüs anbietet, aber ansonsten, wie die meisten Restaurants im Art Deco-Viertel, ziemlich teuer ist. Am besten auf Angebote in den Anzeigenblättern achten.

■ **Joe's Stone Crab,** 227 Biscayne Street.
Die Institution in Miami Beach. Sehen und gesehen werden heißt hier die Devise. Das Lokal ist meistens gerammelt voll und manche bestechen die Kellner, um schneller an einen Sitzplatz zu kommen. Reservationen werden nämlich nicht angenommen. Joe's serviert die besten *stone crabs* und andere Meeresfrüchte.

■ **Korky's on the Beach,** 7308 Collins Ave.
Die Brüder George und Alex Korakakos servieren *Naturkost vom Feinsten* zu vernünftigen Preisen. Es gibt knackige Salate mit *Shrimps,* Krebsfleisch, Thunfisch oder Huhn für 4 $, frisch gepreßte Säfte, Fruchtsalate und gefrorenen Joghurt ab 1 $. Das Frühstück besteht aus *Croissants* und kleinen Kuchen mit Blaubeerfüllung, Tee oder Kaffee. Wer einen langen Tag am Strand verbracht hat, kann sich mit erfrischenden nichtalkoholischen Cocktails wie *Margarita* oder *Pfirsichdaiquiri* für den Abend fitmachen.

■ **Master's Pizza,** 1700 Alton Rd.
In der kleinen Pizzeria ist es so gemütlich wie in einer Bahnhofsgaststätte. Es herrscht ein ständiges Kommen und Gehen; die einfachen Holztische und Bänke laden nicht gerade zum längeren Verweilen ein. Dennoch unterscheidet sich dieses Lokal angenehm von den sterilen Abfertigungshallen der zahlreichen Pizzaketten. Master's ist bekannt für die *beste und preiswerteste* Pizza weit und breit.

■ **News Café,** Ocean Dr Ecke 8th Street.
Kleines Café, das in den Bücherregalen hinter dem Tresen *Lektüre zum Schmökern* bereithält.

■ **Olympic Flame,** 904 Lincoln Road Mall.
Eines der besten *griechischen Restaurants*. Leider schließt es schon gegen 20 Uhr. Gerichte um die 7 $.

■ **The Palace,** 1200 Ocean Dr.
In pink/blau gestyltes Café an der *Oceanfront*. Es gibt Frühstück, tolle Salate, leckere hausgemachte Suppen und ein ausgezeichnetes *chili con carne*.

■ **Palm Cafe,** 7118 Ave.
Dieses Restaurant bietet vorzügliche *karibische* Gerichte, scharf gewürzte Fleischspeisen oder süß-sauer abgeschmeckte Meeresfrüchte an. Die richtige Würzmischung hängt allerdings etwas von der Laune des Küchenchefs ab. Uns ist es passiert, daß die *Shrimps* viel zu süß schmeckten und das *jamaican chicken* so scharf war, daß wir anschließend eine Feuerschneise schlagen konnten. Meistens hat uns das Essen begeistert, zumal es eine spannende Abwechslung zur oft einheitlichen kontinentalen amerikanischen Küche bietet. Das tolle Salatdressing wird übrigens aus durchpassierten Salatblättern und Avokados hergestellt.

■ **Pineapple,** 530 Arthur Godfrey Rd. Mo bis Fr 11–22 Uhr, So 16–22 Uhr.
Bestes und preiswertestes *Gesundheitskostrestaurant* in der Gegend. Kleine Imbisse wie Salate und Sandwiches, aber auch ganze Menüs.

■ **The Strand,** 671 Washington Avenue.
Trendrestaurant, das an den Wochenenden ziemlich überfüllt ist. Das Publikum ist gemischt, junge und ältere Leute, Cubaner, *Anglos*, Trendsetter und Alternative. Es macht Spaß, ein bißchen herumzuschauen, und wem das Essen hier zu teuer ist (Gerichte im Stil der *nouvelle cuisine* ab 15 $), kann sich mit einem Drink an der Bar niederlassen.

■ **Tapas Bar & Grill,** 1440 Ocean Dr.
Wer schon mal in Spanien war, kennt sie sicher: *Tapas*. Das sind kleine Appetithäppchen, die auf winzigen Tellern serviert werden. Da gibt's Tintenfisch, Lammspieße, Muscheln und allerhand andere Kleinigkeiten, die als Zwischenmahlzeit gedacht sind. Hauptspeisen sind in diesem Restaurant teuer. Die einzelnen Gerichte sind zwar köstlich, aber wir haben uns schon geärgert, als wir für zwei Mini-Lammspieße ohne Beilage 5,50 $ auf den Tisch blättern sollten.

■ **Taste of Szechuan,** 1207 71th St.
Das Essen in diesem *Gourmetlokal* ist beinahe so atemberaubend wie das Interieur. Im Glanz von Elfenbein und Gold und zwischen kunstvoll gesteckten Blumenarrangements werden himmlische Kreationen wie Rindfleischstückchen in Ingwer, Shrimps in Orangensoße und knusprig zarte Ente serviert. Hauptspeisen ab 15 $.

■ **Toni's,** 1208 Washington Ave.
Nettes, japanisches Restaurant mit *Sushi Bar*. Unsere Empfehlung sind die vortrefflichen Fischgerichte und *Tempura*. Der *Florida Snapper* für rund 10 $ ist in Weißwein pochiert und einfach himmlisch.

Sehenswert

■ Im sogenannten **Art Deco-District** zwischen 5th und 23th Street befinden sich zahlreiche sehenswerte Hotels und Wohnhäuser im Art Deco-Stil. Die *Miami Design Preservation League*, Tel. 672-2014, bietet jeden Samstag Führungen durch das Viertel an, die einen guten Überblick über die Architektur vermittelt. Treffpunkt ist

das Büro an der Washington St. neben dem Restaurant The Strand. Die Denkmalschützer veranstalten auch das *Art Deco-Weekend*, das im Januar stattfindet. Auftakt zu diesem Straßenfest ist der *Moon over Miami Ball*, bei dem die Gäste im Stil der 30er Jahre gekleidet sind.
■ **Bass Museum of Art**, 2121 Park Avenue.
Sehenswerte *Gemäldegalerie* mit Werken von Renoir, van Gogh, Botticelli, Rubens, Franz Hals und Picasso.
■ **Quality Inn Hotel**, 8701 Collins Avenue.
Nicht das Hotel an sich ist sehenswert, sondern die Sammlung alter *amerikanischer Straßenkreuzer* im Inneren. Sie stammen aus der Sammlung des Autonarren Michael Dezer. Sogar im Restaurant stehen Autos, die Gäste können zum Essen darin Platz nehmen. Im 50's Dance Club wird donnerstags, freitags und samstags Rock and Roll gespielt.

Einkaufen
■ **Grafik Moderne**, 1224 Washington Avenue.
Noch kein Reiseandenken gefunden? Hier gibt's *Poster* von den Art Deco-Hotels in Miami Beach, vielleicht sogar eines von Ihrer jeweiligen Unterkunft.
■ **My Uncle**, 1570 Washington Ave.
Gutsortierter *Secondhand-Laden* mit Kleidung im Art Deco-Stil. Riesenauswahl an Handtaschen und *verrückten Brillen*.
■ **South Beach Furniture**, 121 5th St.
Hervorragend aufgearbeitete Art Deco-Möbel und kleine Accessoires.
■ **Terri's Treasures**, 743 Lincoln Rd.
Secondhand-Kleider, Schmuck und Einrichtungsgegenstände.

Wassertrips
■ **Beach Boat Rentals**, 2380 Collins Ave, vermietet kleine Motorboote mit 50 PS Motor für 45 $ pro Stunde.
■ **Florida Yacht**, Miami Marina, 1209 5th St, Tel. 532-8600, vermietet Segel- und Motorboote in verschiedenen Größen und erteilt Segelunterricht.
■ **Nikko Gold Coast Cruises**, 10800 Collins Ave, Tel. 945-5461.
Nikko bietet verschiedene Touren an, unter anderem Ausflüge nach Fort Lauderdale, nach Bayside, Vizcaya und zu den Millionärsvillen an der Biscayne Bay. Die *Millionaires Row Cruise* ab Haulover Marina kostet pro Person 6,50 $ und dauert rund 2 Stunden. Das Schiff fährt an den Villen von Julio Iglesias und den Bee Gees vorbei.

Fitneß
■ **The Spa**, 441 Collins Ave.
Aerobic zu Wasser und zu Lande, Jazzgymnastik, Body Building, Yoga und Karate für Leute, die sich unter der Anleitung von ausgebildeten Sportlehrerinnen und -lehrern in Form bringen wollen. Das Ganze hat seinen Preis und ist nur für langfristige Miami-Besucher oder Gäste des benachbarten Hotels Fontainebleau-Hilton interessant. Letztere zahlen 8 $

pro Tag oder 12 $ pro Woche für die Nutzung des gesamten Angebots. Wer nicht im Hilton logiert – und das soll ja vorkommen –, zahlt eine Monatsrate von 100 $. Außer den Sportarten bietet das Spa die Nutzung von Sauna, Whirlpool und zig Schwimmbecken an. Massagen gibt es ebenfalls. Das Spa ist von 7–22 Uhr geöffnet.

Musik und Nachtleben

Richtig los geht es an den Wochenenden erst ab Mitternacht und dann ist am Ocean Drive und in der Washington Avenue kaum noch ein kostenloser Parkplatz zu bekommen. South Beach hat sich in den letzten Jahren zu einem der heißesten Treffpunkte entwickelt, Trendsetter meinen sogar, daß sich das Nachtleben hier inzwischen durchaus mit dem in New York messen lassen kann. Fast jede Woche eröffnet eine neue Diskothek, und um die Gäste anzulocken, lassen sich die Besitzer immer neue Attraktionen und Interieurs einfallen. Der absolute In-Laden ist nach wie vor *Club Nu*, eine riesige Diskothek, die an den Wochenenden proppenvoll ist. Angeblich nehmen die Besitzer, die Brüder Turchin, an guten Abenden an die 150 000 $ ein.

■ **Club Nu,** 245 22nd St.
Wer Stars und Sternchen sehen möchte und bereit ist, zwischen 10–15 $ Eintritt zu zahlen, wird nicht enttäuscht: *Kenny Loggins, Julio Iglesias, Iggy Pop* und *George Michael* sind entweder Stammgäste oder nutzen den Club für Parties nach ihren Konzerten. *Eddie Murphy, Rod Stewart* und die *Bee Gees* kommen ziemlich regelmäßig.

■ **Cameo Theater,** 1447 Washington Ave, Tel. 532-0922.
Das Cameo Theater bietet ein hervorragendes und sehr *abwechslungsreiches Musikprogramm* an. Hard Rock, Heavy Metal, Punk, Salsa, Reaggae und Jazz. Neben bekannten Gruppen aus aller Welt treten auch lokale Bands auf.

■ **Crawdaddy's,** 1 Washington Ave.
Näher ans *Wasser* geht's wirklich nicht. Die Gäste sitzen wie auf einem Schiff und essen inmitten von maritimen Schnickschnack Austern und Fischgerichte. Ab und zu gute Livemusik, manchmal Salsa.

■ **Deco,** 1235 Washington Ave.
Nachtclub mit Livemusik und Kostümwettbewerben. Einmal in der Woche freier Eintritt und kostenlose Getränke für weibliche Gäste.

■ **Paris Modern,** 550 Washington Avenue.
In einem Art Deco-Kino haben die sechs Besitzerinnen und Besitzer mit einem Millionenaufwand einen Nachtclub mit *New Age-Musik in einer New Age-Atmosphäre* gemacht. Hier trifft sich ein stilbewußtes, aber nicht übermäßig schickes Publikum zwischen 25 und 45 Jahren. Die *gay*-Szene ist gern gesehen. Manchmal Livemusik oder Auftritte lokaler Künstler. Der Eintritt variiert je nach Veranstaltung, zu rechnen ist jedoch mit 10 $.

■ **Scratch,** 427 Jefferson Ave.
Man nehme eine *alte Garage,* verzichte auf die üblichen Details wie Wandverkleidung, Fußbodenbelag, stelle ein paar Tische hinein und fertig ist das Trendrestaurant. Über die Einrichtung läßt sich vortrefflich streiten. Während die einen diese Masche für absolut abgefahren halten, empfinden andere das Ganze als schlechten Scherz. Am bestem mal reinschauen und selbst urteilen. Die Bar ist Treffpunkt der Schickeria und am Wochenende dicht umlagert. Die Preise im Restaurant sind horrend.

■ **Tropics International,** Ocean Drive Ecke 10th St.
Bar im Edison-Hotel. Regelmäßig Live-Auftritte, *hauptsächlich Jazz.* Die Bedienung ist zum Haareraufen langsam, aber das Flair im Tropics hat etwas Besonderes. Das Publikum ist überwiegend jung, Studenten, Arbeiter und Angestellte opfern am Wochenende ziemlich viel Geld, um im angeschlossenen, teuren Restaurant zu dinieren.

■ **Woody's on the Beach,**
455 Ocean Drive.
Benannt nach dem Rolling Stone Ron Wood, der auch Mitinhaber des Nachtclubs ist. Hier finden viele *Live-Konzerte* statt, hauptsächlich Rock und Reggae. Das Programm ist ausgezeichnet, 1988 traten unter anderem Ray Charles, der Albino-Reggaestar Yellowman und die Wailers auf. Wenn nicht gerade eine Privatparty stattfindet, kann man auch draußen an der Poolbar Musik hören und sich unterhalten. Frauen sollten in den Anzeigenblättern auf die *Ladies Night* achten, zie zahlen dann 5 $ Eintritt. Üblich sind 10–15 $. Vor Woody's wird *valet parking* für 5 $ angeboten.

Homestead

Nach einer scheinbar endlosen Fahrt über den **South Dixie Highway,** vorbei an Einkaufszentren, die sich gleichen wie ein Ei dem anderen, unzähligen Werbeplakaten, durch Papageien- und Affendschungel, nähert man sich dem landwirtschaftlichen Herzen von Dade County. Das Gebiet um Homestead ist der Gemüsegarten der Nation. Vor allem Kartoffeln, Tomaten, Erdbeeren, Gurken, Limonen und Avokados werden hier angebaut und an den Straßenständen zu günstigen Preisen verkauft. Um die Produktionskosten so gering wie möglich zu halten, heuern die Farmer zur Erntezeit Wanderarbeiter an. Viele stammen aus Mexiko und haben sehr zum Ärger der floridianischen *Crackers* inzwischen eigene Geschäfte gegründet. Der mexikanische Einfluß ist offensichtlich, an jeder Straßenecke gibt es entsprechende Restaurants und Bars. In Homestead leben neben Mexikanern auch viele Schwarze. Homestead ist ein günstiger Ausgangspunkt für einen Abstecher auf die Florida Keys und/oder in die Everglades.

Unterkunft

■ **Grandma's Bed & Breakfast,** 40 NW 5th Ave, Florida City, Tel. (305)247-4413.
Die clevere Grandma wirbt mit einem Schild an der Hauptstraße unter anderem auf deutsch für ihre schöne Holzvilla. Die Besucher werden nicht enttäuscht: *Grandma's ist die beste Unterkunft weit und breit.* Die Zimmer sind alle gemütlich eingerichtet und sehr sauber. Das üppige Frühstück wird an einem großen Tisch in der Küche serviert, auf diese Weise lassen sich gut Kontakte mit den anderen Gästen knüpfen. In der Nebensaison EZ ab 30 $, DZ ab 35 $.

Sehenswert

■ **Monkey Jungle,** 14805 SW 216th Street.
In diesem zoologischen Garten leben über *500 Affen* und im Gegensatz zu anderen Zoos sind hier die Besucher in Käfigen untergebracht.

■ **Orchid Jungle,** 26715 SW 157th Avenue.
Orchideen aus allen Teilen der Welt.

Nördlich von Miami

Fort Lauderdale

„Wenn ihr im Frühjahr nach Fort Lauderdale kommt, bringt jede Menge Sonnenschutzmittel, eine starke Libido und Dr. Seltzer's zum Auskurieren eures Katers mit", heißt es unter Studenten. Diese Empfehlung ist offensichtlich ernstzunehmen, denn während der Frühlingsferien ist in Fort Lauderdale, einer Stadt, die ansonsten nur 153 000 Einwohner zählt, die Hölle los. *Tausende von Collegestudenten* aus den nördlichen Staaten bevölkern die Hotels und Bars am Strand und feiern wüste Parties, bei denen der Alkohol in Strömen fließt. „Sie betrinken sich, randalieren und zerschlagen Tische und Schränke", beklagte sich der Besitzer eines kleinen Strandmotels. Die Einwohner haben von diesem Spektakel längst die Nase voll und versuchen immer wieder, das Temperament der *Snowbirds* durch gesetzliche Regelungen zu zügeln. Der Genuß von alkoholischen Getränken auf den Straßen ist inzwischen untersagt, Ball- und Frisbeespielen am Strand ist verboten und außerhalb der Hotels dürfen keine Bars mehr eröffnet werden.

Die Snowbirds haben sich deshalb nach neuen Vergnügungstreffs in Daytona, Mexiko und Texas umgesehen. Doch trotz aller Einschränkungen ist Fort Lauderdale noch immer für sein Nachtleben berühmt. Insbesondere die Schwulenszene hat hier neben Key West einen ihrer größten Tummelplätze in Florida. In Ft. Lauderdale gibt es schätzungsweise *30 Gay-Bars* und *-hotels*. Geplant ist sogar ein eigener Fernsehsender, der unter anderem von liberalen Geschäftsleuten gesponsert werden soll. Die Stadt hat auch darüberhinaus noch einiges an Kultur zu bieten wie Museen, Filmfestivals und Musikveranstaltungen, bei denen lokale Bands und Gruppen von außerhalb auftreten.

Das *Venedig Amerikas*, wie Fort Lauderdale wegen der 250 künstlich angelegten Kanäle genannt wird, ist die Hochburg der Jachtbesitzer. Es wimmelt nur so von Booten und großen Schiffen; in Broward County waren 1988 rund 30 000 Wasserfahrzeuge registriert. Zu Wasser ist das Vorankommen beinahe einfacher als mit dem Auto, denn durch die zahlreichen Sackgassen und Wasserwege ist die Orientierung recht schwierig. Das Zentrum der Kreuzfahrtschiffe ist der Hafen *Port Everglades* im Südosten der Stadt. Ausgangspunkte für Ausflüge auf die Bahamas sind aber auch die zahlreichen kleineren Bootsanlegestellen.

◀ *Eddie Murphy kommt ziemlich regelmäßig in den Club Nu, der als absoluter In-Laden in Miami Beach gilt.*

Aufgrund der teuren Luxusjachten, die auf den Wasserstraßen herumschippern, haftet Fort Lauderdale ein Hauch von *Exklusivität* an, der sich nicht zuletzt in den Grundstückspreisen niederschlägt. Und wo es teuer ist, leben bekanntlich auch viele Prominente mit dicken Brieftaschen. Der friesische Witzbold Otto hat sich hier einen Zweitwohnsitz zugelegt und James Last besitzt eine riesige Villa. Dagegen lag es weniger an fehlendem Kleingeld als an seinen ungenügenden Englischkenntnissen, daß der Ex-Fußballspieler Gerd Müller, der das Steak-Restaurant „The Ambry" eröffnet hatte, Ft. Lauderdale wieder verließ.

Orientierung

Ft. Lauderdale liegt rund 43 Kilometer nördlich von Miami und ist von Süden aus am bequemsten über die **Interstate 95** zu erreichen. Interessanter ist allerdings die Fahrt durch Hallandale, Hollywood und Dania entlang der Küste auf der **A1A**. Die Strände am sogenannten *Strip* am **Seabreeze Boulevard**, wo sich viele Hotels und Bars befinden, zählen nicht gerade zu den schönsten der Westküste. Die Straße führt direkt am Strand entlang und das Badevergnügen wird durch parkende und vorbeifahrende Autos erheblich getrübt. Die Strände etwas weiter nördlich sind wesentlich schöner und ruhiger. Der **Broward Boulevard**, nach dem *County* benannt, zu dem Ft. Lauderdale gehört, teilt die Stadt in Nord und Süd, die **Andrews Avenue** in Ost und West. Die meisten Straßen tragen keine Namen, sondern Nummern. Deshalb ist es wichtig, sich zu merken, in welche Richtung (Nordwest, Nordost, Südwest, Südost) sie verlaufen. **Downtown** Fort Lauderdale liegt etwa zwischen **Federal Highway** und **Las Olas Boulevard**, zwei Meilen westlich der Küste. Der **Strip** verläuft vier Meilen am Strand entlang zwischen Las Olas Boulevard im Süden und **Oakland Park Boulevard** im Norden.

Verkehrsmittel

■ **Fort Lauderdale/Hollywood International Airport**, südlich von Downtown zwischen U.S. 1 *(Federal Highway)* und der Interstate 95 (Ausfahrten 26 und 27).

■ **Greyhound**, 513 NE 3rd St, Tel. 764-6551. Busse verkehren in Richtung Miami, West Palm Beach, Orlando, Daytona Beach und Tampa.

■ **Amtrak**, 200 SW 21st Terrace, Tel. 463-8251. Tägl. Verbindungen nach West Palm Beach, Miami, Orlando, Jacksonville und Washington D.C.

■ **Broward County Transit (BCT)**, Broward Blvd Ecke Andrews Ave., Tel. 357-8400. Busverbindungen innerhalb Ft. Lauderdales sowie nach Pompano Beach, Hallandale und Hollywood Beach.

■ **Motorräder** und **Fahrräder,** Varsity Mopeds, 2601 N Federal Hwy, Tel. 561-2236. Fahrräder 3 $ pro Stunde, 10 $ pro Tag, Mopeds 125 $ pro Woche.

Informationen

- **Area Code:** 305
- **Visitor Information, Chamber of Commerce,** 208 SE 3rd Ave, Tel. 462-6000.
- **Ärztliche Notdienste:** *Crisis Hotline,* Tel. 467-6333, 24 Stunden erreichbar. *Legal Aid,* 609 SW 1st Ave, Tel. 764-8110.
- **Post:** 1900 W Oakland Park Blvd.
- **Zip Code:** 33319.

Unterkunft

- **Estoril Apartments,** 2648 NE 32nd St, Tel. 563-3840.

Eine Meile nördlich vom Oakland Park Boulevard liegt dieses nette Hotel. Zum Strand sind es zu Fuß etwa zehn Minuten. Die Zimmer verfügen über Küchenzeilen. EZ von Mai–Dezember 20 $, DZ 23 $. In der übrigen Zeit rund 60 Prozent teurer.

- **Golden West Motel,** 710 N Birch Rd, Tel. 566-7429.

Kleines Motel in unmittelbarer Nähe des Strip. Jungen Leuten bietet der Besitzer besonders günstige Übernachtungsmöglichkeiten. Eine Nacht im Mehrbettzimmer (sechs Schlafgelegenheiten) kostet pro Person nur 10 $.Die Zimmer sind sauber und gemütlich und verfügen über Bad, Klimaanlage und Kabelfernsehen. Ab drei Personen gilt derselbe Preis auch für die Doppelzimmer, in denen vier Leute wohnen können. Ansonsten DZ von 25–60 $. Von Februar–April am teuersten. *Unser Tip.*

- **Jolly Shores Apartment,** 2011 N Ocean Blvd, Tel. 564-0171.

Die Anlage befindet sich an einer verkehrsreichen Straße. Deshalb ist es besser, Zimmer nach hinten zu verlangen. DZ ab 25 $, Apartments ab 30 $.

- **Mark 2100 Resort Hotel,** 2100 N Atlantiv Blvd, Tel. 566-8383.

Das luxuriöse Ressort-Hotel am schönsten Teil des Strandes – ohne den lästigen Autoverkehr wie am Strip – ist Treffpunkt für junge Leute und bekannt durch die *Tiki Bar*. Die Zimmer sind komfortabel eingerichtet. Es gibt drei Swimmingpools und eine Strandpromenade aus Holz. DZ von Mitte April–Mitte Dezember 59–74 $ je nach Lage. Hochsaison ab 95 $.

- **Motel 6,** 1801 State Rd, Tel. 525-1363.

Etwas außerhalb gelegen, aber preiswert. EZ kosten 23 $, DZ 27 $. Von September–Mai besser vorher reservieren.

- **Oceanfront Travelodge,** 435 N Atlantic Blvd, Tel. 462-0444. DZ 36–79 $, Zimmer mit kleiner Küche 45–89 $, Suiten 55–99 $.

Nettes Motel am Strip, gepflegte Zimmer, Pool und Bar.

- **Sol Y Mar Youth Hostel,** 2839 Vistamar St, Tel. 566-1023.

13,50 $ für Nichtmitglieder, Mitglieder zahlen 10 $. Sauber mit Pool und freundliches Personal. Von Downtown aus mit Buslinie 40 zu erreichen (bis Birch Rd/Vista Mar fahren).

Camping
■ **Easterlin County Park,** 1000 NW 38th St, Tel. 776-4466.
Der Campingplatz ist von Downtown aus mit Buslinie 14 zu erreichen. Er liegt leider in der Nähe der Highways. Zeltplatz pro Nacht 12 $.

Essen und Trinken
■ **Bread of Life,** 2250 Wilton Dr.
Naturkost-Restaurant mit der originellen Telefonnummer 563-Tofu. Einziges Feinschmecker Restaurant in Fort Lauderdale, das frische Meeresfrüchte, vegetarische und makrobiotische Spezialitäten anbietet.
■ **Chez Yvonne,** 3351 NE 32nd St, Tel. 561-1272, 11.30–14.30 Uhr und 16.30–21.30 Uhr.
Kleines *französisches* Restaurant, das komplette Menüs zu unglaublich niedrigen Preisen serviert. Die nette Besitzerin Yvonne stammt aus der Bretagne und lebt seit vielen Jahren in Florida. Ganze Menüs gibt es ab 10 $. Ihre *early bird specials* (besonders preiswerte Angebote für frühe Gäste) können den ganzen Abend bestellt werden, weil das Lokal manchmal so voll ist, daß die Bestellungen sowieso erst sehr spät aufgenommen werden.
■ **Grandma's Ice Cream,** 3354 N Ocean Blvd.
Vor der Tür steht ein alter roter Lastwagen. Grandma's ist bekannt für das köstliche *Zimteis*.
■ **Jack's Old Fashion Hamburger House,** 4201 N Federal Hwy und 591 S Cypress Rd.
Die *Hamburger* schmecken hier wesentlich besser als bei Burger King.
■ **Tina's Spaghetti House,** 2110 S Federal Hwy.
Ausgesprochen *preiswerte italienische* Gerichte.

Sehenswert
■ **Archeological Museum,** 100 SE New River Dr.
Archäologische Ausstellung über Südflorida und die Tequesta Indianer.
■ **Bahia Mar Yacht Club,** an der A1A (Seabreeze Blvd).
Abfahrtstelle des Ausflugsdampfers *Jungle Queen* und einer der größten Jachthäfen Floridas.
■ **Flamingo Gardens,** 3750 Flamingo Rd.
Botanischer Garten mit Orangen- und Zitronenhainen, Everglades-Museum und Transportmittel-Ausstellung.
■ **Historical Museum,** 219 SW 2nd Ave.
Die Ausstellung informiert über die Geschichte Ft. Lauderdales.
■ **Hugh Taylor Birch State Park,** Eingang zum Strand nördlich des Sunrise Blvd, Einfahrt für Autos 3109 E Sunrise.
Ruhiger *Erholungspark* am Strand mit Kanuwegen, Picknicktischen und Mini-Eisenbahn.
■ **Museum of Art,** 1 E Las Olas Blvd.
Gezeigt werden unter anderem Exponate der *american-indians* und aus Westafrika.
■ **Ocean World,** SE 17th St Cause-

Fort Lauderdale 129

way. Täglich von 10–18 Uhr geöffnet, Kassenschluß ca. 16 Uhr.
Eine der zahlreichen *Meeresschauen.* Vorführungen mit Alligatoren, Seelöwen und Schildkröten.
■ **Port Everglades,** südlich der Stadt gelegen.
Hochseehafen, in dem riesige Kreuzfahrtdampfer und Kriegsschiffe anlegen.
■ **Stranahan House,** Las Olas Blvd am New River Tunnel, dem einzigen Tunnel Floridas.
Das älteste Haus Ft. Lauderdales wurde 1901 von Frank Stranahan gebaut und steht im *National Register of Historic Places.* In dem schönen englischen Garten finden häufig Hochzeiten statt.
■ **Swimming Hall of Fame,** 1 Hall of Fame Dr.
Riesige Schwimmhalle, in der schon bekannte Schwimmstars wie Johnny Weissmuller, der später als Tarzan berühmt wurde, und Mark Spitz ihre Bahnen zogen.

Musik und Nachtleben

■ **Backstreets,** 200 W Broward Blvd.
Diskothek mit Swimmingpool und Whirlpool. Sonntags geschlossen.
■ **Durty Nelly's,** 3051 NE 32nd Ave.
Das Lokal ist drinnen zwar oft überfüllt, aber draußen an der Wasserstraße, wo es sich ohnehin besser sitzt, findet sich immer noch ein Plätzchen. Ein Besuch lohnt sich wegen der Musik (Jazz, Rock, Blues) und der Hot Dogs, die es umsonst gibt.

■ **Musicians Exchange,** 200 S Andrews Ave, Tel. 765-1912.
1976 gründeten einige Musiker aus Fort Lauderdale eine Initiative zur Förderung von Nachwuchstalenten. In einem Gebäude am Sunrise Boulevard eröffneten sie ein Café, in dem neben lokalen Bands bekannte Musiker wie *Count Basie, Lionel Hampton* und *John Mayall* auftraten. Zu dem Projekt gehören ferner Studios, eine Musikschule mit Talentvermittlung und ein Plattengeschäft. Das Café ist inzwischen aus Platzgründen in die Andrews Avenue umgezogen, wo es fast jeden Abend *gute Live-Musik* gibt. Das ständig wechselnde Programm bietet hauptsächlich Reggae, Jazz und Blues. Eintritt unter der Woche 4–6 $, am Wochenende 8–15 $. Wenn bekannte Gruppen auftreten, ist es teurer.
■ **Pier 66,** 2301 SE 17th Causeway.
Wer nicht ganz schwindelfrei ist, sollte sich den Abstecher in die Bar dieses Hotels lieber sparen. Das Restaurant im obersten Stockwerk dreht sich nämlich ständig. Herrlicher Ausblick auf die Stadt.
■ **Tiki Bar im Hotel Mark 2100,** 2100 N Atlantiv Blvd.
Strandbar mit Patio, *der* Treffpunkt in der Nähe des Strip. Schön zum draußensitzen. Es gibt auch Kleinigkeiten zu essen.

Gays

Schwule und Lesben haben in Ft. Lauderdale keine Probleme, geeignete Treffpunkte und Bars zu finden.

Die Auswahl ist einfach riesig, ständig eröffnen neue Läden und die verrücktesten Shows sind gerade gut genug, das Publikum anzulocken. Es gibt *Strip Shows, Wet T-Shirt-* (für Frauen) und *Wet-Jockey-* (wobei es sich um selbige Unterhosen handelt) Wettbewerbe für Männer sowie Transvestitenshows. Über das aktuelle Angebot informiert das *David Magazin*, das in den Lokalen kostenlos erhältlich ist. Hier eine kleine Zusammenstellung von Bars, Restaurants und Unterkünften:

■ **The Hideaway,** 2022 NE 18th St.
Diskothek, in der ständig die neuesten Videos gezeigt werden. An der Bar gibt es Hot Dogs und Hamburger gratis. *Happy hour* von 13–20 Uhr.

■ **JJ's Other Side,** 2283 Wilton Dr (NE 4th Ave).
Bis 1988 die *einzige Frauenbar* in Ft. Lauderdale.

■ **Marlin,** 17 S Atlantic Blvd.
Das Restaurant mit Meerblick bietet preiswerte Dinnerkombinationen an. Sonntags von 10–14.30 Uhr Brunch (8 $).

■ **The Promenade Deck,** 4240 Galt Ocean Dr.
Schwulentreffpunkt im Ramada Inn Hotel, in dem Mann sich sonntags zum Brunch trifft (9 $).

■ **Robindale Motel,** 709 Breakers Ave, Tel. 565-4123.
Etwas abseits vom Strip, aber dennoch in Strandnähe, liegt dieses empfehlenswerte, sehr gepflegte Motel für Männer und Frauen. Nachmittags treffen sich die Gäste zu einem Plausch am Pool. DZ vom 15. April –15. Dez 30 $, bei einer Woche Aufenthalt 25 $ pro Nacht. In der Hochsaison 45 $, Wochenpreis 280 $.

Ausflüge

Einige Kilometer südlich von Ft. Lauderdale in Flughafennähe liegt das nette Städtchen **Dania**, das vor allem durch seinen *Jai-Alai-Palace*, 301 E Dania Beach Blvd, bekannt ist. Im Ortskern von Dania gibt es zahlreiche Antiquitätenläden und Restaurants.

Nur wenige Kilometer entfernt, in **Hollywood**, wohnen viele Seminolen, die zum Teil im Reservat an der U.S. 441 leben. Die *Seminole Okalee Indian Reservation* ist ein angenehmer Kontrast zu den indianischen Vorzeigedörfern am Tamiami Trail. In dem Wohngebiet zwischen **Florida Turnpike** und der **U.S. 441** leben neben den Stammesmitgliedern auch andere Floridianer, die mit Seminolen verheiratet sind. Wer einen Eindruck vom alltäglichen Leben in einem Reservat bekommen möchte, kann sich bei der Verwaltung des Reservates informieren und sich das Wohngebiet ansehen. Tel. 962-8303. Eine wichtige Einnahmequelle dieses Reservates ist die riesige *Bingohalle*, in der über 1400 Leute zur selben Zeit spielen können.

Der angeblich *größte Wasser-Vergnügungspark* der Welt befindet sich an der 2700 Stirling Rd. Wenn es bei einem Besuch länger als 59 Minuten regnen sollte, ist der Eintritt (12 $) am nächsten Tag kostenlos. Hollywood verfügt außerdem über einen herrlichen Strand, der an den Wochenenden allerdings ziemlich überfüllt ist. Im Gegensatz zu den anderen Beaches in der Umgebung gibt es hier eine lange Promenade mit zahlreichen Straßencafés und Restaurants. Die Umgebung von Hollywood ist noch nicht so zugebaut wie etwa der Nachbarort **Hallandale**. Es gibt viele verschwiegene Plätze zum Bootfahren und Fischen an der A1A.

Von Ft. Lauderdale ist es nicht weit bis zu den **Everglades**, zu erreichen über die U.S.27/Griffin Rd. Ein *Campingplatz* befindet sich 21940 Griffin Rd, Tel. 434-8111. Zelten kostet pro Nacht 8 $, auf den Plätzen gibt es aber weder Wasser noch Strom. Dafür steht den Besuchern ein Badehaus zur Verfügung. Eine Tour mit dem *airboot* in die Everglades kostet 8 $ pro Person und dauert 35 Minuten. Da Air-Boote ziemlich viel Lärm verursachen und dadurch die Tiere aufschrecken, empfiehlt es sich, ein Ruderboot zu mieten (15 $ für 5 Stunden). (Siehe auch Kapitel „Everglades".)

Auf der Route in Richtung Palm Beach liegt **Pompano Beach**, eines der landwirtschaftlichen Zentren. Der Ort hat 60 000 Einwohner und ist in den Wintermonaten Treffpunkt der Turffans, wenn die weltberühmten *Trabrennpferde* in **Pompano Park** an den Start gehen.

Etwas weiter nördlich befindet sich der Nobelort **Boca Raton**, in dem sich der Golfspieler Bernhard Langer gerne auf seine Turniere vorbereitet. Der **Camino Real**, die Prachtstraße der Stadt, führt zu dem exklusiven *Boca Hotel* und Club. Preiswerter und weniger exklusiv ist es im benachbarten **Delray Beach**, wo es ebenfalls schöne Strände gibt.

Palm Beach

Wer auf dem Highway 441 vom Lake Okeechobee nach Palm Beach fährt, erlebt Kontraste, wie sie stärker kaum sein können: Während die Schwarzen auf den Zuckerrohrfeldern schwerste körperliche Arbeit verrichten und in menschenunwürdigen Behausungen leben, schwelgen die Millionäre in Palm Beach im Überfluß. Obwohl Naples an der Golfküste dieser nur 11 000 Einwohner zählenden Enklave der Reichen zunehmend den Rang abläuft, gibt es noch immer genügend *millionen- und billionenschwere Leute,* die in ihren prachtvollen Villen abgeschirmt von der restlichen Bevölkerung ein Luxusdasein führen. In Palm Beach rollen mehr Jaguare und Rolls Royces durch die meist gähnend leeren Straßen, als Fahrzeuge irgendeiner anderen Klasse. Und meist sind es nicht die Besitzer selbst, die diese Karossen lenken, sondern deren Chauffeure. Auf den Rücksitzen räkeln sich geliftete alte Frauen und ihre Pudel – beide mit brilliantenbesetzen Halsbändern.

Wenn es den Bewohnern in ihren scharf bewachten Anwesen zu langweilig wird, ist Shopping angesagt. Und wo ließe sich das Geld schneller unter die Leute bringen, als in den ultrateuren Geschäften an der **Worth Street**, der Nobelmeile von **Palm Beach**. Hat der Nerz schon zu lange im Schrank gehangen – es ist ja sowieso viel zu warm, um ihn sich über die Schultern zu werfen –, wird er bei *Thrift Inc.* in selbiger Straße wieder versetzt. Das Teil wechselt dort zu einem Spottpreis die Besitzerin und die Wohlfahrtsorganisationen, denen der Erlös zukommt, reiben sich die Hände.

Von außen betrachtet ist die *Langeweile* das bestimmende Element in Palm Beach, denn die Reichen lassen sich nicht in der Öffentlichkeit blicken. Das „gesellschaftliche Leben" spielt sich im Namen der Wohltätigkeit bei 1000-Dollar Dinners zugunsten der Krebshilfe oder des Tierschutzvereins ab. Außerdem finden jeden Abend Privatpartys statt, zu denen nur besonders auserwählte Leute eingeladen werden. Bei der Auswahl hilft eine klassifizierende Namensliste, die täglich auf den neusten Stand gebracht wird. Das Kriterium heißt zwar Geld, aber auch Herkunft. Neureiche haben kaum eine Chance, auf eine Gästeliste zu kommen, auch wenn sie Millionen haben. Gefragt sind Familien, die schon seit Generationen Geld anhäufen. Wer nicht wohlhabend ist, muß wenigstens einen Adelstitel – und sei es einen gekauften – aufweisen können.

Eine Ausnahme von dieser Regel wurde nur bei dem Baulöwen *Donald Trump* gemacht, als er sich hier eine festungsähnliche Villa zulegte. Absolut glücklich schätzen sich Gastgeber, wenn *Estée Lauder* ihnen die welke Hand zum Begrüßungskuß reicht. Wer etwas Glück hat, kann im – übrigens wirklich sehenswerten – Nobelhotel **The Breakers** einige Exemplare dieser Spezies live erleben.

Wir wandten uns nach einem kurzen Aufenthalt in Palm Beach der anderen Seite, **West Palm Beach** zu, der am Festland gelegenen Stadt mit 70 000 weniger reichen Einwohnern.

Verkehrsmittel

■ **Greyhound,** 100 1st St in West Palm Beach. Verbindungen nach Ft. Lauderdale, Miami, Tampa und Orlando.

■ **Amtrak,** 201 S Tamarind Ecke Daturia. Züge fahren dieselben Städte an wie der Greyhound.

■ **Palm Beach Conuty Transportation Authority,** Tel. 689-6961. Die lokalen Busse bedienen Palm Beach, West Palm Beach und die übrigen Bereiche des Palm County. Es gibt außerdem Anschlüsse an die Buslinien, die nach Dade und Broward County fahren, was die Sache sehr preiswert macht. Für 80 Cents kommt man 100 Meilen weit.

Informationen

■ **Area Code:** 305.
■ **Palm Beach Chamber of Commerce,** 501 Flagler Ave, Tel. 655-3282.
■ **Zip Code:** 33401.

Unterkunft
■ **Mount Vernon Motor Lodge,** 310 Belvedere Rd, West Palm Beach, Tel. 832-0501.
Je nach Saison kosten die Einzel- und Doppelzimmer zwischen 27–45 $.
Das Motel wird von der lokalen Buslinie angefahren.
■ **Placid Palms Motel,** 825 S Federal Hwy, Lake Worth, Tel. 588-5811.
Sauber und freundliches Personal. Doppel- und Dreibettzimmer ab 26 $, in der Hauptsaison teurer. Zimmer mit Küchen ab 35 $.

Camping
■ **Jonathan Dickinson State Park,** an der U.S. 1, 20 Meilen nördlich von West Palm Beach.
Der einzige annehmbare Campingplatz in dieser Gegend. Für Bootsausflüge und zum Fischen können Kanus gemietet werden. Campinggebühren: 1. Jan–30. April 17–24 $, 1. Mai–31. Dez 13–19 $. Vollausgestattete Hütten 35 $.

Sehenswert
■ **Breakers Hotel,** 1 S County Rd.
Dieses prachtvolle Gebäude, das ebenfalls Flagler errichten ließ, gehört zu den Glanzstücken seiner Hotels. Kein Wunder, daß es sich die Rockefellers, Astors und Morgans zeitweise als Wintersitz auserkoren hatten.
■ **Flagler Museum,** 1 Whithall Way.
Der Eisenbahnmagnat Henry Morrison Flagler hat diese *Prachtvilla* 1901 für seine zweite Ehefrau bauen lassen. Ab 1925 diente sie als Hotel, bis 1960 das Museum eingerichtet wurde. Neben Porzellan und Gemälden ist Flaglers privater Eisenbahnwagen zu besichtigen.
■ **Norton Gallery and School of Art,** 1451 S Olive Ave, West Palm Beach.
Sammlung französischer, amerikanischer und chinesischer Kunstgegenstände. Ein ziemlich *buntes Gemisch,* aber sehenswert.

Lake Okeechobee

Auf der Landkarte Südfloridas nimmt der Lake Okeechobee einen unübersehbar großen Platz ein. Ein See zum Baden und Fischen? Geeignet vielleicht für einen Wochenendausflug? Bei einer Landesdurchquerung bietet sich ein Abstecher an den mit 1890 Quadratkilometern größten Binnensee Floridas an. Der Bodensee ist dagegen ein Winzling.

Schwimmen? Weit gefehlt. Am Ufer spazierengehen? Fehlanzeige. Der Lake Okeechobee, der den Bewohnern der umliegenden Dörfer regelmäßig Kummer bereitete, weil er jeden Sommer über seine Ufer trat, ist durch Menschenhand gebändigt worden. Man umzog ihn mit einem Deich, der angeblich sogar hurrikansicher sein soll. Dadurch wurden riesige Ackerflächen und viel Weideland gewonnen, da das bislang überschwemmte Land sehr fruchtbar ist. Durch diesen Eingriff wurde jedoch der natürliche Wasserhaushalt, der unter anderem auch die *Everglades* speist, empfindlich gestört. Der See dient heute vorrangig als Trinkwasserreservoir Süfloridas.

1988 drohte das *ökologische Gleichgewicht* des Sees umzukippen. Ursache war die Milchwirtschaft. Meist kleine Farmen ließen ihre Düngemittel bedenkenlos in den See abfließen. Dadurch bildete sich eine hier bislang unbekannte Algenart, die dem Leben im See Sauerstoff entzog. Mit riesigen Fangnetzen zogen Umweltschützer Tonnen toter Fische an Land. Die Regierung in Washington muß Millionen bereitstellen, um notwendige Gegenmaßnahmen in die Wege zu leiten. Bis das geschieht, wird das Trinkwasser in Miami mit reinigenden Mitteln und einer Menge Chlor aufbereitet. Unternehmen, die Quellwasser in Riesenkanistern anbieten, haben guten Absatz.

Die Stadt **Okeechobee** am Nordzipfels des Sees hat 7000 Einwohner, denen außer einem Rodeo am Labor Day-Wochenende und Rinderauktionen *nicht viel Abwechslung* geboten wird. Auch in **Belle Glade** an der Südspitze liegt der Hund begraben, denn außer ein paar Rinderfarmen gibt es nichts zu sehen.

Der Südwesten

Naples

Die Geschichte von Naples hört sich an wie der Inbegriff des amerikanischen Traums. Wo einst die *Caloosa-Indianer* eine namenlose Wildnis besiedelten, wo sich noch vor einhundert Jahren ein moskitoverseuchtes Sumpfgebiet an der Golfküste entlangzog, da befindet sich heute der neue Tummelplatz der Reichen. „Palm Beach?", fragen die Einwohner mit hochgezogenen Augenbrauen, „ein heruntergekommenes Kaff, wer möchte da noch wohnen?"

Für sie ist Naples die floridianische Vorzeigestadt par excellence: Im Osten die Ausläufer der *Everglades,* im Westen der *Golf von Mexiko.* Wer wirklich etwas auf sich hält, legt sich hier wenigstens eine kleine Winterresidenz, einen Altersruhesitz oder die Zweitwohnung zu. Hier gibt es kilometerlangen feinen, weißen Sandstrand, Golf- und Tennisplätze, Vier-Sterne-Restaurants und Einkaufszentren, in denen sogar Haute Couture verkauft wird. Straßen und Strände werden peinlich saubergehalten, Hibiskus blüht in den Balkonkästen der Einzelhändler. Die Menschen sind freundlich und grüßen die Vorbeigehenden. Naples ist schön, eine Stadt wie aus dem Bilderbuch, ein *tropisches Idyll.* Kein Schmutz, kaum Kriminalität, keine Hetze, kein Trubel. Aber etwas fehlt in dieser Idylle: hier leben keine Cubaner, kaum Schwarze. Man bleibt unter sich.

Ein Blick in die Auslagen der Geschäfte zeigt, was es heißt, zu denen zu gehören, die sich selbst als *sophisticated* bezeichnen: Preisschilder sind lange abgeschafft, hier fragt niemand, was es kostet. Eigentumswohnungen über 400 000 Dollar verkaufen sich gut, darunter gibt es Absatzschwierigkeiten.

Das Motto, unter dem sich Börsenmakler, Footballstars, Bankers und Rechtsanwälte ihren Grundbesitz in Naples zulegen, heißt: „Wenn der von nebenan für sein Haus 20 Mllionen Dollar$ bezahlt hat, muß meins mindestens 30 Mllionen kosten." Auch hier Konkurrenz, zeigen, was man hat. Einer ließ sich die Ornamente für den Hauseingang aus China importieren. Und der Rechtsanwalt aus Washington, der die gesamte Landzunge am *Port Royal* erwarb und ein Haus draufstellte, bezahlte allein für die Beratung seines Innenarchitekten eine halbe Million, Dollar versteht sich. Eigentlich handelt es sich auch um kein Haus, auch nicht um eine Villa oder gar ein Anwesen. Neun Häuser in einem, für jedes Kind eins. Dagegen wirkt das traute Heim von Wimbledonsiegerin Evonne Goolagong wie eine ärmliche

◀ Vier Meilen östlich von Everglades City liegt Ochopee; berühmt wegen des kleinsten Postamtes der USA. Es mißt rund 2,50 m mal 2,18 m.

Familienzufluchtsstätte.

Gespräch mit einem Hotelbesitzer:
„Wo wohnen eigentlich die normalen Leute?" Erstauntes Aufblicken. „Hier natürlich" (zeigt auf schmucke Einfamilienvillen). „Ich meine, wo wohnen beispielsweise Deine Angestellten?" Guckt besorgt. Zögert. „Yeah, das ist so eine Sache. Wohnen alle außerhalb, auf der anderen Seite der US 41. Gut zehn Meilen zur Arbeit. Und kein Bus. Die Vereinigung der Hotelbesitzer setzt sich dafür ein, einige Häuser für sie zu bauen. Direkt hier in Naples. Mit Kindergarten, damit die Mütter zur Arbeit gehen können. Mit Sprachschule, falls mal *Cubaner* kommen. Und da gabs Ärger." „Was für Ärger?" „Na ja, das wollen viele nicht. Daß die neben ihnen wohnen. Wollen sich bedienen lassen, klar. Aber nicht in der Nähe haben. *We have to work that out."*
„Habt ihr sonst noch irgendwelche Probleme in Naples?" „Sicher, wenn es den Drogenhändlern in Miami zu heiß wird, setzen sie den Stoff an unseren Küsten ab. Kriegen wir aber auch in den Griff." „Sonst noch was?" „No honey, everything's ok."

Orientierung

Eine landschaftlich reizvolle Strecke führt in ca. 3 Stunden von Miami über den **Tamiami Trail** nach Naples. Das Licht muß eingeschaltet und die Geschwindigkeitsbegrenzung von 55 Meilen pro Stunde eingehalten werden, denn die Fahrt geht direkt durch die **Everglades**. *Nach Einbruch der Dunkelheit dürfen nur 45 Meilen pro Stunde gefahren werden.* Die Fahrt wird nie langweilig. Am Straßenrand räkeln sich Alligatoren, in den Bäumen sitzen weiße Ibisse, Flamingos stehen im Wasser, über die Fahrbahn kreisen Falken und Adler, die auf überfahrene Kleintiere lauern. Es geht vorbei an Indianerdörfern, Restaurants und Anlegestellen für Air-Boote, mit denen Ausflüge durch die Sümpfe gemacht werden können.

Von Ft. Lauderdale aus führt die **Alligator Alley** in knapp eineinhalb Stunden nach Naples. Diese Strecke ist, obwohl sie auch einen Teil der Everglades durchquert, ziemlich langweilig. Vorher tanken, denn es gibt unterwegs keine Tankstellen!

Mit dem Greyhound gibt es Verbindungen von Miami, Ft. Lauderdale und Ft. Myers aus. Die Hauptdurchgangsstraße von Naples ist der Tamiami Trail, die **US 41**, die in der Stadt selbst **9th Street** heißt. Die Einkaufsstraßen befinden sich in der **5th Avenue** und der **3rd Street**.

Verkehrsmittel

■ **Greyhound,** 2669 Davis Blvd, Tel. 774-5660.
■ **Naples Trolley Tours,** Tagestikkets 5 $ für Erwachsene, 3 $ für Kinder. Zustiegestationen an Hotels und Einkaufszentren, u.a. am *Quality Inn Gulfcoast, The Tropics* in *Olde Naples* und am *Cove Inn.* Informationen unter Tel. 262-7300.

Informationen
- **Area Code:** 813
- **Chamber of Commerce,** 1700 N Tamiami Trail, Tel. 262-6141.
- **Krankenhaus:** Naples Community Hospital, 350 7th St. Tel. 262-3131.
- **Post:** 1200 Goodlette Rd.
- **Zip Code:** 33940.

Unterkunft
In Naples sind die Preise für Übernachtungen von Mitte Dezember bis Ostern doppelt so hoch wie in der restlichen Zeit. *Krassere Preisunterschiede* als hier gibt es nirgends in Florida. In der Nebensaison kann über die sowieso schon günstige Rate noch verhandelt werden und meist bekommt man noch 10–15 $ erlassen. Die angeführten Preise geben Sommer- und Winterpreise wieder.
- **Days Inn,** 1925 Davis Blvd, Tel. 774-3117. In der Nähe der Greyhound Station.

Zimmer mit Küche erhältlich. Pool. Nebenan Schiffsanleger. EZ und DZ 35–75 $.
- **Econo Lodge Motel,** 28090 Quail's Nest Lane, Bonita Springs. An der Interstate 75, Abfahrt 18. Tel. 947-3366.

In der Nähe der Hunderennbahn, fünf Minuten zum Meer. EZ und DZ 30–60 $.
- **The Inn of Naples,** 4055 Tamiami Trail N, Tel. 649-5500. EZ 50–115 $, DZ 60–130 $.

Neuerbautes Hotel im *spanischen Stil.* Jedes Zimmer mit Balkon. Beheizter Pool im Hofgarten.
- **Park Shore Resort Hotel,** 4535 Tamiami Trail N, Tel. 263-2222 oder Toll-Free-Number 800-548-2077.

Ferienanlage zum Relaxen. Die großen, geschmackvoll eingerichteten Apartments – eher kleine Wohnungen mit ein oder zwei Wohnzimmern – haben Balkon oder Terrasse mit Blick auf eine künstlich aufgeschüttete Insel. Darauf befinden sich Pool, Restaurant, Wasserfall und Whirlpool. Zum Strand zwei Meilen. Apartments mit einem Wohnzimmer können von vier Personen bewohnt werden und kosten 60–125 $. Apartments mit zwei Wohnzimmern für sechs Leute 95–140 $.
- **Quality Inn Gulfcoast,** 2555 Tamiami Trail, Tel. 261-6046 oder Toll-Free-Number 800-228-5151.

Jedes Zimmer mit Kühlschrank und Kaffeemaschine. Die Poolbar ist nach 16 Uhr Treffpunkt für Einheimische. EZ 45–85 $, DZ 55–95 $. Rabatt für Rentner.
- **The Ritz Carlton Hotel,** 280 Vanderbilt Beach Rd, Tel. 598-3300 oder Toll-Free-Number 800-241-3333.

Für diejenigen, die bei der Florida-Lotterie erfolgreich waren. Luxus, Stil, Eleganz – hier hätte wohl Gatsby gewohnt. Heute residiert hier, wer für eine Übernachtung 115–350 $ auf den Tisch legen kann. *Auf jeden Fall ansehen!* Valet-parking ist kostenlos.
- **The Tropics in Old Naples,** 312 8th Ave S, Tel. 262-5194.

Mitten im alten Teil der Stadt gelegenes Hotel. Nette Zimmer mit Küche sowie Apartments. EZ und DZ 45–105 $.

Essen und Trinken
■ **Beijing Chinese Restaurant,** 2073 9th St N. Täglich geöffnet. Lunch 11.30–15 Uhr, Dinner 17–22 Uhr.
Authentische *Hunan-Küche*. Lecker zubereitet.
■ **The Brassie,** am Naples Beach Hotel, 851 Gulf Shore Blvd N.
Strandbar, an der von morgens um 7 Uhr bis abends um 22 Uhr was los ist. Dort gibt es auch Frühstück.
■ **The Dock at Crayton Cove,** 12th Ave, direkt an den Docks. Täglich 11.30–1 Uhr.
Es wird draußen und drinnen serviert. Mit Blick auf die Bay gibt es die *besten Fischgerichte* der Stadt. Ab 8 $.
■ **Kelly's Fish House,** 1302 5th Ave. Fischrestaurant im neuen Bankenviertel. Gerichte um 10 $.
■ **Margaux's,** 3080 N Tamiami Trail. Lunch Mo bis Fr 11.30–14 Uhr, Dinner täglich 17.30–21.30 Uhr.
Nett eingerichtetes französisches Restaurant. Spezialitäten: *Shrimp Provencal, Duck Marseille* und *Tournedos Alexander*. Hauptgerichte ab 13 $. Mittags leckere Salate und Sandwiches ab 5 $.

Sehenswert
■ **Jungle Larry's African Safari Park,** 1590 Goodlette Rd. Ab 9.30 Uhr geöffnet. Eintritt 8 $.
Dschungelfahrt vorbei an Leoparden, Pfauen und Schimpansen.
■ **Naples-Ft. Myers Dog Track,** an der alten U.S. 41 Ecke Bonita Beach Rd, in Bonita Springs zwischen Naples und Ft. Myers (ist ausgeschildert).
Die *Greyhounds* rennen 500–800 Meter hinter dem Fuchs her, der hier „Sharky" heißt. Jeden Abend, außer So, ab 19.45 Uhr
■ **Old Marine Market Place,** 1250 5th Ave S.
Andenkenläden, Restaurants, Imbißbuden und Eissalons direkt an der Bay.

Einkaufen
■ **Third Street** und **Fifth Avenue South** sind die Einkaufsparadiese der Reichen. Hier gibt es Galerien, Boutiquen und Einrichtungsgeschäfte.

Nachtleben
■ **Even N' Odds,** 4836 9th St N (Tamiami Trail). *Livemusik* bis 2 Uhr morgens. Im Sommer sonntags geschlossen.
■ **Harold's Place,** 2555 N Tamiami Trail.
An der Poolbar des Quality Inn. Bereits ab 16.30 Uhr treffen sich hier Geschäftsleute, um in lockerer Atmosphäre einen Cocktail zu schlürfen oder den angeblich besten Hamburger der Stadt zu essen. Bis 19 Uhr gibt es das Bier für 1 $, Cocktails für 2.50 $.
■ **The Pub,** 2408 Linwood Ave (zwischen Davis Blvd und US 41).

Viv und Brian Stuart aus England führen ein Pub mit verschiedenen *englischen Biersorten* vom Zapfhahn. Es gibt auch Kleinigkeiten zu essen.
■ **Vanderbilt Inn,** 11000 Gulf Shore Dr N. *Schicki-Bar* am Strand.

Ausflüge
■ **Port of the Everglades,** 25000 Tamiami Trail, (US 41 etwa 45 Minuten von Naples entfernt in Richtung Miami).
Täglich ab 9.30 Uhr finden Schiffsausflüge durch die **10 000 Islands** und einen Teil der Everglades statt. Vom Wasser aus gibt es Mangrovensümpfe und die darin lebende Tierwelt zu sehen. Ein Teil der Fahrt führt über den Lebensraum der *Manatees*, der vom Aussterben bedrohten Seekühe. Die zweistündige Tour kostet 12 $ für Erwachsene, 6 $ für Kinder unter 12 Jahren. (S. auch Kapitel „Everglades".)

Unterkunft:
■ **Port of the Islands,** 25000 Tamiami Trail, Tel. 394-3101 oder Toll-Free-Number 800-282-3011.
Komfortables *Urlaubsressort für Naturfreaks* am Rande der Everglades. Tennisplätze, zwei beheizte Pools, Sauna, Fitneßcenter, Tontaubenschießen, Kanu- und Fahrradverleih und Restaurant. EZ und DZ 55– 80 $ ohne Küche, 60–85 $ mit Küche. Interessant sind die *Spezialangebote:* Der *Everglades Sampler* umfaßt fünf Nächte inklusive Frühstück, Schiffstour und Leihfahrrad einen Tag für 155 $.

Ft. Myers

Der erste Tourist kam 1884 nach Ft. Myers. Er kam, sah und blieb 42 Winter lang: Es war *Thomas Alva Edison*, der Erfinder von Glühbirne, Grammophonlautsprecher, wiederaufladbarer Batterie und anderen nützlichen Dingen. Auf Anraten seines Arztes, der ihm wegen seiner schwächlichen Gesundheit das warme Klima Floridas empfohlen hatte, machte sich Edison 1884 zu einem Bootstrip entlang des **Caloosahatchee River** auf. 15 Meilen vor dem Golf von Mexiko entdeckte er ein kleines, verschlafenes Fischerdorf. Edison gefiel die tropische Idylle so sehr, daß er beschloß, am bambusbestandenen Flußufer eine Winterresidenz zu bauen. Das Klima bekam ihm offensichtlich gut, denn er tüftelte nicht nur erfolgreich in seinem Laboratorium herum, sondern wurde auch 84 Jahre alt.

Noch heute lebt die Stadt von ihrem wohl prominentesten Touristen. Straßen, Einkaufszentren und Hotels tragen Edisons Namen und die Besichtigung seines **Winter Homes** ist die Hauptattraktion von Ft. Myers. Zweifellos hat der Erfinder die äußere Erscheinungsform des südlichen Stadtteils wesentlich geprägt. Nach dem Zweiten Weltkrieg, als Edison zu der Überzeugung gekommen war, daß er der Rüstungsindustrie mit vulkanisiertem Gummi weiterhelfen könnte, begann er seine botanischen Experimente. Das Resultat

war in der Tat ein Gummisurrogat, aber auch ein botanischer Garten mit 6000 unterschiedlichen Blumen und Bäumen aus der ganzen Welt. Schließlich wird auch der von Königspalmen aus Cuba gesäumte **McGregor Boulevard**, der an seinem Haus vorbeiführt, auf Edisons ungebremsten Pflanzeifer zurückgeführt. Sein Projekt, den Boulevard in seiner gesamten Länge zu verschönern, hat 1917 die Regierung übernommen. Die *Avenue of Palms* ist mittlerweile 15 Meilen lang und sicherlich eine der schönsten Straßen Floridas.

Mit der Erschließung der vorgelagerten Inseln **Sanibel, Captiva** und **Ft. Myers Beach** als Urlaubsparadiese für Streßgeplagte hat sich auch Ft. Myers weiterentwickelt. Stolz berichten die Lokalpolitiker von **Lee County**, zu dem Ft. Myers gehört, von einer Verdoppelung der Einwohnerzahlen in den letzten zehn Jahren auf momentan 200 000. Dazu gehören nicht nur Pensionäre aus dem Norden, sondern zunehmend auch junge Leute, die den Großstädten nichts abgewinnen können. Ft. Myers ist trotz allem eine Kleinstadt geblieben, wo abends nur drei Restaurants und ein Pub geöffnet haben und wo riesige Reklameschilder per Stadtverordnung verboten sind. Ausnahmen werden nur an den Ausfallstraßen gemacht. Da haben die Restaurant- und Motelbesitzer aber auch schon ein ausgeprägtes touristisches Gespür entwickelt und werben sehr massiv um Kunden.

Von Dezember bis Ostern ist an der Golfküste Hochsaison. In dieser Zeit werden in Ft. Myers und auf den Inseln rund 1,5 Millionen Touristen beherbergt. *Reservierungen sind daher dringend empfohlen.* Die Preise für Hotelzimmer liegen während der Hochsaison 40 bis 60 Prozent über der sonstigen Rate.

Orientierung

Ft. Myers **Downtown** liegt direkt am Hafen, wobei Restaurants und Geschäfte in der Gegend um die **First Street** angesiedelt sind. Dieses Areal ist so klein, daß es bequem zu Fuß erkundet werden kann. Nach **Ft. Myers Beach, Sanibel** und **Captiva** sind es hingegen gut 17 Meilen. Die Inseln sind am besten über die **US 41** zu erreichen. Es ist auch möglich, über den **McGregor Boulevard**, an dem das **Edison Winter Home** liegt, zu den Inseln zu gelangen, das dauert aber länger und die Beschilderung ist miserabel. Im Dunkeln kann man sich schnell verirren. Wer Ft. Myers über die US 41 anfährt oder verläßt, sollte sich nicht von wechselnden Straßennamen irritieren lassen. Die US 41 ist gleichzeitig der **Tamiami Trail** (weil er von Tampa nach Miami führt), heißt auch manchmal so, wird aber einige Meilen vor Ft. Myers zur **Cleveland Avenue**.

Verkehrsmittel

■ **Greyhound**, 2064 Victoria Ave, Tel. 334-1011.

■ **LeeTran**, befördert Passagiere

◀ *Der von Königspalmen aus Cuba gesäumte Mc Gregor Boulevard ist eine der schönsten Straßen Floridas (oben). Das Winterhaus von Thomas Alva Edison (unten).*

durch ganz Lee County, allerdings nicht nach Sanibel und Captiva. Die Hauptumsteigestationen befinden sich an der *Edison Mall*, US 41 Ecke *Colonial Blvd* und 10715 East Airport Road. An Feiertagen, Sonntage eingeschlossen, fahren die Busse nicht. LeeTran findet bei den Einwohner von Ft. Myers keinen besonderen Anklang. Daher fahren die Busse unregelmäßig und manchmal müssen lange Wartezeiten einkalkuliert werden. Informationen unter Tel. 275-8726.

Informationen

- **Area Code:** 813
- **Visitors Bureau,** 2180 First Street, Suite 100. Tel. 335-2631 oder Toll-Free-Number 800-533-7433.
- **Krankenhaus:** Florida Health Care, 2776 Cleveland Ave, Tel. 772-4663
- **Post:** 2655 N Airport Rd. Tel. 939-0900.
- **Zip Code:** 33902.

Unterkunft

- **Red Carpet Inn,** 4811 Cleveland Ave. Tel. 936-3229.
EZ 34 $, DZ 39 $, über Weihnachten und Silvester 45 $ respektive 55 $.
- **Sea Chest Motel,** 2571 E First St. Tel. 332-1545.
In der Nähe von Downtown direkt am *Caloosahatchee River* gelegenes Motel mit Pier und Pool. Ruhig und sauber. EZ und DZ vom 15. April – 15. Dezember ab 30 $, vom 15. Dezember – 15. April 36 $. Zimmer mit Küche 5 $ Aufpreis. *Unser Tip!*

Camping

- **Koreshan State Historic Site,** US 41 Ecke Corkscrew Rd in Estero. Tel. 992-0311.
Am Estero River gelegen. Es können Boote gemietet werden. Zelt Mai – November je nach Lage 13 – 18 $, Dezember bis April 17 – 24 $.

Essen und Trinken

- **April's Eatery,** 2269 First St.
Klitzekleines Lunchrestaurant, in dem überwiegend Stammgäste verkehren. *Familiäre Atmosphäre.* Es gibt leckere Salate und Sandwiches ab 2 $. Das hausgemachte Chili ist spitze.
- **Casa de Guerrero,** 2225 First St.
Mexikanisches Restaurant mit vorzüglich schmeckenden Spezialitäten. Unbedingt die *Fajitas* probieren. Hauptgerichte ab 6 $.
- **Cottage Chocolates,** 2235 First Street.
Selbstgemachte Bonbons, Konfekt und Eiscreme.
- **First Street Rose,** 2247 First Street.
„Your satisfaction is completely guaranteed", verspricht die Besitzerin des Lokals. Sie serviert warme und kalte Sandwiches, Salate, Eiscreme und leckere Kuchen. Jeden Donnerstagabend ab 20.30 Uhr treten Amateure als *Stand-up-Comedians* auf. Eintritt 2 $, erster Drink im Preis inbegriffen.
- **French Connection Café,** 2282 First St.
Ähnlich wie bei April's nur etwas schicker und teurer.

■ **Peter's La Cuisine,** 224 Bay St, Tel. 332-2228.
Peter Schmid aus Nürnberg hat sich ganz gezielt auf seine Karriere als Restaurantbesitzer vorbereitet. Er lernte im Elsaß das Kochen, als Betriebswirtschaftsstudent das Kalkulieren und sah sich anschließend in den USA nach einem geeigneten Standort um. Er blieb in Ft. Myers weil es ihm erstens gefällt und zweitens keine Konkurrenz vorhanden ist – jedenfalls nicht in der *Spitzengastronomie*, die er vertritt. Schmid erwarb mit dem Geld seines Vaters eine alte Lagerhalle, renovierte sie und besitzt jetzt das in jeder Hinsicht geschmackvollste Restaurant der Stadt. Kalb, Wild und *Seafood*, das er aus Miami anliefern läßt, sind seine Spezialitäten. In der Lounge im dritten Stock des Gebäudes gibt es *Live-Entertainment*. Hauptspeisen mittags ab 7 $, abends ab 18 $. Lunch 11–14 Uhr, Dinner 17.30–22 Uhr. Samstagmittag und sonntags geschlossen. Reservierungen werden erbeten.

■ **Sam's Kitchen,** 2208 First St.
Einfache und preiswerte *Frühstückskneipe*.

Sehenswert

■ **The Barbershop,** 2216 First St.
Schuhputzer Willi und Friseur Blake haben zusammen einen Laden im *Stil der 30er Jahre* aufgemacht. Während Blake Haare schneidet, putzt Willi den Wartenden die Schuhe.

■ **Edison Winter Home,**
2350 McGregor Blvd. Tel. 334-3614. Mo bis Sa 9–16 Uhr, So 12.30–16 Uhr. Erwachsene 5 $, Kinder von 6–12 Jahren 1 $. Im Eintrittsgeld ist eine rund zweistündige Tour enthalten.
Wohnhaus, tropischer Garten und Laboratorium des Erfinders sind ohne große Veränderungen so erhalten wie zu seinen Lebzeiten. Er war ein besessener Grübler, der manchmal bis zu 20 Stunden am Tag arbeitete. Um seine Frau nicht zu stören, richtete er sein Laboratorium auf der anderen Seite der Palmenallee ein. Dort experimentierte er solange, bis seine bekanntesten Erfindungen – Glühbirne, elektrisches Licht, Grammophon, Telefon und Filmprojektor – einwandfrei funktionierten ‚und er das Patent anmelden konnte. Das Wohnhaus ließ Edison im Bundesstaat Maine konstruieren, verschiffte es zerlegt nach Florida, um es wieder aufzubauen. In den Räumen brennen original Edison-Birnen. Im Garten legte er 1900 einen Swimmingpool an, den ersten in Florida. Zum Bau benutzte er Bambus vom Caloosahatchee River und Zement als Eigenproduktion. Bis heute ist der Pool, der immer mit Wasser gefüllt ist, ohne Risse geblieben. Ermuntert durch seine Freunde und Gönner *Harvey Firestone* und *Henry Ford,* beschäftigte sich Edison mit der Erfindung von künstlichem Kautschuk zur Herstellung von Reifen. Aus diesem Grund legte er einen riesigen botanischen Garten an, in dem so seltene und ungewöhnliche Pflanzen und Bäume

wie ein Wurstbaum *(sausage tree)* und ein *Frangipani*, der nach Parfum duftet, stehen. Außerdem wachsen dort Hibiskus, Pinien, Zitrusbäume, Palmen und wilde Orchideen aus der ganzen Welt, die zu verschiedenen Zeiten das ganze Jahr über blühen. Er kreuzte die Pflanzen und versuchte auf diese Weise, Bäume mit hohem Kautschukertrag zu züchten. Das Experiment gelang und fortan ratterte Fords *Model T* auf Edisons Reifen über die Landstraßen.

Neben dem Laboratorium steht heute ein Museum, in dem alle Erfindungen Edisons gesammelt sind. Darunter auch die erste sprechende Puppe der Welt, Hunderte von Grammophonen, Filmprojektoren und natürlich Glühbirnen.

■ **Koreshan State Historic Site,** an der US 41 Ecke Corkscrew Rd in *Estero* zwischen Ft. Myers und *Naples*. Eintritt 2 $ für Erwachsene, Kinder frei.

1882 hatte Dr. Cyrus Teed, ein Arzt aus Chicago, eine Erleuchtung. Er fühlte sich zum Anführer der Menschen bestimmt, nannte sich Koreshan und scharte einige Jünger um sich, von denen die meisten seiner Gesellschaftsschicht entstammten – Rechtsanwälte, Mediziner, Kaufleute. Um ein neues Jerusalem zu gründen, machte er sich 1884 mit einigen Anhängern nach Florida auf und nannte seine Siedlung nach dem vorbeifließenden Fluß *Estero*.

Nach Ansicht Koreshans war die Erde ein hohler Ball, den die Menschen auf der inneren Oberfläche bewohnen. Im Mittelpunkt dieses Hohlraumes befände sich die Sonne. Zum Beweis dieser Theorie ließ Koreshan Fischer aus Ft. Myers Holzpfähle bis zum Horizont ins Meer schlagen.

Es lebten nie mehr als 200 Frauen und Männer in der Siedlung. Sie unterwarfen sich einer strengen Zölibatsverfügung und wohnten und arbeiteten strikt voneinander getrennt, wobei die Frauen den Männern gleichgestellt waren. Die Kinder – manchmal gab es welche – blieben weder bei Vater noch bei Mutter, sondern wurden in einem gesonderten, von Erzieherinnen geleiteten Haus untergebracht. Persönliches Eigentum hatte Koreshan abgeschafft, alles gehörte allen. Nach seinem Tod fiel die Gruppe nach etlichen Führungsrangeleien auseinander. Der letzte Koreshan-Anhänger, der in der Siedlung lebte, starb 1987. Häuser und Arbeitsstätten der Sektenmitglieder wurden rekonstruiert und 1987 der Öffentlichkeit zugänglich gemacht.

Einkaufen

■ **Edison Mall,** US 41 Ecke Colonial Blvd. Geöffnet Mo bis Sa 10–21 Uhr, So 12–17.30 Uhr.
Die größte *Shopping Mall* in Südwestflorida (und die einzige mit Autowerkstatt).

■ In der **Patio de Leon,** die von der First Street abgeht, sind mehrere nette Geschäfte, darunter ein Buchladen, ein *Health Food Store*, ein Brautkleid- und Smokingverleih.

■ **Royal Palm Square**, 1400 Colonial Blvd. Mo bis Sa 10–18 Uhr, So 12–17 Uhr.
Outdoor Shopping kommt auch in Florida in Mode. Dies ist der gelungene Versuch eines Einkaufszentrums unter freiem Himmel.
■ **The Vineyard**, 2288 First St. Gourmet Shop mit exquisiten Weinen, Schokoladen- und Kaffeesorten.

Nachtleben
■ **Norma Jean's Café**, 4797 Tamiami Trail (Cleveland Ave), Mo bis Sa 20–2 Uhr, im Dezember auch sonntags geöffnet.
In dieser *absoluten In-Disko* für überwiegend junges Publikum treten Bands auf, werden Tanzwettbewerbe und Kostümparties veranstaltet. Der Barkeeper mixt riesige *Margaritas* mit und ohne Alkohol.

Ft. Myers Beach

Ft. Myers Beach besteht aus zwei Inseln, **Estero Island** mit seinem sieben Meilen langen Sandstrand und **San Carlos Island**. Auf Estero ist wegen des Sandstrandes am meisten los, hier befinden sich die Hotels, Restaurants und Kneipen. Doch auch während der Hauptsaison im Winter, von den Wochenenden einmal abgesehen, ist der Strand nie überfüllt, laut oder schmutzig. Rechts und links der Hauptdurchgangsstraße, des **Estero Boulevard**, sind jederzeit gute Unterkünfte zu bekommen. Doch auch hier gilt: Von Dezember bis Ostern ist alles doppelt so teuer.

Ft. Myers Beach ist Heimathafen der *Shrimpfischer*, die einen Teil ihres Fanges an kleinen Ständen am Hafen frisch und preiswert verkaufen.

Orientierung
Ft. Myers Beach ist am bequemsten über die **US 41** zu erreichen. Am **Gladiolus Dr** die US 41 verlassen, auf die **Summerlin Rd**, dann auf den **San Carlos Blvd** und über die **Sky Bridge**. Die Orientierung auf dem Weg nach Ft. Myers Beach ist, besonders nachts, etwas mühsam. Von der **Interstate 75** aus ist es am günstigsten, zunächst auf die US 41 abzubiegen und dann der beschriebenen Route zu folgen. Aus Richtung Naples muß die US 41 in **Bonita Shores** verlassen werden. Busse fahren von der Haltestelle **Edison Mall** in Ft. Myers auf der orangen Route nach Ft. Myers Beach.

Auf Ft. Myers Beach gibt es von Mitte Dezember bis Mitte April einen Busservice, genannt *Molly the Trolly*, der alle 15 Minuten einen Roundtrip über die Insel macht. Abfahrt ist am **Summerlin Square Shopping Center** am Fuße der Estero Island-Brücke.

Informationen
■ **Chamber of Commerce**, 1661 Estero Blvd, Tel. 453 6451.
■ **Area Code:** 813.
■ **Post:** 200 Carolina St.
■ **Zip Code:** 33931.
■ **Family Medical Center**, 6875 Estero Blvd, Tel. 463-7900.

Unterkunft

■ **Gulf Echo Motel,** 2610 Estero Blvd. Tel. 463-9193.
Am Strand gelegenes Motel. Die Zimmer haben eine kleine Küche. EZ und DZ von 41 $ (Sommer) bis 70 $ (Winter). Pool.

■ **Island House Apartments,** 701 Estero Blvd. In der Nähe von *Pink Shell*. Tel. 463-9282.
Nett eingerichtete und gut ausgestattete Apartments für 40–50 $ pro Tag, 275–375 $ pro Woche. *Handeln!*

■ **Lovers Key,** 8701 Estero Blvd, auf einer kleinen Insel, die durch eine Brücke mit Ft. Myers Beach verbunden ist. Tel. 765-4422 oder Toll-Free-Number 800-537-5683.
Sechzehn Stockwerke hoch, aber *Superausblick* auf den Golf von Mexiko und die Strände. Alle Zimmer mit Doppelbett, Küche, Wohnzimmer und Balkon. Preis für zwei Personen je nach Stockwerkhöhe (je höher, desto teurer) 70–110 $ in der Zeit vom 15. April–15. Dezember. In der restlichen Zeit 95–150 $. Frühstück und *happy-hour*-Cocktails sind im Preis inbegriffen.

■ **Pink Shell,** 250 Estero Blvd. Über die Sky Bridge kommend rechts abbiegen. Tel. 463-6191.
Großer Komplex mit einfachen Motelzimmern, Apartments und geräumigen *Cottages*. Die Unterkünfte sind auf der einen Seite am Golf, auf der anderen Seite an der Bay gelegen. EZ und DZ in den einfacheren Zimmern ab 39 $ (61 $ in der Hauptsaison). Die Apartments (ab 65 $ in der Neben-, 110 $ in der Hauptsaison) können zum Teil von bis zu 8 Personen, die Cottages (ab 72 $ in der Neben-, 120 $ in der Hauptsaison) von bis zu 11 Personen bewohnt werden. Pool. Fischerpier. Hoteleigene Marina. *Bootsverleih.*

■ **Tropical Inn,** 5210 Estero Blvd, Tel. 463-3124.
Direkt am Golf gelegenes Motel mit *Privatstrand*. Alle Zimmer sind geschmackvoll eingerichtet und mit zwei Doppelbetten und Küche ausgestattet. Tagespreise je nach Saison 38–72 $ für zwei Personen, jeder zusätzliche Gast zahlt 8 $ Aufpreis.

Essen und Trinken

■ **Cafe du Monde,** 1740 Estero Blvd.
Preiswertes Imbißlokal. Frühstück ab 2,50 $, Lunch und Dinner ab 4,50 $.

■ **Golden Dragon,** 17105 San Carlos Blvd. (Am Summerlin Square). Mo bis Sa 11.30–22 Uhr, So 12–21 Uhr.
Kantonesische und *Szechuan* Küche. Alle Gerichte um 8 $.

■ **Gulf Shore Restaurant,** 1270 Estero Blvd.
Ein Rundumschlag durch die Küche, aber sehr beliebt bei den Gästen. Froschschenkel, Steaks, Fisch und Huhn ab 12 $.

■ **Island Deli,** Downtown Ft. Myers Beach an der Ampel.
Frühstück für 99 Cents (zwei Rühreier, Schinken und Toast).

■ **The Mucky Duck,** 2500 Estero Blvd.

Ente à l'Orange für 13 $ ist die Spezialität des Hauses. Steaks ab 12 $. Kindergerichte 5–7 $. Nach dem *Catch of the Day* fragen!

■ **Oyster Bay,** 1661 Estero Blvd. Täglich 11–23 Uhr geöffnet.
Seafood ab 11 $. Besondere Spezialität des Kochs sind die *Fried Oyster Bay Platter* für 13 $ und die Bouillabaisse mit Venusmuscheln, Austern, Shrimps, Fisch und Kammuscheln (16 $).

■ **Snug Harbour,** 645 San Carlos Blvd. Etwas schwer zu finden. Nicht auf das Festland fahren, das Restaurant liegt auf der Insel direkt an der Bay.
Seafood-Platten von 12–19 $. Das *frischeste* vom Frischen!

■ **Top O'Mast,** 1028 Estero Blvd. Dinner täglich von 17–22 Uhr. Happy Hour 11–18 Uhr.
Treff für einheimische junge Leute. Steaks und Fischgerichte ab 11 $. Täglich *Live-Unterhaltung* mit lokalen Bands.

Einkaufen

■ **Time Square,** am Fuße der Sky Bridge auf Estero Island.
Kleine Geschäfte mit Badeutensilien, T-Shirts, Souvlaki und Hamburgern.

Nachtleben

■ **The Island Pub,** 883 San Carlos Blvd.
Gut für ein spätes Bier am Wochenende. *Wenn der Alleinunterhalter loslegt, tanzen die Gäste auf den Tischen!*

■ **Surf Club,** 1204 Estero Blvd.
Kneipe mit Straßenverkauf von Alkohol bis 2 Uhr morgens. Hier kommen hauptsächlich Einheimische zum *Dartspiel* oder einfach nur zum Trinken her. Die Musikbox spielt Hits der 50er und 60er Jahre.

■ **Top O'Mast,** 1028 Estero Blvd.
Jeden Abend *Livemusik* von lokalen Bands in der Lounge.

Ausflüge

■ Ft. Myers Beach kann prima mit dem *Rad* erkundet werden. Vermietungen bei **Scooters & Ski's,** 2401 Estero Blvd und **Cycle & Repair** 1901 Estero Blvd. Fahrräder pro Tag 10 $, Motorrroller 30 $.

■ **Wassertrip:** Wer den Golf von der Meeresseite aus kennenlernen möchte, kann mit Captain Bob Pitts und seinem Motorboot *Great Getaway* für 30 $ pro Person einen Tagestrip machen. An Bord geht es morgens um 8 Uhr am Festlanddock, 1091 San Carlos Boulevard. Reservierungen unter Tel. 466-3600 oder einfach am Abend vorher vorbeifahren und sich anmelden.

■ **Carl E. Johnson Park,** ein *Barrier Island*, das für Naturliebhaber erschlossen wurde. Das Ökosystem der Küste, rote und schwarze Mangrovenwälder und viele Vogelarten können beobachtet werden. Der Park befindet sich auf einer Insel zwischen Ft. Myers Beach und **Bonita Island** auf der SR 865. (Verlängerung des Estero Boulvards).

Camping:
■ **Red Coconut RV Park,** 3001 Estero Blvd, Tel. 463-9352.
Am Nordende von Estero Island direkt am Strand gelegen. Nicht weit vom Carl E. Johnson Park. *Sehr gut ausgestattet* mit Wäscherei, Fischerpier, Kabelfernsehen, Gasanschluß und Fotolabor. Zelt je nach Saison und Lage 21 – 35 $.

Sanibel und Captiva

Wer in Florida erzählt, er wolle nach Sanibel, erntet ein erstauntes: *„Oh, you go to Sanibel?"* Dann folgt ein wohlwollend abschätzender Blick von den Fußspitzen bis zum Scheitelansatz. Diese Reaktion heißt übersetzt: „Diese Europäer müssen ein Geld haben heutzutage". Bei einer Umfrage, bei der die Floridianer angeben sollten, wo sie in ihrem Staat am liebsten Urlaub machen würden, fiel die Antwort eindeutig zugunsten Sanibels aus. Die Insel hat etwas von einem tropischen Sylt – lange Sandstrände, exklusiv, ordentlich. Lange widersetzten sich die Bewohner von Sanibel und der kleineren Nachbarinsel Captiva dem Brückenbau, der sie mit dem Festland verbinden sollte. Das oberste Bundesgericht entschied 1963 gegen sie. Die Bedenken der Insulaner galten nicht nur den absehbaren Touristenströmen, sondern auch dem Bauboom der 60er Jahre, der ihrer Ansicht nach aus den lauschigen Inseln ein zweites Miami Beach gemacht hätte. Sanibel und Captiva traten 1974 aus dem *Lee County* aus und gründeten eine eigene Stadtverwaltung, um die Bauwut kontrollieren zu können. Mit Erfolg: Heute darf kein Haus höher als 12 Inches gebaut werden. Außerdem achten die Inselbewohner sehr auf die Erhaltung der Natur. Gut ein Drittel der Insel Sanibel gehören zum *J.N. „Ding" Darling National Wildlife Refuge*, einem Schutzgebiet für Stelz- und Wasservögel, Alligatoren und anderes Getier.

Sehr beliebt sind Sanibel und Captiva bei Muschelsammlern, denn die Strände sind übersät mit Tausenden von verschiedenen Muscheln, die bei Sturm an Land getragen werden. Doch die Inseln sollen nicht länger als Mekka für Muscheljäger vermarktet werden; jedenfalls wenn es nach der *Audubon Society* geht. Die Organisation, eine Art Bürgerinitiative, befürchtet den Ausverkauf der natürlichen Ressourcen und setzt sich für ein Verbot des Sammelns lebender Muscheln ein. Bislang dürfen pro Person zwei lebende Muscheln mitgenommen werden, worüber sich auch die Hotelbesitzer ärgern, denn die Muscheln werden im Hotelzimmer mehr oder weniger gut gesäubert und der Gestank des toten Fleisches ist unerträglich.

Orientierung

Von der **Interstate 75** (Daniels Rd/Airport abfahren) und der **US 41** aus, sind die Inseln über die **Summerlin**

Rd, von Ft. Myers kommend auch über den **McGregor Blvd** zu erreichen. Dann geht es über eine **Toll-Bridge**, damit eine gewisse Exklusivität bewahrt wird, wie die Einwohner offen zugeben. Der Wegezoll kostet 3 $; wer länger bleibt, kann für 15 $ einen Sticker erwerben, der sechs Monate gültig ist. Dann kostet jede Überfahrt zusätzlich 50 Cents. Eine Busverbindung auf die Inseln gibt es nicht.

Nach Überquerung des **Causeway** biegt rechts der **Periwinkle Way** ab, die Hauptstraße der Insel. An ihr liegen viele Hotels, Restaurants und Geschäfte. Am **West Gulf Drive**, der direkt am Strand entlangführt, befinden sich die nobelsten und teuersten Unterkünfte. Die Verlängerung des Periwinkle Way führt nach **Captiva**. Diese winzige Insel ist sehr urwüchsig, fast dschungelartig, und hat an der Nordspitze einen tollen Strand. Neben der Nobelurlaubsanlage **South Sea Plantation**, die ein gutes Drittel der Insel einnimmt, gibt es auf Captiva nur wenige Hotels, von preiswerten Unterkünften ganz zu schweigen.

Die Strände sind teilweise privat und meist nur von den Hotels am Strand aus zugänglich. Wer nicht in einem dieser Hotels wohnt, muß einen der insgesamt fünf öffentlichen Zugänge benutzen (Hinweisschild: **Public Beach Access**).

Verkehrsmittel
■ **Sanibel Trolley,** fährt vom *Chamber of Commerce* aus täglich fünfmal in einstündigen Abständen über beide Inseln. Haltestellen befinden sich an Restaurants und Shopping Centern. Sanibel-Route 2 $, beide Inseln 4 $. Trolley-Service Mai – November Mo bis Fr, Dezember – April Mo bis Sa.

Fahrrad:
Auf Sanibel gibt es ein ausgezeichnetes Fahrradwegnetz, das sich in einem Rundweg von 40 Meilen quer über die Insel erstreckt. Viele Familien kommen nur deswegen her. Es geht über kleine Holzbrücken auf schattigen Wegen unter Palmen entlang, ungestört von Ampeln oder Fußgängerüberwegen. Während der Fahrt gibt es Schildkröten, Reiher und manchmal sogar Waschbären zu sehen. Die Fahrradvermietungen machen gute Geschäfte.
■ **Bike Route,** 2330 Palm Ridge Rd, Mo – Sa 9 – 17 Uhr. *Speed Bike* 10 $ pro Tag, 30 $ pro Woche. BMX-Rad 12 $ pro Tag, 35 $ pro Woche.
■ **Island Moped,** Moped 30 $ pro Tag, 100 $ pro Woche. Rennrad und Tandem 15 $ pro Tag, 40 $ pro Woche. Kindersitze 1 $ Aufpreis.

Informationen
■ **Area Code:** 813
■ **Chamber of Commerce,** 1159 Causeway Rd, Tel. 472-1080.
■ **Arzt:** John Miles Lurie, The Islander Health Center, 2400 Palm Ridge Road. Tel. 472-5974. 24-Stunden-Dienst.
■ **Post:** Tarpon Bay Rd Ecke Peri-

winkle Way. Mo bis Fr 8.30–17 Uhr. Sa und So geschlossen.
- **Zip Code:** 33957

Unterkunft
- **Jensen's on the Gulf,** Sanibel-Captiva Rd auf Captiva, Tel. 472-4684.

Es wird am liebsten wöchentlich vermietet. Tagesraten sind jedoch auf Anfrage erhältlich. Riesige, schick eingerichtete Apartments mit Blick auf den Golf je nach Saison 500–700 $.

- **Jolly Rogers Resort Motel,** 3287 West Gulf Dr, Tel. 472-1700.

Nett eingerichtete Zimmer mit Küche direkt am Strand. Beheizter Pool, Tennisplatz. EZ und DZ je nach Saison 54–130 $. Apartments für vier Personen 115–175 $. Frühstück ist im Preis enthalten.

- **Kona Kai Motel,** 1539 Periwinkle Way, Tel. 472-1001.

In Anlehnung an die Bauweise auf *Hawaii* angelegtes Motel – viel Holz, Palmen und Hibiskus. In der Nebensaison die günstigste Unterkunft auf Sanibel. EZ und DZ Mai–15. Dezember 28 $, Wochenrate 173 $. In der Hochsaison doppelt so teuer.

- **Snook Motel,** 3033 West Gulf Dr, Tel. 472-1345.

Kleine Anlage am Strand. EZ und DZ 55–90 $, Zimmer mit Küche 10 $ mehr. Suiten (für sechs Leute) mit Küche und Wohnzimmer 127–190 $. Solarbeheizter Pool, Münzwäscherei.

- **Tween Wayers Inn,** befindet sich schräg gegenüber von *Jensen's*.

Große Ferienanlage mit Fischerpier, Hafenanlage, Restaurant, Tennisplätzen und Pool. Abends *Livemusik*. EZ und DZ ab 75 $, jede zusätzliche Person 10 $ Aufpreis. Apartments mit Küche ab 90 $.

- **Villa Capri,** 1245 Periwinkle Way, Tel. 472-4821.

Mai–Mitte Dezember EZ und DZ 35 $, wöchentlich 220 $. Ansonsten 50–60 $ pro Übernachtung.

- **West Wind Inn,** 3345 West Gulf Dr, Tel. 472-1541 oder Toll-Free-Number 800-282-2831.

Direkt am Strand gelegen. EZ und DZ 73–125 $, einige Zimmer haben Küche. Für vier Leute gibt es eine *Vip Suite* ab 179 $, für sechs Leute eine *3 Room Suite* ab 229 $. Nette Poolbar, *Fahrradverleih* (35 $ pro Woche).

Camping
An den Stränden von Sanibel und Captiva ist *wildes Campen strikt verboten*. Wer erwischt wird, landet im Gefängnis!

- **Periwinkle Trailer Park,** 1119 Periwinkle Way, Tel. 472-1433.

Komfortabler Campingplatz mit Wäscherei, elektrischem Anschluß, Picknicktischen und Tante-Emma-Laden. Entfernung zum Strand 800 Meter. Zelt für zwei Personen 20 $, zusätzliche Person 1 $ Aufpreis.

Essen und Trinken
- **Bangkok House,** 1547 Periwinkle Way. Täglich 17–22 Uhr.

Schickes Thai-Restaurant. Spezialitäten: *seafood curry* und *Royal Thai Omelette*. Gerichte ab 7 $.

■ **Bubble Room,** Sanibel-Captiva Rd auf Captiva.
Ein Restaurant, dessen Bauweise Walt Disneys Feder entsprungen sein könnte. In dem *kunterbunten Phantasiehäuschen* mit dem Dekor der 40er Jahre wurde vor einigen Jahren wahrscheinlich der *Doggie Bag* erfunden, zumindest vermuten das einige Einheimische. Die Steaks sind so riesig, daß sie nicht auf die Teller passen. Das Essen ist das teure Geld nicht wert, aber reingucken ist ein Muß.

■ **Cafe Orleans,** 1473 Periwinkle Way. Montags und abends geschlossen. Frühstück ab 2 $, Lunch ab 4 $.
Nette Bedienung und gutes Essen für wenig Geld.

■ **Smitty's,** 1975 Periwinkle Way.
Die Spezialität des Hauses ist *Prime Rib* (10 $), aber auch die Fischgerichte sind prima. Aufmerksame Bedienung, nette Atmosphäre.

■ **Timmy's Nook,** Sanibel-Captiva Rd auf Captiva.
Urige Fischerkneipe und Spitzenessen. *Seafood Platter* und *Shrimps* sind unübertroffen. Weil der Bedienung ständig die Frage gestellt wird: „My kids don't like seafood, do you have hamburgers?", gibt es auch Ham- und Cheeseburger mit verschiedenen Käsesorten. *Unser Tip.*

■ **Wil's Landing,** Periwinkle Way gegenüber der Gulf Tankstelle.
Lecker zubereitete Austern, Shrimps und Muscheln. *Sehr beliebt!* Daneben ist ein Fischmarkt, der zum Restaurant gehört. Nach den *daily specials* fragen.

Sehenswert

■ **J.N. „Ding" Darling Wildlife Refuge,** 1 Wildlife Drive. Eintritt 3 $ per Auto, 1 $ zu Fuß oder mit dem Rad.
Am besten während Ebbe zu besuchen, weil dann die Tiere auf Nahrungssuche sind und an die Wasserstellen kommen. Cartoonist Darling, der seine Zeichnungen immer mit „Ding" unterzeichnete, war einer der Pioniere des Umweltschutzes in den USA. Nach ihm wurde das Naturschutzgebiet benannt. Eine Route, die zu Fuß, mit dem Rad oder mit dem Auto erkundet werden kann, führt an den natürlichen Lebensräumen vieler Tiere vorbei. Es gibt Anhingas (Schlangenhalsvogel), Kormorane, Enten, Ibisse, Reiher, braune Pelikane und Alligatoren zu sehen. Wer Glück hat, entdeckt die seltenen rosafarbenen Löffelenten, die mit ihrem löffelartigen Schnabel im flachen Wasser Nahrung suchen.

Das Gebiet kann auch mit dem Kanu erkundet werden. *(Mückenspray mitnehmen!)* Ein Kanu, besetzt mit drei Personen, kostet pro Stunde 5 $. Informationen darüber im Besucherpavillon des *Wildlife Refuges,* geöffnet Mo bis Sa 9–16 Uhr. So geschlossen.

Einkaufen

■ **Matsumoto Art Gallery,** 751 Tarpon Bay Rd.

Der japanische Künstler Ikki Matsumoto kam 1975 mit seiner Familie nach Sanibel und startete eine bemerkenswerte Karriere als Maler und Grafiker. Seine Arbeiten werden in vielen Kunstmagazinen veröffentlicht, und Nancy Reagan ließ ihn für die Gestaltung einer Ausstellung anheuern. Landschaften und Vögel sind bevorzugte Gegenstände seiner Bilder. Sein *Florida-Flamingo* ist der bekannteste Vogel Floridas. Drucke gibt es für 15 $, handsignierte sind 5 $ teurer. Ein schönes Andenken an den Florida-Urlaub.

■ **The Mouse House,** 2440 Palm Ridge Rd.
Für diejenigen, die nicht nach *Disney World* gekommen sind, bietet sich hier eine Alternative: Ein Laden mit *Mickey-Accessoires.* Vom T-Shirt über Uhren und Poster ist alles zu haben.

■ **Pinocchio's,** im **Arnold Shopping Center,** 362 Periwinkle Way, hat die *beste Eiscreme* der Insel.

■ **Sweet Temptations,** im **Palm Ridge Shopping Center,** Palm Ridge Road.
Der *Traum aller Kinder!* Ein ganzer Laden voller Süßigkeiten.

Nachtleben

■ **Wil's Landing,** 1200 Periwinkle Way.
Jeden Abend ab 22 Uhr tanzbare Livemusik.

Ausflüge

■ **Cabbage Key** ist ein kleines Eiland in der Nähe von Captiva, das nur mit dem Boot zu erreichen ist. Dort steht ein kleines Gasthaus mit Restaurant und sechs Zimmern. Es gehörte der Schriftstellerin Mary Roberts Rinehart, die das Gasthaus 1938 erbauen ließ. Die Wände des Eßzimmers sind beklebt mit 10 000 Dollarnoten. Von mehreren Marinas in Captiva, Sanibel und Ft. Myers wird Cabbage Key mit Motorbooten angefahren. Preis je nach Saison und Verhandlungsgeschick ab 45 $.

■ **Sanibel Marina,** Tel. 472-2723.
Täglich 7–19 Uhr.
Charterfahrten nach Absprache mit Captain Ted Cole oder Captain Bill Gartrell.

■ **Tween Waters Marina,** beim gleichnamigen Hotel auf Captiva. Täglich 7–18 Uhr. Nachfragen unter Tel. 472-5161 bei Dockmaster John Fought.

Everglades

Pa-hay-okee, Fluß aus Gras

Von Volker Hugenschütt

Einmal mehr ist es die klare bildhafte Sprache der Ureinwohner Nordamerikas, die die Landschaft an der südlichsten Spitze der kontinentalen USA so treffend als *Pa-hay-okee* (Fluß aus Gras) beschreibt. Der uns heute vertraute Begriff „Everglades" wurde erst vor ungefähr 150 Jahren geprägt, als die ersten englischsprechenden Siedler diese von Wäldern umrahmte Graslandschaft betraten. Sie hatten die Vorstellung, einer Vielzahl von Lichtungen gegenüberzustehen: *everywhere glades* (überall Lichtungen). Daraus leitete sich im Laufe der Zeit der Name *Everglades* ab. Der „Fluß aus Gras" hingegen symbolisiert die Schlagader dieser auch heute noch einzigartigen Naturlandschaft.

Ausgehend von dem im Norden gelegenen Okeechobee-See zieht ein Wasserstrom auf einer Breite von 80 bis 110 km der über 200 km entfernten Südspitze Floridas entgegen. Das Fließen ist dem handbreit tiefen Wasser aber kaum anzumerken, da es auf der gesamten Reise nur knapp 4,5 m Höhenunterschied zu überwinden braucht.

Die Indianer, die diese einstmals bis Miami reichende Wasserwildnis bewohnten, teilten das Schicksal der übrigen Stämme Nordamerikas bis auf einen kleinen, aber stolzen Unterschied: Dem weißen Mann ist es selbst in drei für beide Seiten verlustreichen Kriegen nie gelungen, den hier lebenden Stamm der *Seminolen* endgültig zu besiegen. Die Kampfweise der Indianer war für die Soldaten völlig ungewohnt. In einer Art *Guerilla-Taktik* traten sie der besser gerüsteten Armee niemals offen entgegen. Sie blieben für den Feind unsichtbar und ließen neben ihren Giftpfeilen die Natur der Sümpfe für sich arbeiten.

1842 wurde der aussichtslose Kampf schließlich eingestellt. Ein Großteil der überlebenden Soldaten mußte physisch und psychisch zerrüttet die Armee verlassen, und bis heute bleiben die Seminolen der einzige Stamm, der nie einen Friedensvertrag mit den USA geschlossen hat. Dieses Volk, „das niemals kapitulierte", hat allerdings viel von seinem ehemaligen Schrecken verloren. Die kleine Zahl der überlebenden Indianer fristet heute ein vergleichbar trauriges Dasein als Andenkenverkäufer und Touristenattraktion im Abseits der Reservate am nördlichen Rand ihres früheren Lebensraumes.

Warum aber ist diese scheinbar so

menschenfeindliche Landschaft mit einer Ausdehnung von 10 000 qkm so einmalig und einzigartig? Südflorida gehört zwar nicht mehr zu den Tropen, deren Nordgrenze 150 km südlich von Key West verläuft, dennoch ist der klimatische Einfluß der Tropen auf die Tier- und Pflanzenwelt nicht zu übersehen. Durch die exponierte Lage der Halbinsel und mit Hilfe der gebietstreuen Hurrikane konnte sich das tropische Leben der karibischen Inseln mit der Flora und Fauna der gemäßigten Klimazonen Nordamerikas vermischen.

Diese besondere geographische Konstellation ermöglichte es der Evolution, hier Formen entstehen zu lassen, die nur in diesem Gebiet vorkommen und kein zweites Mal auf der Erde existent sind. Das wohl deutlichste Beispiel hierfür stellt der *Schneckenmilan* dar. Dieser Greifvogel ernährt sich und seine Nachkommenschaft ausschließlich von der *Süßwasser-Apfelschnecke*. Um diesen Leckerbissen aus seiner festen Schale zu hieven, hat die Natur den Vogel mit einem speziell geformten Schnabel ausgerüstet, den er wie einen Schneckenlöffel einsetzen kann. Als extremer Nahrungsspezialist wirkt er auch wie ein Gradmesser für Zustandsveränderungen in der Lebensgemeinschaft der Everglades: Durch menschliche Eingriffe in den Wasserhaushalt ist die Apfelschnecke stark im Rückgang begriffen. Der Schneckenmilan ist aufgrund seiner Spezialisierung nicht in der Lage, auf andere Beute auszuweichen, und so ist sein Bestand auf weniger als 100 Exemplare geschrumpft. Damit zählt er zu den bedrohtesten Tierarten unserer Erde. Der Schneckenmilan ist nur ein Beispiel für die vielen seltenen Tier- und Pflanzenarten, die die Everglades als Rückzugsgebiet nutzen. Um diese *Arche Noah* besser vor urbanen Expansionsansprüchen schützen zu können, wurde 1947 der südlichste Zipfel Floridas auf einer Fläche von 5000 qkm zum drittgrößten *Nationalpark* der USA erklärt.

Der Everglades-Faszination folgend sind wir in Miami gelandet. Kaum zu glauben, daß nur 72 km zwischen den Wolkenkratzern der Strandmetropole und dem Nationalpark liegen. Mit einem in Florida relativ günstigen Mietwagen, der sich auch für Ausflüge innerhalb des Parks empfiehlt, hat man schnell über den Highway 1, Homestead und Florida City den Nordeingang sowie das Haupt-Visitors-Center erreicht.

Lautstark werden wir von einer Schar Rabenkrähen begrüßt, deren Freude allerdings weniger uns, als vielmehr den Butterkeksen gilt, die sie mit sicherem Auge hinter der Frontscheibe erspäht haben. Mit hängenden Flügeln und offenem Schnabel ertragen sie nur unwillig die feuchte Hitze der im Mai einsetzenden *Regenzeit*. Sie reicht bis in den Oktober hinein und setzt mit fast 1300 mm Niederschlag weite Teile des Parks unter Wasser. Die Feuchtigkeit verschafft den 15 hier vorkommenden, aggressi-

◀ *Die Miccosukee-Indianer fahren mit Air-Booten Touristen in die umliegenden Sumpfgebiete*

ven *Moskitoarten* optimale Lebensbedingungen. Das Auftreten der Qualgeister in der Regenzeit hält den Park weitgehend touristenfrei. Vor *Infektionskrankheiten* wie Malaria oder Gelbfieber braucht man sich trotz der Tropennähe *nicht zu schützen!* Dennoch ist der „Blutzoll", den man in der Nachsaison zahlt zu hoch, und so liegt die *angenehmste* Reisezeit zwischen Dezember und April.

Wir haben allerdings Glück, denn die Regenzeit hat sich verspätet, die Stechmücken sind noch erträglich und die Mehrzahl der Besucher schon weg. Im Visitors Center nutzen wir die Ruhe, um uns ausführlich über Campingmöglichkeiten und Parkaktivitäten zu informieren. Außerdem bieten Film, Bild und Literatur für denjenigen, der es bis hierher versäumt hat, die Möglichkeit, sich eingehend mit den Everglades zu beschäftigen. Eine ungestreßte Rangerin gibt bereitwillig Auskunft auf all unsere Fragen. Wir erfahren, daß das Rangerprogramm für Besucher in der Nachsaison eingestellt ist und wir auf unsere Eigeninitiative angewiesen sind. Man empfiehlt uns, den Campingplatz bei *Long-Pine-Key* aufzusuchen, da hier die Moskitos zurückhaltender sind als auf dem Küstencampingplatz bei *Flamingo*, dem ehemaligen Fischerdorf am südlichen Ende des Parks. Die Moskitoangst beschert uns freie Auswahl unter den 106 großzügig angelegten Einstellplätzen von Long-Pine-Key. Ein kleiner Trost für große Qualen.

Die *Kiefernwälder* dieser Region gehören zum Refugium eines Tieres, das kaum einmal ein Besucher zu Gesicht bekommt: der *Florida-Panther*, eine Unterart der Berglöwen oder Pumas. Er hat guten Grund, eine derart versteckte Lebensweise zu führen, denn als Nahrungskonkurrenten, vom Menschen verfolgt, konnten sich nur noch wenig mehr als 40 Tiere in den Everglades halten. Die Erforschung und ein daraus resultierendes Schutzprogramm gestalten sich schwierig, da die Tiere wandern und selten länger an einer Stelle bleiben. Deshalb sind hin und wieder mit Sendern markierte *Weißwedelhirsche* zu sehen, die als Beutetiere Aufschluß über die Bewegungen des Panthers im Park geben können. Leider werden immer wieder einige der Großkatzen auf dem Tamiami Trail überfahren. Man beachte deshalb die Schilder *panther-crossing*!

Auf der einzigen Parkstraße, die sich über 60 km bis Flamingo erstreckt, findet man links und rechts die Sehenswürdigkeiten ausgeschildert, die für den Kurzbesucher leicht zu Fuß erreichbar sind.

Wer nur wenig Zeit mitbringt, sollte es keinesfalls versäumen, den 800 m langen, meist über Holzbrücken führenden, *Anhinga Trail* aufzusuchen. Der Name Anhinga bedeutet Wasserkormoran und bezieht sich auf den hier häufig vorkommenden *Schlangenhalsvogel*. Man findet ihn oft mit ausgebreiteten Flügeln in der Sonne sitzend, wo er sein von der Tauch-

Während der Trockenzeit im Winter bilden die von Alligatoren gegrabenen Wasserlöcher für viele Tierarten die einzige Möglichkeit, die wasserlose Zeit zu überleben (oben). Ein Kormoran (unten). ▶

jagd durchnäßtes Gefieder trocknet. Ebenso sicher wird man den bei Besuchern und Lederindustrie gleichermaßen beliebten *Alligator* treffen. Dank des Jagdverbotes hat sich die ehemals fast ausgerottete Tierart wieder gut erholt. Der Alligator ist nicht mit dem *Spitzkrokodil* zu verwechseln, das ebenfalls im Park mit einem Restbestand von 300 bis 400 Tieren in einem Sonderschutzgebiet lebt. Während der Trockenzeit im Winter bilden die von Alligatoren gegrabenen Wasserlöcher für viele Tierarten die einzige Möglichkeit, die wasserlose Zeit zu überleben. Damit hat der Alligator als „Wasserbauingenieur" entscheidenden Anteil am Erhalt der Lebensgemeinschaft und trägt zurecht den Beinamen *„keeper of the glades"* (Bewahrer der Everglades). Der Anhinga Trail gewährt sicherlich einen der besten Einblicke in diese Gemeinschaft von über 50 Meeres- und Landsäugetierarten, über 50 Reptilienarten sowie über 300 Vogel- und 500 Fischarten innerhalb des Parks. Spätestens hier wird man klar, daß man Fernglas und Kamera sowie einen ausreichenden Filmvorrat nicht vergessen sollte. Die Vertrautheit der Tiere und ihre geringen Fluchtdistanzen eröffnen ungeahnte Perspektiven!

Auf der Fahrt nach Flamingo überwiegt das typische Landschaftsbild des *River of Gras*. Eine scheinbar unendliche Fläche von Sägegras wird nur von einzelnen grünen Bauminseln, den sogenannten *hammocks*, unterbrochen. Auf diesen leichten Kalksteinerhebungen haben sich verschiedene tropische Hartholz-Baumarten wie Königspalme *(royal palm)*, Gummibaum *(gumbo limbo)*, Seidenblatt *(satin leaf)* und Giftholz *(poison wood tree)* angesiedelt. Das ständig feucht-warme Klima wirkt als Schutz vor den häufigen Grasbränden und läßt typische Tropenvertreter wie *Baumschnecke* und *Zebrafalter* in den *hammock* einziehen.

Flamingo ist das Ziel des größten Besucherstroms, vor allem am Wochenende. Hier bietet sich die Möglichkeit, mit gemietetem Kanu oder Boot zum Angeln in die unglaublich fischreiche Florida-Bay zu fahren. (*Vorsicht,* nicht schwimmen gehen, es gibt viele *Haie*!!) Ein kleiner, ganzjährig geöffneter Laden führt neben Angel- und Campingzubehör auch die nötigen Lebensmittel, die man braucht, wenn man eine mehrtägige Kanutour in die Mangrovenwildnis wagen möchte.

Als besonderes Erlebnis für Kanufahrer gilt der 160 km lange *Wilderness Waterway* von Flamingo nach Everglades City durch den Mangrovengürtel. Je nach Kondition dauert die Tour zwischen 7 und 10 Tagen, übernachtet wird auf kleinen primitiven Zeltplätzen. Zur Vorbereitung solcher Touren sollte man mit mehreren Rangern gesprochen haben, da unserer Erfahrung nach wichtige Informationen jeweils sehr unterschiedlich, sogar widersprüchlich ausfallen können. Leider müssen viele Ranger selten mehr beantworten als „Wo sind hier die Toiletten?" und „Wie komme ich am schnellsten ...?"

Wer dem Ruf nach Abenteuer nicht folgen möchte, kann von der Rangerstation aus oder mit dem Mietkanu einen Blick in die vorgelagerte, von den Gezeiten beeinflußte Bay werfen. Schon im Hafenbecken fallen die schön gezeichneten und fotogenen *Braun-Pelikane* auf. Diese eigentlich seltenen Vögel finden um Flamingo herum besonders gute Lebensbedingungen.

Mit etwas Glück kann man den *Fischadler* bei seinen Beutezügen beobachten, der nicht selten seinen Fang an den riesigen *Weißkopfseeadler,* das Wappentier Nordamerikas, abtreten muß.

In der großen Palette der verschiedenen Reiherarten wirkt das schneeweiße Gefieder von Silber- und Seidenreiher *(Great* und *Snowy Egret)* im Grün der Mangroven besonders kontrastreich. Der Seidenreiher macht außerdem durch eine ausgefallene Fangtechnik auf sich aufmerksam. Man achte auf seine gelben Füße, mit denen er oft still in Flachwasserbereichen steht! Wie bei einem Blinker beim Angeln wirkt die gelbe Fußfarbe auf neugierige Fische ausgesprochen attraktiv und schon schwimmen sie herbei ...!

Die Eitelkeit der Damenwelt um die Jahrhundertwende führte fast zum Aussterben einer ganzen Vogelfamilie. Die Damenhüte wurden modisch mit den Schmuckfedern der Reiher drapiert und die Everglades dafür nahezu leergeschossen. Erst als 1905 der Vogelwart der Audubon-Gesellschaft, Guy Bradley, in Flamingo von Wilderern ermordet wurde, richtete sich der Zorn der Öffentlichkeit gegen die Vogelfeder-Industrie, und die Hutmode mußte auf Reiherfedern verzichten.

Massive Bedrohungen dieses einzigartigen Ökosystems der Everglades existieren auch heute noch. Von Menschen eingeführte fremde Tier- und Pflanzenarten vermehren sich stark und verdrängen angestammte Arten aus ihren ökologischen Nischen. Seit Jahrzehnten sind es Entwässerung, Kanalisierung, Landkultivierung und Bebauung, die den lebenswichtigen Naß-Trocken-Zyklus durchbrechen und verändern. 1987 haben sich schließlich 20 Naturschutzorganisationen der USA zum teuersten Umweltprojekt Nordamerikas zusammengeschlossen, um die Everglades-Sümpfe bis zum Jahr 2000 in ihren ursprünglichen Zustand zu versetzen und sich selbst zu überlassen. Eine Hoffnung für Schneckenmilan, Florida-Panther und Co ...!?

Fremde Pflanzenarten bedrohen die Umwelt Floridas

Von Richard Cole

Mehr als 400 ausländische Pflanzenarten, die im Rahmen von Bemühungen, Florida schöner zu machen, in den amerikanischen Südstaat eingeführt und angesiedelt wurden, haben sich in beunruhigendem Maße ausgebreitet und drohen das Erscheinungsbild, ja sogar das Klima der Region zu verändern. Die Gefahr für das Sumpfgebiet der Everglades ist so groß, daß amtliche Biologen mit der Möglichkeit rechnen, die berühmte Sumpfwildnis im Süden Floridas könnte innerhalb einer Generation verschwinden. Die Wissenschaftler warnen davor, weiterhin fremde Pflanzen anzusiedeln, denn das ökologische Gleichgewicht einer Region ist bisher noch nicht voll zu erfassen. Die junge Wissenschaft *Ökologie* steht weltweit erst am Anfang bei der Erforschung der feinmaschigen und komplizierten Zusammenhänge der Ökosysteme.

„Künftig wird es für die Botaniker schwierig sein zu bestimmen, was einheimische Pflanzen sind und was nicht", sagte die Biologin Julia Morton von der Universität Miami. Sie müsse heute schon zwei Stunden lang mit dem Auto fahren, um auf einheimische Flora zu stoßen. Unter den fremdländischen Pflanzen, die in Florida angesiedelt wurden, befinden sich der zur Gattung der Myrtengewächse zählende australische *Melaleuca-* oder *Kajeputbaum,* der indische *Feigenbaum,* der brasilianische *Pfefferbaum* und die afrikanische *Rizinusbohne,* die allesamt für Mensch und Tier giftig sind.

Die gefährlichsten Pflanzenarten wurden vor Jahrzehnten von wohlmeinenden Experten eingeführt, die allerdings das empfindliche Ökosystem der Region nicht verstanden. Der Melaleuca-Baum wurde zum Beispiel vor 80 Jahren in den Everglades in der Hoffnung angepflanzt, in dem als nutzloses Ödland angesehenen Gebiet eine Holzindustrie schaffen zu können. Diese Hoffnungen erwiesen sich indessen als trügerisch. Der aus den australischen Dürrgebieten stammende Baum verdrängt die auf Wasser angewiesenen Pflanzengattungen und die in seiner Rinde enthaltenen chemischen Stoffe erlauben es nur den robustesten Vertretern der Vogelwelt, auch nur auf ihnen zu landen. „Vor zehn Jahren fanden wir im Ostteil der Everglades erst 20 Melaleuca-Bäume", berichtete der Botaniker Robert Doren, Vizepräsident des Rates für exotische Schädlingspflanzen in Florida. „Heute finden wir sie auf einer Fläche von mehr als 200 000 Hektar in den Everglades, und auf 20 000 Hektar stehen sie dicht beieinander. Noch zu unseren Lebzeiten könnten die Melaleuca-Bäume das beherrschende Element in den Everglades werden", sagte Doren.

Die entstehenden Schäden haben sowohl wirtschaftliche als auch ökologische Auswirkungen. Jede tiefgreifende Veränderung im ökologischen Gleichgewicht der Everglades wird die umliegenden Gewässer, die Trinkwasserversorgung der Großstadt Miami negativ beeinflußen und der Fischereiindustrie, besonders der Garnelen- und Hummerfischerei, schwere Schäden zufügen.

Ein wesentlicher Faktor bei der Ausbreitung der Schädlingspflanzen ist die schnelle Entwicklung Floridas. „Die meisten Pflanzen, die Probleme bereiten, gedeihen in Gebieten, in denen das ökologische Gleichgewicht aus den Fugen geraten ist", sagt Doren. „Man erschließt ein Gebiet, baut Kanäle, Straßen, errichtet Farmen und führt eine neue Pflanze ein, die keine natürlichen Parasiten kennt."

Etwa die Hälfte der rund 400 fremdländischen Pflanzenarten, die in Florida angesiedelt wurden, sind nach Angaben von Julia Morton aus wirtschaftlichen Gründen oder als Zierpflanzen eingeführt worden. Eine Zierpflanze, die sich ebenfalls für die Zukunft Floridas als problematisch erweisen könnte, ist der schnellwachsende Feigenbaum, dessen Wurzeln Straßen und Bürgersteige aufbrechen und ganze Höfe überwuchern können. Der Baum wurde unter der Annahme nach Florida importiert, daß er sich hier nicht reproduzieren könne und daher „sicher" sei. Zu ihrer Bestürzung haben Biologen kürzlich Sprößlinge entdeckt, die aus Ritzen in Bürgersteigen sprossen; der robuste Baum hat Möglichkeiten gefunden, auch ohne Hilfe des Menschen zu überleben.

Die Miccosukee Indianer

Die Mitglieder des Miccosukee Stammes zählen zu den Nachkommen der Indianer, die sich während der Seminolenkriege in die Sümpfe der Everglades zurückgezogen hatten. Im Gegensatz zu den anderen Seminolen, die sich 1957 zum *Seminole Tribe of Florida* zusammenschlossen, gründete eine kleine Gruppe in den Everglades 1962 ihre eigene Stammesorganisation, die *Miccosukee*. Sie leben in den Indianerdörfern rechts und links des *Tamiami Trails*.

Der Bau dieser Straße in den 30er Jahren verursachte einen krassen Einschnitt im Leben der Miccosukees. Dadurch wurde der Fluß des Wassers unterbrochen und die Gebiete südlich der Straße waren von den saisonalen Trockenperioden noch stärker betroffen. Außerdem kamen nun viele Fremde zum Fischen und Jagen, so daß sich die Ressourcen für die Indianer verringerten. Besonders verärgert waren sie darüber, daß man die Straße mitten durch ihr Land führte. Als das Gebiet der Everglades schließlich zum Nationalpark wurde und die U.S.-Regierung das Land zu ihrem Besitz erklärte, war die Geduld

der Indianer zu Ende. Sie organisierten sich im *Miccosukee Tribe of Indians of Florida* und prozessierten gegen die Regierung.

Ihr Anführer *Buffalo Tiger* kapitulierte nicht vor der Regierung der USA. Der Miccosukee-Stamm hatte einen Prozeß gegen den Staat Florida gewonnen, weil ein alter Vertrag wieder gefunden wurde. Darin garantierte der US-Präsident Martin Van Buren (1839) allen aufständischen Seminolenstämmen die fünf Millionen Acre Land, wenn sie sich künftig friedlich verhalten. Nach zähen Verhandlungen erreichte Buffalo Tiger im März 1981 einen Sonderstatus: Das traditionelle Wohngebiet des Stammes untersteht dem nahezu uneingeschränkten Hausrecht der Miccosukee, Schadenersatz von fast einer Million Dollar, 800 qkm Land in ewiger Erbpacht, aus weiteren 54 qkm Land, das der staatlichen Wasserwirtschaft untersteht, fließt die Hälfte aller Erträge in die Stammeskasse, etc.

Trotz diesem Erfolg ist das Leben für die Miccosukee-Indianer schwer, bedroht doch ständig der „American Way of Life" die indianische Lebensweise. Sie verkaufen in den Vorzeigedörfern am Tamiami Trail indianisches Kunsthandwerk, fahren mit Air-Booten Touristen in die umliegenden Sumpfgebiete (in den Everglades selbst sind Propellerboote verboten) und führen Alligatorenringkämpfe vor. Im Miccosukee Village, etwa 64 Kilometer westlich von Miami, können sogenannte *Chikees*, Indianerhütten, besichtigt werden.

Im Buch „Verlorene Menschen" (Geo, Gruner & Jahr) können Sie ausführlicheres über die Probleme der Miccosukee lesen.

Praktische Tips

Orientierung

Von der 61 Kilometer langen **Parkstraße** aus, die vom **Main Visitors Center** bis **Flamingo** durch die Everglades führt, verlaufen kurze Seitenstraßen (*trails*) zu den sehenswerten Landschaftsformationen des Parks. Eines der interessantesten Gebiete, in dem es zahlreiche Wasservögel, Alligatoren und eine interessante Flora zu sehen gibt, ist die **Royal Palm Area** mit den kleinen Pfaden Gumbo Limbo und Anhinga.

■ Der **Anhinga Trail** ist etwa 800 Meter lang und bietet eine der besten Möglichkeiten, das Leben der Everglades aus der Nähe zu sehen. Hier sind Alligatoren, Schildkröten, Sumpfkaninchen und viele Vogelarten, unter anderem Anhingas, Reiher, Silberreiher und purpurfarbene Teichhühner zu Hause. *Taylor Slough*, ein sehr langsam fließender Fluß, trägt das benötigte Wasser für Pflanzen und Tiere während der trockenen Wintersaison heran.

■ Der **Gumbo Limbo Trail** windet sich durch eine Hartholzinsel, ein dschungelähnliches Dickicht aus tropischen Bäumen und kleinen Pflan-

◀ *Für die Indianer ist es schwierig, sich gegen den «American Way of Life» zu wehren.*

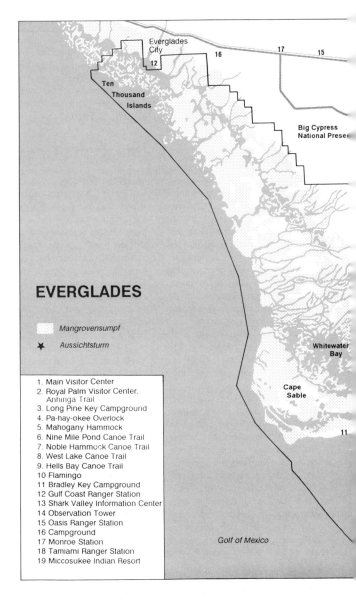

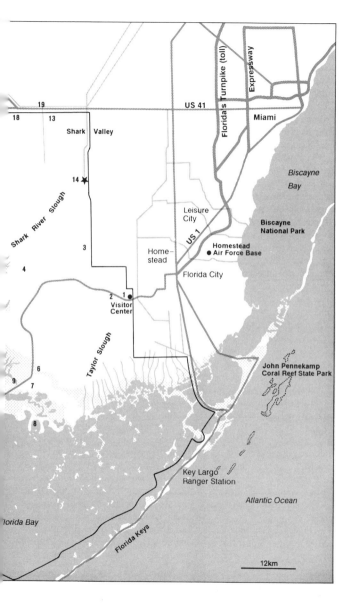

zen. In diesem fast undurchdringlichen, feuchten Wald stehen prächtige Königspalmen, Gumbo Limbo-Bäume, wilder Kaffee und üppig wuchernde Farne und *Orchideen*. Die Hartholzinseln *(hammocks)* liegen meist einen Meter höher als das Umland. Hammocks werden mitunter von Bränden, Hochwasser und eindringendem Salzwasser bedroht.

■ **Long Pine Key** hat ein ganzes Netz von ineinander übergehenden Wanderwegen, die durch die Nadelwälder führen. Es gibt hier viele verschiedene Nadelhölzer, ungefähr 200 Arten. 30 davon findet man nur in den Everglades. Gäbe es nicht hin und wieder Feuersbrünste, die einen Teil der ums Überleben kämpfenden Vegetation zerstören und den Boden mit neuen Sämlingen öffnen, könnten die Kiefern nicht nachwachsen. In diesen Wäldern leben die Weißschwanzhirsche, Opossums, Waschbären und der vom Aussterben bedrohte Florida-Panther.

■ Der **Pineland** Trail windet sich ebenfalls durch eine Kiefernlandschaft. Das seichte Kalksteinbett, das unter der Bodenkrume liegt (wie übrigens überall in Südflorida), läßt sich vom Wanderweg aus gut sehen. Die „Lösungslöcher", die entstehen, wenn sich Regenwasser mit dem gesäuerten Pflanzenmaterial vermischt und den Kalkstein auflöst, sind hier weit verstreut.

■ Der **Pa-Hay-Okee-Overlook** Trail ist nur 200 Meter lang und führt zu einem Aussichtsturm, von dem aus man einen Teil des riesigen „Grasflusses" überblickt, jener Mischung aus Wald und Wiese, die dem Park seinen Namen gab. Muhly-Gras, Everglades-Bartgras, Pfeilspitze und viele andere für die Everglades typische Gräser sind hier zu sehen. *Sawgrass*, das kein echtes Gras ist, sondern eine Segge, eine Art hartholziges Sumpfgewächs, gedeiht hier ebenfalls. Wer Glück hat, kann vielleicht Rotschulterbussarde, rotgeflügelte Schwarzvögel, Gelbhälse, Geier, Zwergklapperschlangen, Königsschlangen und gelegentlich auch Alligatoren sehen.

■ Der **Mahagony Hammock** Trail führt in die kühlere, feuchte Umgebung einer dunklen, dschungelähnlichen Hartholzinsel. Seltene Paurotispalmen und Mahagonibäume gedeihen hier. Farbenprächtige Liguus Baumschnecken, winzig und wie Schmuckstücke anzusehen, und hautzarte Netze der Goldenen Kugelweberspinne hängen kopfüber von den Baumästen. In der Nacht erwachen die Schleiereulen und gehen auf Jagd.

■ Der **West Lake** Trail windet sich zuerst durch Mangrovendickicht und führt dann an einem großen Brachwassersee entlang. Hier, wo die langsam dem Meer zuströmenden Flüsse auf das Salzwasser treffen, wachsen viele Mangrovenarten. Das ihnen eigene Wurzelwerk macht es den Bäumen möglich, mit dem sauerstoffarmen Boden auszukommen und hilft gleichzeitig, die Küsten Floridas, denen die Hurrikane schweren Schaden zufügen können, zu festigen. Das

Gebiet der Mangroven ist gleichzeitig der Laichplatz für Fische und Krustentiere wie Seebarben, Meeräschen, Steinkrebse, Shrimps und Langusten.

Übernachtung

Die beste Jahreszeit für einen Trip in die Everglades ist *zwischen Dezember und April*. Als Übernachtungsmöglichkeiten bieten sich zwei Campingplätze und ein Motel an; es ist aber auch möglich, wild zu campen. Dazu ist ein *backcountry permit* notwendig, das entweder am Parkeingang im Visitors Center oder bei der Ranger Station in **Flamingo** erhältlich ist. Der Zeltplatz am **Long Pine Key** hat Trinkwasser, Picknicktische, Feuergrills und Toiletten. Der **Bradley Key Campground** ist nicht so gut ausgestattet. Beide Zeltplätze haben keine Stromanschlüsse. Zwischen dem 1. Dezember und dem 31. März ist die Aufenthaltsdauer auf 14 Tage beschränkt. Campinggebühren werden nur während der Wintermonate verlangt und betragen 7 Dollar. Die Plätze zum Wildcampen sind nur zu Fuß oder per Kanu erreichbar.

In Flamingo befindet sich ein Restaurant, das vom 1. November bis zum 30. April geöffnet hat, ein kleiner ganzjährig geöffneter Laden, ein Kanu- und Bootsverleih, Tankstelle und Post.

■ **Flamingo Lodge,** P.O. Box 428, Flamingo, Florida 33030, Tel. (305)253-2241. Motelzimmer für zwei Personen Nov–Ende April 69 $, Mai–Ende Okt. 43 $. Alle Zimmer haben zwei Doppelbetten, Air Condition und TV. Bei der Reservierung ist eine Anzahlung in Höhe einer Übernachtung mitzuschicken.

Informationen

■ Während der Hauptsaison im Winter werden täglich von Parkrangern **geleitete Wanderungen** durchgeführt. Beispielsweise ein Sumpfmarsch querfeldein oder eine Mondschein-Tour. Die Ranger organisieren auch Kanuwanderungen und gesellige Veranstaltungen am Lagerfeuer. Informationen dazu gibt es im *Visitors Center* am Eingang des Parks.

■ **Wanderwege** sind zwischen 800 Meter und 23 Kilometer lang. Sie sind als *Walking Trails* ausgezeichnet.

■ **Bootsvermietungen** gibt es in Flamingo. Am Hafen können Kanus und kleine Schiffe ab 15 $ pro Tag gechartert werden. Von den Rangern gefahrene Rundfahrtboote, die Touren durch die Mangrovenwildnis und die nordwestlichen Everglades fahren, legen zwischen dem 1. Nov. und 1. Mai an der *Gulf Coast Ranger Station* an. Eine Tour kostet 7 $ und dauert etwa zwei Stunden.

Adressen

■ **Parkanschrift:** The Superintendent, Everglades National Park, P. O. Box 279 Homestead, Florida 33030.

■ **Gulf Coast Ranger Station,** P.O. Box 119, Everglades City, Fl 33929, erteilt Auskünfte über Bootstouren.

Die Keys

Nach einem Aufenthalt in Miami ist ein Ausflug auf die Keys wie ein Trip in eine andere Welt. Auf der *Inselkette,* die sich über 200 Kilometer zwischen Golf von Mexiko und Atlantik erstreckt, befinden sich abseits der einzigen Hauptstraße noch kleine Paradiese mit herrlichen Korallenriffs, abgelegenen Häusern, Mangroveninseln und, am letzten Zipfel schließlich, *Key West,* ein Ort, der noch immer eine faszinierende Ausstrahlung auf Künstler, Träumer, Abenteurer und vor allem auf die *Gay-Szene* ausübt.

Key West ist der südlichste Punkt der kontinentalen USA; bis Cuba sind es nur 90 Meilen. Vielleicht liegt es an der isolierten Lage, daß hier das Leben nach einem anderen Rhythmus pulsiert als in den anderen Orten Floridas. Oder an den Menschen, die aus allen Teilen der Welt zusammenkommen. Auf den Keys treffen sich Aussteiger, die von der Hektik amerikanischer Großstädte genug haben und die Nähe zur Natur suchen, und Künstler, die sich von der bunten Szenerie auf Key West inspirieren lassen.

Ein Paradies fernab der übrigen Zivilisation ist Key West allerdings schon lange nicht mehr. Finanzkräftige Investoren verdrängen die Einwohner, die *Conchs,* benannt nach den großen Muscheln, die auf den Keys zu finden sind. Ihnen ist das Pflaster inzwischen zu teuer geworden. Zudem zieht Key West jährlich tausende von Touristen an. Insbesondere zum *Fantasy Fest*, einem spektakulären Karneval mit Gay-Parade Ende Oktober, strömen die Massen hierher.

Die anderen Inseln haben auf den ersten Blick nicht so viel zu bieten wie Key West mit seinem schönen, alten Stadtkern. Sie sind für echte Naturfreaks interessant, die abseits vom Massentrubel ein paar Tage am Wasser verbringen wollen. Und Wasser gibt es auf den Keys, den kleinen Flecken im Meer, wahrhaftig genug.

Orientierung

Die Keys sind von Miami aus über die **U.S. 1** und den **Florida Turnpike** zu erreichen. Beide Straßen führen durch **Homestead**, einen Vorort von Miami und einem der wichtigsten Ausgangspunkte für einen Ausflug in die **Everglades**. Die einzige Straße, die nach Key West führt, ist die U.S. 1, auch **Overseas Highway** genannt. Insofern gibt es keine Orientierungsschwierigkeiten, zudem die Markierung an den Straßenrändern durch sogenannte *mile marker* die Sache vereinfacht. Die grünen *mile marker* (MM) geben jeweils die Entfernung nach Key West an. Der Overseas Highway verbindet die Inselketten miteinander und verläuft über insgesamt 42 Brücken, von denen sich die längste über fast sieben Meilen erstreckt. Die Keys sind in drei Hauptregionen eingeteilt, die **Upper Keys**, von **Key Largo** bis **Long Key**, die **Middle Keys** von Long Key bis zur **Seven-Mile-Bridge** und die **Lower Keys**, die von der Seven-Mile-Bridge bis **Key West** verläuft. Die vier Hauptorte auf den Keys sind **Key Largo, Islamorada, Marathon** und *Key West*. Der Ortskern von Key West liegt am äußersten Ende der Insel und wird durch die **Duval Street** geteilt. In der Duval Street befinden sich die meisten Geschäfte, Restaurants und Unterkünfte.

Verkehrsmittel

Von Miami bis Key West sind es etwa 256 Kilometer. Mit dem Auto dauert die Fahrt drei bis vier Stunden. Ansonsten sind die Keys mit dem Flugzeug und per Greyhound zu erreichen.

■ **Key West International Airport** wird von den beiden Fluglinien *Eastern* und *Piedmont* ab Miami angeflogen. (Siehe Kapitel „Key West".)

■ **Greyhound.** Busse fahren ab 4111 NW 27th St in Miami über die Keys. Die Fahrt dauert fünf Stunden und kostet 29 $ (one way). Die Busse halten in Homestead, Key Largo, Islamorada, Layton, Marathon, Big Pine Key, Sugerloaf Key, Boca Chica, am *Quality Inn* an der U.S. 1 in Key West und in Key West Downtown.

Key Largo

Key Largo heißt auf spanisch soviel wie „Lange Insel". Ursprünglich war das Eiland von den *Caloosa*-Indianern bewohnt, später entdeckten weiße Siedler der Insel Mahagoni und holzten viele Bäume ab. Heute ist der Tourismus die Haupteinnahmequelle und Key Largo kommt dabei vor allem die günstige geografische Lage als dem Festland nächstgelegene Insel zugute. Wenn für einen Besuch auf den Keys nicht viel Zeit zur Verfügung steht, kann Key Largo tatsächlich einen repräsentativen Eindruck von der Inselwelt der Keys bieten: Links und rechts der Straße liegen kleine, weiße Sandstrände, ruhige Buchten mit Jachten, Fischerbooten und Korallenriffs.

Auf Key Largo befindet sich der einzige Unterwasser *state park*, der *John Pennekamp Coral Reef State Park* (MM 102.5). In diesem Areal gibt es ein rund 200 Quadratmeter großes, lebendes Korallenriff sowie 49 Korallenarten und 650 verschiedene Fischarten. Der gesamte Park ist 35 Kilometer lang und erstreckt sich 14 Kilometer weit in den Ozean. Die *Unterwasserwelt* des Parks ist wirklich sehenswert.

Eine andere Sehenswürdigkeit bleibt für die meisten Besucher leider „unzugänglich". Sie liegt ebenfalls unter Wasser und zwar in zehn Meter Tiefe. Die Rede ist von *Jules' Undersea Lodge* (MM 103.5), dem einzigen

Unterwasserhotel der Welt. Es wurde von den Wissenschaftlern Dr. Neil Monney und Ian Koblick entwickelt und gebaut und nach *Jules Verne* benannt. Die Gäste des Zwei-Zimmer-Hotels brauchen selbst unter Wasser auf Komfort nicht zu verzichten. Es gibt TV, Telefon und Stereoanlage. Wenn sich Gäste im Hotel befinden, wird der Unterwasserkomplex von der Landstation aus per Kabel mit Luft und Strom versorgt, sowie über Monitore permanent überwacht. Sollten die Besucher vor lauter Staunen über die Unterwasserwelt, die vor den Bullaugen sichtbar ist, das Kochen vergessen, werden beim „Meer-Chef" Speisen geordert, die der Kellner in einem wasserdichten Koffer heranschwimmt. Für einen kurzen Aufenthalt ist das Hotel allerdings kaum zu empfehlen, denn zuvor muß ein Tauchlehrgang über zwei Stunden absolviert werden, der 75 Dollar kostet (für die erste Person; jede weitere zahlt 50 Dollar). Die Übernachtung in der Lodge ist mit 195 Dollar auch nicht gerade preiswert. Kurzausflüge sind ebenfalls möglich (50 Dollar). Wer den Unterwassertrip aus Zeit- oder Kostengründen nicht unternehmen will, kann sich bei *Koblicks Marine Center* einen Film über die Lodge ansehen.

Etwas weiter auf dem Overseas-Highway in Richtung Key West, am Mile Marker 100, befindet sich das *Holiday Inn Hotel*. Davor liegt ein ziemlich unscheinbares, altes Dampfschiff, das Filmgeschichte gemacht hat: die *African Queen*. 1951 sind *Humphrey Bogart* und *Katherine Hepburn* auf den Flüssen Ugandas darauf herumgeschippert. Danach folgte eine Schiffsodyssee. Die Queen wurde von Afrika nach San Francisco gebracht, dann nach Oregon und Ocala, wo sie zuletzt vor sich hin rostete. Schließlich erwarb Jim Hendricks, der Besitzer des Holiday Inn, das Schiff und brachte es nach Key Largo. Ein anderer Film mit Humphrey Bogart ist übrigens auf Key Largo entstanden, und zwar der Streifen mit dem gleichnamigen Titel. In *Key Largo* spielte Lauren Bacall neben Bogart die Hauptrolle. Ein Teil des Films wurde im *Caribbean Club* gedreht (MM 104).

Information

■ **Area Code:** 305 (alle Keys).
■ **The Florida Upper Keys Chamber of Commerce,** MM 105.5, Tel. 451-1414.
■ **Post Office,** MM 100.
■ **Zip Code:** 33037.

Unterkunft

■ **Hungry Pelican,** P.O. Box 762, MM 99.5, Tel. 451-3576.
Das *preiswerteste* Motel auf Key Largo, dazu noch schön am Golf gelegen und sauber. EZ und DZ von 25–45 Dollar von Mai bis November, in der übrigen Zeit 40–70 $.
■ **Stone Ledge Lodge,** MM 95–96, Tel. 852-8114.
Dieses Motel liegt an einem *kleinen Sandstrand* mit Palmen. Sehr idyl-

lisch. DZ gibt es zwischen April und Mitte Dezember während der Woche ab 38 $, am Wochenende ab 58 $. In der Hochsaison wird's teuer. Zimmer sind dann nicht unter 55 $ pro Tag zu haben.

Camping
■ **American Outdoors,** MM 97.5, Tel. 852-8054.
Ab 21 $. Sehr schöner Campingplatz mit *tollem Strand* am Golf.
■ **John Pennekamp Coral Reef State Park,** MM 102.5, Tel. 451-1202.
Der Campingplatz ist als Ausgangspunkt für *Schnorcheltouren* im *state park* recht günstig, aber die Zelte müssen auf ziemlich steinigem Untergrund aufgebaut werden. Der Strand ist nichts besonderes. 17–23 $.
■ **Kings Camp Marina,** MM 103.5, Tel. 451-0010.
Nur 10 $ für einen Platz am Wasser, aber häufig belegt. Deshalb besser *vorher anrufen.*

Essen
■ **Captain's Cabin,** 45 Garden Cove Dr, Tel.451-2720.
Dieses originelle Restaurant direkt am Wasser befindet sich einige Straßen südöstlich der Kreuzung U.S. 1 und Rte. 905. Leckere *Seafood-Gerichte* gibt es schon ab 4 $.
■ **The Italian Fisherman,** MM 104, Tel. 541-4471.
Ziemlich *nobles italienisches* Restaurant, von dem aus sich die Bucht toll überblicken läßt. Empfehlenswert besonders zum Sonnenuntergang. In dem Lokal befand sich früher ein illegales Spielcasino und einige Szenen des Films *Key Largo* sollen hier gedreht worden sein. Entrees zwischen 6 und 13 $.

Islamorada

Islamorada ist das Dorado der *Sportfischer.* Nicht gerade bescheiden hat sich der Ort sogar den Titel *Sportfishing Capital of the World* verliehen. Auf der Hauptinsel und den dazugehörigen *Plantation Key, Windley Key, Upper and Lower Matecumbe Keys, Fiesta Key, Long Key* und *Layton* liegen deshalb zahlreiche Boote vor Anker, die von passionierten Anglern gechartert werden können. Für einen Ausflug aufs Meer muß mitunter tief in die Tasche gegriffen werden, denn zu den Charterkosten kommen noch hohe Gebühren, wenn tatsächlich ein kapitaler Fang an der Angel hängt. Islamorada hat drei *state parks*, von denen zwei nur mit dem Boot zu erreichen sind und zwar *Indian Key State Park Historical Site* und *Lignumvitae State Botanical Site.* Der dritte Park, *Long Key State Recreation Area* verfügt über einen langen Naturstrand.

Sehenswert
Zum **Indian Key** fahren Boote von donnerstags bis montags jeweils um 8.30 Uhr von der Bootsrampe ab *mile marker* 78.5 an der Bayseite ab. Die Überfahrt kostet 5 Dollar pro Per-

son. Der üppige tropische Bewuchs der Insel wurde von dem Botaniker *Dr. Henry Perrine* Anfang des 18. Jahrhunderts angelegt. 1831 erwarb ein Seemann aus New York Indian Key. Er bereicherte sich, wie viele andere in dieser Zeit, durch ein besonders lukratives „Geschäft": die *Wrackplünderung*. Damit bekam er soviel Geld zusammen, daß er eine ganze Siedlung gründen konnte. Als 1840 Indianer den Ort überfielen, war es aus mit dem süßen Leben auf der Insel. Sie töteten einige Einwohner, darunter auch Dr. Perrine. Der besagte Seemann aus New York konnte zwar nach Key West entkommen, aber dort kam er ein Jahr später bei einem Schiffsunglück um. Seine Frau ließ den Leichnam nach Indian Key überführen, wo er beerdigt wurde.

Lignumvitae Key ist ebenfalls mit dem Boot vom MM 78.5 aus zu erreichen, allerdings erst um 13.30 Uhr. Die Insel wurde 1971 vom Staat Florida wegen der tropischen Harthölzer, die hier gedeihen, unter Schutz gestellt. Die Insel ist nach den *Lignum Vitae*-Bäumen (Holz des Lebens) benannt worden. Es gibt außerdem viele Arten von Mangroven, giftige Planzen und jede Menge Wasservögel.

Long Key liegt in der Nähe des MM 67.5 und bietet einen *wunderschönen Strand* mit Picknicktischen und Campingmöglichkeiten. Für eine Gebühr von 17 bis 26 $ können Zelte aufgestellt werden. Es ist besser, sich vorher telefonisch anzumelden (664–4815) weil der Platz sehr beliebt ist. Wer von den Marineparks in Florida noch nicht genug hat, kann sich das **Theatre of the Sea** am MM 84.5 auf Islamorada ansehen. Dort führen Delphine allerhand Kunststückchen vor.

Marathon

Während die anderen Keys ein bißchen fernab der Zivilisation liegen, geht es in Marathon ziemlich geschäftig zu. Rechts und links der Straße liegen Einkaufszentren, jede Menge Restaurants und Marinas. Die Stadt verdankt ihren Namen, den Anstrengungen der Arbeiter, die hier Flaglers Eisenbahnstrecke sieben Meilen übers Wasser verlegen mußten. Einer nannte das Unternehmen einen Arbeitsmarathon. Die Bezeichnung blieb hängen. 1988 stand wieder ein Marathon an, die Verbreiterung der U.S. 1.

Marathon selbst erschien uns für einen Aufenthalt nicht besonders reizvoll. Für diejenigen, die hier gerne Station machen wollen, hier *unser Tip:* das **Sea Cove Aquatic Motel** bietet originelle Unterkünfte zu einem für die Keys sagenhaft günstigen Preis. Zimmer auf einem Hausboot kosten pro Nacht von Mitte Mai bis Mitte November nur 19 $, in der übrigen Zeit 29 $. Das schwimmende Hotel ist sehr gepflegt und sauber, nur die Badezimmer müssen sich die Gäste teilen. Adresse: 12685 Overseas Hwy, Marathon, Tel. 289-0800.

Die Lower Keys

Die Lower Keys sind die größte Inselgruppe der Keys und beginnen hinter der spektakulären **Seven-Mile-Bridge**, für die Henry M. Flagler den Grundstein legte. Flagler und sein Team, das die Eisenbahnlinie bis in den äußersten Süden nach Key West verlegte, brauchte insgesamt acht Jahre, um diese Mammutstrecke zu bauen. Bei den schwierigen Bauarbeiten kamen 700 Arbeiter ums Leben. Am 22. Januar 1912 war es soweit: Der erste Zug rollte in Key West ein, aber die Naturgewalten brachten den Eisenbahnverkehr 1935 wieder zum Erliegen. Ein Hurrikan zerstörte die gesamte Eisenbahnlinie. Sie wurde nie wieder in Betrieb genommen. Anstelle von Zügen fahren heute Autos über die alten Fundamente von Flaglers Eisenbahnstrecke, die jetzige U.S 1. Die Seven-Mile-Bridge wurde neu aufgebaut und ist heute ein Stück kürzer als die alte.

Hinter der Brücke liegt **Bahia Honda Key** mit kleinen weißen Sandstränden und einer *State Recreation Area* mit Campingmöglichkeiten. Die Gebühr beträgt 17 bis 26 $. Ansonsten gibt es auf Bahia Honda nicht viel zu sehen.

Eine seltene Wildgattung lebt auf **Big Pine Key**, der drittgrößten Insel der Keys. Die Keys waren während der Eiszeit durch einen Landweg mit dem Festland verbunden und zahlreiche Tierarten retteten sich hierher. Als das Eis schmolz, waren die Tiere auf den Inseln isoliert und entwickelten sich anders als ihre Artgenossen. Das *Mini-Wild* auf Big Pine Key und **No Name Key** wird nicht viel größer als ein Hund; nur 75 Zentimeter groß und 95 Zentimeter lang. Es sollen zur Zeit rund 300 Exemplare auf den Keys leben. Leider dezimieren Autofahrer den Bestand der Herde, denn jedes Jahr werden zahlreiche Tiere überfahren. *Es ist daher strengstens untersagt, die Rehe zu füttern,* weil sie dann ihre natürliche Scheu vor den Menschen verlieren und den vielbefahrenen Straßen gefährlich nahekommen. Außerdem hat auch falsche Ernährung tödliche Folgen für die Tiere, einige Exemplare sind bereits an *junk-food* gestorben. Die Regierung hegt inzwischen Pläne, für den **National Key Deer Wildlife Refuge** weiteres Land zu erwerben, um den Bestand dieser Tiergattung zu sichern. Auf den Keys gibt es neben *Key Deer* noch andere besondere Tierarten wie die *Lower Keys Wollratte*, die *Cudjoe Key Reisratte*, die *Vaca Key-Waschbären* und verschiedene Schlangenarten – alle in *Miniausgabe*.

Bei der Weiterreise nach Key West fällt der Blick unwillkürlich auf ein seltsames Luftschiff. Es handelt sich um *Fat Albert*, ein sogenanntes Aerostat der Air Force, die auf **Cudjoe Key** stationiert ist. Das zum Teil mit Helium, zum Teil mit Luft gefüllte Fluggerät, das einem Zeppelin ähnelt, dient dazu, feindliche Flugzeuge oder Schiffe auszumachen. Außer-

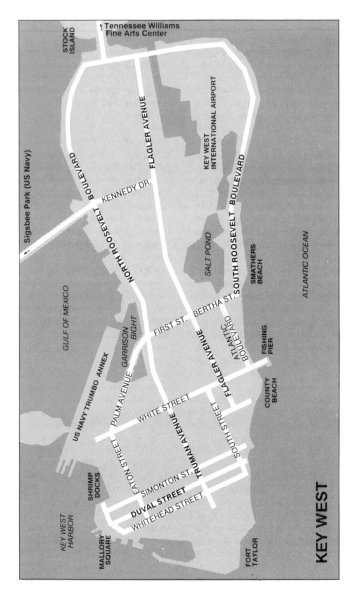

dem wird Fat Albert im Kampf gegen Drogenschmuggler eingesetzt.

Nach **Sugarloaf Key**, wo ein alter Turm besichtigt werden kann, der früher einmal als „Wohnhaus" für Fledermäuse gebaut wurde, die die lästigen Moskitos vertilgen sollten, kommt **Big Cobbitt Key**. Hier wohnen Militärangehörige der U.S. Naval Air Station von **Boca Chica**. Über **Stock Island** geht es weiter nach Key West.

Key West

„Go (Key) West" könnte die Devise noch immer lauten, denn genau wie der einstmals Goldene Westen Nordamerikas übt diese kleine Stadt am südlichsten Zipfel der USA eine besondere Anziehung auf Leute verschiedenster Couleur aus. Nicht nur das warme Klima mit einer angenehm frischen Brise, spektakuläre Sonnenuntergänge, die Abend für Abend zelebriert werden, die Freundlichkeit der Menschen und die kulturelle Vielfalt locken Künstler, Homosexuelle, Auswanderer und Aussteiger an. Auf Key West lebt sich's einfach ruhiger, man nimmt sich Zeit, läßt sich treiben und genießt das Leben. *„Key West is like a dream",* so brachte eine Barkeeperin aus Arizona ihren Eindruck von dieser einerseits so ausgeflippten, andererseits so kleinstädtischen Kommune auf den Punkt. Auf den Straßen Key Wests trifft man neben Exhippies, die mit Stirnbändern und barfuß durch die Stadt laufen, geschniegelte Gay-Pärchen, Yuppies, alte Fischersleute mit gegerbten Gesichtern, Arbeiter in verschlissenen Jeans und Touristen aus aller Welt. Eine bunte Gemeinschaft, die das Leben in dieser Stadt so interessant, so anders macht.

Anders im Gegensatz zum übrigen Amerika sind auch die Fortbewegungsmittel. Während wir uns in einigen Städten ohne Auto fast hilflos fühlten, war es in Key West ein Vergnügen, die kleinen Straßen mit dem *Fahrrad* zu erkunden. Auf Key West haben die Autofahrer das Nachsehen, denn es gibt wenig Parkmöglichkeiten und bei den vielen Fußgängern, Rad- und Mopedfahrern kommt man auf vier Rädern nur langsam voran.

Sehenswert ist vor allem der alte Stadtkern mit wunderschönen Häusern im Kolonialstil, von denen jetzt viele renoviert werden. Typisch für die *conch*-Häuser sind große Veranden und kunstvoll geschnitzte Holzgeländer. Viele wurden von Seeleuten entworfen, die ihren Domizilen durch besondere Holzverzierungen eine persönliche Note gaben. Einige der alten Häuser stehen heute auf der Liste der Sehenswürdigkeiten. Dazu gehört auch das Haus von *„Papa" Hemingway*, der bis 1940 auf Key West lebte und arbeitete.

Ein anderer berühmter Einwohner, der Schriftsteller *Tennessee Williams*, kam Ende der 30er Jahre nach Key West. Tennessee Williams, der als einer der größten amerikanischen Schriftsteller gilt, schrieb unter anderem „Endstation Sehnsucht" – das Stück wurde mit Marlon Brando verfilmt – und „Die Katze auf dem heißen Blechdach". Viele seiner Theaterstücke sind im *Playhouse Theatre* auf Key West uraufgeführt worden. Williams, der lange in der *Duncan Street* wohnte, starb 1983. Der frühere amerikanische Präsident *Harry Truman* war ebenfalls ein Fan von Key West. Wenn es ihm im Norden zu kalt wurde, kam er in seine Winterresidenz, das „Kleine Weiße Haus".

Die große Anziehungskraft von Key West bringt für die Einwohner selbst nicht nur Vorteile. Einige profitieren zwar vom Tourismusgeschäft, aber die Mieten sind horrend, die Lebenshaltungskosten hoch und die Löhne im Verhältnis viel zu niedrig. „Es gibt kaum noch erschwingliche Wohnungen für die Leute, die hier arbeiten", klagte der Bürgermeister von Key West, Richard Heymann, 1988 gegenüber einem Reporter der in Miami erscheinenden „New Times", „wir verschmutzen den Ozean durch ungeklärte Abwässer und der Verkehr nimmt immer mehr zu".

Doch der *Tourismus-Boom* hat seinen Höhepunkt noch längst nicht erreicht. Zur Zeit strömen zwischen 7000 und 12 000 Touristen täglich nach Key West und diese Zahl steigert sich jährlich um zehn Prozent. Investoren setzen Millionenbeträge ein, um dieses Geschäft zu stützen. So plant *Pritam Singh*, ein ehemaliger Hippie aus Key West, auf dem *Truman Annex* einen riesigen Komplex mit Häusern, Eigentumswohnungen und einem Hotel, das allein 225 Millionen Dollar kosten wird. Anstelle preiswerten Wohnraums entstehen auf Key West mehr und mehr kostspielige Anlagen, die Besucher mit dicken Geldbörsen anlocken sollen, *conch*-Häuser beherbergen zunehmend Geschäfte. „Wenn dieser Trend anhält, ist Key West bald eine Stadt, in der nur Reiche leben können", meint Stadtplaner Tom Wilson. Zahlreiche *conchs* (Einheimische) suchen aus diesem Grund das Weite. Inzwischen sind nur noch 10 bis 15 Prozent der 26 680 Einwohner Key Wests Einheimische. Diejenigen, die ausharren, zahlen einen hohen Preis. So wie die 80jährige Marie Green, die im Haus ihrer Familie lebt, im Monat 210 Dollar Sozialhilfe bekommt und davon allein 800 Dollar Grundsteuer jährlich bezahlen muß. Viele *conchs*, die sich eine Wohnung nicht leisten können, suchen sich Unterkünfte auf Hausbooten und in Wohnwagenparks.

Key West historisch

Als spanische Entdecker Mitte des 18. Jahrhunderts Überreste menschlicher Knochen auf dem heutigen Key West fanden, tauften sie die Insel *Cayo hueso*, die Knocheninsel. Später rankten sich die abenteuerlichsten Geschichten um diesen seltsamen Fund. Stammten die Knochen von Indianermassakern oder gab es gar menschenfressende

Wesen? Vielleicht fühlte sich der erste offizielle Besitzer, der Spanier *Juan Paolo Salsas* bei dem Gedanken an letztere Möglichkeit derart unbehaglich, daß er die Insel schon sechs Jahre später wieder verkaufte. Für 2000 Dollar wurde der amerikanische Geschäftsmann *John W. Simonton* neuer Besitzer von Key West. 1822 kam die Insel unter die Oberhoheit der USA und es entstand die erste Marinebasis.

Inzwischen hatte die *Seeräuberei* bedenklich zugenommen. Nicht nur die Piraten schipperten durch die Gewässer, um Beute zu machen, sondern auch die Leuchttürme sandten falsche Lichtsignale aus, um Schiffe in die Irre zu leiten. Waren sie gestrandet, kamen die Einwohner und plünderten sie aus. Durch diese Art der „Bergungsindustrie" kam Key West zu Macht und Reichtum. Der Regierung gefiel das gar nicht. Sie ließ neue Leuchttürme bauen und permanent überwachen. Das wiederum war schlecht für die „Wirtschaft" auf Key West.

Die *conchs* sahen sich schließlich nach neuen Erwerbsquellen um und drehten *Zigarren*. Eine Zeitlang war Key West in der Zigarrenproduktion Weltspitze. Als die Eisenbahn 1912 nach Key West kam, gab es außerdem Arbeit in der *Tourismusbranche*. Eine weitere lukrative Einnahmequelle bildete die *Schwammtaucherei*. Doch die *conchs* waren offensichtlich vom Pech verfolgt. In den Schwammbetten breitete sich eine Seuche aus, ein Hurrikan zerstörte die Eisenbahn und die Zigarrenfabrik brannte ab, so daß viele Zigarrenhersteller ihre Sachen packten und nach Tampa zogen. Während der *Prohibition* in den 20er Jahren sahen die *conchs* ihre große Chance. Sie schmuggelten *Rum* von Cuba nach Key West und viele machten ein Vermögen damit. Nach Ende der Prohibition ging es wiederum bergab. Die Stadt ging Bankrott, die Arbeiter erhielten keinen Lohn.

Erst im Zweiten Weltkrieg erholte sich die Wirtschaft, als die *U.S.-Navy* eine Marinebasis errichtete. Und Geld für die Verteidigung gab es auch nach der gescheiterten Invasion in der Schweinebucht auf Cuba. Aber dann drosselte die Regierung ihre Verteidigungsmittel für die Basis wieder. „Schließlich besannen sich manche *conchs* auf ein Geschäft, auf das sie sich besonders gut verstanden: den Schmuggel, diesmal sind es *Drogen*", bemerkte ein Chronist sarkastisch.

Informationen
■ **Area Code:** 305 (alle Keys).
■ **Key West Chamber of Commerce**, 402 Wall St, Tel. 294-2587.
■ **Post Office:** 400 Whitehead St, Tel. 294-2257.
■ **Zip Code: 33040.**
■ **Depoo Memorial Hospital**, 1200 Kennedy Dr, Tel. 296-8526.

Verkehrsmittel
■ **Key West International Airport**, liegt östlich von Downtown und

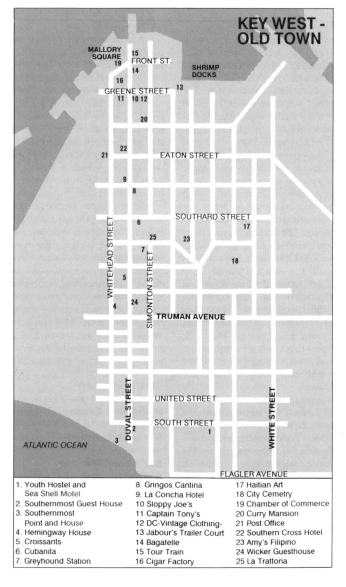

nördlich des South Roosevelt Boulevards. Key West wird von *Eastern*, Tel. 1-800-327-8376, und *Piedmont*, Tel. 294-1295, regelmäßig angeflogen.

■ **Greyhound,** 615 1/ Duval St, Tel. 296-9072, fährt dreimal täglich nach Miami.

■ **Key West Port and Transit Authority,** City Hall, Tel. 292-8164. Busse fahren innerhalb von Key West und Stock Island. Haltestellen sind unter anderem am Mallory Square, in der Duval und Truman Street. Eine Broschüre, in der alle Haltestellen verzeichnet sind, gibt es beim *Chamber of Commerce* oder den Busfahrern.

■ **Key West Moped & Scooter,** 523 Truman Ave. Eine der günstigsten Fahrrad- und Motorradvermietungen. Fahrräder kosten 3 $ pro Tag, 24 Stunden 4 $ (pro Woche 20 $). Mopeds gibt es ab 10 $ (drei Stunden).

Unterkunft

Unterkünfte sind in Key West wie auch auf den anderen Keys *teuer*. Besonders in den Wintermonaten Dezember bis April verlangen die Hotelbesitzer saftige Preise. Die einzige wirklich billige Übernachtungsmöglichkeit bietet die *Jugendherberge*.

■ **Key West Hostel und Sea Shell Motel,** 718 South St, Tel. 296-5719.
Die Jugendherberge ist sehr gepflegt und sauber. Die Zimmer sind leider etwas klein und nicht besonders gemütlich, aber dafür gibt es einen schönen Innenhof. Die Übernachtung kostet für Mitglieder 11 $. Nichtmitglieder zahlen 14 $. Gäste können sich für 6 $ pro Tag *Fahrräder ausleihen*. Der Jugendherberge ist ein Hotel angegliedert, in dem ein Doppelzimmer zwischen 32 und 45 $ kostet.

■ **Southern Cross Hotel,** 326 Duval St, Tel. 294-3200.
Sehr zentral gelegen, einfach, soll aber renoviert werden. EZ und DZ ab 29 $, im Winter 10 $ teurer.

■ **Southernmost Guest House,** 1327 Duval St, Tel. 294-0715.
Prächtiges Kolonialstilhaus gegenüber vom Southernmost House. Meerblick von den oberen Räumen. Die Gäste im Erdgeschoß können den Garten nutzen. Jedes Zimmer ist mit kompletter Küche und eigenem Bad ausgestattet. Nachmittags gibt es einen Korb mit Früchten. Empfehlenswert, aber nicht preiswert. Im Sommer kosten EZ und DZ 45–65 $, ab 1. Dezember ab 95 $.

■ **Wicker Guesthouse,** 913 Duval St, Tel. 296-4275.
Ebenfalls günstig gelegen, nette Leute und schöne Zimmer. *Großer Garten* im Innenbereich mit Barbeque-Platz. EZ 35–40 $, DZ 43–48 $, im Winter rund 10 $ mehr. Zimmer mit eigenem Bad sind teurer. Ein Frühstück ist im Preis inbegriffen.

Camping

■ **Boyd's Key West Campground,** 6401 Maloney Ave, Tel. 294-1465.
Die Gegend ist nicht besonders interessant, aber der Platz liegt im Gegensatz zu Leo's wenigstens am Wasser. 17–20 $.

■ **Jabour's Trailer Court,** 223 Elisabeth St, Tel. 294-5723.
Dieser Campingplatz am Golf ist der einzige in Downtown. Andere erschwingliche *campgrounds* liegen auf der vorgelagerten *Stock Island*. In den Wohnwagen bei Jabours wohnen viele *conchs*. Campinggebühr (zwei Personen) 15 $, zusätzliche Personen 3 $.
■ **Leo's Campground & RV Park,** 5236 Suncrest Rd, Tel. 296-5260.
15 $ für zwei Personen, jede weitere 2 $ mehr.

Essen
■ **Amy's Filipino Cuisine,** Key Lime Square.
Amy führt das einzige *philippinische* Restaurant der Stadt und bietet neben leckeren Spezialitäten wie *Huhn in Kokosmilch, Lumpia & Pansit* (Reisnudeln mit Fleisch und verschiedenen Gemüsen) auch vegetarische Gerichte an.
■ **Bagatelle,** 115 Duval St, Tel. 296-6609.
Das *schöne Haus,* in dem sich heute ein Restaurant befindet, stand früher einmal in der Fleming Street und wurde 1974 an den jetzigen Platz gebracht. Der frühere Besitzer, ein pensionierter Offizier der Air Force, soll in diesem Haus Affen gehalten und viele Parties gefeiert haben. Zu den illustren Gästen zählte unter anderem Papa Hemingway. Es gibt Spezialitäten der karibischen Küche, zum Beispiel *Calypso Chicken*, gegrillte Hühnerbrust mit einer Soße aus Orangen und Ananas, als Beilage Kokusnuß, Avokados und Erdbeeren.
■ **Croissant,** 816 Duval St.
Französische Bäckerei und Konditorei mit Kaffeeausschank und schöner Terrasse zum draußensitzen. Der Franzose Claude Lucas verkauft über *20 verschiedene Croissantvariationen* und andere Leckereien. Mittwochs geschlossen.
■ **La Cubanita,** 601 Duval St Ecke Southard.
In diesem kleinen cubanischen Restaurant ist es eng, aber gemütlich. Die Preise sind für Key West recht niedrig und die Bedienung ist nett. *Dinner-entrees* gibt es schon ab 4 $, außerdem *Sandwiches*.
■ **Gringo's Cantina,** 509 1/ Duval Street.
Die *Burritos*, Tortilla mit Rinds- oder Schweinsfüllung und *Salsa*, dazu Bohnenmus und *Guacamole* schmecken hervorragend. Dinner ab 7 Dollar.
■ **La Trattoria,** 524 Duval St, Tel. 294-7863.
Ziemlich gestyltes und teures Restaurant, in dem sich vor allem die Schikkeria von Key West blicken läßt. Die Küche ist *italienisch-französisch*. Viele Nudelgerichte.

Sehenswert
Sehenswert ist der gesamte Stadtkern von Key West mit seinen wunderschönen alten Holzhäusern. Einen Eindruck verschafft man sich am besten während einer Radtour oder bei

einer Fahrt mit dem *Conch Train*, der am *Mallory Square Depot*, und am *North Roosevelt Boulevard* (U.S. 1) abfährt. Die Rundfahrt durch die Stadt dauert rund 90 Minuten.

■ **Audubon House and Gardens,** 205 Whitehead St.
Das Haus wurde nach dem Naturforscher John Audubon benannt. Ein Schiffskapitän hat es mit wertvollen Möbeln bestückt, die aus Schiffswracks stammen.

■ **City Cemetery.**
Wie die Grabinschriften auf dem Friedhof von Key West zeigen, haben die *conchs* Humor. Einer ließ sich den Satz eingravieren: „I told you I was sick". Ein anderer markanter Satz stammt von einer Witwe, deren Ehepartner sich offensichtlich gerne rar machte: „At least I know where he's sleeping tonight". Anderen gefiel diese Botschaft offensichtlich so gut, daß sie den Grabstein entwendeten.

■ **Curry Mansion,** 511 Caroline St.
Dieses *viktorianische Landhaus,* 1905 erbaut, enthält eine stattliche Antiquitätensammlung.

■ **Ernest Hemingway Home and Museum,** 907 Whitehead St, geöffnet von 9–17 Uhr.
Der Nobelpreisträger Ernest Hemingway (1899–1961), Autor von *Der alte Mann und das Meer*, lebte angeblich rund 30 Jahre auf Key West. Das Haus an der Whitehead Street erwarb Hemingway 1931 für nur 6000 Dollar. Umso teurer war der Swimmingpool – der erste in Key West – er soll 20 000 Dollar gekostet haben. Mrs. Hemingway hatte das Bassin bestellt während Ernest im Ausland herumreiste. Starr vor Schreck, soll Hemingway einen Pfennig auf den Boden des Pools geschleudert haben mit den Worten: „Nimm meinen letzten Pfennig". Pauline Hemingway ließ die Münze auf dem Beckengrund einbetonieren.

Ob die Möbel in dem spanischen Kolonialstilbau tatsächlich alle aus Hemingways Besitz stammen, ist ungewiß. Zumindest die jetzigen Besitzer gehen davon aus und zeigen Besuchern stolz die Wohn-, Schlaf- und Arbeitsräume. Im Haus und im Garten laufen zahlreiche Katzen herum, angeblich die Nachfahren von Hemingways 50 Katzen.

■ **Key West Cigar Factory,** Pirates Alley, und **Rodriguez Cigars,** 113 Kino Plaza.
Die beiden *Zigarettenfabriken* sind eher Einmann- oder Einfraubetriebe. Sie produzieren jeweils etwa 2000 Zigarren pro Woche, die zum Teil an Ort und Stelle verkauft werden. Der Tabak stammt aus Zentralamerika.

■ **Mallory Pier.** „In der übrigen Welt soll die Sonne nur scheinen, auf Key West erwarten wir eine Performance". So beschrieb ein Schriftsteller die *Sunset Celebration.* Abend für Abend versammelt sich am Mallory Pier ein illustres Völkchen, um den Sonnenuntergang zu feiern. Meistens finden sich ein paar Musiker ein, um das Spektakel mit Gitarren, Trommeln und anderen Instrumenten zu

untermalen.

■ **Mel Fisher's Treasure Exhibit,** 200 Greene St.

Fast unglaublich, aber wahr: in den Gewässern Floridas lagern noch immer enorme *Schätze auf dem Meeresgrund.* Einer von denen, die das erst in jüngster Zeit unter Beweis stellten, ist der professionelle Schatzsucher *Mel Fisher.* Nach jahrelanger Suche, die immens hohe Kosten verursachten, entdeckte er die beiden spanischen Galeonen *Nuestra Senora de Atocha* und *Santa Margarita*, die 1662 mitsamt ihrer kostbaren Ladung gesunken waren. Die Gold- und Silberschätze, die Fisher mit seinem Team geborgen hat, sollen insgesamt an die 30 Millionen Dollar wert sein. Einen ganz geringen Teil der Ausbeute, an der die U.S.-Regierung und der Staat Florida Eigentumsrechte anmeldeten – bislang ohne Erfolg – ist in der Ausstellung zu besichtigen.

Fishers Schatzfunde haben viele andere Floridianer ermutigt, sich ebenfalls auf die Suche zu machen. Einige hatten tatsächlich Erfolg. Andere begnügen sich mit einzelnen Goldmünzen, die bei Sturmfluten an Land gespült werden.

■ **Sloppy Joe's,** Ecke Duval und Greene St.

Angeblich *Hemingways Lieblingsbar.* Seine Stammkneipe soll aber **Captain Tony's Saloon** nebenan gewesen sein.

■ **Southernmost Point.**

Der *südlichste Punkt* der USA liegt im Süden der Duval Street und daneben das Southermost House, ein schön restauriertes Gebäude.

■ **The Wrecker's Museum,** 322 Duval St.

In diesem ältesten Haus von Key West befindet sich die Sammlung, die über das Leben der sogenannten „Wrekker" informiert, die auf der Suche nach Schiffswracks oft ihr Leben riskierten.

Einkaufen

■ **Candy Store,** 528 Front St.

Drugstore im Stil der 20er Jahre. Es gibt hausgemachten *Key Lime Pie*, Limonensaft und leckeres Konfekt.

■ **DC-DOE,** 512 Greene St.

Der *beste Second Hand-Laden* weit und breit. Die Auswahl ist spitze und die Qualität der Kleidungsstücke ebenfalls. Außer Klamotten gibt es Antiquitäten und Nippes in Hülle und Fülle.

■ **Haitian Art,** 600 Frances St.

1980 haben Ruth Kravitz und ihr Vater Boris diese Kunstgalerie eröffnet. Die Bilder und Skulpturen stammen von Künstlern aus Haiti. Eine eindrucksvolle Sammlung von Ölgemälden in leuchtenden Farben, die den Alltag auf der karibischen Insel widerspiegeln.

■ **Hot Hats,** 613 Duval St.

Die verrückteste Auswahl an *Hüten*. Es gibt Mützen mit Ohren und Tierfiguren, Helme mit Schlaufen für Getränkedosen und Schläuchen für Leute mit ewig trockener Kehle sowie Kopfbedeckungen mit eingebautem Sonnenschirm.

◀ *Der südlichste Punkt der USA liegt im Süden der Duval Street (oben). In Key West gibt es jede Menge uriger Kneipen und Saloons (unten).*

Musik und Nachtleben

Das Nachtleben von Key West spielt sich überwiegend in den Bars rund um *Mallory Square* und *Duval Street* ab, wo sich auch zahlreiche *Gay*-Bars und -Restaurants befinden. Für Touristen sind die „Hemingway-Bars", insbesondere **Sloppy Joe's** die größten Anziehungspunkte. Uns gefiel die Atmosphäre in Sloppy Joes besser als in **Captain Tony's Saloon**, denn diese Kneipe ähnelt durch die Masse von Visitenkarten, die von der Decke herab- und an den Wänden hängen, eher einer Tropfsteinhöhle. Darüber hinaus gibt es auf Key West jede Menge uriger Kneipen und Saloons.

■ **Café Exile,** 700 Duval St.
Der Treffpunkt für Nachtschwärmer: dieses Eckcafé mit einem tropischen Garten und echten Papageien hat rund um die Uhr geöffnet und ist meistens proppenvoll. Für Einzelgänger (-innen) ist die Bar ein guter Platz, um Kontakte zu knüpfen.

■ **La Concha,** 430 Duval St.
Das Hotel der Holiday Inn-Kette hat eine große Bar, in der häufig *Livemusik* geboten wird. Von der Bar im obersten Stockwerk läßt sich Key West gut überblicken.

■ **The Picture Show,** 620 Key West, zeigt gute amerikanische und ausländische *Filme,* darunter auch Schwulenfilme und „The Key West Picture Show" eine gutgemachte Satire über Key West.

■ **Red Barn Theatre,** 319 Duval St, Tel. 296-9911. Von November bis Mai *Shows* und *Musicals*. Besser anfragen, was auf dem Programm steht.

■ **Rick's,** 202 Duval St.
Hier trifft sich einfach alles, schon deshalb, weil die *Drinks so billig* sind. Jeden Abend legen zudem Rock n' Roll Bands los.

Gay-Szene

Key West ist ein Mekka der Schwulen- und Lesbenszene. Viele gays sind wegen der lockeren Atmosphäre hier hängengeblieben, eröffneten Bars, Restaurants und Gästehäuser. Dadurch entwickelte sich ein regelrechter *gay-Tourismus* und inzwischen gibt es rund 25 Gästehäuser sowie 20 Restaurants und Bars. Bei diesem großen Angebot fällt die Auswahl fast schwer, zumal dann, wenn die Zeit für einen Aufenthalt knapp bemessen ist. Deshalb hier eine kleine Auswahl. Soweit nicht anders angegeben, handelt es sich um Lokale für gays beiderlei Geschlechts.

■ **Borg's Guesthouse,** 712 Amelia Street.
EZ und DZ im Sommer 40-60 $, im Winter 55-75 $.

■ **Claire,** 900 Duval St Ecke Olivia.
Gay-Bar. Die Jukebox spielt alte Hits.

■ **Coconut Grove Guesthouse,** 817 Fleming St.
EZ und DZ ab 35 $, Hauptsaison ab 50 $.
Zimmer mit Balkonen, beheizter Pool.

■ **Copa,** 623 Duval St.
Männerdisko, Frauen sind aber gern gesehen. Ab und zu Stripshows.

■ **Four Sixteen**, 416 Appelrouth (geht von der Duval Street ab). Einzige Frauenbar in Key West. Innen sehr klein, aber große Patio im Garten. Nette Atmosphäre.
■ **Lighthouse Café**, 917 Duval St. Nettes, italienisches Restaurant mit zivilen Preisen. Spezialitäten: Muscheln und Calamares.
■ **Pancho & Lefty's Southwestern Café**, 623 Olivia St. Insider meinen, dies sei das *beste mexikanische* Restaurant „in town". Preise rangieren von 4 bis 10 $.

Ausflüge

Segeltörns und Bootsausflüge zu den Riffs werden von verschiedenen Veranstaltern angeboten. Die **Coral Princess Fleet** fährt mit Glasbodenbooten aufs Meer, bietet *Schnorcheltrips* (für vier Stunden 20 $ pro Person) und eine *Sunset Cruise* an. Buchungen 700 Front St, Tel. 296-3287. Die Preise der einzelnen Anbieter unterscheiden sich kaum. Originelle Ausflüge mit *alten Doppeldeckern* veranstaltet **Conch Classic Air Tours**, 3469 S Roosevelt Blvd am Flughafen. In einem Original-WACO aus dem Jahr 1946 sitzt der Pilot hinter den Passagieren und auf Wunsch führt er akrobatische Kunststücke vor. Der Spaß ist allerdings nicht billig, eine 15-Minuten Tour kostet pro Person 35 $ (Minimum zwei Personen). Der preiswertere Fünfminutenausflug (15 $), den die Gesellschaft nicht besonders gerne vermittelt, ist vielleicht ein Tip, denn auf ein paar Minuten länger kommt es den Piloten bei ihren Ausflügen nicht an.

Die **Dry Tortugas**, kleine Koralleninseln etwa 112 Kilometer westlich von Key West, sind mit dem Flugzeug und per Boot erreichbar. **Fort Jefferson** auf **Garden Key** wird zweimal täglich von *Air Sea Key West,* Tel. 296-5511 angeflogen. Ein Roundtrip kostet pro Person 95 $. Über Bootsausflüge gibt das *Chamber of Commerce* Auskunft. **Fort Jefferson**, eine gigantische Festung im Meer, diente nach Ende des Bürgerkriegs als Staatsgefängnis. Unter den vier Männern, die hinter den dicken Mauern der Festung ihre Strafe für den Mordanschlag auf Präsident Abraham Lincoln verbüßten, war auch ein unschuldiges Opfer, der Arzt Dr. Samuel Mudd. Nichtsahnend hatte er einen der Attentäter behandelt, der nach der Ermordung Lincolns mit einer Verletzung zu ihm kam. Mudd wurde als Mitverschwörer zu lebenslänglicher Haft verurteilt und später aufgrund seines Einsatzes im Kampf gegen Gelbfieber gegnadigt.

Ausflug auf die Bahamas

Von den insgesamt 700 Inseln der Bahamas sind einige nur einen Katzensprung von der Küste Floridas entfernt. Kein Wunder, daß sich die Inselgruppe zu einem der beliebtesten Urlaubsziele für amerikanische Touri-

Ausflug Bahamas

sten entwickelt hat. Die Bahamas sind aufgrund des kaum verschmutzten, kristallklaren Wassers, der traumhaften Strände und optimaler Wassersportmöglichkeiten einen Besuch wert, auch wenn sie nicht gerade zu den preiswerten Reisezielen gehören. Ausflüge per Boot oder mit dem Flugzeug lassen sich am besten von *Miami* und *Fort Lauderdale* organisieren. Von beiden Städten laufen zahlreiche *Kreuzfahrtschiffe* und Charterboote in Richtung Bahamas aus. Von Miami bestehen *günstige Flugverbindungen* nach **Nassau** und **Freeport**. *Bahamasair, Eastern, Delta* und *Pan Am* bieten *roundtickets*, also Hin- und Rückflüge, zu Preisen um die 117 Dollar an, ein einfacher Flug kostet 55 Dollar.

Für die Einreise genügt ein gültiger Reisepaß, aber meistens verlangt die Einreisebehörde der Bahamas zusätzlich ein Rückflugticket. Landeswährung ist der Bahama-Dollar, aber U.S.-Dollars werden überall akzeptiert. Die *beste Reisezeit* für die Bahamas ist die Zeit *zwischen Dezember und Mai*. Die Durchschnittstemperatur liegt im Januar bei 21 Grad Celsius, im Juli bei 27 Grad. Im Winter herrscht wegen der milden Temperaturen und der geringeren Luftfeuchtigkeit Hochsaison. Die Hotelpreise liegen in dieser Zeit zwischen 20 und 40 Prozent höher.

Die drei Hauptregionen der Bahamas sind **Nassau**, **Freeport/Lucaya** und die **Family Islands**. Zu Nassau gehören **New Providence Island** und die kleine **Paradise Island**. Zwischen beiden Inseln besteht eine Brückenverbindung. Von Nassau aus gibt es wiederum Flugverbindungen auf die anderen Inseln der Bahamas.

Geschichte

Die Bezeichnung *Bahamas* stammt aus dem spanischen und bedeutet flaches, seichtes Gewässer. Die ersten Bewohner waren die Indianerstämme *Lucayans* und *Arawaks*, die von den Spaniern in die Bergwerke Südamerikas verschleppt und als Arbeitskräfte ausgebeutet wurden. 1647 kamen englische Abenteurer von den Bermudas und siedelten sich auf den Inseln an. Die Bahamas entwickelten sich zum Zentrum der *Piraterie*, zumal die Piraten mit ihren Barken in den seichten Gewässern den Schiffen der Spanier, die über größeren Tiefgang verfügten, gut ausweichen konnten. Im 18. Jahrhundert waren die Bahamas Hauptumschlagplatz für den *Sklavenhandel* der Engländer.

1973 erlangten sie ihre Unabhängigkeit von Großbritannien und gehören heute als selbstständiger Staat dem Commonwealth an. Aus der englischen Kolonialzeit sind einige Traditionen erhalten geblieben, beispielsweise der Linksverkehr. Der Einfluß des *american way of life* ist jedoch unverkennbar.

Informationen

■ **Bahama Consulat General,** 25 SE 2nd Ave, Miami, Tel. 373-6295.

■ **Bahamas Tourist Office,** 255 Alhambra Circle, Suite 425, Coral Gables, Fl 33134, Tel. (305)442-4860.
■ **Konsulate auf den Bahamas: BRD,** P.O. Box N-3035, Nassau/New Providence, Tel. 3-2156. **Schweiz,** P.O.Box N-4110, Nassau/New Providence, Tel. 2-8346. **Österreich,** P.O. Box N-7776, Nassau/New Providence, Tel. 2-1361.

Kreuzfahrten

Von Miami und Ft. Lauderdale aus kreuzen zahlreiche Luxusliner in Richtung Karibik. Bevorzugte Ziele sind Freeport und Nassau. Ein Eintagestrip auf der *Seaescape*, die im Hafen von Miami vor Anker liegt, nach *Grand Bahama* kostet inklusive drei Mahlzeiten pro Person rund 100 Dollar. An Bord befinden sich ein Swimmingpool und ein Kasino. Wer einen der Coupons mitbringt, die in einigen Werbebroschüren über Miami enthalten sind, erhält bis zu 20 Dollar Ermäßigung. Schiffe der *Seaescape*-Flotte stechen auch von Fort Lauderdale, der Tampa Bay und Port Canaveral in See. Einzelheiten sind unter der Tel. 1-800 432-0900, in Dade County unter 379-0000 zu erfahren.

Preiswertere Ausflüge nach Freeport bietet die *Bahamas Princess* an. Ein Roundtrip von Fort Lauderdale kostet 49 $. Telefon 800-432-2294, in Dade (305)653-3794. Die *SS Britanis* und die *SS Galileo* fahren mehrmals in der Woche von Miami nach Nassau. Die Preise hängen von der Kategorie der Kabinen ab. Die günstigste Tour, in der zwei Übernachtungen enthalten sind, kostet 200 $.

Nassau

Die Stadt Nassau zählt rund 120 000 Einwohner. Mehr als die Hälfte aller Bahamesen lebt hier. Aufgrund der zentralen Lage der Insel New Providence spielt sich in Nassau ein Großteil des Geschäftslebens ab. Es gibt zahlreiche Restaurants, Bars, Spielkasinos und relativ günstige Übernachtungsmöglichkeiten in den preiswerteren Gästehäusern.

Die alten Villen im Kolonialstil und die hübschen Vororte mit viel tropischem Grün machen den Charme dieser Insel aus. Die Landschaft ist noch nicht von häßlichen Wolkenkratzern zerstört, weil es die Bauverordnungen bis auf wenige Ausnahmen nicht zulassen.

Im Stadtzentrum von Nassau gibt es einen *Strohmarkt*, auf dem Tragetaschen, Flechtarbeiten, Hüte und Puppen angeboten werden. Der Verkauf von Strohartikeln ist eine wichtige Einnahmequelle auf den Bahamas. Auf der *Bay Street* befinden sich etliche Parfümerien, Boutiquen und Juweliere. Einige Produkte sind im Vergleich zum europäischen Markt recht günstig.

Neben den großen Fluggesellschaften fliegen auch kleine Unternehmen Nassau an, darunter *Chalk's International*. Chalks's International fliegt dreimal täglich von Miami/Watson Island und vom International Airport Ft. Lauderdale nach Nassau. Kostenpunkt: 120 $ pro Person. Ein Vorteil: die *Wasserflugzeuge* von Chalk's landen an zentralen Punkten und der Flug ist interessanter als mit den größeren Flugzeugen.

Grand Bahama

Eine der nächstgelegenen Inseln vor der Küste Floridas ist Grand Bahama mit den beiden größeren Städten **Freeport** und **Lucaya**. Die meisten Kreuzfahrtschiffe, die Kurzausflüge auf die Bahamas anbieten, steuern dieses Ziel an. Ein Grund, weshalb es Touristen gerade auf diese Insel zieht, sind die zahlreichen Kasinos, denn in Florida sind Glücksspiele verboten. Schon auf den Luxuslinern rattern die *slotmachines* und rollen die Roulettekugeln. Schon manch einer hat sein Spielgeld bis auf den letzten Dollar auf der Hinfahrt verspielt und dann auf Festland mit eben diesem Dollar das Glück auf seine Seite gezwungen. Weiter geht es dann in den Kasinos von Freeport, einer Stadt, die erst vor 20 Jahren von einem amerikanischen Konsortium aus dem Boden gestampft wurde, und die bis 1990 Steuerfreiheit erhielt und bis zum Jahre 2054 Güter unverzollt einführen darf.

Auf dem Wasserweg ist Freeport von Nassau aus mit dem Postboot erreichbar. Die Überfahrt dauert allerdings 10 Stunden und kostet 20 $ pro Person. Von Miami aus verkehren die Schnellboote der *Bahama Hydrofoil Cruises*. Die Fahrt dauert rund 3 Stunden (Kostenpunkt 25 $ pro Person und Strecke).

Bimini

Bimini liegt 80 Kilometer östlich von Miami und wird von den Wasserflugzeugen der *Chalk's International* von Fort Lauderdale und Miami *(roundtrip 98 $)* angeflogen. Große Kreuzfahrtschiffe steuern Bimini nur selten an. Ein Grund mehr, diese nette kleine Insel zu besuchen, die sich für einen Bootsausflug anbietet. Vom *karibischen Flair* der Insel mit dem Hauptort **Alicetown**, der sich ein bißchen Atmosphäre der 30er Jahre bewahrt hat, soll angeblich schon *Papa Hemingway* geschwärmt haben. Er lebte einige Monate im Hotel *Compleat Angler*, bevor er sich ein eigenes Haus kaufte. Auf Bimini soll Hemingway seinen bekannten Roman „Der alte Mann und das Meer" geschrieben haben. In Alicetown gibt es vorzügliche Fischrestaurants und urige Bars. Da die Gewässer um Bimini zu den fischreichsten der Welt zählen, finden hier zahlreiche Wettbewerbe im Tiefseefischen statt.

Unser Tip: Einen der preiswertesten und originellsten Trips nach Bimini bietet *Kapitän Roy* an, dessen *altes Segelschiff* auf Watson Island stationiert ist. Watson Island liegt nahe Downtown Miami am Mac Arthur Causeway. Der bärtige Kapitän schippert nach Bimini, wenn er 50 Leute zusammenbekommt. Die Fahrt hin und zurück kostet pro Person 25 $ und dauert rund 10 Stunden.

Andros

Die größte Insel der Bahamas mit einer Gesamtfläche von 6000 Quadratkilometern besteht weitgehend aus brachliegendem Schwemmland, Weiden und einer üppigen tropischen Vegetation. Das Landesinnere ist völlig unerschlossen und der Tourismus wenig entwickelt. Noch vor 20 Jahren lebten einige Farmer in Erdlöchern inmitten des Dschungels. Die Siedlungen **Congo Town, Andros Town, Coakley Town** und **Nicholl's Town** liegen an der Ostküste. Im Südteil erstrecken sich herrliche *weiße Sandstrände* mit Palmen. Das rund 200 Meter lange **Andros Barrier Riff**, eines der *größten Barrier-Riffs* der Welt, ist Anziehungspunkt für *Taucher*.

Die Fahrt mit dem Postboot, das einmal pro Woche zwischen Nassau und Andros verkehrt, dauert drei Stunden. Von Freeport und Nassau gibt es darüber hinaus regelmäßige Flugverbindungen mit der *Bahamasair* nach Andros.

Eleuthera

Neben Freeport und New Providence ist Eleuthera touristisch am besten erschlossen. Es gibt zahlreiche Luxusunterkünfte, zwei *Golfplätze* und eine Panoramastraße, die an der Westküste entlangführt. Eine der ersten Siedlungen der Bahamas wurde Ende des 17. Jahrhunderts in **Spanish Wells** gegründet. In dem Ort, der nur mit dem *Wassertaxi* von Nord-Eleuthera aus zu erreichen ist, wohnen heute rund 1000 Menschen, überwiegend Weiße, die sich von Fischfang und Ackerbau ernähren. Gepflegte, pastellfarbene Häuser und kleine Gärten prägen das Stadtbild. Im Norden von **St. George's Cay**, auf dem Spanish Wells liegt, befinden sich schöne Strände. Sehenswert ist auch das alte Städtchen **Duncan Town** mit seinen alten Kolonialhäusern, früher einmal die zweitgrößte Stadt der Bahamas.

Von Miami und Nassau bestehen zahlreiche Flugverbindungen mit der *Bahamasair*. Ein einfacher Flug von Miami nach Eleuthera kostet 92 $, Hin- und Rückflug das doppelte. Das Postboot fährt von Nassau aus zweimal pro Woche nach Eleuthera.

Zentralflorida

Orlando

Mit dem Slogan *„Go for the Magic"* haben die Tourismusmanager von Orlando den Nagel auf den Kopf getroffen. Es hat in der Tat etwas Magisches, fast Unheimliches, wie diese Stadt genau in der Mitte Floridas zum Aufsteiger der letzten Jahre wurde. Die Einwohnerzahlen und das Durchschnittseinkommen stiegen kräftig, das Durchschnittsalter sank auf 30 Jahre. Junge Frauen und Männer aus anderen Staaten der USA kamen und kommen nach Orlando, um in der Tourismusindustrie oder in deren Sog ihr Geld zu machen. Von den 3,8 Billionen Dollar, die Wirtschaftsunternehmen im Laufe der letzten fünf Jahre in Florida investierten, gingen 43 Prozent allein nach Orlando.

Die Hauptinvestoren sind *Walt Disney World*, Hotelketten, Banken, Einkaufszentren und die *Universal Studios Florida*. Alle zusammen werden 42 000 Arbeitsplätze schaffen, so daß Orlandos Einwohnerzahl bereits 1990 die Millionengrenze übersteigen wird. Im Dienstleistungsbereich können auch Ausländer Jobs bekommen, hauptsächlich allerdings *part time*, Teilzeit. Die lokale Tageszeitung, der *Orlando Sentinel*, hat ausgerechnet, daß die 1987 ermittelte Arbeitslosenrate von 4,6 Prozent an die Nullgrenze gerutscht ist.

Der Optimismus, mit dem hier investiert und auf die Zukunft gesetzt wird, basiert ausschließlich auf dem ungebrochenen *Tourismusboom*. 1987 kamen 25 Millionen Touristen nach Orlando, von denen allein 12 Millionen auf dem Luftweg einreisten. Das Fluggastaufkommen hat sich in den letzten fünf Jahren verdoppelt und es wird noch weiter wachsen: 1989 wird eine vierte Landebahn in die wunderschöne Seenlandschaft gebaut.

Der Ausverkauf von Grund und Boden hat längst begonnen, die Spekulation blüht. Die Spürnasen des *Real Estate* – der Grundstücks- und Häusermakler – machen in Orlando schon lange das große Geld. Es ist nur eine Frage der Zeit, bis Orlando zu einer großräumig zubetonierten Metropole im *Land der Seen* wird, und das Paradies der Angler der Vergangenheit angehört. Der Orlando Sentinel setzte sich mit dieser Entwicklung kritisch auseinander und ging mit den Bodenspekulanten hart ins Gericht. Dafür gab es zwar den Pulitzer Preis, doch an der Geldgier der Baulöwen änderte das nichts. Zu leicht kann in Orlando der Besitzer einer kleinen Parzelle noch zum Millionär werden. Uns wurde angeboten, am International Drive für eine Million Mark ein kleines Grundstück zu erwerben – mit einer zugesicherten Gewinnspanne von 100 Prozent innerhalb eines Jahres. Wir haben abgewunken, aber viele Privatleute aus Europa haben sich wegen des günstigen Dollarkurses bereits eingekauft.

Zur Sanierungspolitik, die vom Stadtrat, mit Ausnahme des einzigen schwarzen Abgeordneten, unterstützt und gefördert wird, gehört außerdem der geplante Abriß des Schwarzenviertels westlich der Interstate 4 im Bereich der **Anderson Street**. Hier, in unmittelbarer Nähe zu den restaurierten Vorzeigestraßen für Touristen, wollen Banken und Versicherungen ihre Wolkenkratzer hinstellen. Für die Nachfahren der 1875 als Obstpflücker angeheuerten Schwarzen wird außerhalb der Stadt ein Neubauviertel hochgezogen.

In **Metropolitan Orlando**, die Landkreise **Orange, Osceola** und **Seminole** umfassend, können Touristen zwischen 20 000 Restaurants und 280 Hotels aller Kategorien wählen. Allein in Orlando und Umgebung gibt es über 200 Übernachtungsmöglichkeiten, wobei die Durchschnittspreise für ein Doppelzimmer in der Nähe von **Disney World** mit rund 60 Dollar am höchsten sind. Am **International Drive**, von dem aus alle Attraktionen günstig zu erreichen sind, müssen im Schnitt 50 Dollar bezahlt werden. **Orlando Downtown** hat zwar drei Luxushotels in schönster Lage direkt am See zu bieten, nach Unterkunftsmöglichkeiten der mittleren und unteren Preiskategorie haben wir jedoch lange suchen müssen. Da Downtown etwas weit vom Schuß ist – nach **Sea World** etwa eine Stunde Fahrzeit, nach Disney World beinahe doppelt so lange – sind die wenigen einfacheren Hotels auch in Orlandos Hauptsaisonzeiten August (Ferien) und um Weihnachten herum kaum belegt. Doppelzimmer gibt es ab 25 Dollar, dafür sollte man aber nicht zu anspruchsvoll sein.

Das touristische Aushängeschild und Zugpferd von Orlando ist nach wie vor die Glitzerwelt der Trickfilmhelden *Mickey Mouse and Co.* in Walt Disney World. Im Fahrwasser dieser Attraktion machen eine Vielzahl von Vergnügungsparks *„cool, green, cash money"*, viele hübsche grüne Dollarnoten. Disney World hat pro Jahr ein Durchschnittsnettoeinkommen von rund 400 Millionen Dollar. Nirgendwo in Florida gibt es mehr Vergnügungsparks und andere Sehenswürdigkeiten als in Orlando, nirgendwo schwappt der Ami-Kitsch überwältigender und ungebrochener über dem Besucher zusammen als hier.

Mit großen Vorbehalten haben wir uns der Mickey-Maus-Kultur genähert. Daß Erwartungshaltungen sich leicht bestätigen, haben wir dabei bewußt in Kauf genommen. Der Rummel zur Ferienzeit war unbeschreiblich: Keine befahrbare Straße im Umkreis von 20 Meilen, an der nicht riesige Werbeplakate um die

Gunst der Touristen buhlten und gefährlich vom Autofahren ablenkten: „Come and visit Cypress Gardens", „Enjoy the Arabian Nights", „Wet'n Wild is pure fun", „Boardwalk and Baseball – a winning combination". Da schwirrt einem bald der Kopf und man ist leicht versucht, die nächstbeste Abfahrt auf irgendeinen Highway zu nehmen, um dem Wirrwarr zu entfliehen.

Schließlich machten wir mit Sea World den Anfang, dann waren wir zwei Tage in Disney World und **Epcot**, anschließend folgten Besuche im **Elvis Presley Museum**, in der **Church Street Station**, und anderen Institutionen der lokalen Unterhaltungsbranche. Wir tauchten also ein in den Strudel, fanden alles ziemlich schrecklich und amüsierten uns köstlich über die mühelos zu begeisternden Amerikaner.

Doch als wir wieder halbwegs bei Besinnung waren, merkten wir, daß etwas wundersames mit uns geschehen war. Irgendetwas hatte uns fasziniert, doch was war es? Etwa Mickey der Magier, der uns wie willenlose Zauberlehrlinge in seinen Bann gezogen hatte? Der Killerwal in Sea World mit seinem Looping hoch über den Köpfen der Zuschauer beeindruckte uns mächtig, staunend wie kleine Kinder liefen wir durch das **Magic Kingdom**, bewunderten wir den todschicken Mercedes 600 von Elvis. Und dann waren da ja auch noch die anderen Touristen: Sie trugen Shorts, T-Shirts mit Mäuseohren drauf und Reebok-Turnschuhe, aßen Popcorn, Hot Dogs und Softeis, tranken Cola und Eistee. Ja, so hatten wir uns alles vorgestellt, unser Bild stimmte. Aber weder waren wir angewidert von dem ganzen Zirkus, noch von den konsumfreudigen Touristen. Was mit uns passiert war, haben wir nicht herausgefunden. Magie läßt sich eben nicht erklären und Mickey, der vielleicht die Antwort weiß, kann leider nicht sprechen. *„Orlando, go for the Magic!"*

Die weniger schöne Welt von Disney

Von Terry M. Shine

Epcot war Disney's großes „Altersprojekt". Böse Zungen behaupten, daß sein fortstreitender Lungenkrebs ihn auf die Idee brachte, eine Kunststadt, eine „Neue, bessere Welt" zu schaffen, in der es keine Luftverschmutzung gab, soziale Unterschiede aufgehoben waren, Armut und Hunger nicht existierten, in der 20 000 Menschen unter menschenwürdigen Bedingungen lebten.

Es gab zwar nicht viel Neues zu sehen in der 1982 eröffneten *Future World*, bahnbrechend neu war dagegen das *350-Millionen-Sponsoring* für dieses Projekt. Beteiligt waren Unternehmen, die die Bedürfnisse ihrer Kunden sehr genau kennen: Die Telefongesellschaft, AT&T, Träger des *Spaceship Earth*, der Lebensmittel-

Die Welt von Walt Disney: ein sauberes, stabiles Venedig und Elefantenattrappen ▶ im künstlichen Dschungel.

konzern Kraft, der uns *The Land* zeigt, United Technologies, die *The Living Seas* finanzierten, Kodak, das zu einer *Journey into Imagination* verführt, Exxon, die das *Universe of Energy* kontrolliert und nicht zuletzt General Electric mit der Zukunftsshow *Horizons*.

Im *Magic Kingdom* steuert Disney den Teil unserer Empfindungen, um uns in die Kindheit zurückzuversetzen. Wir können die Micky Maus lieben oder hassen, die kleine Flucht aus der Alltagswelt schmunzelnd akzeptieren. Epcot hingegen ist anders: eine sterile, phantasielose Anhäufung von Technik und Aluminium, ohne Leben. Nehmen wir das *Raumschiff Erde:* Das Thema, um das es sich dreht, ist *Kommunikation,* ein wichtiger Bereich des sozialen Lebens, oder nicht? Doch die Reise ist kurz. Wir fahren von den Hieroglyphen zu den Computern, vorbei an sprechenden Figuren, von einer Innovation zur anderen. Nur eine Szene aus dem alten Griechenland läßt uns plötzlich aufhorchen. „Das griechische Theater diente dazu, das Publikum mit den sozialen und moralischen Fragen dieser Zeit zu konfrontieren". Soziale Probleme? Moral? Ironischerweise gibt es im ganzen *Spaceship*, geschweige denn im übrigen Epcot, genau auf diese Fragen keine Antwort.

Raumschiff Erde ist die beste Einführung in die gesamte Ausstellung. Unsere Zukunft, so erfahren wir, ist in sicheren Händen. Nicht in unseren eigenen, sondern in denen von AT&T, General Electric, Exxon und General Motors. Unter „Kommunikation" versteht man in Epcot eine einzige *High-Tech-Welle,* die uns sanft überrollt. Raumschiff Erde ist ein gutes Beispiel für den festen Glauben daran, daß die Technik unsere Zukunft schon richten wird. Eine Zukunft, in der die Roboter den Menschen ähneln – oder vielleicht auch die Menschen den Robotern. Angesichts der Gentechnologie eine wichtige Frage. Es ist frustrierend, diese Maschinenmännchen dabei zu beobachten, wie sie unsere Bewegungen nachäffen. Ein singender Bär oder eine Maus sind wenigstens noch lustig, aber diese Horrorfiguren aus Blech ...

Eine Reise durch Epcot ist ein Frontalangriff auf unsere Sinne. Der Verstand bleibt auf der Strecke. Wir teilen die Ignoranz mit den Kindern, wir teilen die Illusionen unserer Väter und Mütter. Es sind nicht nur die Illusionen Walt Disneys, sondern die ganz Amerikas. Die *World of Motion* zeigt uns das Streben nach immer mehr *Schnelligkeit*. Natürlich ist weit und breit kein Verkehrsstau in Sicht und bei den Effekten sind Abgase und Schmutz selbstverständlich ausgespart worden. Und wer käme im Rausch der Geschwindigkeit schon auf die Idee zu fragen „Wo zum Teufel fahren wir eigentlich hin und wozu diese Eile?"

Bevor wir uns in Kodaks Glaspyramide auf die *Journey into Imagination* begeben, sollten wir uns fragen, was von unserer *eigenen Vorstellungskraft* übriggeblieben ist, bevor Kodak anfängt sich darum zu kümmern. Bereits vor dem Eingang läuft Kodaks erster Angriff auf unsere Vorstellungkraft: Man sagt uns, wo genau wir zu stehen haben, um ein gutes Foto zu machen. Hier befindet sich nur einer von vielen „Photo Spots", die überall in Disney World zu finden sind. Warum sollen wir auch nachdenken oder selber kreativ sein? Dafür gibt es schließlich andere.

Fliehen wir aus dieser Welt der Perfektion vergangener und künftiger Tage in eine andere, nicht minder perfekte: *World Showcase*. Diese Anhäufung von künstlich geschaffenen Ländern rund um eine Lagune ist karnevalistische Kulturverbrämung auf amerikanisch. Was immer wir von den Ländern erwarten, haben sie gefälligst auch zu bieten. Statistisch betrachtet haben nur 30 Prozent der Amerikaner, die World Showcase besuchen, jemals die Grenzen ihres Landes passiert. Und die Chancen, daß sie es auch nie tun werden, stehen gut. Wieder einmal können sie genießen, nur weil sie es nicht anders kennen.

Als Ganzes betrachtet, hat Walt Disneys Epcot etwas im eigentlichen Wortsinne *Atemberaubendes*. Vor allem dann, wenn man sieht, wie die Konfrontation mit der Gegenwart durch die Flucht in die Zukunft vermieden wird. Es ist eine Sache, mit der Wirklichkeit nicht in Berührung zu kommen, und eine andere, ihr wahrhaftig gegenübergestellt zu werden. In einem Unterwasser-Film werden die Meerjungfrauen *oben ohne*, aber ohne Brustwarzen gezeigt. Mit jedem weiteren Zentimeter dieser so sorgfältig geplanten und kontrollierten Parks ist der Unterschied zwischen Wirklichkeit und Erfindung schwerer zu erkennen.

Deshalb ist Epcot so beunruhigend. Wenn es nur eine Umsetzung von Disneys Vorstellungen von Entertainment wäre, könnte man es fast noch genießen. Ist es aber nicht. Es ist nach dem gemacht, wie wir leben und denken. Es spiegelt die Art und Weise, wie wir die Augen vor den drängenden Problemen der Gesellschaft verschließen und stattdessen auf eine vielversprechende Zukunft hoffen. Disney hat unsere Lebensweise nur unter ein Vergrößerungsglas gelegt.

Terry M. Shine ist freier Journalist und lebt in Lantana, West Palm Beach. Er schreibt für den Miami Herald, die Miami Times und die New Times.

Informationen

Orientierung

Orlando hat drei Schwerpunkte, die weit auseinanderliegen, aber durch ein gutes Schnellstraßensystem problemlos zu erreichen sind. Architektonisch interessante Wolkenkratzer, die Banken, Versicherungsgesellschaften und Einkaufszentren beherber-

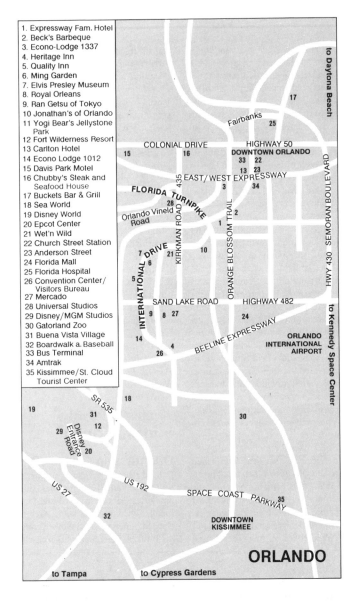

gen, liegen inmitten einer sehr gepflegten Seenlandschaft – der größte und schönste See ist der **Lake Eola** – in Downtown. **Am Orange Blossom Trail** und am **Colonial Drive** ist am meisten los: Motels, Restaurants, Autohändler, Tankstellen und Supermärkte prägen das Bild dieser beiden Straßen. Aufgepaßt, den südlichen Teil des Orange Blossom Trails sollten Frauen nach Einbruch der Dunkelheit besser meiden.

Eine halbe Autostunde weiter südlich über die **Interstate 4** befindet sich entlang des **International Drive** ein verkehrsgünstig zu Disney World gelegenes touristisches Zentrum, in dem neben einer Unmenge von *attractions* hauptsächlich Hotels, Restaurants und Souvenirshops zu finden sind. Hier wird viel gebaut, daher sollte bei der Hotelsuche auf eventuelle Lärmbelästigung geachtet werden.

Die Gegend um **Disney World** und **Kissimmee** ist schließlich der dritte Schwerpunkt und die Hauptanlaufstelle für diejenigen, die sich in unmittelbarer Nähe der Hauptsehenswürdigkeiten einquartieren wollen. Meist sind es amerikanische Familien aus der weißen Mittelklasse mit drei oder mehr Kindern, die hier absteigen, um morgens möglichst als erste am Haupteingang von Disney World zu stehen.

Veranstaltungstips, Angebote von Restaurants und Hinweise auf wechselnde Ausstellungen erteilt die Wochenendbeilage des *Orlando Sentinel Calendar*.

Verkehrsmittel

■ **International Airport,** Tel. 826-2001. Der Flughafen von Orlando liegt südöstlich von Downtown. Dort bieten die bekannten Leihwagenfirmen einen kostenlosen Transfer vom Flughafenausgang zu ihren Büros an. In die Stadtmitte sind es etwa fünf Minuten.

■ **Greyhound und Trailways,** 300 W Amelia St Ecke Hughy Ave in Downtown, Tel. 843-7720. Täglich um 10 Uhr fährt von hier aus ein Bus nach Sea-World, Epcot und Magic Kingdom. Rückfahrt um 19 Uhr. Fahrpreis: 7,60 $ am Wochenende, 6 $ an Wochentagen. Außerdem verkehren Busse in Richtung Tampa, Jacksonville und Miami.

■ **Amtrak,** 1400 Sligh Blvd. Züge in Richtung Tampa, Jacksonville und Miami.

■ **Tri-County Transit,** 438 Woods Ave, Tel. 814-8240. Lokales Bussystem, Busse fahren täglich von 6 – 21 Uhr.

Informationen

■ **Area Code:** 407
■ **Orlando/Orange County Convention & Visitos Bureau,** 7680 Republic Dr, Suite 200, Tel. 345-8882.
■ **Wetterbericht:** Tel. 851-7510.
■ **First Aid Medical Center,** 7411 International Dr, täglich rund um die Uhr geöffnet.
■ **Florida Hospital Corporate Health Service,** 601 E Rollins St, Tel. 897-1929, ebenfalls nie geschlossen.
■ **Post:** 46 E. Robinson Ecke Ma-

gnolia St, Tel. 843-5673. Geöffnet Mo–Fr 9–17 Uhr.
- **Zip-Code:** 32802.

Unterkunft
- **Carlton Hotel,** 432 Hughey St, Tel. 420-9162.
EZ und DZ 15 $, Wochenpreis 75 $. Keine Klimaanlage, Gemeinschaftsdusche auf dem Flur. Sehr einfache Unterkunft im Schwarzenviertel.
- **Davis Park Motel,** 221 E. Colonial Dr, Tel. 425-9065.
EZ 30–40 $, DZ 30–50 $, Apartments 210 $ pro Woche.
Schön gelegenes, sauberes Motel an einem der vielen Seen in Orlando Downtown. *Sehr zentral.* Die preiswerteren Zimmer sind etwas klein. Pool.
- **Econo Lodge,** 720 S Orange Blossom Trail, Tel. (305)841-0788.
Zwei Meilen von der Greyhound Station entfernt. EZ 25 $, DZ 30 $. Pool.
- **Econo Lodge,** 8738 International Dr, Tel. (305)345-8195.
EZ 36–48 $, DZ 42–54 $.
- **Expressway Family Motel,** 3550 S Orange Blossom Trail, Tel. (305)423-9657.
EZ und DZ 25–40 $, bei sechs Übernachtungen gibt es eine zusätzliche gratis. Wochenpreis 150 $. Einfache Unterkunft in der Nähe von Downtown.
- **Harley Hotel of Orlando,** 151 East Washington St, Tel. 841-3220. EZ ab 75 $, DZ ab 85 $.
Zimmer mit Blick auf den Lake Eola, komfortabel eingerichtet. *Superpool.*
- **Heritage Inn,** 9861 International Dr, Tel. (305)352-0008, Toll-Free-Number innerhalb Floridas 1-800-282-1890. EZ und DZ in der Zeit vom 1. Okt.–20. Dez. 45 $, in den anderen Zeiten erheblich teurer.
Schöne Anlage mit großem Pool im Stil der Jahrhundertwende. Das Restaurant hat ein *Dinner-Theatre:* Zum Abendessen wird zur Unterhaltung der Gäste ein Theaterstück aufgeführt.
- **Orlando International Hostel at Plantation Manor,** 227 N Eola Dr, Tel. 843-8888.
Vierbettzimmer pro Person 12 $, bei drei Übernachtungen 10 $. DZ 26 $. Gratis-Abholdienst von der Greyhoundstation, Bus-Service nach Disney World. Pool in Planung.
- **Quality Inn,** 7600 International Dr, Tel. 351-1600.
EZ und DZ 30–50 $. Kostenloser Busservice zu den Attraktionen. Pool.

Camping
- **Fort Wilderness Resort,** P.O. Box 10 000, Lake Buena Vista, Tel. 824-9200.
Pro Zelt 14 $ plus 2 $ pro Person für Wasser und Strom. Pool, Tennis, Busservice zu den Attraktionen gratis.
- **Yogi Bear's Jellystone Park,** 9200 Turkey Lake Rd, Tel. 351-4394, Toll-Free-Number 1-800-327-7115.
Pro Zelt von April–Dezember 13 $, hinzu kommen 2 $ für Strom. De-

zember–April 19 $ inklusive Strom. Anlage an zwei Seen mit Pool, Minigolf. Busservice nach Disney World pro Person 6 $ hin und zurück.

Essen und Trinken

■ **Becks's Barbecue,** 5685 S Orange Blossom Trail, Tel. 851-1844. Mo bis Do 11.30–19.30, Fr und Sa bis 21.30 Uhr, So geschlossen.
Familienbetrieb, der vor allem von Geschäftsleuten und amerikanischen Familien besucht wird. Die Besitzer Bill und Shirley Halcomb haben wie viele Amerikaner erst andere Berufe ausgeübt, bevor sie sich ihren Traum erfüllten und das eigene Restaurant eröffneten. Ausgesprochen *preiswert*. Spezialitäten: Eintöpfe *(stew)* und *barbecue*. Gerichte ab 5 $.
■ **Buckets Bar & Grill,** 1825 N Mills Ave, Tel. 894-5197. Mo bis Do 11–24 Uhr, Fr und Sa bis 2 Uhr, So 10.30–24 Uhr.
Meeresspezialitäten und Steaks ab 12 $. Nicht unbedingt preiswert, dafür speist man hier mit Blick auf einen See.
■ **Chubby's Steak and Seafood House,** 1638 E Colonial Dr, Tel. 898-1067. Mo bis Do von 17.30–21 Uhr, Sa bis 22 Uhr, So geschlossen.
Nettes kleines Restaurant in einem originellen Holzhaus. Gemütliche Atmosphäre und freundliche Bedienung. Das Essen ist gut und preiswert. Viele Gerichte beinhalten ein reichhaltiges Salatbuffet. Spezialität: *Surf and Turf* (10,95 $).

■ **Jonathan's of Orlando,** 5600 International Dr, Tel. 351-7001. Täglich 11–23 Uhr.
Steaks und *Seafood* zu moderaten Preisen. Um Gäste anzulocken, hat der Besitzer dieses Restaurants einen Wasserfall installieren lassen.
■ **Ming Garden,** 6432 International Dr, Tel. (305)352-8044. Täglich 11–23 Uhr. *Early Birds* von 16–18 Uhr.
Ausgezeichnete *chinesische Küche*. Fleischgerichte gibt es ab 6 $.
■ **Ran Getsu of Tokyo,** 8400 International Dr, Tel. (407)345-0044. Täglich 17–22.30 Uhr, *Sushi-Bar* bis Mitternacht.
Alle japanischen Spezialitäten von *Sushi* über *Tempura* bis *Sukiyaki* (japanisches Fondue). Hervorragend ist eine Zusammenstellung verschiedener Gerichte, die in einem Holzboot serviert werden. Dazu Suppe und Salat. Preis für zwei Personen 29 $. Abends japanische Performance auf einem Steg über dem Teich. *Exklusiv und empfehlenswert*.
■ **Royal Orleans,** 8445 International Dr, Tel. 352-8200. Täglich 17–23 Uhr.
Sehr gediegene Atmosphäre bei ausgezeichnetem Service. Chefkoch Phil Williams kreiert interessante Kombinationen der Küchen Louisianas und Frankreichs. Wer auf den Geschmack der zur Zeit im kulinarischen Trend liegenden *Cajun-Küche* kommen möchte, ist hier goldrichtig. Angeblich wird sogar das Fleisch aus Louisiana „importiert". Ob das auch in

London (wo kürzlich ein zweites *Royal Orleans* eröffnet wurde) der Fall ist? Das Restaurant ist jedenfalls einen Besuch wert, Voraussetzung ist aber, daß man genügend Dollars dabei hat. Hauptgerichte ab 16 $.

Sehenswert

Disney World:
1987 konnte ganz groß gefeiert werden. **Mickey Mouse** begrüßte am Eingang von Walt Disney World die 242 831 300ste Besucherin, eine unvorstellbare Zahl, mehr als die gesamten USA an Einwohnern haben. Damit hat sich diese Institution der Unterhaltungsindustrie als die mit Abstand meistbesuchte Touristenattraktion der Welt nachhaltig etabliert.

Vorläufer **Disneyland** in Anaheim bei Los Angeles zieht nicht annähernd so viele Besucher an, ist aber flächenmäßig auch viel kleiner. Walt Disney World ist 42 Quadratmeilen groß, das ist eine Fläche von der doppelten Größe Manhattans. Bis 1970, als Walt Disney und seine Gesellschafter das Land erwarben, gab es dort nur Sumpfland und Orangenplantagen. 9000 Arbeiter und etliche Planierraupen machten der Idylle ein Ende und 1971 öffnete Walt Disney World schließlich die Pforten. Ein Drittel der gesamten Fläche ist als Naturschutzgebiet ausgewiesen, so daß wenigstens ein Teil der Landschaft im Urzustand erhalten blieb. Alle Attraktionen im einzelnen zu beschreiben, würde den Rahmen dieses Buches bei weitem sprengen. Die Auswahl beschränkt sich daher auf das, was wir gesehen haben und was uns von anderen Reisenden berichtet wurde.

Nicht nur Kinder, auch deren Eltern und Großeltern haben ihren Spaß im **Magic Kingdom**, wo *Goofy, Mickey, Minni, Daniel Düsentrieb* und die *Duck-Familie* residieren. Auf der **Main Street,** einer amerikanischen Hauptstraße der Zeit um die Jahrhundertwende nachempfunden, gibt es Kinos, in denen die alten Schwarzweiß-Zeichentrickfilme zu sehen sind. Das alles überragende Dornröschenschloß bildet den Eingang zum **Fantasyland**, wo *Dumbo*, der fliegende Elefant mit den Riesenohren, als Gondelseilbahn den Besuchern einen Blick von oben bietet. Im **Tomorrowland** fährt ein Raumschiff zum Mars; die Illusion ist perfekt. Die *Jungle Cruise* im **Adventure Land** ist eher witzig. Sie führt über einen künstlich angelegten Fluß, an dessen Ufern ebenfalls künstliche Nashörner auf Menschenjagd gehen, Alligatoren auf den Schiffsuntergang spekulieren, Elefanten bedrohlich in die Luft trompeten und ein Stamm von Wilden (jegliche Bedenken bitte ausblenden!) in Erwartung einer Missionarsmahlzeit bereits im Kessel mit heißem Wasser rührt.

Die Welt der Zukunft – jedenfalls so, wie sie die Ingenieure von Walt Disney World sehen – stellt **Epcot** dar. Der Prototyp einer Welt von morgen ohne Luftverschmutzung und voll durchtechnisiert, was

«Go for the Magic» mit Mickey Mouse in Future World. ▶

Kommunikationssysteme und Transportmittel angeht, ist doppelt so groß wie das Magic Kingdom. Die einzelnen Sehenswürdigkeiten sind überdacht – was in einer zukünftigen Welt wahrscheinlich in der Tat angebracht sein wird – und von großen Industrieunternehmen gesponsert. Technik wird hier durchwegs unter dem Aspekt betrachtet, welche Errungenschaft sie dem Menschen bietet. Beleuchtet wird daher ausschließlich die Nutzen bringende Technik, die das Leben besser und die Menschen zufrieden macht. Umweltverschmutzung, so wird uns in Epcot suggeriert, dürfte bald kein Problem mehr sein und Computer werden Arbeitsplätze in einer Atmosphäre von Ruhe und Sauberkeit schaffen.

Das **Raumschiff Erde** (von der Telefongesellschaft *Southern Bell*) befördert die Besucher in einer, von weitem sichtbaren, glitzernden Kuppel, mit einer „Zeitmaschine" durch Vergangenheit und Zukunft menschlicher Kommunikation. Die **Journey into Imagination** von *Kodak* zeigt Kunst, Literatur, Wissenschaft, Filmproduktion und andere Produkte menschlicher Kreativität und Einfallsreichtums. Andere Projekte belehren über Nahrungsmittel *(Kraft)*, das Transportwesen *(General Motors)*, ein **Universe of Energy** *(Exxon)* sowie eine Unterwasserkolonie *(General Electric)*.

Teil zwei von Epcot ist **World Showcase**, eine Ausstellung von zehn Ländern, jeweils in einem für sich abgeschlossenen Gelände rund um einen See gelegen. In gut drei Stunden ist es so möglich, Stippvisiten in China, Mexiko, Italien, Japan, Marokko, Frankreich, England, Kanada, Westdeutschland und natürlich den USA zu machen. **Germany** besteht aus einer Mixtur von bayrischen Biergärten und österreichischen Schlössern. Es gibt Bremer *Becks Bier,* Münchner Brezeln, Schweizer Käse und Schwarzwälder Torte, serviert von deutschen *cultural representatives*, meist jungen Leuten, die die Vereinigten Staaten auf diese Weise kennenlernen wollen. In **France** läßt sich zu zivilen Preisen gut schlemmen.

Die *Eintrittspreise* haben das Maß des Erträglichen lange überschritten: 28 $ für Epcot und noch einmal 28 $ für das Magic Kingdom (Kinder 22 $) fanden wir zu teuer, obwohl alles bis auf Essen und Trinken darin enthalten ist. Ein Dreitagespaß schlägt mit 78 $ für Erwachsene und 63 $ für Kinder zu Buche. Wer Epcot *und* Magic Kingdom sehen möchte, zahlt das Doppelte. Da tröstet es auch kaum noch, daß Menschen unter drei Jahren freien Eintritt haben. Wir trafen eine vierköpfige Familie aus Virginia, die für einen einwöchigen Aufenthalt in Orlando – ihren Jahresurlaub – 2000 Dollar ausgegeben hatte. Von einem Besuch während der *Saisonzeiten* August und in der zweiten Dezemberhälfte muß dringend abgeraten werden, da zu diesen Zeiten lange Warteschlangen vor den einzelnen Attraktionen den Spaß verderben können. Im August ist es zudem viel zu heiß und Heerscharen von Sanitätern warten diskret auf kollabierende Touristen.

Weitere Attraktionen:

■ **Boardwalk and Baseball,** An der Kreuzung von Interstate 4 und US 27 in der Nähe von *Haines City*. Von 9–18 Uhr.
Vergnügungspark mit Karussels und *Horse Shows*. Außerdem befindet sich hier das Trainingszentrum der Baseballmannschaft *Kansas City Royals*, die in dem 7000 Zuschauer fassenden Stadion auch ihre Heimspiele austragen. Eine Ausstellung zeigt die Geschichte des *Baseball*. Titel des dabei vorgeführten Films: „*The Eternal Game*".

■ **Buena Vista Village,** *Retortenstadt* in der Nähe von Walt Disney World, die auch von diesem Unternehmen gegründet wurde. Viele Hotelburgen, um die Touristen gleich nebenan unterbringen zu können.

■ **Church Street Station,** 129 W Church St, täglich 9.30–2 Uhr. Eintritt ab 19.30 Uhr 9.95 $, Kinder 5.95 Dollar.
Orlandos Versuch, amerikanische „Geschichte" wieder aufleben zu lassen: Eine als *Historic Downtown* restaurierte einst verfallene Nebenstraße in der Nähe von Downtown wurde dazu kurzerhand mit etlichen Saloons, alten Automobilen, Restaurants und Läden ausgestattet, um die Atmosphäre der „*Good Old Days*"

herzustellen. Das sieht dann so aus, daß bei *Apple Annie's* Folkmusik, im *Cheyenne Saloon* Countrymusik und bei *Rosie O'Grady's* von gleichnamiger Band Dixieland-Jazz gespielt werden. *Lili Marlene's* bietet Barbecue und *Crackers* Meeresspezialitäten an. Abends ist so viel los, daß an den zahlreichen Saloontheken kein freier Platz zu bekommen ist. Die amerikanischen Touristen geraten bei der Livemusik schier aus dem Häuschen. Das zu beobachten, ist den Besuch wert.

■ **Cypress Gardens,** zwischen *Winter Haven* und *Lake Wales* südwestlich von Orlando (Abfahren von der Interstate 27). Täglich 9–19 Uhr.
Wasserskivorführungen, botanischer Garten, exotische Vögel, *Gator Show* (Alligator-Show) und Affen.

■ **Elvis Presley Museum,** 5931 American Way, (gegenüber von Wet'n Wild). Geöffnet täglich 9–22 Uhr.
Ausstellung mit 300 persönlichen Gegenständen des Rock and Roll-Idols. Darunter seine 600er Mercedes-Limousine, sein Bett, etliche kitschige Schmuckstücke, Möbel und seine Geburtsurkunde. Die aufwendigen Kleidungsstücke, die er bei seinen Konzerten trug, fehlen ebensowenig wie die Gitarre, die Elvis bei zahlreichen Plattenaufnahmen spielte. Die Vermarktung des Ganzen findet im Verkaufsraum statt, wo es nicht nur Postkarten, Buttons und Biergläser mit dem Konterfei des Meisters gibt, sondern auch eine kosmetische Pflegeserie für Haut und Haar mit dem

Namen *Love me tender*. Eine Unterschriftensammlung an das Weiße Haus soll Elvis Presley in memoriam zu der Auszeichnung „*Patriot, Gönner der Armen und Botschafter unseres Landes*" verhelfen. Wer vier Dollar übrig hat und Elvis mag, sollte sich die Ausstellung ansehen.

■ **Flea World,** Hwy 92. Der Flohmarkt ist Fr bis So 8–17 Uhr. Der Eintritt ist frei.
Über 1000 fliegende Händler verkaufen an jedem Wochenende Haushaltswaren, Autoteile und Möbel. Zur Unterhaltung spielen verschiedene Bands Country- und Westernmusik.

■ **Gatorland Zoo,** südlich von Orlando an der US 92. Täglich ab 8 Uhr. Von Hand gefütterte Alligatoren und Krokodile, Flamingos, Affen und andere wilde Tiere werden in ihrer natürlichen Umgebung gehalten. Ebenso natürlich werden im Verkaufsraum der *Alligator Boutique* Krokogürtel, -handtaschen sowie Krokoportemonnaies verkauft.

■ **Sea World,** 6277 Sea Harbour Dr. Täglich ab 9 Uhr. Geschlossen wird je nach Saison zwischen 21 und 22 Uhr. Eintrittspreis 20 $.
Seelöwen, Ottern, Delphine, Wale und Haie führen in Sea World, dem Besitz von Verleger Harcourt Brace Jovanovich, ihre Kunststückchen vor. Die Shows sind perfekt inszeniert, spannend anzusehen, spielerisch präsentiert und den Tieren macht es offensichtlich eine Menge Spaß. Besonders viel Aufwand wird um den Killerwal *Shamu* getrieben, der dem Publikum zusammen mit seinen Artgenossen *Kendu, Namu* und dem in Sea World geborenen *Baby-Shamu* in einer Arena mit 5200 Sitzplätzen vorgeführt wird. Bevor Shamu mit einem Wahnsinnssprung aus dem Becken schießt und die Zuschauer in den ersten drei Reihen vollspritzt, hüllen Nebelschwaden die Wasseroberfläche ein, erklingt dramatische Gruselfilmmusik und eine tiefe, beschwörende Stimme, die ihn ankündigt: den *mörderischen Killerwal,* die drei Tonnen schwere „Legende der Meere". Der wilde und unberechenbare Shamu läßt schließlich seine Dresseure brav auf sich reiten, frißt ihnen aus der Hand, ohne sie abzubeißen und winkt dem Publikum zum Abschied wie ein alter Bekannter kumpelhaft mit der Schwanzflosse zu.

Im **Dolphin Stadium** ist *Stanley* von der Golfküste der Star. Seine Saltos reißen die Besucher zu Beifallsstürmen hin. Witzig und aufwenig wie eine Hollywood-Show wird die Dressur der Seelöwen, Walrösser und Ottern präsentiert. Das Ganze ist von *Pepsi* gesponsert und dementsprechend bewegen sich die Tiere zu Hits von Michael Jackson und Stevie Wonder, die ja bekanntlich auch für dieses Unternehmen werben.

Im 1987 erbauten **Penguin Encounter** stehen Hunderte von Pinguinen aus Antarktis und Arktis in einem der Polarlandschaft nachempfundenen Betongebäude ziemlich gelangweilt in der Gegend herum. Die Manager von Sea World sind auf diese Neue-

rung wahnsinnig stolz, weil sie meinen, die bedrohte Spezies so vor dem Aussterben zu retten.
■ **Seminole Greyhound Park,** 2000 Seminola Blvd, Casselberry (an der US 92 nördlich von Orlando).
Mo bis Sa jeweils um 19.45 Uhr rennen die Hunde um die Wette. Termine wechseln jährlich, daher genaue Auskunft unter Tel. 699-4510 einholen.
■ **U.S. Navy Recruit Graduation Exercises,** General Rees Road.
Jeden Freitagmorgen Punkt 9.45 Uhr exerzieren 600 frischgebackene Rekruten (männlich und weiblich) eine Stunde lang nach den Klängen der *Navy Band Orlando*. Bei der in Orlando stationierten militärischen Trainingseinheit sind im Schnitt 16 000 Männer und Frauen beschäftigt. Den *amerikanischen Präzisionsdrill* kann man kostenlos beobachten.
■ **Universal Studios Florida,** Major Blvd.
Studiotour für Filminteressierte. Universal lockt mit den Helden von Hollywoodfilmen, seien es *King Kong*, *E.T.* oder der *Weiße Hai*. Gezeigt wird, wie Trickaufnahmen entstehen und wie ein technologisch hochentwickeltes Tonstudio funktioniert. Einige Serien von *Miami Vice* werden hier entstehen und die Zuschauer dürfen hautnah alles miterleben. Eröffnung Ende 1989.
■ **Wet'n Wild,** S International Dr, täglich ab 10 Uhr. Von Juni–August bis 22 Uhr geöffnet, in der restlichen Zeit bis 17 Uhr. Im Januar wird Frühjahrsputz gemacht.
Riesenwasserrutschen laden Schwimmer wie Nichtschwimmer zum Eintauchen ins kühle Naß ein. Während der Saisonzeiten lange Warteschlangen.

Einkaufen
■ **Florida Mall,** 8001 S Orange Blossom Trail.
Nett gemachtes Einkaufszentrum mit vielen Imbißständen, an denen ausländische Spezialitäten verkauft werden. *Lecker und preiswert!*
■ **Great Western Boot Outlet,** International Dr, einen Block östlich der Kirkman Rd. Täglich geöffnet.
Hier gibt es *Westernstiefel* bekannter Marken *zu reduzierten Preisen*. Im Nebengebäude werden Kleidung, Geschirr und Lederwaren ab Fabrik verkauft.
■ **Mercado Mediterranean Shopping Village,** 8445 International Dr.
Einkaufszentrum in mediterranem Stil mit 50 Läden, Cafés und Restaurants. Abends Livemusik.

Diskos
■ **Boomers,** 12247 University Blvd. Täglich ab 20 Uhr.
Rockmusik von der Platte.
■ **Sun Splash,** Willmer Ave. Di bis Sa ab 21 Uhr.
Reggae-Disko mit Live-Bands mittwochs, freitags und samstags.

Ausflüge

Kissimmee
Rund zehn Meilen östlich von Disney World liegt Floridas *Rinderzuchtzentrum*. Jeden Mittwoch findet hier eine Viehauktion statt und anschließend werden einige Tiere in Form von riesigen gegrillten Steaks verzehrt. Eine der größten *Entertaining Shows* des Landkreises ist in Kissimmee zu finden. Die *Arabian Nights* bieten nicht nur ein gepflegtes Abendessen, sondern auch spannende Reiterwettkämpfe und Wagenrennen. Während man also ißt, galoppieren nacheinander 60 Pferde verschiedener Züchtungen am Tisch vorbei. Die Reiter versuchen dabei, sich wie im Mittelalter mit Hilfe einer Lanze gegenseitig vom Pferd zu stoßen oder andere Albernheiten vorzuführen. Reservierungen unter Tel. 351-5822 in Orlando oder Tel. 396-7400 in Kissimmee. Die *Arabian Nights* befinden sich am Highway US 192 Ost in der Nähe des *Lake Buena Vista*.

Cape Canaveral
Wie ungebrochen der Glaube an den unendlichen Fortschritt der Technologie in den Amerikanern verwurzelt ist, wird immer wieder dann deutlich, wenn der nächste Raketenstart vor der Tür steht. Hunderttausende nehmen dann tagelange Autofahrten in Kauf oder setzen sich gar ins Flugzeug nach Orlando, um Augenzeugen des Schauspiels zu sein. Die Hotels sind ausgebucht, Verkehrsstaus legen die Städte lahm und die örtlichen Tageszeitungen machen mit den Meldungen über den Gesundheitszustand der Astronauten und die Zusammensetzung ihres morgendlichen Frühstücks die Leute verrückt. Der „Challenger"Schock sitzt vielen Amerikanern noch tief in den Knochen; fast scheint es, als hätten sie die Katastrophe, bei der 1986 die Rakete explodierte, als persönlichen Rückschlag empfunden. Sie spenden den Hinterbliebenen horrende Summen und kaufen Autoschilder mit dem Abbild der Challenger-Rakete für einen Aufpreis von 25 $, die ebenfalls einem Fonds zugeführt werden.

Als 1988 die „Discovery-Mission" erfolgreich endete, ging ein großes Aufatmen durch die Nation. Die Interviewten in einer Fernsehsendung von NBC wiederholten unabläßig, wie wichtig dieser Erfolg sei. Schließlich müßten die USA die führende Nation bei der Eroberung des Weltraums bleiben, meinte eine junge Frau. (Siehe auch Hintergrundsbericht über „Cape Canaveral".)

Für 275 $ inklusive Unterkunft und Verpflegung schenken viele Amerikaner ihren Kindern (angesprochen werden allerdings nur die *Söhne*) zum Geburtstag einen dreitägigen Aufenthalt im **Space Camp**. Sie bekommen Astronautenanzüge an, dürfen in Simultanraketen steigen und das Gefühl der Schwerelosigkeit erleben.

Cape Canaveral ist ein Freilichtmuseum, in dem die Fluggesellschaft

TWA sogenannte NASA-Touren vom *Kennedy Visitors Center* aus managt. Es liegt an der Westseite von **Merritt Island** und grenzt damit unmittelbar an ein Naturschutzgebiet für vom Aussterben bedrohte Vogelarten. Ein Gegensatz, wie er krasser nicht sein kann.

Bustouren über das Gelände einschließlich der Besichtigung eines *Space Shuttle* kosten 5 $ und starten am **Visitors Center**. Touren täglich alle 20 Minuten von 9 Uhr bis zwei Stunden vor Sonnenuntergang.

Verkehrsverbindung:
Cape Canaveral ist nur mit dem Auto zu erreichen. Es gibt allerdings einen *Shuttle-Service* vom Flughafen in Orlando nach Disney World, Cocoa Beach und Kennedy Space Center (etwa 15 Dollar). Nachfragen unter Tel. (305)784-3931. Mit dem Auto die A1A gen Norden fahren, dann westlich auf die SR 528 abbiegen und weiter auf der SR North Richtung Spaceport.

Cocoa Beach

An den Wochenenden fahren die Bewohner von Orlando an die Küste, meistens nach **Cocoa Beach** nördlich von Cape Canaveral. Hier genießen sie das Strandleben, das sie zu Hause vermissen und sind dafür gerne eine gute Stunde mit dem Auto unterwegs. Am günstigsten über den **Bee Line Expressway** gegen eine geringe Gebühr zu erreichen, befindet sich Cocoa Beach auf einem dem Festland vorgelagerten Inselstreifen, der sich fast achtzig Meilen gen Süden an der Küste entlangzieht. Der Strand ist breit und feinsandig, streckenweise allerdings sehr verschmutzt. Cocoa Beach ist ohne Auto nur mit dem Taxi von der Greyhound-Station in **Cocoa** aus zu erreichen. Kostenpunkt etwa 10 $. Anhalter werden aber auch gerne mitgenommen.

Cocoa:
Acht Meilen vom Meer entfernt liegt **Cocoa**, das außer einer herausgeputzten Straße, der **Brevard Avenue**, nichts Sehenswertes bietet. Das Städtchen ist von Orlando aus mit dem Greyhound zu erreichen, ein eigenes Bussystem gibt es nicht.

Verkehrsmittel:
■ **Greyhound**, 302 Main St. Die Strecke Orlando – Cocoa kostet 12 $.

Unterkunft:
■ **Motel 6**, 3701 N Atlantic Ave, Tel. 783-3101.
EZ 23 $, DZ 28 $. Pool.
■ **Sea Missile Motel**, 4292 N Atlantic Ave, Tel. (407)783-6880.
Wer Don und Lynda helfen will, ihre Rechnungen zu bezahlen, so eine Werbetafel vor dem Motel, sollte hier absteigen. EZ und DZ 35 $. Einfache, aber gepflegte Anlage mit Pool.

Essen und Trinken:
■ **Andre Restaurant**, 405 Brevard Ave, Tel. (407)631-4627.
Französisches Restaurant in Cocoa.

Vorspeisen ab 3,30 $, Hauptgerichte ab 11 $. Lunch 5 – $.
- **Herbie K's**, 2080 N Atlantiv Ave. Chromblitzende Reproduktion eines Restaurants der 50er Jahre. Es gibt *Burger* für 2 $. In jeder Eßnische befindet sich eine *Jukebox*.

Ocala

Wie Phönix aus der Asche gewann der Vollblüter *Needles* 1956 das renommierte *Kentucky Derby*. Die Pferdewelt steckte aufgeregt die Köpfe zusammen. Wo kommt er her, dieser schnelle Hengst? Was, aus Florida? Aus Ocala? Wo zum Teufel liegt Ocala? Sie hatten kaum Zeit, ihren Fragen auf den Grund zu gehen, da gewann Needles auch noch die *Belmont Stakes*. Die Vollblutzüchter aus Kentucky, dem unbestrittenen Zentrum der Pferdezucht, holten nun Erkundigungen ein. Besitzer aus Florida hatten sie schon viele kennengelernt, doch noch kein in Florida gezogenes Pferd, das große Rennen gewinnen konnte.

Szenenwechsel. Südflorida in den 20er Jahren: Palm Beach war die Oase der Millionäre, Miami Beach zog viele Touristen an und die Eisenbahnstrecke an der Ostküste war gerade fertiggestellt. Das Landesinnere war unbesiedelt, Grundstücke standen zum Verkauf an. Doch wie konnten Investoren am Landerwerb interessiert werden? In den Jahren der Prohibition verbrachten die Reichen ein Großteil ihrer Zeit in Havanna, wo Glücksspiele erlaubt waren und Alkohol in Strömen floß. Floridas Antwort hieß *Hialeah*, ein indianischer Name für „schöne Landschaft". Dort, im Nordwesten von Miami, wurde 1925 eine Galopprennbahn eröffnet. Illegal, aber was machte das schon? Aus Palm Beach kamen per Eisenbahn die Reichen zu den Rennen und machten diese Ausflüge zu einem gesellschaftlichen Ereignis. Dann begannen sie, rund um die Rennbahn Land zu erwerben, um näher am Spektakel zu sein. Miami Springs und Coral Gables entstanden. Schließlich wurde eine zweite Pferderennbahn eröffnet, *Tropical Park*, heute *Gulfstream Park*, wo früher die Windhunde um die Wette liefen. Doch kein in Florida gezogenes Pferd kam an den Start. Das änderte sich erst, als James H. Bright und T. C. Christopher eine Mutterstute erwarben, deren Tochter *Martha's Queen* schließlich das erste offiziell in Florida geborene Rennpferd war. Martha's Queen gewann im Laufe ihres Lebens nur 675 Dollar und die Pferdeleute aus Kentucky spotteten: „Kümmert ihr euch lieber um die Alligatoren und überlaßt die Pferdezucht uns." Die Antwort aus Florida kam postwendend: „Ihr in Kentucky braucht nur besseres Wetter, dann könntet ihr Orangen und Grapefruits anbauen."

Dann entdeckte der Straßenbauer Carl Rose in *Marion County*, dem größten Landkreis Floridas, Kalksteinboden. Damit ließ sich nicht nur gut Straßen bauen, der Boden war perfekt für die Aufzucht von Pferden. Rose gründete 1937 das erste Gestüt in Ocala, die *Rosemere Farm*. Erst zehn Jahre später gewann ein in Ocala gezogenes Pferd namens *Donna's Ace* ein großes Zuchtrennen. Als Needles 1956 Schlagzeilen machte, gab es in Ocala 25 Gestüte mit 35 Deckhengsten und 150 Mutterstuten.

Nach Needles schrieben viele Vollblüter aus Florida Renngeschichte: *Carry Back, Dr. Fager, Foolish Pleasure,* und *Affirmed*, Sieger der dreifachen Krone. Klima und Boden, gewissenhafte Aufzucht und cleveres Management waren die Qualitätsmerkmale, die Ocala zum *drittgrößten Vollblutzuchtgebiet* der USA hinter Kentucky und Virginia machte.

Heute kämpfen die Farmen ums Überleben. Viele gaben das Geschäft mit den Vollblütern ganz auf oder verpachteten einen Teil des Landes. Von 500 Gestüten stehen 200 zum Verkauf aus. Der Grund: „Viele Leute, die vom Geschäft keine Ahnung hatten, meinten, mit Rennpferden sei schnelles Geld zu machen", erklärt Züchterin Peggy Johnson. Das hatte eine Überproduktion von solchen Galoppern zur Folge, die nicht einmal in der Lage waren, ein kleines Verkaufsrennen zu gewinnen. Hinzu kam, daß der Staat davon abging, den Züchtern Steuervorteile zu gewähren. Weideland, das 1982 noch 14 000 Dollar pro *acre* kostete, geht für 5000 Dollar weg. Die örtliche Zweigstelle der Barnett Bank ist mit ihrem Kreditgeschäft vorsichtig geworden, denn viele pleitegegangene Farmbesitzer können ihre Schulden nicht zurückzahlen.

Um dieser Entwicklung endlich etwas entgegenzusetzen, hat die Vollblutzüchtervereinigung ihr Management ausgetauscht und versucht, ihren Einfluß in den Parlamenten geltend zu machen, um wieder in den Genuß von Steuervorteilen zu kommen. Die Aussicht auf Erfolg ist recht groß, denn nach wie vor ist die Pferdeindustrie in Ocala und Umgebung wichtig. Auf den Farmen leben rund 25 000 Mutterstuten und Fohlen mit einem geschätzten Gesamtwert von 500 Millionen Dollar und 500 Deckhengste, die ebensoviel wert sind. Das schafft Arbeitsplätze für 10 000 Leute. Auf den Auktionen, die als Barometer für wirtschaftliche Entwicklung gelten, ist ein leichter Aufwind spürbar. Aber so spektakuläre Käufe wie noch vor einigen Jahren, als Jährlinge für Millionen unter den Hammer kamen, gibt es nicht mehr.

Außer Vollblütern werden in Ocala *Angus-Rinder* und Trabrennpferde gezüchtet. Daneben gibt es viel Gemüseanbau, Molkereien und Imkereien.

Das Geschäft mit dem Tourismus will zum Ärger der lokalen Handelskammer nicht so richtig in Gang kommen. Wer Ocala besucht, so beklagt man sich, habe entweder ein spezielles Interesse an den Gestüten oder will nach *Silver Springs* weiterreisen, wo die Touristenindustrie wieder ihre *attractions* zu bieten hat. Dabei ist Ocala mit seinem ländlichen Charme, der schönen, leicht hügeligen Landschaft, netten Parkanlagen, Seen und einem kleinstädtisch-heimeligen Stadtkern durchaus sehenswert. In *Downtown* befinden sich viele alteingesessene Familienbetriebe, darunter Bäckereien, Drogerien und Lederwarengeschäfte. Für amerikanische Verhältnisse macht alles einen leicht *altmodischen Eindruck,* obwohl die Stadtmitte 1883 bei einem Großbrand völlig zerstört und erst um die Jahrhundertwende wieder aufgebaut wurde.

Orientierung

An Ocala führt in Nord/Südrichtung die **Interstate 75** vorbei, so daß sowohl aus Orlando als auch aus Jacksonville, Tallahassee und Gainesville die Anreise problemlos ist. Mit dem Greyhound gibt es mehrmals täglich Verbindungen aus Tampa, Orlando und Gainesville. In **Downtown** konzentriert sich das Geschäftsleben um den **Square**, wo die Reproduktion des **Gazebo**, des einstigen Einganges zum zerstörten Gerichtsgebäude steht. An der **Fort King Street** befinden sich einige viktorianische Villen, die von ihren Besitzern entweder liebevoll restauriert oder stilgerecht rekonstruiert wurden.

Silver Springs ist von Orlando aus mit dem Auto in etwa einer Stunde über die Interstate 75 zu erreichen. Aus Richtung Ocala fährt man auf der **State Road 40** etwa eine Meile in Richtung Osten.

Verkehrsmittel

■ **Greyhound und Trailways,** 512 N Magnolia Ave, Tel. 732-2677.
■ **Amtrak,** 531 NE 1st Ave, Toll-Free-Number 1-800-872-7245. In Ocala fährt täglich je ein Zug in Richtung Miami und New York.

Informationen

■ **Chamber of Commerce,** 110 E Silver Springs Blvd, Fl 32678, Tel. 629-8051.
■ **Munroe Regional Medical Center,** 131 SW 15th St, Tel. 351-7200. Rund um die Uhr geöffnet.
■ **Area Code: 904**

Unterkunft

■ **Cloister Court Motel,** P.O. Box 98, direkt am Eingang von Silver Springs, Fl 32688, Tel. 236-9912. EZ 16 $, DZ 19 $. Aufpreis für Kühlschrank 2 $.
In der Ferienzeit August bis Anfang September besser reservieren, denn die gesprächige Wally Trautmann aus Bayern hat dann viele Gäste.
■ **Flamingo Motel,** 719 Silver Springs Blvd, Tel. 629-7528. EZ 19 $, DZ 22 $.
Gepflegte Zimmer, Pool. Das Motel liegt allerdings an einer vielbefahrenen Straße.
■ **Seven Sisters Inn,** Bed and Breakfast, 820 SE Fort King St, Tel. 867-1170.
Die 1888 erbaute *viktorianische Villa*

liegt im sogenannten historischen Viertel der Stadt inmitten herrlicher Grünanlagen. Dieses Hotel ist die beste Adresse am Ort und daher auch teuer. Die Zimmer kosten zwischen 75 Dollar und 125 Dollar. Hier zu wohnen ist aber auch ein echtes Erlebnis. Das Haus erhielt 1986 von der *Florida Trust Historic Preservation Society* eine Auszeichnung für das beste Restaurations-Projekt in ganz Florida. Die Besitzer Jerry und Norma Johnson haben das Haus „Seven Sisters" genannt, weil Norma eine von sieben Schwestern ist. Jedes Zimmer ist nach einer ihrer Schwestern benannt und in deren jeweiligen Lieblingsfarben gehalten. Die Einrichtung ist in jedem Detail liebevoll aufeinander abgestimmt. Das Frühstück wird allen Gästen gleichzeitig um Punkt 8.30 Uhr im Gartenzimmer serviert und ist ein Gedicht. Wir haben *French Toast*, gefüllt mit drei Sorten Käse und dazu glasierte Pfirsiche, sowie Omelette mit Kaviar und frische Früchte in Sahnesoße gekostet. *Herrlich!*

Camping
■ **Camper Village of America,** 3931 SW College Rd, Fl 32674, Tel. 237-3236. Zelt für zwei Personen 11 $ plus 1,50 $ täglich für Elektrizität und Wasser. Zusätzliche Person 1,25 $ Aufpreis. In der Wochenmiete (60 $) und der Monatsmiete (160 $) sind die Nebenkosten enthalten. Bei Reservationen 50 $ beilegen. Es ist alles vorhanden, was einen Aufenthalt angenehm macht. Restaurants und Lebensmittelgeschäfte befinden sich in der Nähe. Die Besitzer Bob und Mary Cooper veranstalten in den Wintermonaten Bingospiele, *Eat-In Dinners* und tanzen mit den Gästen Square-Dance.
■ **Holiday Travel Park,** 4001 Silver Springs Blvd, Tel. 622-5330. Von der Interstate 75 abfahren auf die State Road 40. Reservierungen empfohlen von Oktober–März.
■ **Koa Kampground,** 3200 SW 38th Ave, Tel. 237-2138. Der Campground befindet sich Ecke Interstate 75 und Stateroad 200. Zelte 18 $ inklusive Strom und kleinem Frühstück.

Essen
■ **Andrews Café and Bakery,** 42 S Magnolia Ave.
Kleines *Frühstückslokal* im Zentrum. In der Bäckerei nebenan gibt es nicht nur Kuchen, sondern auch Salate, Sandwiches und andere Leckereien.
■ **Peter Dinkel's,** 725 E Silver Springs Blvd. Lunch 11–15 Uhr, Dinner 16–23.30 Uhr, sonntags geschlossen.
Dieses Restaurant in einer viktorianischen Villa ist unter anderem Treffpunkt von Ocalas Grundstücks- und Häusermaklern. Sie versuchen, mit den Gästen erst ins Gespräch und dann ins Geschäft zu kommen (Pferdefarmen waren gerade im Angebot). In der Bar spielt jeden Samstag von 19–22 Uhr eine *Blue-Grass-Band*. Nicht unbedingt preiswert (Hauptgerichte ab 12 $), aber nette Atmosphä-

re.

■ **Spencer's 1890 House,** 917 E Silver Springs Blvd. Täglich 6–22 Uhr. Ebenfalls in einem der ältesten Häuser am Platze. Das Frühstück ist preiswert. Für 2 $ gibt es zwei Eier, Pfannkuchen, *Bacon* und Bratkartoffeln. Zum Abendessen gibt es für 8 $ ein *All-You-Can-Eat*. Spezialitäten des Hauses sind *Prime Rib* und Fischgerichte.

Sehenswert

■ **Appleton Museum of Art,** 4333 E Silver Springs Blvd. Di bis Sa 10–16.30 Uhr, So 13–17 Uhr. Eintritt für Erwachsene 2 $, Studierende 1 $, Kinder unter 12 Jahren frei. Vollblutzüchter Arthur Appleton präsentiert in seinem Museum Ausstellungsstücke aus dem „klassischen Griechenland", dem „alten Ägypten", dem „imperialen Rom" etc.

■ **Don Garlits' Museum of Drag Racing,** zwischen Ocala und Belleview. Von der Interstate 75 Abfahrt Belleview auf die State Road 484 und die County Road 484. Täglich 10–17 Uhr. Eintritt für Erwachsene 5 $, Kinder bis 16 Jahren 3 $, unter fünf Jahren kostenlos.

Der ehemalige Autorennfahrer Don Garlits hat ein Museum mit *berühmten Rennautos* von noch berühmteren Fahrern zusammengestellt. Außerdem gibt es einige Oldtimer zu bewundern.

■ **Gestüte.** Kontakt über das *Chamber of Commerce* oder die *Florida Thoroughbred Breeder's Association,* 4727 NW 80th Ave, Ocala, Fl 32675, Tel. 629-2160.

■ **Ocala Jai Alai,** 17 Meilen nördlich von Ocala über die Interstate 75 und die County Roads 441 und 318 zu erreichen. März–November Mi bis Sa 12 Uhr und 18.45 Uhr. Eintritt 1 $.

Ausflüge

Silver Springs

Silver Springs war einst eine kleine Siedlung der *Timucuan Indianer* und seit 1890 Touristenattraktion von Ocala und Umgebung. Der See rund um die Quelle wird von Glasbodenbooten befahren, so daß das Leben im Wasser beobachtet werden kann. Da dies als Attraktion nicht auszureichen schien, haben die Besitzer, die sich auch das kitschige *Weeki Wachee* an der Golfküste einfallen ließen, noch einige *spots* hinzugefügt. Neben der üblichen Alligator-Show gibt es eine *Jungle Cruise*, die als „exotisches Abenteuer" angekündigt wird. Ja, es war in der Tat exotisch, und abenteuerlich fanden wir es auch, was uns da allen Ernstes als floridianischer Dschungel vorgeführt wurde. Von den Ufern blickte uns, „bitte schauen sie nach links", die Tierwelt Afrikas entgegen: Giraffen, Zebras, Antilopen und der Vogel Strauß. Als wir nach rechts schauen sollten, entdeckten wir Alligatoren, Wasserschildkröten und den blauen Heron. Dann wurden wir gebeten, wieder nach links zu blicken, und da waren schließlich die

Vertreter des guten alten deutschen Tierparks versammelt: Rehe und Hirsche, Wasserbüffel und Bison. Auch ein schottisches Hochlandrind war dabei, wie uns eine mitreisende Tierärztin zuraunte. Dann durften wir geradeaussehen, weil es nichts mehr zu sehen, dafür aber zu hören gab. „Bitte horchen sie jetzt", was wir folgsam taten, als uns schon mitten aus dem Mangrovengestrüpp ein ohrenbetäubender Tarzanschrei entgegendröhnte. Nach Tarzan verrenkten wir uns vergeblich den Hals, wir entdeckten nur einen Lautsprecher.

Wir hätten gerne etwas mehr über die Spielfilme erfahren, die in Silver Springs gedreht wurden. Darunter einige Tarzanfilme, zahlreiche James Bonds und der Horrorklassiker „The Creature of the Black Lagoon".

■ **Silver Springs,** eine Meile östlich von Ocala an der State Road 40. Eintritt für Erwachsene 14 $, Kinder ab 3 Jahre 9 $. Täglich 9–17 Uhr. Für Behinderte gibt es Rollstühle (Mietpreis 2,50 $), in denen sie Dschungel- und Bootsfahrt mitmachen können.

Orange Springs

Von hier aus können Kanutrips auf dem *Orange Creek River* unternommen werden. Picknicken, Schwimmen und Fischen ist gestattet. Bootsverleih am *Historic Country Inn*, dessen Inhaber ein 1908 erbautes Haus, restaurierten und ein Hotel daraus machten. Der zwei- bis dreistündige Kanutrip kostet für drei Personen 20 $, darin ist die Beförderung per Auto zurück zur Ausgangsstelle inbegriffen. Am Flußufer des Orange Creek ist Wildcampen gestattet, es werden sogar Badehäuser zur Verfügung gestellt.

■ **Historic Country Inn,** 1 Main St, P.O. Box 550, Orange Springs, Fl 32682, Tel. 546-2052. Von Ocala aus über die SR 40 nach Silver Springs, dann abbiegen auf den Hwy 315.

Ocala National Forest

Hochland, Sumpf, Quellen, wilde Tiere und hunderte kleiner Seen gibt es im ältesten *National Forest* Floridas. Schwarzbären, Adler, Alligatoren und der seltene Florida Panther werden in diesem Park geschützt. In den größten Quellen, *Juniper Springs, Alexander Springs* und *Salt Springs*, kann gebadet werden. Die Wassertemperatur bleibt das ganze Jahr bei 72 Grad Fahrenheit. An den Quellen und Seen werden Kanus vermietet, mit denen unter anderem auch der *Oklawaha River* erkundet werden kann. Die Amerikaner kommen gern zum Angeln her. Sie fischen Barsche und Katzenfische. Ausländer benötigen eine Angellizenz, die aber kurzfristig erhältlich ist. Wander- und Reitwege sind gut ausgeschildert. Im National Forest gibt es fünf Campingplätze, die sich meist in unmittelbarer Nähe der Quellen befinden.

■ **Ocala National Forest,** Hwy 40 E, Route 2, Silver Springs, Fl. 32688, Tel. 625-2520. Von Ocala aus über den Hwy 40 zu erreichen.

■ **Salt Springs Campground,** Route

2, Ft. McCoy, Fl 32637, ox 3000, Tel. 685-2048.

■ **Juniper Springs Recreation Area,** Route 2, Silver Springs, Fl 32688, Box 701, Tel. 625-2520.

Daytona Beach

54 Meilen von Orlando entfernt liegt Daytona Beach, ein Ort, der vor allem wegen seines breiten, weißen *Sandstrandes* berühmt wurde und der von solchen Touristen aufgesucht wird, die noch nicht einmal beim Sonnenbaden auf das Auto verzichten mögen. Der Strand von Daytona, und ebenso verschiedene andere Strände in der Umgebung, darf gegen eine Gebühr von drei Dollar mit dem Auto befahren werden – was die jungen Amerikaner reichlich ausnützen. Bei schönem Wetter herrscht am Strand von Daytona Hochbetrieb und das nicht nur an den Wochenenden. Badegäste, die sich lieber zu Fuß, als auf Rädern am Strand vorwärtsbewegen, müssen die aufgemotzten und blankpolierten Schlitten mit ihren manchmal ebenso gestylten, sonnengebräunten und muskelstrotzenden Fahrern immer im Auge behalten, damit sie sich nicht unversehens in einem der nächsten Krankenhäuser wiederfinden. Obwohl die Geschwindigkeitsbegrenzung zehn Meilen beträgt, kommt es des öfteren zu Unfällen.

Berühmt ist Daytona Beach aber nicht nur wegen seines Strandes, sondern wegen der *speedway-Rennen*, die auf der Rennbahn *Daytona International Speedway*, westlich von Daytona an der *US 92* stattfinden. Jedes Jahr im Februar, zum *Daytona Auto Racing*, klettern die Preise für Unterkünfte in astronomische Höhen, und wer sich nicht zu den ausgemachten Motorsportfans zählt, sollte die Region dann besser meiden.

Daytona ist bei jungen Leuten besonders beliebt, denn nicht überall in Florida gibt es ein so buntes und *vielfältiges Nachtleben* wie hier. Viele Bars öffnen erst am späten Nachmittag, dafür wird auch erst gegen Morgen zugemacht. Wer in Daytona Beach Lust auf ein spätes Abendessen verspürt, steht hier nur selten vor einem Schild mit der Aufschrift *sorry, we are closed*. Allerdings ist die Vielzahl der Lokale manchmal eher verwirrend als hilfreich. Wo soll man den Fisch nun am besten essen, vielleicht in dem Restaurant gleich neben dem Motel, wo er besonders preiswert angeboten wird? Oder sich für den *Catch of the Day* von Gegenüber entscheiden? Vielleicht sind auch die Shrimps in der Nachbarstraße ganz gut? Und dann erst hinterher, nach dem Essen. Welche Bar darf's denn heute sein – die mit den grünen Neonlichtern, die mit dem grinsenden Kamel als Markenzeichen? Die Auswahl ist so groß, daß einen leicht das Gefühl überkommt, man könnte irgend etwas verpassen.

Richtig los geht's in Daytona Beach immer in den Osterwochen,

Jährliches Treffen der Motorradfans in Daytona Beach. ▶

dann kommen viele Collegestudenten hierher und in den Diskos und Bars wird es beängstigend eng.

Orientierung

Daytona Beach gehört ebenso wie die Nachbarorte **Port Orange, Ormond Beach, DeLand, New Smyrna Beach, South Daytona, Holly Hill, Edgewater, Orange City, Daytona Beach Shores, Ponce Inlet, Lake Helen, Pierson** und **Oak Hill** zum **Valusia County**, in dem insgesamt rund 320 000 Menschen leben. Daytona Beach ist mit 58 593 Einwohnern die größte Stadt dieses Counties. Vom Flughafen in Daytona gehen täglich Flüge nach Jacksonville und Miami, außerdem nach Atlanta und Washington. Daytona Beach ist sowohl von Orlando als auch von St. Augustine und Jacksonville schnell zu erreichen.

Verkehrsmittel

■ **Greyhound,** 138 S Ridgewood Ave, vier Meilen westlich vom Beach. Busse nach Disney World/Orlando, St. Augustine, Tampa, Fort Lauderdale und Miami verkehren ständig.

■ **Amtrak,** 2491 Old New York Ave, Deland.

■ **Votran:** Das Bussystem des Volusia-Counties, Votran fährt in fast alle umliegenden Orte wie South Daytona, Port Orange und Ormond Beach. Der Hauptterminal befindet sich in Downtown South Daytona, 950 Big Tree Rd. Busse verkehren täglich außer So 6–19 Uhr.

■ **The Jolly Trolley (Votran):** Neben dem lokalen Busnetz von Votran gibt es noch The Jolly Trolley, ebenfalls Votran. Die Trolleybusse verkehren vom selben Terminal stündlich zwischen *Granada* und *Dunlawton* auf der A1A (Mo bis Sa 10–23 Uhr). Fahrpläne gibt es bei der Touristeninformation.

Informationen

■ **Area Code:** 904

■ **The Chamber,** Daytona Beach and Halifax Area, City Island, Tel. 255-0981.

■ **Post:** 220 N Beach St, Downtown Daytona.

Unterkunft

■ **Bayview Hotel,** 124 Orange Ave, Daytona Beach, Tel. 253-6844.
Ein einfaches und sauberes Stadthotel mit geräumigen, hellen Zimmern. EZ 15 $, weitere Personen 5 $ Aufpreis. Interessante Wochenpreise von 55 $ (zwei Personen) bis 110 $ (vier bis sechs Personen). Hier wohnen hauptsächlich junge Leute. Das Hotel ist schnell ausgebucht, daher sind *Reservierungen unbedingt erforderlich*. Die Entfernung zum Strand beträgt ungefähr drei Kilometer.

■ **The Daytona Beach International Youth Hostel,** 140 South Atlantic Avenue, Daytona Beach, Tel. 258-6937.
Bei Vorlage eines *Jugendherbergausweises* kostet die Übernachtung im Mehrbettzimmer 10 $, ohne 14 $.

Dreimal in der Woche können die Gäste für 7 $ pro Runde Wasserski laufen. Die mehrstöckige Jugendherberge ist an der Küstenstraße nicht besonders ruhig gelegen, aber zum Strand sind es nur 300 Meter.

■ **Sunshine Beach Motel,** 45 South Ocean Ave, Daytona Beach, Tel. 253-1673.

Saubere Zimmer mit Küchenecke für zwei Personen von 20–40 $ (im Herbst teurer). Zusätzliche Personen 5 $ Aufpreis. Wer eine Woche bleibt, braucht nur für sechs Übernachtungen zu bezahlen. Im Herbst (1. September–15. Dezember) gibt es für Gäste mit europäischem Paß zusätzlich eine Vergünstigung von 10 Prozent, denn die Besitzer wünschen sich mehr Gäste aus Europa. Freundliche und familiäre Atmosphäre. Das Motel liegt direkt am Strand, hat einen Aufenthaltsraum, einen Pool und Sonnenterrasse. *Empfehlenswert!*

■ **Sun Sea Resort Motels,** 601 South Atlantic, Daytona Beach, Tel. 255-1355.

Vier Motels unter gleicher Leitung, am Strand gelegen. Zimmer zum Teil mit Meerblick. Uns gefiel das *Southwind* am besten mit seinem abbröckelndem Charme in pink-weiß. Alle Motels verfügen über Pools. EZ und DZ 20–40 $.

Camping

■ **Blue Springs,** Orange City, Tel. 775-3663. 8 $ während 1.9.–31.12, übrige Zeit 13–19 $.

Der Campingplatz liegt in einem *State Park*. Die Quelle dort ist ein bevorzugtes Winterquartier für *Manatees*, die vom Aussterben bedrohten Seekühe. Sie halten sich von November –April im ständig 72 Grad (Fahrenheit) warmen Wasser auf. Im Park darf wild gezeltet werden (1 $ pro Person). Außerdem werden sechs Hütten vermietet.

■ **Daytona Beach Campground,** 4601 Clyde Morris Blvd, Daytona Beach, Tel. 761-2663.

Freundlicher Campground in Strandnähe. Mit Pool.

■ **Tomoka State Park,** 2099 N Beach St, Tel. 677-3931. 8 $ während 1.9.–31.12., übrige Zeit 13–19 $. Sechs Meilen nördlich von Daytona. Zu erreichen mit der Buslinie 3.

Essen und Trinken

■ **Asian Inn,** 2516 S Atlantic Ave, Daytona Beach Shores, Tel. 788-6269.

Chinesische Küche mit besonderem Akzent auf *Kanton* und *Szechuan-Style*. Außerdem *Early Birds*. Hin und wieder gibt es *All you can eat* – *Mongolisches Barbecue* für 8,95 $.

■ **B & B Fisheries and Restaurant,** 715 Broadway, Daytona Beach, Tel. 252-6542. Mo bis Sa 8–21.30 Uhr.

Was nachts an Fisch und Meeresfrüchten gefangen wird, kommt schon am nächsten Tag auf den Tisch. Dem *preiswerten* Restaurant ist nämlich ein Fischverkauf angeschlossen.

■ **Spanky's Pub & Club,** 1108 Beville Rd, Daytona Beach, Tel. 252-9759.

Von 11.30–2 Uhr, Fr und Sa bis 3 Uhr.
Für *Nachtschwärmer* mit hungrigen Mägen ist Spanky's die richtige Adresse. Nach dem Dinner (ab 6,45 $) darf getanzt werden.
■ **Tony and Jerrie's**, 2140 Volusia Ave, Daytona Beach, Tel. 252-5006.
Das *älteste italienische* Restaurant am Platze – in Familienbesitz seit 1947. Pasti sowie viele Fleischgerichte und *seafood*. Entrees zwischen 7,75–10,95 $.

Sehenswert

■ **Daytona Beach Jai Alai,** an der I-95 und US 92. November–Ende September.
Hier tragen die Latinos ihren Lieblingswettsport aus. Siehe auch Kapitel „Sport und Wetten".
■ **Daytona Beach Kennel Club,** an der US 92 gegenüber vom Speedway. Mo bis Sa ab 19.45 Uhr Hunderennen, Matinees Mo, Mi und Sa um 13 Uhr.
■ **Daytona International Speedway,** 1801 Speedway Blvd.
Rennen finden zwischen Juli und März statt. Eintritt 20–25 $. Am besten sich nach den Veranstaltungen erkundigen, Tel. 254-6767.
■ **Dixie Queen,** ein im Stil der Jahrhundertwende nachgebauter *Flußdampfer,* der täglich zu Kreuzfahrten ausläuft. Abfahrt 841 Ballough Rd, Tel. (toll-free) 1-800-255-9452. Die *Dinner-Cruise* zum Tomoka River führt an den Millionärsvillen vorbei und dauert rund zweieinhalb Stunden. Kostenpunkt: 21,95 $. Das Boot sticht sonntags auch zum *Brunch* in See. Essen ist im Preis inbegriffen ebenso wie die Musik an Bord.
■ **The Ormond Beach Birthplace of Speed Museum,** 160 E Granada Blvd, Tel. 672-5657. Geöffnet Di–Sa 12–16 Uhr. Eintritt 1 $.
Museum, in dem die Renngeschichte dokumentiert ist.

Musik und Nachtleben

■ **Checker's Café,** Broadway A1 A, Daytona Beach.
Disko mit *Comedy-Show*. Die *Home Fries*, die es hier zu bewundern gibt, sind allerdings keine besonders zubereiteten Bratkartoffeln, sondern eine örtliche Gruppe aus der *Comedy-Szene*. Wer die Komiker in den USA bislang noch nicht erlebt hat, sollte sich diese Gelegenheit nicht entgehen lassen. Viele Nachwuchskünstler versuchen über die Comedies den Einstieg in das Showgeschäft, doch nur wenigen gelingt es auch. Die Komiker sind in gewissem Sinne Alleinunterhalter, die sich über alles und jeden lustig machen. Politische Witze sollen allerdings zur Zeit nicht besonders gefragt sein, denn wie es ein bekannter *comedian* in einem Fernsehinterview treffend ausdrückte, die reale Politik sei Satire genug.

Ausflüge

New Smyrna Beach:
Für einen Ausflug an diesen schönen Strand südlich von Daytona Beach präpariert man sich besser mit ausrei-

chend Insektenschutzmittel, denn besonders in der feucht-warmen Regenzeit können diese Plagegeister einem ganz schön lästig werden. New Smyrna liegt an der sogenannten **Mosquito Lagoon**, einem Sumpfgebiet.

Der Strand in New Smyrna darf ebenfalls mit Autos befahren werden. Ansonsten kann man den **Turtle Mound** besteigen, das ist der höchste Punkt in dieser Gegend.

Ormond Beach:
Nur kein Neid, könnte das Motto einer Besichtigungstour durch diesen Ort lauten. In seinen besten Zeiten zog Ormond Beach millionenschwere Leute – darunter Rockefeller, Vanderbilt und Astor – an, wie das Licht die Motten. Rockefeller überwinterte hier immerhin 20 Jahre lang, bis er im Alter von 97 starb. Seine Residenz, **The Casements**, 25 Riverside Dr. steht für Besichtigungen offen. Am *Thanksgiving-Day* findet in Ormond Beach ein *Oldtimertreffen* mit Flohmarkt und Rennen statt.

Tampa

Als der Multimillionär Henry B. Plant 1884 die Eisenbahn nach Tampa brachte und im Zuge seiner gigantischen Investitionen auch hier ein Luxushotel errichtete, war der Grundstein für das wirtschaftliche Wachstum dieser Region gelegt. Heute ist Tampa eines der *bedeutendsten Wirtschaftszentren* in Florida und die Bevölkerung im **Hillsborough County** ist auf 800 000 angewachsen.

Im Gegensatz zu St. Petersburg verfügt Tampa nicht über feine Sandstrände – ein Grund, weshalb die Touristenströme weitgehend ausbleiben. Dafür profitiert die Stadt von ihren geschützten *Hafenanlagen,* in die tagtäglich Riesenfrachter ein- und auslaufen, um von hier aus Rinder, Zitrusfrüchte und Phosphate in alle Welt zu verschiffen. Eine wichtige Rolle spielen auch die Kreuzfahrtschiffe, die jährlich rund eine halbe Million Touristen vor allem nach Mexiko transportieren. 1987 wurden allein 177 Millionen Dollar investiert, um die wichtigste Hafeneinfahrt so zu vertiefen, daß auch das größte Kreuzfahrtschiff hindurchpaßt. **Der sehenswerte Hafenbereich** ist eines der Herzstücke Tampas, genau wie **Ybor City**, das cubanische Stadtviertel mit seinen alten Häusern und Fabrikanlagen.

Genau wie Miami war auch Tampa Ziel vieler *cubanischer Einwanderer*, die hierher strömten, als *Vincente Martinez Ybor* seine Zigarrenfabrik von Key West nach Tampa verlegte. Die Zigarren werden heute noch wie vor 100 Jahren mit der Hand gerollt – drei Millionen Stück pro Tag. Aber die Automatisierung hat auch hier ihre Spuren hinterlassen. Von den Zigarrenfabriken ist nur noch eine in Betrieb und das pulsierende Leben in diesem Stadtviertel ist einem stetigen Verfall gewichen. Viele Gaststätten und Geschäfte sind geschlossen, und an den Wochenenden wirkt

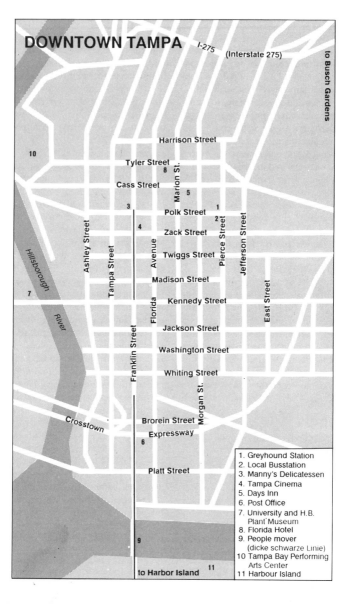

Ybor City wie ausgestorben. Private Investoren geben sich alle Mühe, aus dem hispanischen Erbe dieser Stadt noch etwas Kapital zu schlagen und neue Anziehungspunkte zu schaffen. Manchmal gelingt es zwar, wie am Beispiel des **Café Creole** und **Ybor Square**, aber alles in allem ist Ybor City längst nicht mehr das, was die Werbebroschüren der Stadt vorspiegeln.

So wie Ybor City den Wandel der Zeit repräsentiert, zeigt der moderne **Flughafen** von Tampa neue Wege in die Zukunft auf. Er wird als architektonisches Meisterwerk gepriesen und ist der ganze Stolz der Verkehrsplaner und vieler Bewohner. Fragt man jemanden nach Sehenswürdigkeiten in der Stadt, wird häufig der Flughafen an erster Stelle genannt.

Um sich über die Grenzen der Bay hinaus einen Namen zu machen, investiert die Stadt Millionen in neue Projekte. So entstand am Ufer des Hillsborough River das **Tampa Bay Performing Arts Center**, ein Theater, wie es sonst angeblich nur in Washington D.C. zu finden sein soll. Tatsächlich sind im Performing Arts Center drei Theater unter einem Dach und unter anderem werden hier berühmte *Broadway-Stücke* wie *Cats* und *Big River* aufgeführt.

Orientierung

Die Stadt Tampa erstreckt sich nördlich der Tampa Bay und St. Petersburg und ist von den Golfstränden etwa 25 Meilen entfernt. Der Tampa **International Airport** liegt sechs Meilen westlich der Innenstadt in der Nähe der **Old Tampa Bay**. Die beiden wichtigen Verkehrsadern in Tampa selbst sind die **Interstate 4** von Westen nach Osten und die in Nordsüdrichtung verlaufende **Interstate 75**. Parallel zur Interstate 4 führt der **Kennedy Boulevard** in der Verlängerung der **Howard Franklin Bridge** durch die Innenstadt. Ybor City ist über die Interstate 4 *(Exit 2)* zu erreichen. Südlich des Kennedy Boulevard befindet sich **Harbour Island**, eine Halbinsel, zu der man mit dem *People Mover* gelangt.

In der **Bay Area** gibt es verschiedene Brückenverbindungen zwischen Küste und St. Petersburg. Der **Courtney Campell Causeway** verbindet Tampa und **Clearwater,** die **Howard Frankland Bridge** und die **Gandy Bridge** Tampa und **St. Petersburg.** Zu den gebührenpflichtigen Straßen gehört der **Crosstown Expressway**, der am **Gandy Boulevard** und **Mabry Highway** beginnt und nach **Brandon** führt.

Verkehrsmittel

■ **Greyhound** und **Trailways,** Polk Ecke Pierce St.

■ **Lokale Busse** verkehren von der Pierce St gegenüber der Greyhound-Station.

■ **Tampa International Airport,** sechs Meilen westlich der Innenstadt, Tel. 833-3404.

■ **Amtrak,** Twiggs St und Nebraska Avenue.

■ **People Mover**, Hochbahn von Downtown nach Harbour Island.

Informationen
■ **Area Code:** 813
■ **Post:** 925 N Florida Ave.
■ **Zip Code:** 33601.
■ **Tampa/Hillsborough Convention and Visitors Association**, 100 S Ashley Dr, Suite 850, Tel. 223-1111.
■ **Notdienst**, St. Joseph's Hospital, 3001 West Buffalo Ave, Tel. 870-4100.

Unterkunft
■ **Day's Inn**, 515 E Cass St, Tel. 229-6431. EZ 36 $, DZ 42 $.
Das Motel liegt direkt neben der Greyhound-Station und damit *sehr zentral*. Die Zimmer sind komfortabel und einen Pool gibt es auch.
■ **Econo-Lodge**, 11414 Central Ave, Tel. 933-7831.
EZ 28,95 $, DZ ab 32,95 $. Nähe Universität.
■ **Floridian Hotel**, 905 N Florida Ave, Tel. 229-8061.
EZ 19 $, pro Woche 70,85 $, DZ 21,80 $, pro Woche 81,75 $.
Ziemlich heruntergekommenes Hotel, in der Lobby wird tagsüber kräftig gebechert.

Essen und Trinken
■ **Han Kwan**, 3715 W Cypress St, Tel. 876-1709.
Koreanisch-japanisches Restaurant. Der Chefkoch serviert leckere Spezialitäten, wie *Sushis* und Fleischgerichte, die direkt am Tisch vor den Augen der Gäste zubereitet werden. Besonders zu empfehlen ist *Bulgogi*, zarte marinierte Rindfleischscheiben mit verschiedenen, sehr scharf angerichteten kalten Gemüsen. Fast alle Gerichte liegen unter 10 $.
■ **Latam Restaurant**, 2511 W Columbus Dr, Tel. 877-7338, täglich außer Di von 11–14, 17–22 Uhr, an Wochenenden 12–22 Uhr.
Cubanische Spezialitäten in Hülle und Fülle, zum Beispiel das populäre *Picadillo Criollo*, eine Art Bolognesesoße mit gehacktem Schweinefleisch, dazu werden die leckeren schwarzen Bohnen, *frijoles negros*, serviert. Täglich wechselnde, besonders preiswerte Gerichte ab 3,50 $.
■ **Manny's Delicatessen**, 812 N Franklin St. Mo bis Fr 7.30–15 Uhr.
Frühstück schon ab 99 Cents. Außerdem bietet Manny eine Vielzahl *vegetarischer* Gerichte ab 2,50 $.

Sehenswert
■ **Busch Gardens**, 3000 E Busch Blvd.
Seit die beiden Pandabären 1988 wieder in ihr Heimatland China zurückgekehrt sind, hat die Touristenattraktion der Busch-Brauerei ihr Markenzeichen verloren, denn auf jedem Plakat prangte ein Bild der niedlichen schwarz-weißen Kuschelbären. Zentrum des Unterhaltungsparks ist *Dark Continent*, der Schwarze Kontinent, in dem Tiere aus Afrika zu sehen sind. Die Bezeichnung Dark Continent für einen Zoo zu verwenden,

wird von der schwarzen Bevölkerung Floridas heftig kritisiert. Die Busch-Brauerei war jedoch bis heute nicht zu einer Namensänderung bereit.

Das 120 Hektar große Gelände, auf dem sich der viertgrößte Zoo der USA befindet, ist in sieben Sektionen aufgeteilt, die unter verschiedenen Themen stehen. Eine der Hauptattraktionen ist *Marrakesch*, mit einem Basar und Bauchtänzerinnen.

■ **Harbour Island,** 601 S Harbour Island Blvd.
Auf der Insel am Hafen befindet sich ein großes *Einkaufszentrum* mit Restaurants. Von hier aus hat man einen schönen Blick auf Bucht und Innenstadt. Besonders an den Wochenenden gibt es viel Live-Musik in den Kneipen und Restaurants.

■ **Old Hyde Park Village,** 712 S Oregon.
Exklusive Einkaufsmeile in einer der besten und ältesten Gegenden Tampas.

■ **Tampa Bay Downs, SR 580** und **Race Track Rd** in Tampa, von Dezember bis März *Pferderennen*.

■ **Tampa Greyhound Track,** Interstate 275 Exit Bird St.
Windhundrennen von Anfang September bis Anfang Januar.

■ **World Jai-Alai Fronton,** 5125 S Dale Mabry Blvd.
Saison von Januar bis September.

■ **Tampa Museum of Art,** 601 Doyle Carlton Dr.
Ständig wechselnde Ausstellung von Exponaten amerikanischer Maler und Fotografen sowie eine bedeutende Sammlung griechischer und romanischer Antiquitäten.

■ **Tampa Stadium.**
Nähe Flughafen an der US 92 liegt die Heimat der bekannten Profi-Football-Mannschaft *Buccaneers*.

■ **University of Tampa,** in der das **Henry B. Plant Museum** untergebracht ist, 401 W Kennedy Blvd.
Die Universitätsverwaltung von Tampa befindet sich im ehemaligen *Tampa Bay Hotel*, das von Henry B. Plant erbaut wurde. Das prachtvolle Gebäude mit seinen halbmondgekrönten Moscheetürmchen hebt sich angenehm von den sterilen Wolkenkratzern ab und liegt in einem kleinen Park. Im Museum sind viktorianische Möbel und dekorative Kunst der Jahrhundertwende zu besichtigen.

■ **Ybor City:** Tampas lateinamerikanisches Viertel, ist längst nicht mehr das, was es zur Blütezeit der Zigarrenmanufakturen einmal war. Wir waren enttäuscht: Die Häuser ziemlich verfallen und anstelle eines lebendigen Stadtteils fanden wir ein trostloses Viertel mit verblaßten Werbeinschriften und zugenagelten Fensterläden. Dennoch ist Ybor City sicher einen Besuch wert, schon allein, um sich vorzustellen, wie es hier früher einmal ausgesehen haben mag.

In der ehemaligen Zigarrenfabrik am **Ybor Square** befinden sich heute ein Restaurant und kleine Geschäfte, in denen es unter anderem natürlich Zigarren zu kaufen gibt. Das berühmte **Columbia Restaurant** in der 22. Straße bietet spanische Küche

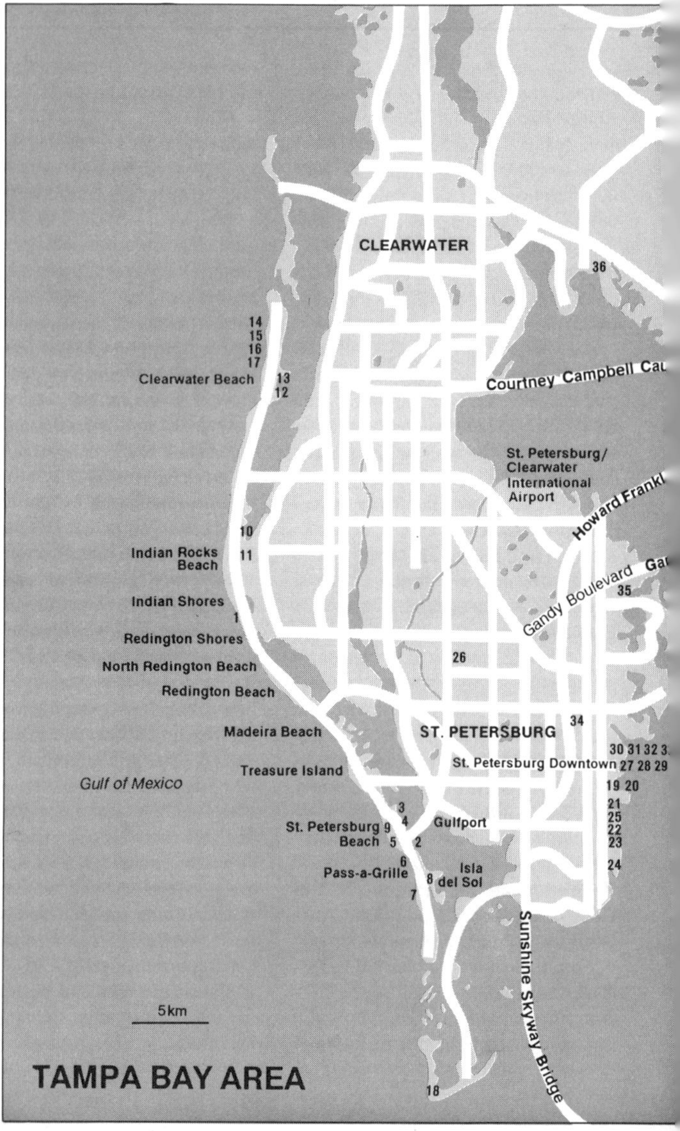
CLEARWATER
36
14
15
16
17
Clearwater Beach
13
12
Courtney Campbell Cau
St. Petersburg/
Clearwater
International
Airport
Howard Frankl
10
Indian Rocks
Beach
11
Gandy Boulevard
Ga
35
Indian Shores
1
Redington Shores
North Redington Beach
26
Redington Beach
34
Madeira Beach
ST. PETERSBURG
30 31 32 3
St. Petersburg Downtown
27 28 29
Treasure Island
Gulf of Mexico
19 20
3
4
Gulfport
21
25
22
23
St. Petersburg 9
Beach 5
2
6
Pass-a-Grille
8
Isla
del Sol
24
7
Sunshine Skyway Bridge
5km
18
TAMPA BAY AREA

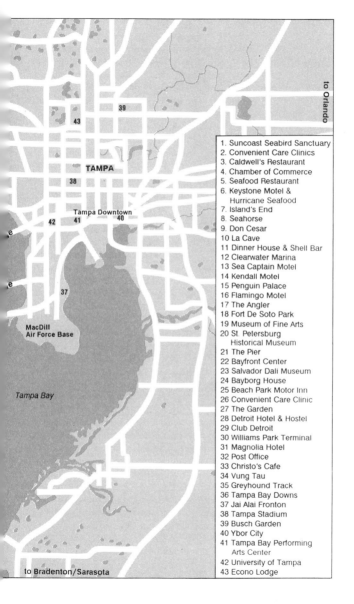

sowie ab und zu *Flamenco-Shows*, aber von einem Besuch dieses Restaurants haben wir angesichts der schlechten Erfahrungen in einem Ableger des Columbia in St. Augustine lieber abgesehen. Die Küche soll hier angeblich nicht besser sein.

Musik und Nachtleben

■ **Comedy Corner,** 3447 W Kennedy Blvd, Tel. 875-9129.
Täglich außer Mo um 20.30 und 22.45 Uhr *Comedy-shows*.
■ **Ocean Club,** 4811 W Cypress.
In dieser Diskothek trifft sich an den Wochenenden die Yuppie- und Schwulenszene aus Tampa.
■ **Tropical Heat Wave,** 900 N Dale Mabry.
Eine der besten Lesbenbars in Tampa, die auch von Gays besucht wird.

St. Petersburg

Lange Zeit galt St. Petersburg an der Westküste Floridas als *Rentnerparadies*. Dieses Image haftet der rund 300 000 Einwohner zählenden Stadt auch heute noch an, obwohl es immer mehr junge Leute an die langen weißen Strände zieht und in den Bars und Musikkneipen in der Innenstadt besonders an den Wochenenden viele Jugendliche anzutreffen sind. *St. Pete*, wie die Bewohner ihre Stadt der Einfachheit halber nennen, bietet heute allen Altersgruppen etwas. Den Alten günstige Apartments und Hotelzimmer sowie Tanzveranstaltungen zum gegenseitigen Kennenlernen. Den Jungen Musikkneipen, Sportveranstaltungen und eine Zweigstelle der *University of South Florida*. Tür an Tür findet man hier Restaurants, in denen sich die Senioren treffen und Lokale, die ein ausgeprägt junges Publikum anziehen. In manchen Läden ist die Alterszusammensetzung aber auch recht gemischt.

Jedes Jahr im März treffen sich in St. Petersburg die Musikbands der amerikanischen Oberschulen zum *St. Petersburg Festival of States*. Viele Teilnehmer reisen schon Wochen vorher an, rühren die Werbetrommel und verkaufen Tickets.

Außerdem ist die Stadt ein Mekka der *Segler*. Wenn in Europa noch eisige Minusgrade herrschen, tummeln sich hier im Februar zahlreiche Rennjachten während der *Ocean Racing Conference*. Dieser Wettbewerb hat eine Tradition, die auf das Jahr 1930 zurückreicht, als zum erstenmal eine Regatta St. Petersburg–Havanna stattfand. Als 1959 Fidel Castro in Cuba die Macht übernahm, war es aus damit. Heute führt die Rennstrecke über 370 Meilen von Fort Lauderdale entlang der Ostküste bis zu den Bahamas. Neben diesem Langstreckenrennen gibt es mehrere kleine Regatten und jede Menge Parties.

Einer der meistbesuchten Touristenspots an der Küste ist das 1928 erbaute **Don CeSar-Hotel**, ein riesiges, pinkfarbiges Gebäude, über dessen Schönheit sich streiten läßt. Für viele

Amerikaner hat ein Besuch dieses Hotels einen sehr hohen Stellenwert, schließlich wohnen sie hier im Gegensatz zu den vielen modernen und sterilen Feriendomizilen in geschichtsträchtigen Wänden.

Die ersten Bewohner von St. Pete Beach waren die *Timucuan-Indianer* und nach dem ersten europäischen Besucher – einem Privatmann namens Braddock – kamen cubanische Fischerleute. Das erste Hotel entstand 1901 in **Pass-a-Grille**, am äußersten Zipfel der Inselkette. Eine Verbindung nach Tampa auf dem Landweg wurde 1924 durch die **Gandy-Bridge** geschaffen. Zuvor war man auf dem Schiffs- und sogar auf dem Luftweg zwischen beiden Städten unterwegs. Die *erste Fluglinie* der Welt – so unglaublich das vielleicht klingen mag – existierte zwischen Tampa und St. Petersburg, denn die Verbindung über Land und Wasser um die Tampa Bay herum kostete relativ viel Zeit. Heute ist die **Tampa Bay Area** mit einem hervorragenden Brückennetz ausgestattet, so daß jede Region bequem zu erreichen ist.

Eine der interessantesten Strecken ist der Weg über die neue, 1987 eingeweihte **Sunshine Skyway Bridge**. Sie ist sieben Kilometer lang und hat 240 Millionen Dollar (!) gekostet. Die alte Brücke wurde 1980 durch ein tragisches Unglück zerstört, als ein Phosphatfrachter einen Pfeiler umriß und dadurch 400 Meter der Brücke zum Einsturz brachte. 100 Menschen kamen dabei ums Leben.

Orientierung

Die Stadt St. Petersburg liegt südwestlich von Tampa an der Tampa Bay und ist von Tampa aus über die **Gandy-Bridge** oder die **Howard Franklin-Bridge** zu erreichen. Die **Strände** Pass-a-Grill, St. Petersburg Beach, Treasure Island, Madeira Beach, Redington Beach, Indian Shores, Indian Rocks Beach, Bellaire und Clearwater Beach befinden sich im Westen am Golf von Mexiko.

In Downtown konzentrieren sich die Sehenswürdigkeiten auf das Gebiet an der **Tampa Bay**. Bei einem Spaziergang auf dem **Beach Drive** kann man je nach Interesse beim **Dali Museum**, dem **Museum of Fine Arts**, am **Pier** oder, wenn sie nicht gerade in Miami stationiert ist, bei der *Bounty* vorbeischauen.

In der Nähe der **Greyhound-Station** liegt auch der **Williams Park Terminal**, von dem aus Busse des lokalen Netzes *Pinellas Suncoast Transit Authority (PSTA)* verkehren. Die PSTA-Busse fahren zwei Hauptlinien. Die südliche bedient St. Petersburg, South Pasadena, Gulfport, Clearwater, die Airport-Area und Bay Pines. Die nördliche Route beeinhaltet Belleair, Clearwater, Dunedin, Indian Rocks Beach, Indian Shores, Largo, Madeira Beach, Oldsmar, Palm Harbor, Pinellas Park, Redington Beach, Safety Harbor, Seminole und Tarpon Springs.

Im Norden von St. Petersburg endet die lokale Route von PSTA am Gandy Boulevard. Dort kann man in

Busse der *Hart-Linie* umsteigen, die nach Tampa fährt. PSTA fährt außerdem den **Derby Lane Greyhound Race Track** an und verfügt über drei Expreßlinien (unter anderem St. Petersburg-Clearwater).

Die Busse von *Bats* fahren an der Golfküste entlang von **Pass-a-Grill** nach **South Pasadena**. Bats bietet auch einen Telefonservice an. Unter der Telefonnummer *367-3086* kann man sich erkundigen, wann der Bus in Pass-a-Grill hält, denn für das Gebiet zwischen 1th und 8th Avenue gibt es keinen geregelten Abfahrtzeiten.

Verkehrsmittel

■ **Greyhound,** zwischen 9th St N und Arlington Ave in Downtown.
■ **Pinellas Suncoast Transit Authority (PSTA),** Hauptterminal am Williams Park.
■ **Bats** verkehrt nur an der Küste zwischen Pass-a-Grill und South Pasadena.

Informationen

■ **Area Code:** 813
■ **St. Petersburg Area Chamber of Commerce,** P.O. Box 1371, Tel. 821-4069.
■ **St. Petersburg Beach Chamber of Commerce,** 6990 Gulf Blvd, Tel. 360-6957.
■ **Convenient Care Clinics,** 3251 66th St N, Tel. 344-3627. Mo bis Sa 8–20 Uhr, So 10–18 Uhr.
■ **Post:** *The Nations First Open Air Post Office* mit Postmuseum Ecke 4th N und 1th Ave N. Mo bis Fr 8.30–17 Uhr.
■ **Zip-Code** St. Petersburg Beach 33706, St. Petersburg 33731.

Unterkunft

Downtown:
■ **Bayboro House, Bed & Breakfast,** 1719 Beach Drive SE, Tel. 823-4955. EZ und DZ 45–55 $.
Günstig gelegen in der Nähe des Dali-Museums.
■ **Beach Park Motel,** 300 Beach Dr NE, Tel. 898-6325. EZ 27–37 $, DZ 33–43 $.
Die Zimmer mit Kücheneinrichtung sind etwas teurer. Das Motel befindet sich an einer Straße, die direkt an der Bay entlangführt. *Schöne Aussicht.*
■ **The Detroit Hotel & International Hostel,** 215 Central Ave, Tel. 822-4095.
In diesem alten Hotel im Stadtkern von St. Pete wohnen vor allem Dauergäste, darunter viele junge Leute, die in der Gegend arbeiten. EZ und DZ ab 21 $ (ohne Aircondition). Zimmer mit Klimaanlage und eigenem Bad ab 32 $. Die Räume sind sauber, aber auf den Fluren wird anscheinend selten gereinigt.
■ **Magnolia Hotel,** 444 First Ave N, Tel. 823-4955.
EZ und DZ 15–20 $, zusätzliche Personen 8 $. Wochenpreise 55–75 $. Die preiswerten Zimmer verfügen über keine Klimaanlage und das Bad ist auf dem Flur. Da in diesem Hotel vor allem Rentner über längere Zeit wohnen, sind Reservierungen ange-

bracht. Im Restaurant gibt es ein reichhaltiges und preiswertes Frühstück für 1,39 $.

Beaches:
■ **Island's End,** 1 Pass-a-Grille Way, Tel. 360-5023. EZ und DZ 40–57 $.
Die ruhige Anlage am äußersten Zipfel von St. Petersburg Beach ist ein kleines Stückchen Paradies. Der Aufenthalt ist zwar, wie überall an den Stränden von St. Pete, nicht preiswert, aber die Lage ist einfach *traumhaft*. Das Meer liegt direkt vor der Tür und die Aussicht auf die angrenzenden Inseln ist herrlich. Außerdem haben alle Apartments zwei Räume und eine Küche. Für's Geld wird hier sehr viel geboten.
■ **Reytano's Keystone,** 801 Gulf Way, Tel. 360-1313. EZ und DZ 35–45 $, Apartments ab 45 $.
Nettes Motel am öffentlichen Badestrand, deshalb herrscht hier besonders an den Wochenenden viel Betrieb.
■ **Sea Captain Resort Motel,** 40 Devon Dr Clearwater Beach, Tel. 446-7550.
EZ und DZ je nach Lage der Zimmer und Saison (15. Februar–30. April ist es am teuersten) 36–68 $. Apartments 52–85 $. Exponierte Lage an der Marina von Clearwater, wo die Schiffe ein- und ausfahren. Pool.

Camping
■ **Fort DeSoto Park:** Die am günstigsten gelegenen und schönsten Campingplätze in der Umgebung befinden sich auf den Inseln **St. Christopher** und **St. Jean Key**, die zum Fort deSoto Park gehören. Der Park besteht aus insgesamt fünf kleinen Inseln, die südlich von St. Petersburg Beach liegen und über den Highway 679 zu erreichen sind. Aus Richtung Downtown St. Petersburg kommend vor St. Petersburg Beach links abbiegen. Die Strecke ist ausgeschildert. Zum DeSoto Park gehören außerdem noch die Inseln **Madeleine Key, Bonne Future Key** und die Hauptinsel **Mullet Key**. Alle Inseln sind durch Straßen verbunden. Die Inseln haben wunderschöne Sandstrände und bilden einen angenehmen Kontrast zu dem ansonsten ziemlich zubetonierten Küstenstreifen.

Essen und Trinken
Downtown:
■ **Christo's Café,** 411 1st Ave N, Tel. 894-1566. Mo bis Sa 11–20, So 11–18 Uhr.
Der Einrichtung nach dürfte es sich um ein teures Luxusrestaurant handeln, dachten wir bei unserem Besuch. In dezentem Rosa getaucht und mit dunklem Grün geschmackvoll aufeinander abgestimmt, mit festlich gedeckten Tischen, ähnelt Christo's durchaus einem Spitzenrestaurant. Aber die Preise sind verhältnismäßig moderat und neben Sandwiches stehen Spaghetti mit Fleischsoße, Steaks und Fischgerichte auf der Speisekarte. Manager John Darr würde sich freuen, wenn sich künftig *mehr junge Gä-*

ste unter sein recht betagtes Publikum mischen.

■ **The Garden Restaurant,** 217 Central Ave, Tel. 896-7534.
Sehr altes, *traditionsreiches* Restaurant, in dem seit 1888 kontinentale Küche serviert wird. Sehr amerikanisch, rustikal. Das Publikum ist altersmäßig gemischt. Das Restaurant ist Teil des Detroit-Hotels, Jugendherberge.

■ **Vung Tau,** 328 9th St N, Tel. 821-7936.
Vietnamesische Küche und die chinesische Spezialität *Dim Sum* sind die beiden Standbeine dieses netten Lokals. Dim Sum wird selbst in chinesischen Restaurants nur selten angeboten, von daher bietet sich hier eine gute Gelegenheit, diese Spezialität einmal zu probieren. Bei Dim Sum handelt es sich um kleine Köstlichkeiten wie Krabbenfleisch in Nudelteig, Frühlingsrollen und überbackene Shrimps, die stückweise je nach Appetit bestellt werden. Manche Gerichte gibt es in kleinen Bastkörbchen, in denen sie gedämpft und warmgehalten werden. Das Restaurant ist noch recht neu und *ausgesprochen preiswert*. Das teuerste Gericht liegt bei unter 5 $.

Beaches:

■ **Caldwell's Restaurant,** 7081 Gulf Blvd, Tel. 363-9947, 7–14 und 17–21 Uhr.
Die Einrichtung wirkt nicht gerade einladend, das Bier wurde zu unserer Überraschung in Plastikbechern serviert, aber das Essen ist recht gut und *preiswert*. Täglich wechselnde Gerichte ab 5 $.

■ **La Cave,** 1701 Gulf Blvd, Indian Rocks Beach, Tel. 595-6009.
Nettes *französisches* Feinschmeckerrestaurant. Eine der vielen Spezialitäten: *Duck à l'Orange* mit Nudeln und Käse (10,95 $).

■ **Dinner House, Shell Bar & Libations,** 125 Gulf Blvd, Indian Rocks Beach, Tel. 595-1320. Geöffnet 7–22 Uhr, Fr und Sa bis 23 Uhr.
Preiswerte Fischgerichte und täglich wechselnde Angebote. Schöne Aussicht aufs Wasser.

■ **Penguin-Palace,** 7 Rockaway St, Clearwater Beach, Tel. 442-5600.
Originelles, sehr gepflegtes Restaurant am Strand von Clearwater. Es wird so ziemlich alles angeboten, was die floridianische Küche hergibt: Meeresfrüchte, Fisch, Ribs, Sandwiches, Salate in den verschiedensten Zubereitungsarten.

■ **Seahorse,** 800 Passs-a-Grille Way, Tel. 360-1734, täglich Frühstück 8–12 Uhr, Sa und So bis 13 Uhr, ansonsten Mo bis Do bis 21 Uhr, Fr und Sa bis 22 Uhr, So ab 15 Uhr geschlossen.
Eines der *urigsten* Restaurants am St. Pete Beach, genauer: in dem Teilstück Pass-a-Grille. Einheimische kehren hier genauso gerne zum Essen ein wie Touristen aus den umliegenden Motels. Man ißt an Holztischen – ganz rustikal, wie in vielen kleinen Lokalen am Strand. Die Preise für *Seafood* sind erfreulich niedrig und

frisch ist auch alles. Wenn es nicht zu heiß ist, läßt es sich gut im Freien mit Blick aufs Wasser dinieren.
■ **Well Come In,** 4399 Gulf Blvd, St. Pete Beach, Tel. 360-8487. Täglich 8–21 Uhr.
Dieses Restaurant beherbergt eine ansehnliche Sammlung von altem Glas, das aus Chicago und England stammt. Manche Stücke sind älter als 150 Jahre und der Besitzer ist ziemlich stolz darauf. Seinen Gästen rät er, sich für den Besuch des Lokals Zeit zu nehmen, denn alle Gerichte werden frisch zubereitet. Wem das nicht paßt, der solle besser das nächstbeste Fast-Food-Restaurant aufsuchen, lautet seine Empfehlung, der man besser nicht folgen sollte. Die Fischgerichte sind nämlich lecker und reichhaltig, neben *Scampis, Shrimps, Jakobsmuscheln* und *Austern* gibt es sogar *Snow Crabs*. Ein komplettes Gericht kostet 6–8 $. Neben Fisch und Meeresfrüchten bietet die Küche auch *Sandwiches, Burger* und *Steaks*.

Sehenswert

Downtown:
■ **Historical Museum,** 335 Second Ave NE.
Geschichte der regionalen Indianerkulturen und deren Kunsterzeugnisse.

■ **MGM Bounty Exibit:** Wenn die berühmte Bounty, eine Nachbildung, die für den Film „Meuterei auf der Bounty" gebaut wurde, nicht gerade in Miami stationiert ist, kann sie hier besichtigt werden. Der Standort ist in der Nähe des Pier an der Bay.

■ **Museum of Fine Art,** 225 Beach Drive N, Di bis Sa 10–17 Uhr, So 13–17 Uhr.
In unmittelbarer Nähe des Dali Museums liegt ein weiterer Kulturtempel, das Museum der schönen Künste. Es beinhaltet eine Sammlung von verschiedenen Kunstwerken amerikanischer und europäischer Künstler aller Epochen.

■ **The Pier:** Einkaufszentrum an der Bay, in dem es Waren aus verschiedenen Ländern zu kaufen gibt.

■ **The Salvador Dali Museum,** 1000 3rd St S.
Dieses berühmte Museum beherbergt die größte Gemäldesammlung des exzentrischen, spanischen Künstlers: 93 Ölgemälde, 100 Aquarelle und Zeichnungen sowie 1300 Grafiken. Außerdem verfügt das Museum über eine riesige Bibliothek. Die Sammlung hat einen Wert von über 100 Millionen Dollar und wurde von dem Industriellen A. Reynolds Morse und dessen Ehefrau Eleanor gestiftet. Morse und seine Frau waren von einer Dali-Ausstellung im Museum of Modern Art in New York derart begeistert, daß sie sich entschlossen, seine Werke zu sammeln. Es folgten etliche persönliche Begegnungen mit dem Künstler. Seine Eindrücke hat Morse in zahlreichen Veröffentlichen niedergeschrieben. Das Museum in St. Petersburg wurde im März 1982 eröffnet, wenige Monate später starb Dalis Frau Gala in Spanien.

In St. Petersburg sind zahlreiche Meisterwerke Dalis zu sehen, darun-

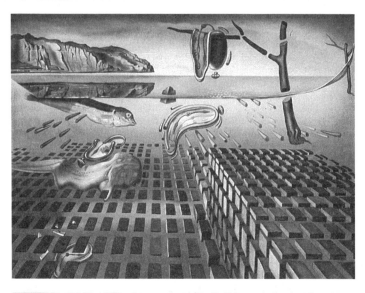

ter die *„Entdeckung Amerikas"*, ein Bild, das in den Jahren 1958/59 entstanden ist sowie eine Version des bekannten Uhrenmotivs *„Beharrlichkeit der Erinnerung"*. Die Ausstellung vermittelt einen interessanten Einblick in die Vielseitigkeit des umstrittenen Surrealisten, dessen frühes Werk impressionistische Züge trägt. Sehenswert ist insbesondere die umfangreiche Sammlung von Zeichnungen. Seine Gemälde, „Straßenkarten seines inneren Geisteszustandes", wie es eine Biografin ausdrückte, zeigen Traumbilder aus einer entrückten, fremden Welt. Der Maler, der durch seinen Lebensstil und seine Bilder Aufsehen erregte wie kaum ein anderer in diesem Jahrhundert, habe sein persönliches Chaos und seine Ängste auf die Leinwand gebannt, um sich davor zu retten.

Von den politisch linksorientierten Surrealisten um den Franzosen André Breton wurde Dali 1939 ausgeschlossen, sie warfen ihm, dem Anhänger Francos, unter anderem eine faschistische Einstellung vor.

Dali war wie alle Surrealisten stark von Freud und der Psychoanalyse beeinflußt, daher enthalten seine Bilder zahlreiche Symbole, die sich nur dann entschlüsseln lassen, wenn Einzelheiten über den persönlichen Hintergrund des Künstlers bekannt sind. Deswegen ist es sehr zu empfehlen, sich einer Führung durch das Museum anzuschließen, bei der die Entstehung der Bilder kommentiert wird.

Einmal im Jahr veranstaltet das Dali Museum einen *Surrealistenball* im noblen **Kapok Tree Restaurant** in Clearwater. Dann kann eine Auswahl verrückter Kostüme, eben surrealistenlike bewundert werden. Der Eintritt beträgt 20 $. Der Ball findet zu ganz unterschiedlichen Daten statt.

■ **Sunken Garden,** 4th St und 18th Ave N Downtown.
Areal mit tropischen Pflanzen und Vögeln.

Beaches:
■ **Don CeSar Hotel,** 3400 Gulf Blvd, St. Petersburg Beach.
Riesiges, pinkfarbiges Hotel, das für die Amerikaner ein Stück Geschichte verkörpert. Das Don CeSar wurde 1928 als *erstes großes Luxushotel* an der Küste von dem Grundstücksmakler *T.J. Rowe* für 1,5 Millionen Dollar erbaut. Zur Eröffnung des Hotels kamen 1500 geladene Gäste, die sich für 2,50 $ einen Abend lang vergnügten. Die Atmosphäre des Hotel beschrieb der Schriftsteller F. Scott Fitzgerald, der ebenfalls zu den Gästen gehörte, später in einer Novelle. Auch *Franklin Delano Roosevelt* und Gansterboß *Al Capone* haben hier schon genächtigt. Das Hotel hatte stets mit wirtschaftlichen Schwierigkeiten zu kämpfen und diente deshalb zeitweise als Trainingsquartier der *New York Yankees*, einer Football-Mannschaft, und während des Zweiten Weltkriegs als Armeelazarett. Heute gehört das Don CeSar einer großen Versicherungsgruppe.

◀ *Das Salvador Dali Museum von St. Petersburg beherbergt die größte Gemäldesammlung des spanischen Künstlers.*

Die Manager treiben einen immensen Aufwand, um die Tradition des Hotels zu vermarkten und damit Gäste anzulocken. Auch wir waren gespannt, welche „Altertümer" sich neben dem „europäisch-aristokratischen" Interieur in dem Hotel verbergen mochten. Eine Managerin führte uns mit hektischen Schritten durch die Hotelhalle, um uns die Sensation des Hauses vorzuführen. Diese war hinter der Tür einer Cafeteria im Erdgeschoß versteckt. Welche Überraschung! Bei dem besagten Relikt aus der Vergangenheit handelte es sich um eine nichtssagende *Holztreppe,* den ehemaligen Eingang des Hotels.

■ **Suncoast Seabird Sanctuary,** 18328 Gulf Blvd, Indian Shores.
Angefangen hatte alles im Dezember 1971, als der Zoologe *Ralph Heath Jr.* einen verletzten Kormoran am Strand entdeckte. Er brachte das Tier zu einem Tierarzt und nach einer Operation erholte sich *Maynard,* wie der Findling getauft wurde, im Garten des Zoologen. Maynard blieb nicht der letzte Schützling von Ralph Heath. Schon bald brachten Spaziergänger und Fischer immer mehr verletzte Vögel, vor allem Pelikane, die sich in Fischerleinen verfangen oder Angelhaken verschluckt hatten. Die Rettung kranker und verletzter Vögel wurde für Heath zur Lebensaufgabe. Inzwischen werden täglich 10 bis 15 Vögel in seinem *Tierhospital* eingeliefert, manche „checken" sich erstaunlicherweise auch ganz von selbst ein und humpeln in die Klinik. Die meisten Verletzungen der Tiere sind durch Menschen hervorgerufen, zum Beispiel von rücksichtslosen Scharfschützen, die sich einen Spaß daraus machen, einer Eule die Augen auszuschießen. Ein anderer Faktor ist die zunehmende Umweltverschmutzung: Immer häufiger behandeln Heath und sein Team Vergiftungen. Fußkranke Patienten bekommen orthopädische Schuhe verpaßt. Die gefiederten Patienten, die zeitlebens Krüppel bleiben, haben im Sanctuary einen Daueraufenthalt sicher. In dem Areal an der Küste sind blinde und lahme Vögel und Pelikane mit verkrüppelten Schnäbeln, mit denen sie nicht mehr fischen können, gut untergebracht. Offensichtlich so gut, daß sich Nachwuchs einstellt. Das berühmte Pelikanpärchen Alex und Sally legte zur Verwunderung aller Biologen den kleinen Pax ins Nest, der im Gegensatz zu seinen Eltern, die für immer verkrüppelt sind, auf und davon fliegen konnte.

Ralph Heath und sein Team bekommen für ihre wichtige Arbeit keine öffentliche Unterstützung. Deshalb bei einer Besichtigung des Sanctuary, die keinen Eintritt kostet, unbedingt eine kleine *Spende* hinterlassen.

Musik/Nachtleben
■ **Barnacle Bills Coconut Comedy Club,** 6110 Gulf Blvd.
Livemusik und Comedy-Shows. Fr und Sa zwei Comedy-Shows um 9

und 10.30 Uhr, Eintritt 5 $. Für Reservierungen Tel. 360-6887.

■ **Club Detroit**, 16 Second St N, Tel. 896-1244, Mi bis Sa 17–2 Uhr.
Der Treffpunkt in der abends recht trostlosen Stadtmitte von St. Pete. Hardrock- und Heavy Metal-Fans kommen hier ebenso auf ihre Kosten wie Reggae-Liebhaber. Im Club gibt es ständig Livemusik. Der Sound ist super und das Publikum weiß das zu schätzen. Manchmal ist es recht voll, besonders wenn bekannte Gruppen auftreten. Ansonsten kostet der Eintritt 2 $.

Ausflüge

Tarpon Springs:
Ehemalige *griechische* Kolonie, in der heute noch die Spuren der ersten Siedler dieses Ortes zu sehen sind. Die byzantinische Kathedrale **Saint Nicholas Greek Orthodox Cathedral** an der North Pinella Ave ist eine Kopie der Hagia Sophia von Istanbul. Die erste Kathedrale wurde 1907 erbaut und 1943 durch eine größere ersetzt. Außerdem gibt es in Tarpon Springs ein **Schwamm-Ausstellungszentrum,** (510 Dodecanese Blvd) zu dem eine Fabrik und ein Museum gehören. Noch heute wird in Tarpon Springs nach Schwämmen getaucht, früher die Haupteinnahmequelle der griechischen Siedler.

Weeki Wachee Spring:
Das Hauptereignis, mit dem Weeki Wachee auf sich aufmerksam macht, setzt dem Kulturkitsch, der in Florida allenthalben geboten wird, die Krone auf. In diesem Themenpark plantschen *echte Meerjungfrauen* in bunten Kostümen im Quellwasser herum. Das Unterwasserspektakel kann durch eine Glasscheibe beobachtet werden.

Crystal River:
Diese Gegend wird vor allem von den *Manatees*, Seekühen, bevorzugt, die sich in den Wintermonaten im warmen Quellwasser aufhalten. Die Seekühe sind friedlich und sehr zutraulich und zählen trotz ihres etwas seltsamen Aussehens zu den Lieblingstieren der Floridianer. Das Städtchen Crystal River liegt inmitten einer wunderschönen Landschaft mit ruhigen Wasserstraßen und einer üppigen Vegetation. Ideal zum Relaxen, Bootfahren und Tauchen – wenn nur das Kernkraftwerk nicht wäre. In der Nähe von Crystal River liegt die Quelle **Homossassa Springs**.

Cedar Key:
Diese kleine Insel liegt rund 120 Meilen von St. Petersburg entfernt und ist am schnellsten über die US 19 zu erreichen. Früher wurden aus den Zedern, nach denen die Insel benannt ist, Bleistifte hergestellt. Die Stadt, einst eine große Hafenstadt, wurde 1896 durch einen Wirbelsturm total zerstört. Heute ist sie berühmt für ihre Meeresfrüchte. Die Insel läßt sich gut per Motorrad erkunden, das an der Second Street gegenüber dem Heron Restaurant gemietet werden kann.

Sarasota und Umgebung

Am Küstenstreifen zwischen **St. Petersburg** und **Ft. Myers** liegen **Sarasota, Bradenton, Venice** und die vorgelagerten Inseln **Longboat, Lido** und **Siesta**. Zirkusmagnat *John Ringling* hat der Gegend einen unverwechselbaren Stempel aufgedrückt, von dem vor allem Sarasota und Venice profitieren. Es ist schon grotesk, an der Golfküste Floridas durch *venezianische Bauten* und *florentinische Gärten* zu spazieren. Da steht ein täuschend ähnlicher Dogenpalast, nur anstatt der Tauben kreuzen braune Pelikane die Fotolinse. Sei es die florentinische Villa in Sarasota oder die Schule der Clowns in Venice, der Mythos um John Ringling ist bis heute ungebrochen. Die Einwohner überschütten den Mann, dessen Erbe sie heute gewinnbringend vermarkten, mit überschwenglichen Lobeshymnen. Er sei nicht nur ein hervorragender Kunstkenner und Gourmet, sondern auch ein guter Erzähler und noch besserer Pokerspieler gewesen.

Am allerbesten verstand sich John Ringling jedoch auf Börsenspekulationen. Sein Apartment in der New Yorker Fifth Avenue war Treffpunkt der Politprominenz, die sich auf feudalen Parties gerne einen guten Anlagetip zuflüstern ließ. John Ringling machte aus seinem Reichtum keinen Hehl und schaffte es immer wieder, in den Schlagzeilen der Tageszeitungen zu erscheinen. Pressekonferenzen gab er grundsätzlich nur in seinem eigenen Eisenbahnwaggon, wobei er die Reporter mit Champagner und Lachsschnittchen bei Laune hielt.

Als er 1911 nach Sarasota kam, war er einer der reichsten Männer des Landes. Er machte sich nie die Mühe, genau auszurechnen, wieviel Geld er hatte. Es reichte jedoch spielend, um ein großes Küstenstück und einige Inseln zu erwerben. Ringling hatte vor, die Gegend um Sarasota mit ihren weißen, palmenbestandenen Stränden zu einem Ferienziel der Sonderklasse zu machen, einem *„place for the elite"*, wie er zu sagen pflegte. In seinem Rolls Royce ließ er sich stundenlang an der sumpfigen Küste entlangkutschieren. In seiner Phantasie standen dort bereits exklusive Hotels, bewohnt vom New Yorker Geldadel, zu dem er so gute Beziehungen hatte.

Er ließ Straßen und Brücken bauen und startete dann sein nobelstes Projekt zur Unterbringung der reichen Freunde: die Errichtung des *Ritz-Carlton Hotels* auf **Longboat Key**, das ein Meisterwerk architektonischer Kunst werden sollte. Zu Beginn der zwanziger Jahre reisten er und seine Ehefrau Mable ins nachkriegsgebeutelte Europa, wo sie zu Spottpreisen Kunstobjekte erwarben: Gemälde von Rubens, Tizian und Tintoretto, Skulpturen aus Griechenland und Ägypten.

Damit nicht genug, sie ließen auch tonnenweise alte Steine nach Sarasota verschiffen, Steine, mit denen ihr eigenes Haus gebaut werden sollte. Mable hatte sich in den Kopf gesetzt, daß dieses Haus eine Nachbildung des Dogenpalastes in Venedig werden sollte. Sie nannten es *Ca'd'Zan,* was venezianisches Patois ist und übersetzt „John's Haus" heißt. 1,6 Millionen Dollar war ihnen dieses Unternehmen wert. Als der Bau endlich stand, waren Ringling und seine Frau nicht mehr zu bremsen. Die weiteren Investitionen in der Reihenfolge: Jacht, Radiostation, Filmstudio.

Und da war auch noch der *Zirkus,* ein gemeinschaftliches Eigentum von John und seinen vier Brüdern Alf, Otto, Al und Charles. Nach der Übernahme von *Barnum & Bailey* wurde dem Publikum die angeblich „Greatest Show on Earth" geboten. Zweifellos hatte John Ringlings guter Geschäftsinstinkt großen Anteil am Erfolg der Truppe, doch durch sein Gebaren, in der Öffentlichkeit als *front man* aufzutreten und den Zirkus eigenmächtig zu repräsentieren, kam es zu erbitterten Konflikten innerhalb der Familie.

Gegen Ende der 20er Jahre, als der Bauboom in Florida urplötzlich vorbei war, die Zeiten der Depression bevorstanden und seine geliebte Mable starb, ging es mit Ringling bergab. Seine Inseln wurden nie mit Ferienhotels bebaut, das Ritz-Carlton Hotel nie fertiggestellt. Ringling verlor den Zirkus, seine zweite Ehe ging schief und dann mußte er auch noch mitansehen, wie seine schöne Jacht in den Meeresfluten versank. 1931 eröffnete Ringling eine Kunstschule sowie ein Museum, das seine Europasammlungen ausstellte. Mit horrenden Investitionen wollte er auch seinen Zirkus wieder auf Vordermann bringen, was ihm aber nie richtig gelang. Als er einige Jahre später starb, betrug sein Kontostand 311 Dollar.

Orientierung

In Nord-Süd-Richtung führen an Sarasota und Bradenton die **U.S. 41** und die **Interstate 75** vorbei. Von Bradenton nach Sarasota fährt man also entweder auf der U.S. 41 oder aber auf der schmalen Inselkette auf der anderen Seite der **Sarasota Bay** über die **State Road 64** und die **State Road 789** entlang. Die Route führt durch **Anna Maria Island, Bradenton Beach, Longboat Key** und **Lido Key.** Schließlich stößt man auf einen bereits zu Sarasota gehörenden Kreisel, den **St. Armands Circle,** an dem sich Boutiquen, Diskos und Coffeeshops befinden.

Verkehrsmittel

Greyhound fährt nach Sarasota von Ft. Myers sowie von St. Petersburg aus. Innerhalb der Stadt gibt es ein lokales Bussystem, das *Sarasota County Area Transit,* kurz *SCAT* genannt. Das Busunternehmen unterhält auch einen Pendelverkehr zwischen Sarasota und Bradenton. Amtrak hält in Tampa, eine Weiterfahrt ist mit Greyhound möglich.

■ **Greyhound:** 575 N Washington

Blvd, Tel. 955-5735.
- **Sarsota County Area Transit (SCAT),** 50303 Pinkney Ave.

Informationen
- **Area Code:** 813
- **Convention & Visitors Bureau,** 655 N Tamiami Trail (U.S. 41), Tel. 957-1877.
- **Krankenhaus:** Sarasota Memorial Hospital, 1700 S Tamiami Trail, Tel. 953-1230
- **Post Office:** Ringling Boulevard.
- **Zip Code:** 34236

Unterkunft
Hauptsaison an diesem Teil der Golfküste sind die Monate Februar, März und April. Einige Hotels werden auch schon Mitte Dezember teurer. Die angegebenen Preise geben Hoch- sowie Nebensaisonpreise an.

Sarasota:
- **Best Western – Golden Host,** 4675 N Tamiami Trail, Tel. 355-5141 oder Toll-Free-Number 800/722-4895. EZ und DZ 35 – 75 $. Im Preis ist das Frühstück enthalten. Zu den Stränden sechs Meilen. Beheizter Pool.
- **Scottish Inns,** 4309 N Tamiami Trail, Tel. 355-9326 oder Toll-Free-Number 800/251-1962.
Alle Zimmer mit kleiner Küche. In unmittelbarer Nähe des Ringling Museum. EZ und DZ 33 – 40 $. Küchenbenutzung 5 $ Aufpreis. Pool.

Bradenton:
- **Comfort Motel,** 1715 14th St W , Tel. 748-5041.
Einfache Motelzimmer sowie Apartments zwischen 20 und 38 $.

Longboat Key:
- **Dunes Beachfront Apartments & Motel,** 5851 Gulf of Mexico Dr, Tel. 383-1911.
Gemütlich eingerichtete Apartments 40 – 113 $, wöchentlich 180 – 560 $.

Siesta Key:
- **Crescent House,** 459 Beach Rd, Tel. 346-0857. Bed & Breakfast direkt gegenüber vom Siesta Beach. Zimmer für zwei Personen in der Nebensaison 35 $, in der Hochsaison 75 $.

Camping
- **Oscar Scherer Recreation Area,** sechs Meilen in südliche Richtung auf der U.S. 41, in **Osprey** in der Nähe von **Venice.** Tel. 966-3154. An einem Frischwassersee, dem **Lake Osprey** gelegen.
Kanuverleih. Rollstuhlfahrer sind willkommen. Zelt Januar bis Ende Mai 21 $, in der restlichen Zeit 8 $.

Essen
- **Bijou Café,** 1287 First St Ecke Pineapple.
Kleines intimes Restaurant in einer ehemaligen Tankstelle. Spezialitäten sind *Seafood* und *Prime Rib.* Sonntags geschlossen.
- **Cypress Inn,** 3701 Bee Ridge Rd. Täglich 6.30 – 18.30 Uhr.

Preiswertes Familienrestaurant. Es gibt Frühstück, Lunch und Dinner. Ungezwungene Atmosphäre.
■ **Sugar & Spice Family Restaurant,** 1850 S Tamiami Trail. Mo bis Sa 11–22 Uhr.
Gekocht wird nach *amish-style.* Besonders lecker sind die hausgemachten Aufläufe, die ab 3 Dollar zu haben sind.
■ **Walt's Raw Oyster Bar,** 560 N Washington Blvd (Hwy 301).
Walt haut Alligator-Steaks in die Pfanne. Wir haben von einer Kostprobe Abstand genommen, aber vielen Einheimischen schmeckt's prima. Ansonsten gibt es *Seafood*.

Sehenswert
■ **Ca'd'Zan,** 5401 Bayshore Rd.
Das luxuriöse Haus von Mable und John Ringling, nach dem Vorbild des Dogenpalastes in Venedig gebaut, sehen sich viele Touristen lieber an, als das **Kunstmuseum**, das sich im selben Gebäudekomplex befindet. Das Museum ist in einer florentinischen Villa eingerichtet und enthält eine der größten Sammlungen von Werken des flämischen Malers *Peter Paul Rubens*. Im davorliegenden venezianischen Garten steht ein bronzener David von Michelangelo.

Ebenfalls zum Ringling-Komplex gehört das **Asolo State Theater,** bekannt geworden durch die respektlose Inszenierung von „Nonsense", in der die Schauspieler in Nonnenkleidung rüde Witze über Gott und die Welt machten. Der Rahmen für die Aufführungen ist ausnahmsweise original italienisch, denn Ringling ließ das gleichnamige Theater aus dem italienischen Schloß *Asolo* Stück für Stück abbauen und in die USA verschiffen. Dort wurde es dann wieder zusammengefügt. Weniger spektakulär sieht hingegen das **Zirkusmuseum** aus, das mit alten Zirkusplakaten, Wagen und vielen Andenken von Welttourneen gespickt ist.
■ **Ringling Brothers & Barnum und Bailey Circus,** 1401 S Ringling Dr, in *Venice.*
Im Januar Winter- und Trainingsquartier des berühmten Zirkus, bevor er für den Rest des Jahres auf Tournee geht. Außerdem befindet sich hier eine Clownsschule. Die Schülerinnen und Schüler lernen jonglieren, Pantomime und Stelzenlauf.
■ **Sarasota Kennel Club,** 5400 Bradenton Rd.
Fünf Meilen westlich von Sarasota an der Interstate 75 laufen zwischen Mai und September jeden Abend ab 19.30 Uhr die *greyhounds* zur Unterhaltung der Zuschauer im Kreis herum.
■ **De Soto National Memorial,** NW 75th St in Bradenton.
Referenz an den goldsuchenden Spanier Hernando De Soto, der im Jahre 1539 genau an dieser Stelle, der Mündung des *Manatee Rivers,* landete. Die Park Ranger sind als Konquistadoren kostümiert und demonstrieren den Umgang mit Waffen des 16. Jahrhunderts.

Nachtleben

■ **Jazz Club of Sarasota,** Opera House, 61 N Pineapple Ave, Tel. 366-1552.
Jedes Jahr im April steigt ein großes Festival. Ganzjährig geöffnet.

Ausflug

■ **Myakka River State Park,** 13207 State Road 72, Sarasota, 34241, Tel. 924-1027.
Naturschutzgebiet im Landesinneren mit Campingplatz. Zelt 8 $. Hütten mit zwei Doppelbetten und Sofa 35 $. Reservierungen werden empfohlen. Am **Upper Myakka Lake** werden Kanus für 5 $ pro Stunde oder 20 $ täglich vermietet. Schwimmen ist nicht gestattet.

Der Nordosten

St. Augustine

Gäbe es in Sachen Selbstbewußtsein eine Meßskala, die Einwohner von St. Augustine hätten sicher einen Spitzenplatz. Nicht etwa weil in dieser Stadt die Lebensqualität besser ist als anderswo. Nein, hier ist man schlicht und einfach mächtig stolz auf die Geschichte. Immerhin ist St. Augustine die *älteste dauerhafte europäische Siedlung* in den USA. Darauf pochen die Bewohner dieser für amerikanische Verhältnisse wahrhaft alten Stadt mit Recht, schließlich hatten die ersten spanischen Siedler Pensacola, ganz im Westen Floridas, nach einer Kurzvisite schnell wieder verlassen. Im Wettbewerb der ältesten Städte siegte nach langen Auseinandersetzungen schließlich St. Augustine und erhielt den offiziellen Titel: *America's oldest city*. Dafür, daß sich St. Augustine heute mit diesem Prädikat schmücken kann, sind letztlich die Kolonialmächte verantwortlich, die durch ihre unermeßliche Sucht nach neuen Reichtümern vor rund 400 Jahren den Weg nach Florida fanden. Ein Blick in die Geschichte zeigt das lange Tauziehen um ein stategisch wichtiges Stückchen Land.

Nachdem der Spanier *Don Juan Ponce de León* 1513 als erster Europäer Florida „entdeckt" hatte, besetzte *Pedro Menéndez de Avilés* im Auftrag des spanischen Königs mit seinen Truppen St. Augustine im Jahr 1565 und gründete die erste Kolonie. St. Augustine diente als Stützpunkt, von dem aus die Spanier die Franzosen vertrieben, die sich am St. Johns River beim heutigen Jacksonville niedergelassen hatten. Von St. Augustine aus verteidigten die Spanier lange Zeit ihre Vormachtstellung unter den Kolonialmächten und zwangen die Indianer, sich ihren Sitten und Gebräuchen zu unterwerfen. Die Briten waren aber nicht untätig und bereiteten den Spaniern Schwierigkeiten. Sie attackierten das von den Spaniern gegründete Fort *Castillo de San Marcos* mehrfach, jedoch stets ohne Erfolg. Die Festung konnte nie eingenommen werden.

Erst nach Abschluß des siebenjährigen Krieges *(Old French and Indian War)* besetzten die Engländer 1763 die Stadt und das Fort. Als Gegenleistung dafür erhielten die Spanier Cuba von den Engländern zurück. Doch offensichtlich war das spanische Interesse an St. Augustine von längerer Dauer. Im Zuge des Amerikanischen Revolutionskrieges (1784–1821) besetzten sie es erneut, bis St. Augustine 1821 schließlich U.S.-Territorium wurde.

Die Seminolen hatten zwei Kriege

◀ *Das Castillo de San Marcos ist das Wahrzeichen von St. Augustine.*

vergeblich gegen ihre Besatzer gekämpft – zwei ihrer Führer, *Coacoochee* und *Osceola* waren im Castillo de San Marcos inhaftiert – und zogen sich 1842 in die Everglades zurück.

In St. Augustine erinnert heute noch vieles an diese bewegte Vergangenheit. Museen und alte Gebäude zeugen von dem Hickhack der Kolonialmächte um die Stadt und deren Festung. Wenn man sich die modernen Verkehrsmittel und Reklameschilder einmal wegdenkt und den Blick auf die alten Häuser lenkt, vor denen ab und an Pferdekutschen (natürlich mit Touristen besetzt) vorbeifahren, scheint es fast, als sei die Zeit stehengeblieben. Wir haben uns gerne von dem Charme einfangen lassen, den sich St. Augustine bis heute bewahrt hat.

Orientierung

Im Gegensatz zu vielen anderen Städten Floridas hat St. Augustine einen interessanten Stadtkern, in dem die meisten Sehenswürdigkeiten und Restaurants zu Fuß zu erreichen sind. Wer ohne Auto unterwegs ist, quartiert sich am besten in einem der zahlreichen Bed & Breakfast Inn's ein.

Im Norden der Stadt befinden sich die **Strände**, die über die **Bridge of Lions** zu erreichen sind. Dort gibt es genügend Möglichkeiten zum Campen, wogegen die Motels am **St. Augustine Beach** dünn gesät und nicht unbedingt preiswert sind. Folgt man der **A1A-South** in Richtung Osten, erreicht man **Cresent Beach** und weitere Strände. Der **Vilano Beach** im Westen ist etwas ruhiger gelegen und darf mit Autos befahren werden. Ein Aushängeschild in punkto Sauberkeit ist er allerdings nicht gerade.

Verkehrsmittel

■ **Greyhound**, 100 Malaga St Ecke King St, Tel. 829-6401.

■ St. Augustine hat kein eigenes Bussystem, so daß die Sehenswürdigkeiten im Norden der Stadt, die Strände, die Alligatorfarm und Marineland nur mit dem Auto erreichbar sind. In der Altstadt fahren die **Sightseeing Trains** alle 15 Minuten von 170 San Marco Ave ab. Sie halten bei den historischen Sehenswürdigkeiten und weiteren interessanten Punkten der Stadt. Es gibt verschiedene Touren, die recht teuer sind, dafür aber auch die Eintrittsgelder enthalten. Der preiswerteste Ausflug mit den Sightseeing Trains kostet immerhin 10 $ und dauert zwei Stunden. Für die teuerste und längste Tour muß man 27 Dollar hinblättern. Ob es besser ist, eine Tour mitzumachen oder einige Attraktionen auf eigene Faust und zu Fuß zu besuchen, hängt davon ab, wieviel und was man sehen möchte.

■ Eine weitere Möglichkeit, St. Augustine zu entdecken, bietet **Colee's Sightseeing Carriage Tours**, die in der Nähe des Castillo-Eingangs stationiert sind. Kutschenfahrten können von dort aus täglich zwischen 8.30 und 17 Uhr unternommen werden.

Informationen

■ **Vorwahl:** 904
■ **Visitors Information Center,** 10 Castillo Dr, Tel. 824-3334, täglich 8.30–17.30 Uhr.
■ **Post Office,** 99 King St, Tel. 824-4803.
■ **Flagler Hospital,** 159 Marine St, Tel. 824-8411.

Unterkunft

■ **Budget Motel,** 304 San Marco Ave und US 1 North, Tel. 824-2801. EZ 20–28 $, DZ 25–40 $.
Pool und Zimmer mit Küche. Dieses Motel liegt an der vielbefahrenen US 1.
■ **Keystone Court Motel,** 290 San Marco Ave, Tel. 829-3850.
Dieses Motel bietet *erstaunlichen Komfort* für wenig Geld: die Zimmer sind größer und heller als anderswo, die Einrichtung ist geschmackvoll und es ist so sauber, daß man vom Fußboden essen könnte. EZ sind für 22 $, DZ für 24 $ zu haben. Zusätzliche Personen in Zimmern mit zwei Betten zahlen 2 $ Aufpreis. Ein Pool ist in Planung. Das Motel liegt an einer Durchgangsstraße, von daher vielleicht etwas laut, es ist aber dennoch empfehlenswert.
■ **Ponce de Leon – Resort and Convention Center,** Ponce de Leon Blvd, P.O. Box 98, Tel. 824-2821.
An Floridas ältestem *Golfplatz* gelegenes Motel mit modern-gediegener Einrichtung und begehbarem Kleiderschrank. Hier steigen zwar viele Golfer ab, doch auch andere Gäste sind willkommen. Keine Schwellenängste! Golfspieler in den USA sind nicht so arrogant wie bei uns. Donnerstags zur *happy hour* am riesigen Pool kommt man leicht ins Gespräch. Ein EZ kostet je nach Raumgröße 50–75 $, DZ von 55–80 $. Spezielle *golf packages*, in denen Frühstück, Abendessen und die Benutzung des Golfplatzes enthalten sind, kosten 70 $ pro Person und Tag.
■ **St. Francis Inn,** 271 St. George St, Tel. 824-6068. EZ und DZ zwischen 22–46 $. *Bed & Breakfast.*
Das von außen nicht sehr einladend wirkende Haus wurde 1791 gebaut. Es beherbergt ein interessantes Innenleben. Jedes Zimmer ist anders und gemütlich eingerichtet. Ein ausgezeichnetes Frühstück ist im Preis inbegriffen. Das Haus verfügt über einen kleinen Pool und Fahrräder werden gratis vermietet. *Sehr zu empfehlen.*
■ **Surf Village** am St. Augustine Beach, 2201 1A 1 South, Tel. 471-3131.
EZ ab 28 $, DZ ab 43 $. Zimmer mit Küche ab 43 $. Wochenpreise ab 154 $. Einige Zimmer mit *Wasserbetten.* Pool.
■ **Vilano Beach Motel,** 112 E Vilano Rd, Tel. 829-2651. EZ 24–35 $, DZ 30–40 $. Einige Zimmer haben Küche.

Camping

■ **North Beach Camp Resort,** 4125 Coastal Hwy, North Beach, Tel. 824-1806.

Zeltplatz westlich von Vilano Beach an der *A1A North*. Für zwei Leute 14 $ pro Nacht, jede weitere zusätzlich 2 $. Pool und Bootsvermietung. Der Platz ist etwas abgelegen.

Essen und Trinken
■ **Barnacle Bills**, 14 Castillo Dr, Tel. 824-3663. Mo bis Sa 11–21 Uhr, So 16.30–21 Uhr.
Keine Tischdecken, laut, Papierservietten und Ketchupflaschen auf den Holztischen – so präsentiert sich dieses Lokal seinen vornehmlich örtlichen Besuchern. Doch obwohl man hier kein gediegenes Ambiente vorfindet, ist das Restaurant einen Besuch wert. Die Fischgerichte sind zwar nicht preiswerter als anderswo, kommen aber wirklich frisch auf den Tisch. Sich nach dem *Catch of the Day*, dem Fang des Tages, erkundigen! Uns hat auch die Meeresplatte mit Shrimps, Jakobsmuscheln und Fisch sehr gut geschmeckt. Die Preise liegen zwischen 9–14 $ für Hauptgerichte. Erfreulich, daß die Getränke preiswert sind: ein Glas gezapftes Bier für 1 $, eine Flasche *Corona*-Bier für 1,50 $. Als Abschluß bietet sich ein leckerer *Key Lime Pie* für 95 Cents an.
■ **Columbia**, 98 St. George St, Tel. 824-3341. Täglich 11–14 Uhr und 17–21 Uhr. Fr und Sa bis 22 Uhr.
Große Namen halten oft nicht das, was sie versprechen und bei diesem traditionsreichen, *spanischen* Spezialitätenrestaurant ist es genauso. Zwar ist der Reputationsgrad dieses Lokals schon aufgrund der Lage und Popularität enorm hoch, doch das Essen ist eine einzige Enttäuschung. Die Atmosphäre in dem luftigen palmengeschmückten Innenhof wiegt das nicht auf, zudem ist es hier sehr teuer.
■ **Fiddler's Green**, 50 Anahma Dr, Vilano Beach, Tel. 824-8897. Mo bis Do 17–22 Uhr, Fr und Sa 17–23 Uhr.
In dem ganz in grün gehaltenen Interieur kommt man sich vor, wie ein Papagei im Vogelpark. Dafür entschädigen der Blick aufs Meer und die Fischspezialitäten. Lecker die *Scampi-Shrimps* für 11 $ und der *Catch of the Day* in sechs Variationen für 13 $.
■ **Harbor View Café**, 16 A Avenida Menendez, Tel. 825-0193, 7–21 Uhr.
Guter Platz für ein *ausgedehntes Frühstück* mit herrlichem Blick auf die Bucht. Die schwergewichtigen Söhne der Besitzer servieren ein Frühstück schon ab 1,75 $. Ansonsten gibt es Sandwiches und Salate.
■ **La Parisienne**, 60 Hypolita St, Tel. 829-0055. Täglich 17.30–21 Uhr. Reservierung empfehlenswert.
Zu durchaus akzeptablen Preisen servieren der Schweizer Besitzer und seine Familienangehörigen *Seafood*, *Lamm* und andere Spezialitäten vom Feinsten. Kein Wunder, daß der Familienbetrieb schon *Steffi Graf*, *Jacques-Yves Cousteau*, und *Brooke Shields* zu seinen Gästen zählen konnte. Vorspeisen gibt es ab 5 $, Hauptgerichte ab 10 $. Das La Pari-

sienne ist unser Meinung nach das *beste Restaurant* in St. Augustine.
■ **San Marco Grille,** 123 San Marco Ave, Tel. 824-2788, 11.30–14.30 und 17–23 Uhr.
Der Chefkoch und Besitzer Hans Bosch hat dieses Restaurant vor vier Jahren eröffnet und sich damit nach 30jähriger Tätigkeit in der Gastronomiebranche einen Traum erfüllt. Allerdings ist es dem gebürtigen Deutschen in St. Augustine etwas zu ruhig, und er plant einen Ortswechsel nach Fort Lauderdale. Schade wäre es für seine Gäste, denn Bosch versteht sich *ausgezeichnet* auf die floridianische Küche. Die *Prime Ribs* waren hervorragend und die Meeresfrüchte ebenfalls. Auch die im Trend liegenden *Cajun-Gerichte* fehlen nicht. Übrigens sind die Wachsmalstifte auf den Tischen zum Beschmieren derselben gedacht.

Sehenswert
■ **Castillo de San Marcos,** 1 Castillo Dr. Geöffnet von 9–17.45 Uhr im Sommer, im Winter bis 17.15 Uhr.
Das Castillo ist das Wahrzeichen von St. Augustine und zieht aufgrund seiner bewegten Geschichte die Besucher zu Tausenden an. Die Steinfestung wurde 1672–1795 an Stelle des alten Holzforts aus Muschelstein erbaut, den man auf *Anastasia Island* fand. Das Castillo konnte nie erobert werden. Es diente zeitweise als Gefängnis, in dem auch der bekannte Indianerhäuptling *Osceola* gefangengehalten wurde.

■ **Fort Matanzas,** 14 Kilometer südlich von St. Augustine auf Anastasia Island. Außenposten des Castillo de San Marcos.
■ **Lightner-Museum,** 75 King St.- City Hall. Geöffnet 9–17 Uhr.
Das ehemalige Alcazar Hotel, 1888 von Flagler erbaut, beherbergt heute eine Kunstsammlung und alte Musikinstrumente.
■ **Flagler College,** ebenfalls von dem berühmten Bauherrn Flagler erbaut. Das imposante Gebäude diente früher als Hotel (in dem es sich wahrscheinlich vorzüglich wohnen ließ). Heute ist eine Universität darin untergebracht.
■ **Marineland of Florida,** Coastal Hwy A1A. Täglich 9–17.30.
Vorführungen mit Delphinen. Ansonsten Besichtigung der Ozeanarien, in denen sich Haie, Barrakudas und Seeschildkröten vor den Augen der neugierigen Besucher tummeln.
■ **Old Jail,** 167 San Marco Ave. Geöffnet 8–17 Uhr.
Altes Gefängnis des St. John's County, reichlich kitschig herausgeputzt mit Puppen, die Gefangene darstellen sollen. Das Gebäude aus dem Jahre 1890 ist für das *National Register of Historic Places* nominiert worden.
■ **Oldest House,** 14 St. Francis St. Von 9–17 Uhr.
In Europa würde kaum jemand einen Blick auf ein solch unscheinbares Steinhaus werfen – hier hat es Geschichte gemacht: das älteste Haus in St. Augustine hat rund 250 Jahre auf dem Buckel.

■ **Oldest Store Museum,** 4 Artillery Lane. Mo bis Sa 9–17 Uhr, So 12–17 Uhr.
So muß es in Amerika ausgesehen haben, bevor die Supermarktketten die Käuferschichten eroberten.

■ **Potter's Wax Museum,** 17 King St. Geöffnet von 9–21 Uhr im Sommer, 9–17 Uhr im Winter.
Heldenverehrung auf amerikanisch (speziell der als Einführung gezeigte Film).

■ **St. Augustine Alligator Farm,** zwei Meilen südlich der Bridge of Lions an der *A1A*. Geöffnet 9–17 Uhr.
Hier bekommt man Alligatoren massenweise zu sehen. Mehrmals täglich müssen die Riesenechsen ihre großen Mäuler auf Kommando der Ranger aufreißen und mit lautem Krachen wieder zuklappen. Wir waren von den Vorführungen nicht besonders begeistert, zumal man sich Alligatoren in allen Größen viel besser in der freien Natur ansehen kann.

■ **St. George Street** eine der schönsten Straßen in der Fußgängerzone mit kleinen Geschäften und Handwerksbetrieben.

■ **Spanish Quarter,** 29 St. George St, täglich 9–17 Uhr.
Restauriertes, spanisches Viertel, in dem man einen Eindruck gewinnt, wie die ersten europäischen Siedler von St. Augustine lebten und arbeiteten.

■ **Ripley's Believe It Or Not,** 19 San Marco Ave.
Der inzwischen verstorbene Karikaturist *Robert L. Ripley* hat für dieses Museum eine wahrhaft kuriose Sammlung zusammengetragen. Dafür hat er angeblich mehr als 198 Länder bereist und 750 Exponate mitgebracht. Die Auswahl seiner Ausstellung war für Ripley offensichtlich keine Geschmacksfrage. Neben Folterinstrumenten finden sich Nachbildungen von menschlichen Mißgeburten (ob dem dargestellten Asiaten tatsächlich ein langes Horn aus dem Kopf wuchs? Believe it or not!).

■ **Zorayda Castle,** 83 King St.
Eine Reproduktion wie es sie in Florida des öfteren gibt. Diese ist eine Nachbildung eines Flügels der *Alhambra*, des berühmten spanischen Schlosses in Granada. Hier wird gezeigt, wie es sich die maurischen Könige mit Prunk und Pomp gutgehen ließen.

Einkaufen

■ **Book Warehouse,** Avenida Menendez Ecke King St.
Bücher zu reduzierten Preisen, Reiseführer, wissenschaftliche Literatur etc.

■ **Old Favorites,** San Marco Ave Ecke A1A North.
Neue und Secondhand Schallplatten. *Alte LP's* für 2 $ pro Stück. Eine Fundgrube für Sammler.

Musik und Nachtleben

■ **Scarlett O' Haras,** Hypolita Ecke Cordova St, täglich bis 0.30 Uhr, *happy hour* 15–17 Uhr.
Abends ständig Live-Musik, bunt

gemixt. Hier trifft sich vor allem die Jugend von St. Augustine, aber auch zahlreiche Touristen versammeln sich in dieser urigen Kneipe im Herzen der Altstadt.

Jacksonville

Viele Städte und Sehenswürdigkeiten in Florida werben mit Superlativen – Jacksonville ist da keine Ausnahme. Sie rühmt sich, die flächenmäßig *größte* Stadt der USA zu sein, da sie insgesamt 841 Quadratmeilen umfaßt. Außerdem steht eines der *höchsten* Bürogebäude in Jacksonville: das mehr als 30 Stockwerke hohe **Independent Life Insurance Company Building**. Dieses Haus könnte gewissermaßen als Wahrzeichen dieser Metropolis gelten, denn in Jacksonville sind zahlreiche Versicherungsgesellschaften ansässig. Um bei den Superlativen zu bleiben: Jacksonville wirbt mit dem *längsten* **Fishing Pier**, dem **St. John's River** als *bedeutendstem* Fluß und der *ältesten* Plantage in Florida. Nicht zu vergessen auch die **Friendship Fountain**, dem *größten* Springbrunnen der Welt, dessen Wasser bis zu 40 Meter hoch in die Luft schießt.

Doch vielleicht soll die Aufzählung aller *größten, längsten, höchsten* und *ältesten* Attraktionen nur darüber hinwegtäuschen, daß Jacksonville ihren Besuchern nicht viel zu bieten hat? Uns kam es jedenfalls so vor, und eine Besichtigung der Innenstadt hat unsere Meinung bestätigt. **Downtown** war zur Zeit unseres Besuchs eine einzige Baustelle und trotz der enormen Ausdehnung der Stadt gab es, mit Ausnahme der schönen Flußufer in der Umgebung, kaum etwas Sehenswertes. Die alten viktorianischen Häuser sind fast alle einem Großbrand zum Opfer gefallen, der 1901 den gesamten Stadtkern in Schutt und Asche legte.

Jacksonville zählt insgesamt 827 000 Einwohner und spielt als Heimathafen für zahlreiche Flugzeugträger und Zerstörer neben Tampa, Homestead und Key West eine bedeutende Rolle als *Garnisonsstadt* und Zentrum der *Rüstungsindustrie*. Im Hafen rollen außerdem die meisten ausländischen Autos und Lastwagen in Florida an Land.

Orientierung

Durch die enorme Ausdehnung von Jacksonville ist die Orientierung recht mühsam. Von einem Stadtteil zum anderen fährt man schon mit dem Auto oft bis zu einer Stunde und von **Downtown** bis zu den Stränden können gut 30 bis 45 Minuten eingeplant werden – falls man nicht in einen Stau gerät. Die **Jacksonville's Beaches** liegen südlich des St. John's River, **Fort Clinch State Park** und **Little Talbot State Park** im Norden der Stadt. **Jacksonville International Airport** befindet sich nördlich von Downtown.

In Downtown sind **Jacksonville Landing**, eine Bootsanlegestelle mit

Restaurants und Geschäften und die **Riverwalk-Gegend** zentrale Punkte. Der **Atlantic Boulevard** verbindet Downtown Jacksonville und die Strände. Zwischen **Atlantic Beach** und **Little Talbot Island** liegt **Mayport**, wo die Nordatlantikflotte stationiert ist.

Verkehrsmittel

■ **Jacksonville International Airport**, Tel. 741-2000.
■ **Greyhound und Trailways**, Forsyth St Ecke Bay St, Tel. 356-5521 (Greyhound) und 354-8543 (Trailways).
■ **Amtrak**, 3570 Clifford Ln, Tel. *(toll free)* 800-872-7245.
■ **Jacksonville Transit Authority**, 100 N Myrtle St, Tel. 630-3100. Die Linie *BH 1* fährt von Downtown zu den Stränden. Außerdem Transport nach Mayport. Von dort aus überquert eine Fähre den **St. John's River**. Einige Meilen nördlich liegen **Little Talbot State Park** auf **Little Talbot Island** und **Fort George Island**.

Informationen

■ **Area Code:** 904
■ **Convention and Visitors Bureau**, 3 Independent Dr, Tel. 353-9736.
■ **Krankenhaus**, St. Luke's, 4201 Belfort Rd, Tel. 739-3700.
■ **Zip Codes**, 322 202 für Downtown Jacksonville, 322-33 für Atlantic und Neptun Beach.
■ **Post:** 1100 Kings Rd, Zip Code 32203.

Unterkunft

■ **Ambassador Hotel**, 420 Julia St, Tel. 354-5611. EZ 17 $, pro Woche 55 $, DZ 20 $, pro Woche 65 $.
Es gibt weder Telefon noch Fernseher. Angeblich das älteste Hotel in Jacksonville. Das Gebäude stammt aus dem Jahr 1923. Sehr zentral, in der Nähe der Busstationen gelegen. Die Gegend gilt aber als nicht ganz sicher.
■ **Budget Host Motel**, 731 N. First St, Tel. 249-5006. EZ 40–45 $, DZ 50–55 $.
Die Zimmer mit Küchenblock sind 5 $ teurer. Einige haben Meerblick. Sauber und direkt am Beach gelegen.
■ **Hospitality Inn**, 901 N. Main St, Tel. *(toll free)* 1-800-821-2073. EZ ab 49 $, DZ ab 54 $.
Komfortables Motel, in dem meist Tagungsteilnehmer absteigen. Die Zimmer liegen zum Pool.
■ **Surfside Motel**, 1236 North 1st St, Tel. 246-1583.
Saubere, recht nett eingerichtete Zimmer. Zum Strand geht man über eine wenig befahrene Durchgangsstraße. DZ, einige davon mit Küchenblock, 32–47 $. Beheizter Pool.

Camping

■ **Kathryn Abbey Hanna Park**, in der Nähe von Mayport an der SR A1A.
Schöne Campinganlage am Strand mit Seen, in denen gefischt werden darf. Camping 7 $.

Essen und Trinken
■ **Chiang's Mongolian Bar-B-Q,** 1504 N 3rd St, Tel. 241-3075. Geöffnet 17–22 Uhr.
All-you-can-eat, mongolisches Barbecue mit griechischem Salat als Beilage (7,75 $).

■ **Crustaceans,** 2321 Beach Blvd, Tel. 241-8238. Ab 17 Uhr Dinner, So Brunch von 11.30–16 Uhr.
Meeresfrüchte und Steaks kann man direkt am Wasser genießen.

■ **Holiday Inn-on-the-ocean,** 1617 North First St, Tel. 249-9071. Geöffnet 6.30–14 und 17.30–22 Uhr.
Tolles *Buffet* mit vielen Delikatessen für nur 6,95 $ (abends). *All-you-can-eat*.

■ **Pic N' Save Drugs,** 2400 S 3rd St. Jacksonville Beach und 728 Atlantic Blvd, täglich Frühstück von 9–11 Uhr, Lunch 11–16 Uhr, Mo und Do 16–18, Fr 16–20.30.
Drugstore mit *Cafeteria*, der bei den Einheimischen sehr beliebt ist. Frühstück gibt es für 1,59 $, ein *all-you-can-eat lunch buffet* für 3,19 $.

Sehenswert
■ **First Lady of Jacksonville,** Tel. 398-0797.
Ausflugsfahrten auf dem St. John's River. Di bis So 11.30–13.30 Uhr *sightseeing/lunch cruise*, Kostenpunkt 8,80 $ ohne, 12,50 $ mit Essen. *Dinner Cruise* Mi, Fr, Sa und So 18.30–21.30 Uhr. 25 $ inklusive *Prime Rib Dinner*.

■ **Fort Caroline,** 127 13 Fort Caroline Rd. Täglich 9-17 Uhr.
Das Fort wurde 1564 von den Franzosen errichtet. An dieser Stelle kämpften zum erstenmal europäische Kolonialmächte in Amerika, und zwar Spanien gegen Frankreich. Das Fort wurde zerstört, heute ist nur noch eine Nachbildung zu sehen.

■ **Jacksonville Art Museum,** 4160 Boulevard Center Dr, Tel. 398-8336.
Amerikanische Malerei des 20. Jahrhunderts, darunter Werke lokaler Künstler, Skulpturen und Grafiken.

■ **The Jacksonville Landing,** Independent Drive am St. John's River.
Bootsanlegestelle mit Einkaufspassage. Hier ging 1830 das erste Dampfschiff, die „*George Washington*", vor Anker und brachte die ersten Touristen nach Jacksonville. Sie kamen von **Savannah** und benötigten für die Reise auf dem St. John's River 34 Stunden. Das Landing ist heute eines der Aushängeschilder von Jacksonville. In dem architektonisch phantasievoll gestalteten Einkaufszentrum befinden sich zahlreiche kleine Geschäfte, Kneipen und Restaurants. Freitags und samstags gibt es ab 19.30 Uhr Livemusik.

■ **Museum of Sience and History und Planetarium,** 1025 Gulf Dr. Mo bis Sa 9–15 Uhr, So 13–17 Uhr.
Wissenschaft und Kunst sind hier unter einem Dach vereint, wobei es viele Gelegenheit zum Ausprobieren faszinierender technischer Spielereien gibt. Das Museum zeigt wechselnde Ausstellungen zur Geschichte der ganzen Welt und zu Floridas Vergangenheit.

Ausflüge

Fernandina Beach:
Ein Ausflug in diesen nördlichsten Küstenort Floridas lohnt sich eigentlich nur wegen der netten Altstadt von Fernandina, in der es einen originellen, alten Saloon gibt. Ansonsten ist in Fernandina Beach viel Industrie angesiedelt, deren Emissionen einem auf Schritt und Tritt in die Nase ziehen. Der Strand ist nach Ansicht eines Reporters vom Miami Herald der häßlichste in ganz Florida. Im **Palace Saloon** an der Center Street Ecke N Second St.
kann man sich für die Einrichtung des Saloons mit alten Holzdecken und gefliestem Fußboden begeistern. Im Mai findet in Fernandina das *Shrimp Festival* statt. Im **Fort Clinch State Park** kann man fischen und campen.

Fort George Island:
Ehemaliges Zentrum des Sklavenhandels. Die alten Wohngebäude der Sklaven können besichtigt werden. Eine Fährverbindung zwischen Mayport und Fort George Island gibt es täglich 6.20 – 22 Uhr.

Little Talbot Island:
Auf dieser Insel befindet sich ein State Park mit herrlichen Sandstränden und einer schönen Dünenlandschaft. Daneben liegt der Hugnenot Park mit einem Strand an der Mündung des St. Johns Rivers. Beide Parks sind vom Heckerscher Dr. zu erreichen. Aus südlicher Richtung gelangt man mit der Fähre von Mayport in 30 Minuten dorthin. Fähren verkehren von 6.30 – 22 Uhr.

Lake City

Weil sich bei Lake City die wichtigsten Verbindungsstraßen Nordfloridas, die **Interstates 10** und **75** kreuzen, hat sich die Stadt zu einem Treff der *Fernfahrer* entwickelt. Hier machen sie Rast, bleiben eine Nacht, und rauschen früh morgens weiter. Einmal im Jahr kommen eine Menge alter Krieger zu Ehren der gefallenen Soldaten am *Olustee Battlefield*, wo die größte Schlacht im Bürgerkrieg stattfand, zusammen. Ansonsten läßt sich über Lake City bedenkenlos der Mantel des Schweigens hängen, denn die Stadt wirkt etwas heruntergekommen und ziemlich trostlos. Sie bietet sich allerdings als Etappe für Besuche im **Osceola National Forest** an, der von der **US 90** kommend an der **SR 250** liegt, oder im **Ichetucknee Springs State Park**.

Lake City ist mit dem Greyhound nur über Gainesville zu erreichen, mit dem Auto den Interstates 10 oder 75 aus Tallahassee, Gainesville, Jacksonville und Georgia.

Unterkunft

■ **Executive Inn,** zwischen Interstate 75 und US 90 an der Route 13, Tel. (904)755-5770. EZ 26 $, DZ ab 31 $.
Gepflegte Anlage mit Pool, in manchen Zimmern *Wasserbetten*. Eigentlich sind die Zimmer kleine Wohnun-

gen mit Küche, Schlaf- und Wohnraum. Für das Gebotene also *sehr preiswert*.
■ **Sands Motel**, US 90, Tel. (904)7524-1700.
EZ ab 18 $, DZ ab 20 $.
Sehr einfaches, aber sauberes Motel an der Durchgangsstraße.

Essen und Trinken
■ **Quincy's**, W Duval St Ecke Third St, geöffnet 11–22 Uhr.
Saftige Steaks und reichhaltiges Buffet (5 $). Es handelt sich zwar um eine Kette, aber für viele Einheimische ist Quincy's „the best restaurant in town". Viel Auswahl gibt es in Lake City ohnehin nicht. Außer Quincy's gibt es nur noch zwei kleine, heruntergekommene Kneipen an der US 90.

Sehenswert
■ Der Campingplatz des **Osceola National Forest** heißt **Ocean Pond** und befindet sich eine Meile östlich von **Olustee** am **Hwy 250**, ungefähr vier Meilen vom Haupteingang entfernt. Trinkwasser, Toiletten und Duschen sind vorhanden, aber das ist dann auch schon alles. Es gibt keine Elektrizität, und Schmutzwasser vom Abwaschen etc. muß an einer Station am Parkeingang abgeliefert werden. Preis pro Zelt 8 $, wobei man die Belegung von fünf Personen nicht übersteigen darf.

Am **Olustee Beach** über den **Hwy 231** gen Norden zu erreichen, kann am Sandstrand geschwommen, gepicknickt, gefischt und Boot gefahren werden. Es gibt aber keinen Bootsverleih. Ansonsten ist im **Osceola National Forest** wildcampen bis auf einige Gebiete und mit Ausnahme der Jagdsaison (Anfang November–Anfang Januar) gestattet.

■ Der 6,5 Meilen lange **Ichetucknee River** ist vor allem während der heißen Sommermonate beliebtes Ziel für die Bewohner aus der Umgebung, die sich abkühlen wollen. Sie schwimmen dort allerdings nicht im Wasser, sie machen etwas, was der Parkmanager Azell Nail *tubing* genannt hat. Auf Gummiboot oder Luftmatraze treiben sie auf dem Fluß mit der Geschwindigkeit von einer Meile pro Stunde friedlich dahin. Zum Park gehören 3,5 Meilen des Flußlaufs, so daß man in gut drei Stunden an einer Flußgabelung angekommen ist, wo der **Santa Fe River** anfängt. Das Wasser stammt aus einer Quelle und ist kristallklar und angenehm kühl. Während der Fahrt genießen die *tuber* die absolute Ruhe und die sumpfige Flußlandschaft.

Der Eingang befindet sich südlich von **Lake City** an der **SR 47**. Das Dahingleiten auf dem Wasser kostet zwei Dollar pro Person, für weitere zwei Dollar fährt ein Busservice die *tuber* zur Ausgangsstelle zurück und es kann erneut losgehen. Geöffnet 8 Uhr bis Sonnenuntergang.

Ausflüge
Suwannee River:
Den inmitten einer urwüchsigen Landschaft gelegenen und vielbesun-

genen Suwannee River erreicht man aus Richtung Tallahassee kommend, über die **Interstate 10**, nimmt die Abfahrt **Lee** oder **Ellaville** auf den **Highway 90**. Der Suwannee River State Park ist ausgeschildert. Die Gegend ist landschaftlich reizvoll, schon deshalb, weil sie von Touristen wenig besucht wird. Vor Spinnen, Mücken und anderem Getier sei allerdings gewarnt, das Gebiet ist etwas für *echte Naturfreaks*.

Im Park kann man für 5 $ pro Tag sein Zelt aufschlagen. Lohnenswert ist eine Fahrt mit dem Kanu, das an Ort und Stelle gemietet werden kann. Ein Kanu, das den sechs Personen Platz haben, kostet 20 $ pro Tag.

■ **Suwannee River State Park,** US Hwy 90 West, Route 8, P.O. Box 341, Live Oak 32060, Tel. (904)364-4691. 8 $ während 1.8.–30.4., übrige Zeit 13–19 $.

Gainesville

Gainesville gehört zu den wenigen Städten Floridas, die nicht mit einem riesigen Werbeaufwand auf ihre schönsten Seiten aufmerksam machen. Die ansonsten fast allgegenwärtigen *attractions* wie Vergnügungsparks und Dschungelgärten gibt es hier nicht. Zwar kommen ab und zu ein paar Besucher vorbei, um ein Erdloch namens **The Devil's Millhopper** in Augenschein zu nehmen, das durch einen Erdeinbruch entstand, aber im großen und ganzen geht das Leben in Gainesville ohne große Touristenströme seinen gewohnten Gang.

In dieser Stadt lebt sich's anscheinend auch so oder vielleicht gerade deshalb besonders gut, meinen viele Floridianer. Das Magazin *Money* kürte Gainesville 1988 sogar zur *most liveable city* in Florida. Den Charme dieser sehenswerten Stadt machen die vielen alten, restaurierten Häuser, üppiges Grün und nicht zuletzt die **University of Florida** aus, zu der 600 Gebäude gehören und die von rund 35 000 Studierenden besucht wird. Das Studienjahr dauert von September bis Juni. Sehenswert ist das **Florida State Museum** auf dem Campus. Zum Museum gehört eine Höhle, in der die ursprüngliche Flora und Fauna Floridas gezeigt wird.

In der Umgebung von Gainesville gibt es Hunderte von Quellen, die unterirdische Flüsse speisen. Sie fließen unter anderem in den **Suwannee River**, und den **Santa Fe River**.

Die beste Zeit für einen Besuch in Gainesville ist der Herbst, weil dann die meisten Studierenden in der Stadt sind. Sie veranstalten zum Beginn der Footballsaison ein großes Festival im **Florida Field Stadium** mit Feuerwerk, Musikbands und Theater, zu dem rund 70 000 Zuschauer kommen.

Informationen

■ **Chamber of Commerce,** 300 E University Ave, Fl 32602, Tel. 372-4305.

Der Nordwesten

Tallahassee

Wie Rom, nur etwas später, wurde Tallahassee auf sieben Hügeln erbaut. Die *Hauptstadt Floridas* und damit Regierungssitz von Gouverneur Bob Martinez liegt am Fuße der **Appalachian Mountains** und hat seit seiner Gründung 1824 nichts von seinem südstaatlichen Charme verloren. Man gibt sich große Mühe, die alten Häuser zu erhalten und die moderne Architektur mit der historischen Substanz in Einklang zu bringen. Ein Beispiel dafür ist das direkte Nebeneinander von altem und neuem **Capitol**.

Tallahassee ist ursprünglich ein indianisches Wort und bedeutet soviel wie „verlassenes Dorf". Einst gehörte das Gebiet, in der sich die Hauptstadt Floridas heute befindet, Indianern vom Stamm der Apalachen. Sie wurden von englischen Truppen und verfeindeten Indianerstämmen vertrieben. Was blieb, war Tallahassee – das verlassene Dorf.

Weil die ältesten Städte Floridas, St. Augustine und Pensacola, aufgrund ihrer geographisch ungünstigen Lage nicht gut als Hauptstädte geeignet waren, sandte Gouverneur Duval 1824 zwei seiner Vertrauten auf die Suche nach einem akzeptablen Standort für einen Regierungssitz. Williams Simmons (auf dem Pferderücken von St. Augustine kommend) und John Lee Williams (segelnderweise aus Pensacola) trafen sich in der Nähe des heutigen Tallahassee und einigten sich auf diesen Ort. An dem ersten Capitol, das 1845 nur aus einer zweigeschossigen Holzbaracke bestand, wurde bis 1973 gebaut, erweitert und renoviert. Dann wurde aus Platzmangel das neue Capitol in Angriff genommen, ein 22-stöckiger Komplex für 50 Millionen Dollar.

Die schönsten älteren Häuser wurden zwischen 1830 und 1850 in der **Park Avenue** und in der **Calhoun Street** gebaut. In ihnen wohnten Regierungsbeamte, Abgeordnete, Richter und wohlhabende Kaufleute. Die viktorianisch-gotische Bauweise lockt nicht nur Touristen, sondern auch Architektur- und Designstudenten, Fotografen und Historiker. Die Häuser stehen im Schatten riesiger *oak trees*, Eichen, die ebenso alt sind wie die Häuser und im warmen Klima Tallahassees im Laufe von 150 Jahren eine respektable Größe und prächtige Baumkronen entwickelt haben.

Von den 130 000 Einwohnerinnen und Einwohnern arbeitet fast die Hälfte für die Regierung. Doch obwohl die Büromenschen das Bild der Stadt wesentlich prägen, sie in adretten Kostümen und Anzügen zur

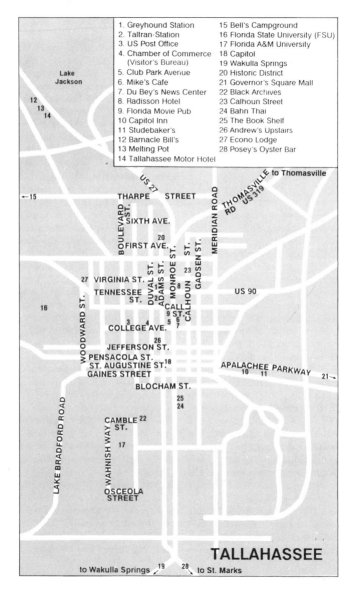

Mittagszeit die Lokale füllen und genauso formell abends die Disko betreten, wirkt Tallahassee keineswegs langweilig, bürokratisch oder gar konservativ. Vielleicht liegt es an den Studierenden der **Florida State University** und der **A & M University**, Floridas einziger schwarzer Universität, daß Tallahassee so vielschichtig, modern und voller kultureller Aktivitäten ist.

Orientierung

Das einzige Hindernis in Tallahassee sind die vielen Einbahnstraßen. *One Way*-Schilder sind zudem leicht zu übersehen und daher bildet diese Regelung auch eine ziemliche Gefährdung. Wir sind in eine Menge Einbahnstraßen verkehrt herum hineingefahren, wurden aber durch entgegenkommende Autofahrer mittels Lichthupe auf unser Versehen aufmerksam gemacht. Es schien nicht ungewöhnlich zu sein, daß die Einbahnregelung übersehen wird, und wie wir später erfuhren, passiert es sogar langjährigen Einwohnern noch.

Die Hauptverkehrsstraße ist die **Monroe Street**. Sie führt am alten Capitol vorbei in Nord/Südrichtung durch die ganze Stadt. Auf der Monroe Street sind eine Menge Kneipen, Hotels, Bars, Geschäfte, *coffeeshops* und Kinos.

Vor dem alten Capitol biegt der **Apalachee Parkway**, der nach einigen Meilen **Highway 27** heißt, von der Monroe Street ab. Hier sind die Motels, Burger-Ketten, großen Diskotheken und einige *Shopping Malls*. Beide Straßen sind in beide Richtungen befahrbar und daher eine gute Orientierungshilfe für verzweifelte Menschen am Steuer.

Verkehrsmittel

■ **Taltran,** 555 Appleyard Dr, heißt das lokale Bussystem, das ein dichtes Netz von Haltestellen in Tallahassee und Umgebung unterhält. Die Busse fahren in kurzen Abständen. Ein Ticket kostet 75 Cents, zehn Tickets 6 $. Für ältere Leute und Behinderte gibt es an Wochenenden einen Fahrdienst, der unter Tel. 574-5199 zu erreichen ist.
■ **Old Town Trolley,** 555 Appleyard Dr, gehört zu *Taltran* und fährt alle Sehenswürdigkeiten in einem alten Bus an. Nur an Wochentagen 7–18 Uhr.
■ **Greyhound:** 112 W Tennessee St, Tel. 222-4240.

Informationen

■ **Area Code:** 904
■ **Convention and Visitors Bureau,** im Chamber of Commerce, 100, N Duval St, Tel. 224-8116, geöffnet Mo bis Fr 8–17 Uhr.
■ **Post Office,** 20800 S Adams St, Mo bis Fr 8.30–17.30 Uhr, Sa 9–13 Uhr.
■ **Zip Code:** 32301.

Unterkunft

■ **Econo Lodge University West,** 1350 W Tennessee St 32304, Tel.

222-3219 oder Toll-Free-Number 800-446-6900.
Zwei Zimmer werden für Behinderte freigehalten. EZ 26 $, DZ 32 $. Jede weitere Person im Doppelzimmer zahlt 5 $ zusätzlich. Pool.
■ **Radisson Hotel,** 415 N Monroe St, Tel. 224-6000 oder Toll-Free-Number 800-229-9822. EZ 66 $, DZ 77 $, Suite 100 $.
Luxuriöses Hotel im Nobelviertel, sehr zentral, nahe Post und Greyhound. Kein eigener Pool, aber Fitneßraum. Restaurant mit Bar.
■ **Tallahassee Motor Hotel,** 1630 N Monroe St, Tel. 224-6183.
Sauberes, ruhiges und preiswertes Motel mit Pool gegenüber vom *Lake Jackson*. Reservierungen werden erbeten, sind aber nach unserer Einschätzung nicht notwendig. EZ und DZ ab 35 $.

Camping
■ **Bell's Campground,** 6401 W Tennessee St, Tel. 575-5006. Zelt 10 Dollar.

Essen und Trinken
■ **Barnacle Bill's Oyster Bar,** 1830 N Monroe St, Tel. 385-8734.
Gekochte und geräucherte *Meeresspezialitäten* zu zivilen Preisen. Täglich geöffnet 11.30 – 2 Uhr morgens.
■ **Bahn Thai,** 1319 S Monroe, Tel. 224-4765. Mo bis Fr 11 – 14.30 Uhr Buffett, Dinner 17 – 22 Uhr.
China- und *Thai-Küche.* Die Thai-Curries ab 5 $, aber auch die chinesischen Gerichte wie Ente sind einfach super und dabei noch äußerst preiswert. Im Bahn Thai essen nicht nur viele Studierende, sondern auch Geschäftsleute und Regierungsbeamte auf der Suche nach kulinarischer Abwechslung.
■ **El Chico,** 2225 Monroe St, Tel. 386-1133.
Preiswerte, mexikanische Spezialitäten in netter Umgebung, serviert auch draußen im Patio. Geöffnet Mo bis Fr 11 – 15 Uhr zum Lunch und 15 – 22 Uhr zum Abendessen. Sa bis 23 Uhr. So geschlossen.
■ **The Melting Pot,** 1832 N Monroe St, Tel. 386-7440.
Verschiedene Fondues werden am Tisch zubereitet. Jeden Abend ab 18 Uhr heißt es aufs neue: *Let's Fondue.*
■ **Mike's Café,** 113 S Monroe, Mo bis Fr 6 – 14.30 Uhr.
Treffpunkt für Regierungs- und Geschäftsmenschen, die hier ihre Mittagstischzeit verbringen. *Leckere Sandwiches* inklusive Einwohnerstudien.

Sehenswert
■ **Black Archives Research Center and Museum,** auf dem Campus der A & M Universität in einem weißen, säulengeschmückten Gebäude. Geöffnet Mo bis Sa 9 – 16 Uhr, an Feiertagen auf Anfrage unter Tel. 599-3020.
Das Archiv gibt ausführlich über Kultur und *Geschichte der Schwarzen* in Nordamerika, speziell in Florida, Auskunft. Für den ehemaligen Geschichtslehrer Dr. James N. Eaton hat sich mit der Museumsleitung ein

Traum verwirklicht, den er seit seiner Studienzeit hatte: Sich ausschließlich mit *black history* zu beschäftigen. „Schwarze Geschichte ist amerikanische Geschichte, und amerikanische Geschichte ist schwarze Geschichte. Wie kann jemand die Geschichte des Südens lehren und den Beitrag der Schwarzen nicht mit einschließen?" umschreibt Dr. Eaton die Notwendigkeit der schwarzen Geschichtsforschung.

■ **Florida A & M University:** Auf dem höchsten Hügel der Stadt befindet sich die *einzige Universität Floridas für Schwarze*. Angeboten werden Graduiertenprogramme in Pharmazie, Architektur, Sozialwissenschaften, Landwirtschaft und Erziehungswissenschaften. Obwohl traditionell von schwarzen Studierenden besucht, können sich auch Weiße einschreiben, was aber kaum vorkommt. Im Gegensatz dazu ist ein Großteil des Lehrpersonals weiß. Die Uni wurde 1887 mit nur 15 Studierenden gegründet. Ihr Anspruch war – und ist es bis heute geblieben –, der schwarzen Bevölkerung zu einer akademischen Bildung zu verhelfen. Heute schreiben sich pro Studienjahr 5000 Highschoolabsolventen aus Florida und den benachbarten Südstaaten bei A & M ein. Auf dem weiträumigen Gelände der Uni befand sich einst die Plantage eines Großgrundbesitzers und Sklavenhalters.

■ **Calhoun Street.** Abschnitt zwischen Tennessee Street und Georgia Street.
Die ältesten Häuser der Stadt, von denen aber nur eins für die Öffentlichkeit zugänglich ist (Calhoun Ecke Carolina St). Dabei handelt es sich um das schmucke Zuhause von Stadtdirektor Henry Rutgers, das 1840 von Architekt George Proctor erbaute wurde. Seit 1954 sitzt dort die Verwaltung des *Tallahassee Garden Club*.

■ **Lake Jackson,** im Norden der Stadt an der US 27.
Angelwettbewerbe das ganze Jahr über und Naherholungsgebiet.

■ **The Old Capitol,** Ecke Apalachee Pkwy und S Monroe. Besichtigungen Mo bis Fr 9–16.30 Uhr, Sa 10–16.30 Uhr, So 12–16.30 Uhr. Der Eintritt ist frei.
Ständige Ausstellung (Titel: *A View from the Capitol*) über die politische Vergangenheit der Regierungshauptstadt. Reproduktion der Wohnräume verschiedener Gouverneure.

■ **Park Avenue,** zwischen Calhoun und Gadsen St.
Der historischen Bauten zweiter Teil. Vielleicht noch schöner als die Calhoun St, weil sich in der Park Ave ein kleiner, gepflegter Park mit vielen Bäumen und Pflanzen befindet.

Einkaufen

■ **The Book Shelf,** 1303 S Monroe. Mo bis Sa 10–16.30 Uhr.
Neue und gebrauchte *Comics*. Riesenauswahl.

■ **Christmas Shop,** 203 E 7th Ave.
Hier ist das ganze Jahr *Weihnachten:* Geschenkartikel in Hülle und Fülle, die im warmen, sonnigen Florida aber

trotzdem keine weihnachtliche Stimmung hervorrufen können.

■ **Du Bey's News Center,** 115 S Monroe.
Zeitungen, Bücher und *Schreibwaren*.

■ **Governor's Square Mall,** Apalachee Pkwy und Blairstone Rd.
Größtes *Einkaufszentrum* in Tallahassee mit drei Kaufhäusern und vielen Cafés.

■ **Magic and Fun – Costume Shop,** 1857 W Tennessee St.
Auch wenn nicht gerade *Karneval* ist, kann man sich hier verrückte Kostüme aussuchen. Außerdem gibt es Zauberutensilien.

Nachtleben

■ **Andrew's Upstairs,** 228 S Adams St, Mo bis Fr 18–22 Uhr, Sa 18–1.30 Uhr, So geschlossen.
Italienisches Essen, hauptsächlich Pizzen ab 4,50 $. An sechs Tagen Livemusik, am Wochenende Jazz. An der gestylten Bar treffen sich sonnabends die Nachtschwärmer.

■ **Club Park Avenue,** 115 E Park Ave nähe Monroe. Täglich 20–2 Uhr.
In der nobelsten Straße von Downtown haben die Schwulen ihren Disko-Treff. Donnerstags kommen auch viele Lesben. Der Eintritt kostet 2 $, das Bier ist für eine Disko mit 1,75 $ ausgesprochen preiswert. Jede Altersgruppe und Rasse ist vertreten und gern gesehen. Vor 23 Uhr ist nichts los, da trifft mann sich zum Dinner im *Andrew's Upstairs*.

■ **Studebakers,** 1103 Apalachee Pkwy. Täglich ab 21 Uhr, interessant wird es aber erst gegen 23 Uhr.
Die riesige Disko im Stil der *50er Jahre* hat als Augenschmaus einen echten knallroten Studebaker neben der Tanzfläche stehen. Der Diskjockey zieht eine gute Show ab, indem er zu seinen *favorite songs* erstaunlich gut die Lippen bewegt und Gitarre spielt. Wenn genügend Paare mitmachen – meistens am Wochenende –, findet ein *dirty dancing contest* statt, bei dem die Sieger 100 Dollar, eine mehrstündige Fahrt mit Limousine und Chauffeur und ein Nobelessen gewinnen. Im Studebakers trifft sich alles, vom Rock and Roll Fan mit Schmalztolle oder Pferdeschwanz bis zum Regierungsbeamten mit Gattin.

Ausflüge

Thomasville/Georgia

Nur ein Katzensprung ist es von Tallahasse aus in den Bundesstaat Georgia, nach **Thomasville**, wo *viktorianische Villen* noch echte Südstaatenatmosphäre vermitteln. Eine dieser Villen, das **Lapham-Patterson House**, wurde vom Staat erworben und kann täglich außer montags besichtigt werden. Die Hauptstraße, **Main Street**, sowie die Häuserfronten der angrenzenden Geschäfte sind mit viel Aufwand an Geld und Mühe restauriert und renoviert worden. Jetzt kommen die Touristen und nicht nur Antiquitätenhändler schlagen daraus recht gute Profite.

Im April erblühen in Thomasville Tausende von *roten Rosen;* sie sind das Wahrzeichen der Stadt. Dann feiern die Einwohner ein einwöchiges Rosenfest. Die Rosen blühen bis Mitte November und sind in rund 300 Variationen im **Rose Test Garden** zu bewundern.

■ **Führungen** durch viktorianische Villen bietet das lokale Touristenbüro im April und im Dezember an.

Lapham-Patterson House, 725 N Dawson St. Tel. (912)226-0405.

Main Street, Downtown zwischen Broad und Jackson St.

Touristenbüro, Tel. (912)226-9600.

■ **Rose Test Gardens,** 1842 Smith Ave, täglich von Sonnenauf- bis Sonnenuntergang geöffnet. Eintritt frei.

Essen und Trinken:
■ **Susina Plantation Inn,** Route 3, Box 1010, Thomasville, Georgia 31792, Tel. (912)377-9644.
Hotel in einer 1841 gebauten Südstaaten-Villa auf halber Strecke zwischen Tallahassee und Thomasville an der State Road 155. Gediegene Atmosphäre und gediegene Preise, die aber auf keinen Fall überzogen sind. Es gibt acht Doppelzimmer mit Privatbädern und ein kleines Restaurant. Täglich kommen Früchte und Blumen in allen Zimmern frisch auf den Tisch, eine nette Geste des Hauses. Der Preis für ein DZ beträgt 150 $, schließt aber Frühstück, Abendessen sowie Wein mit ein.

Wakulla Springs

Die Gegend rund um die *tiefste Frischwasserquelle* der Welt, die in **Wakulla Springs** aus dem Boden kommt und nach einigen Meilen zum **Crystal River** wird, war Drehort für zahlreiche Hollywoodfilme. Hier wurde der floridianische Dschungel weitgehend unberührt erhalten und die Tiere, vor allem Alligatoren, Wasserschildkröten, Fische und eine Vielzahl von Vögeln, genießen ihre Ruhe. Nur ab und zu rattert ein Glasbodenboot an ihnen vorbei. Daran haben sie sich gewöhnt, und sie kommen manchmal neugierig aus ihren Verstecken hervor und begutachten die Besucher. Wakulla Springs ist keine Touristenattraktion im negativen Sinn, denn die Besucherzahlen halten sich in Grenzen und die Besitzer des an der Quelle gelegenen Hotels machen auch keinen Werberummel. Hier geht es ruhig und beschaulich zu. Ein Sprungturm aus den 30er Jahren erscheint immer noch gut genug, und die Fahrer der Glasbodenboote achten während der empfehlenswerten *jungle cruise* darauf, nicht zu weit in den Lebensraum der Tiere einzudringen.

Zu Berühmtheit gelangte Wakulla Springs durch zwei *Tarzanfilme,* die in den 30er Jahren an der Quelle gedreht wurden, „Tarzan der Affenmensch" und „Tarzan und seine Freunde". Hauptdarsteller war *Johnny Weissmuller,* der Weltrekordler und Olympiasieger im Schwimmen. Er machte zwischen 1931 und 1947 insgesamt 18 Tarzanfilme.

Dann wollte er mehr Geld, der Produzent warf ihn raus und Weismüller drehte die Serie *Jungle Jim*. Er hielt sein Geld aber nicht zusammen und gab seinen Namen später sowohl für Gesundheitsprodukte als auch für alkoholische Getränke her. Bei den Dreharbeiten in Wakulla Springs wohnten die Darsteller alle in der **Wakulla Springs Lodge**. Einige Bewohner aus der Umgebung erhielten kleine Nebenrollen. Eine Frau aus Wakulla doubelte Maureen O'Sullivan, die *Jane* spielte, in den Unterwasserszenen.

Die 1937 erbaute und 1986 renovierte Lodge mit ihren alten Möbeln und Marmorfußböden erweckt den Eindruck, als sei die Zeit vor 50 Jahren stehengeblieben. 27 Zimmer sind individuell und komfortabel eingerichtet, die Klimaanlage surrt leise vor sich hin und die Aussicht auf das kristallklare Wasser der Quelle ist atemberaubend. All das macht einen Aufenthalt zu einem erholsamen Vergnügen. Die Lodge wurde von Millionär Ed Ball, einem Politiker der 30er Jahre erbaut und gehört heute der *Florida State University*, die dort viele Tagungen abhält.

Die Gäste müssen früh aus dem Bett (Frühstück nur bis 10 Uhr) und früh abendessen (Restaurant schließt um 20 Uhr). Wir kamen um 20 Uhr dort an und mußten 20 Kilometer zum nächstgelegenen Restaurant fahren. Natürlich mit dem Auto, denn mit öffentlichen Verkehrsmitteln ist Wakulla Springs nicht zu erreichen.

Unterkunft/Essen und Trinken:
■ **Wakulla Springs Lodge & Conference Center,** Spring Drive (auf der SR 61, zu erreichen von Tallahassee über die US 319). Tel. 224-5950. EZ 35–65 $, DZ 42–65 $.
■ **Posey's Oyster Bar,** St Marks, Old Fort Dr. Von Wakulla Springs erst auf die SR 267, dann auf die SR 363 direkt nach St. Marks, insgesamt etwa 20 Kilometer.
Berühmt für den besten *smoked mullet* Floridas. Fischerkneipe mit Thekenpublikum, lauter Countrymusik und Billardtischen. Urig und preiswert, aber weit vom Schuß.

Apalachicola

Ein verschlafenes, kleines Nest ohne Reklameschilder und Burgerbuden – gerade so, als wäre die Zeit vor hundert Jahren stehengeblieben – ist Apalachicola. Hier ist die *Fischindustrie* der größte Wirtschaftsfaktor, nicht der Tourismus. Neunzig Prozent der in Florida verspeisten Austern, außerdem viel Schellfisch und Shrimps werden hier gefischt und per Laster gleich weitergeliefert. Die Einwohner können von „fishing, shrimping and oystering" gut leben. In den wenigen Restaurants gibt es den leckersten und mit Abstand frischesten Fisch Nordfloridas.

So gemütlich wie heute ging es in Apalachicola früher nicht zu. 1831 gegründet, war der Küstenort Hauptumschlagplatz für *Baumwolle* aus

Apalachicola

Georgia und Alabama, die mit Dampfschiffen den Apalachicola River entlang, dann auf Segelschiffen durch die Bay nach Apalachicola befördert wurde. Aufgrund des flachen Hafenbeckens von Apalachicola wurde 1836 Port St. Joseph als reiner Baumwollhafen gegründet und zwischen diesen beiden Häfen verkehrte auch die erste Eisenbahn Floridas.

Ein *wahrer Goldrausch* überkam die wenigen Einwohner. Sie bauten gepflasterte Straßen, ein Opernhaus, eine Pferderennbahn und Grand Hotels. Es wurde Roulette gespielt, auf Bällen getanzt und gefeiert. So ging das dreißig Jahre lang, bis Apalachicola im Staatenkrieg zwischen die Fronten geriet: Gewerkschaftsmitglieder aus der Baumwollverarbeitung blockierten Schiffe, die den Konföderierten Kriegsmaterial liefern sollten. St. Joseph war nicht mehr rentabel, der Hafen wurde völlig aufgegeben und von den Kaufleuten verlassen. Stattdessen entstand dort die Port St. Joe-Papierfabrik, die noch heute existiert. Auch in Apalachicola blieben die Schiffe mit Baumwoll-Ladungen aus, und der Glanz der Stadt verblaßte. Vom Fischfang allein ließ sich zwar auch leben, aber mit dem Leben in Saus und Braus hatte es ein Ende.

Die Aktion der Gewerkschafter während des *Staatenkrieges* beschreibt die offizielle Geschichtsschreibung als Auslöser für den Abstieg der Stadt, die in die „Hände der Gewerkschaften" gefallen sei. Daß es soweit kommen konnte, wird bitter beklagt. Es wird die Frage diskutiert, wie das Gesicht der Stadt heute aussähe, wenn man härter gegen die aufmüpfigen Gewerkschafter vorgegangen wäre: „Könnte Apalachicola nicht so reich und mächtig wie damals sein, das Handelszentrum Floridas, wenn nicht gar Regierungssitz?" Aus der Sicht der gestreßten USA-Reisenden, hätte Apalachicola jedenfalls nichts besseres passieren können, denn wer Ruhe und Erholung sucht, ist an der **Apalachicola Bay** am Golf von Mexiko genau richtig.

Neben der Stadt selbst bieten vor allem die vorgelagerten Inseln Abstand vom Alltag. Eine von ihnen ist **St. George**, die über den **Highway 98** und eine *toll bridge* zu erreichen ist. Die 300 Bewohner des „barrier islands" haben nicht viel Auswahl bei der Suche nach einer Kneipe: Es gibt nur eine. Die kleine Hütte links an der Straße zum Strand, das ist sie, **The Dinghy**. Ein Hotel gibt es auch, das **St. George Inn**, von dessen Veranda man so schön den Sonnenuntergang beobachten kann. Und dann ist da ein feiner, weißer Sandstrand, 29 Meilen lang, Dünen, und ein **State Park** mit Campingplatz. Die Insel war einst das Zuhause der Creek-Indianer, dann bevorzugter Standort für Beutezüge von Piraten, unter anderem von *St.George – dem Drachentöter*, nach dem die Insel benannt wurde.

Auf St. George darf nicht höher als zweistöckig gebaut werden. Diese Anordnung hat der Besitzer der Insel, der Papierfabrikant aus **Port St. Joe**, getroffen. Er möchte die natürliche Umwelt auf St. George möglichst so erhalten, wie sie ist. Mit seiner Papierfabrik allerdings verpestet er weithin sichtbar die Luft. Die Bewohner von St. George haben sich daran gewöhnt, bei ungünstigen Windbedingungen statt eines schönen Sonnenunterganges ein Meer dunkler Wolken zu sehen.

Reptilien, Amphibien, Fische und Vögel können im **Apalachicola National Forest** beobachtet werden. Hier wird extensiv Bienenzucht betrieben. Die jährliche *Honigproduktion* beträgt 750 000 Pfund. Der größte Staatsforst mit vielen einsamen Seen und schwacher Strömung ist am besten per Kanu zu erkunden. Vor allem der Unterlauf des **Ochlockonee River** bietet eine schöne Route durch Pinien- und Zypressenwälder flußabwärts bis zum **Ochlockonee River State Park**.

Verkehrsmittel

Leider ist Apalachicola und somit auch St. George Island nicht mit öffentlichen Verkehrsmitteln erreichbar. Es gibt lediglich ein privates Transportunternehmen, **Crooms Transportation**, Tel. 653-2270. Crooms stellt Busse und Taxen zur Verfügung, aber die Fahrpreise sind sehr teuer. Die Busfahrt von Tallahassee nach Apalachicola kostet hin und zurück 30 $ (einfache Fahrt 17 $). Zwei Personen fahren mit dem Mietwagen erheblich günstiger.

Unterkunft

■ **Magnolia's Bed & Breakfast,** Hwy 98 at 9th St, Tel. (904) 653-8905.
Hank und Margaret Kearney haben dieses Haus 1988 eröffnet. Vorher beherbergte das 1926 gebaute kleine Holzgebäude neben den Gästezimmern einen Friseurladen und ein Fotostudio. EZ 30 $, DZ 35 $, inklusive einem Frühstück mit Erdnußbrot, Erdbeeren, Käse und Eiern. Die Erdnüsse für das Brot und die Erdbeeren stammen aus dem eigenen Anbau. Die Duschen und Toiletten befinden sich auf dem Flur. *Nette Besitzer*.

■ **Red's Rancho Motel,** US Hwy 98 West, Tel. (904)653-9435.
EZ 22 $, DZ 26 $.

■ **The St. George Inn** auf St. George Island, Tel. (904)670-2903.
Zimmer mit einem Bett 50 $ für eine Person, 55 $ für zwei Personen. Zimmer mit zwei Betten 60 $, jede zusätzliche Person 5 $ Aufpreis. Reservierungen schriftlich mit beigefügtem 50-Dollar-Travellerscheck. Jack Vail war 1985, als er das erstemal nach St. George kam, so angetan von dem Eiland, daß er beschloß, dort ein Hotel zu bauen. Nicht einmal drei Hurrikane, die in kurzen Abständen über die Insel fegten und das gerade gebaute wieder zerstörten, konnten ihn von seinem Vorhaben abbringen. Heute hat er eins der *schönsten Hotels* in Nordflorida. Keines der Zimmer hat Fernseher oder Telefon, dafür aber einen unverbauten Blick aufs Meer und die atemberaubenden Sonne-

nuntergänge. An kalten Abenden schmeißt Jack im Eßzimmer den Kamin an und serviert den von ihm kreierten *St. George Punch*. Seine Frau ist eine hervorragende Köchin und versteht sich vor allem, wie könnte es anders sein, auf *Seafood* (Hauptgerichte ab 14 $). Mit zur Familie gehört auch der freundliche *Leroy*, halb Labrador, halb Irish Setter, der den Gästen nicht von der Seite weicht.

Camping

■ **Cape San Blas Camping Resort**, Port St. Joe 32456, P.O. Box 645, Tel. (904)229-6800. Zelt ab 12 $. 10 Meilen südlich von Port St. Joe und 20 Meilen westlich von Apalachicola.
Direkt am Strand gelegen. Kleiner Einkaufsladen, Bootsverleih und ein Waschsalon.

■ **St. George Island State Park**, nach der Brückenüberfahrt auf die Insel 10 Meilen südöstlich zum Campingplatz weiterfahren. Tel. (904) 229-6800. Zelt: 8 $.

Sehenswert

■ **Apalachicola National Forest**, von Apalachicola auf der S.R. 65, von Tallahasse über die SR 20 über *Bloxham* zu erreichen.
Für Geologen ist *Ft. Gadsden Historic Site* an der Südspitze des Parks interessant.

■ **Cotton Warehouse**, Water St.
Dreistöckige Baumwollagerhalle aus dem Jahr 1838.

■ **John Gorrie Museum**, Gorrie Square.
Dr. med. Gorrie, der Mitte des letzten Jahrhunderts in Apalachicola praktizierte, hatte damals viele Gelbfieberpatienten. Um ihnen etwas Kühlung zu verschaffen, konstruierte er eine Maschine, die Eis produzierte. Er hatte die Eismaschine erfunden! Ein Replik derselben befindet sich heute im Gorrie-Museum.

■ **Ochlockonee River State Park**, P.O. Box 5, Sopchoppy 32358. Tel. (904)962-2771. 8 $ während 1.8.–31.1., übrige Zeit 13–19 $. Von St. George aus auf der US 98 und US 319 zu erreichen. Hinter *Lanark Village* auf die US 319 Richtung *Sopchoppy* abbiegen.

■ **Seafood Festival** jeweils am ersten Wochenende im November. Informationen über das Chamber of Commerce, 128 Market Street, Apalachicola, Fl 32320. Tel. (904)653-8051.

Pensacola

In Pensacola, der größten Stadt im sogenannten *Panhandle*, dem Pfannenstiel im nördlichsten Florida, gehen die Uhren anders. Nicht nur, daß die Zeiger in Pensacola tatsächlich um eine Stunde zurückgestellt werden müssen. In dieser 600 000 Einwohner zählenden Stadt an der westlichen Grenze zu Alabama geht alles etwas ruhiger zu als in vielen anderen Teilen des Landes. Im Süden der Stadt befinden sich einsame, unverbaute Strände und es hat den Anschein, als sei Pensacola bei der andernorts recht hektischen Entwicklung im *Sunshine State* vergessen worden. Dabei war die Gegend um die kleine Stadt im Norden Floridas das erste Gebiet, in dem sich Europäer ansiedelten, und lange beanspruchte Pensacola das Recht, die älteste Stadt Floridas zu sein.

1559 kamen die ersten Spanier, doch Indianerüberfälle und Wirbelstürme machten den Eindringlingen das Leben derart zur Hölle, daß sie nach wenigen Jahren ihre Siebensachen packten und verschwanden. Erst sechs Jahre nach St. Augustine besetzten die Spanier auch dieses Fleckchen Erde.

Der erhoffte Touristenstrom ist in Pensacola bislang noch ausgeblieben. Zwar ist der Norden Floridas schon seit einigen Jahren bevorzugtes Reiseziel der *snowbirds*, der „Schneevögel" aus den nördlichen Staaten und Kanada. Aber die Saison erstreckt sich überwiegend auf die Sommermonate, denn im Winter herrschen hier nur Temperaturen um 16 Grad und das Wasser im Golf lädt nicht gerade zum Baden ein. Touristen aus Europa kommen, sehr zum Leidwesen der Tourismusmanager, nur selten nach Pensacola, sondern bevorzugen nach wie vor die Region um Miami und Orlando.

Dabei *lohnt sich ein Abstecher* nach Pensacola durchaus und das nicht allein wegen der traumhaft weißen Sandstrände und dem herrlich blauen Wasser. In Pensacola sind die Strände noch nicht mit Hochhäusern zugebaut wie in Miami, Fort Lauderdale und St. Petersburg. Auf *Santa Rosa Island* gibt es zahlreiche einsame Ecken, wo man fernab vom Massentrubel schwimmen und wandern kann. Die beste Zeit für einen Besuch ist Oktober, dann ist es tagsüber nicht zu heiß und nachts angenehm kühl. In Pensacola gibt es gute Fischrestaurants, viele Wassersportmöglichkeiten und einen schönen alten Stadtkern.

Verkehrsmittel
■ **Pensacola Muncipal Airport,** liegt nordöstlich von Downtown.
■ **Greyhound und Trailways,** 505 W Burgess Rd, Tel. 476-4800.
■ **Escambia County Transit System,** lokales Busnetz, 1515 W Fairfield Dr, Tel. 436-9383.

Informationen
■ **Visitor Information Center,** E Gregory St, Tel. 434-1234.
■ **Santa Rosa Island Authority,** P.O. Drawer 1208, Pensacola Beach, Tel. 932-2257.
■ **University Hospital,** 1200 W Leonard St, Tel. 436-9011.
■ **Vorwahl:** 904.
■ **Post:** 1400 W Jordan.

Unterkunft
■ **Econo Lodge,** I-10 & Hwy. 291, Plantation Rd, Econo Lodge 857, Tel. 474-1060. EZ ab 28 $, DZ ab 30 $. 15 Meilen zum Strand.
■ **Five Flags Motel,** Fort Pickens

Rd, Pensacola Beach, Tel. 932-3586.
EZ 30–57 $, DZ 38–67 $ je nach Saison (von Mitte Mai–Mitte September ist es am Teuersten). Komfortables Motel direkt am Strand.

■ **The Hopkins House,** 900 N Spring St, Tel. 438-3979.
Zimmer 75 $ pro Person und Woche. Die Mahlzeiten sind im Preis inbegriffen.

■ **Lyons Motel,** 3114 N Alcaniz St, Tel. 432-9682.
Alle Zimmer 18 $. Einfach, aber sauber, mit Klimaanlage und TV. Relativ zentral in Pensacola.

Camping

■ **St. Rosa Island,** Gulf Islands National Seashore, Tel. 932-5018.
Sehr schön gelegener Campingplatz auf dem schmalen St. Rosa Island südlich von Pensacola. Optimale Bademöglichkeiten. Der Campingplatz liegt in der Nähe von Fort Pikkens. Gebühr 10 $ inklusive.

Essen und Trinken

■ **Boy On a Dolphin,** 400 Pensacola Beach Blvd, Tel. 932-7954. Von 11–23 Uhr geöffnet.
Spezialität: natürlich *Seafood* in allen denkbaren Variationen wie in den meisten Restaurants in dieser Gegend.

■ **The Hopkins House,** 900 N Spring St, Tel. 438-3979. Di bis So 6.30–9, 11.15–14, Di bis Sa 17–19 Uhr.
In diesem *familiären* Restaurant bedienen sich alle aus einem riesigen Topf, der in die Mitte des Tisches gestellt wird. Preiswert, urig und gemütlich. Das Essen kostet etwa 5 $. Es werden auch Zimmer vermietet (siehe Unterkunft).

■ **The Moorings,** 655 Pensacola Beach Blvd, Tel. 932-0305, täglich 17–22 Uhr.
Weil das Moorings an einer wichtigen Anlegestelle für Fischerboote und Jachten liegt, gibt es hier *Seafood* direkt von der Quelle. Beim Essen in den hohen, luftigen Räumen des Lokals haben wir den herrlichen Blick aufs Wasser genossen. Während der Hochsaison im Sommer gibt es ein gutsortiertes *Seafood-Buffet* für 10 $ pro Person.

Sehenswert

■ **Greyhound Track,** Highway 98/Dog Track Rd.
Hunderennen finden tagsüber ab 13.15 Uhr statt. Abendrennen 19.45 Uhr.

■ **Gulf Islands National Seashore:** Dieses Küstennaturschutzgebiet erstreckt sich südlich der Pensacola Bay über rund 150 Meilen bis Mississippi. In das Naturschutzgebiet sind nicht nur die vorgelagerten Inselketten, sondern auch ein Teil des Festlandes miteinbezogen. Die *barrier islands*, die sich durch Wind und Strömungen immer weiter westwärts bewegen, haben eine wichtige Funktion, weil sie das Festland vor Stürmen schützen. Die Inseln selbst werden durch Strandhafer, *sea oat*, stabilisiert, deshalb ist es streng verboten, diese Dünenbepflanzung zu pflücken. Das Gebiet südlich von Pensacola liegt auf **Santa Rosa Island**, zu erreichen über die U.S. 98. *Herrlich zum Campen,* Schwimmen oder Angeln. Am westlichen Zipfel von Santa Rosa Island befindet sich **Fort Pickens**, eine sternförmig angelegte Festung.

■ **Seville Square Historical District:** Das historische Viertel von Pensacola liegt an der Golfküste zwischen *Alcaniz, Zaragoza* und *Adams Street.* Hier wurde im Jahre 1752 die erste spanische Kolonie unter dem Namen *Panzacola* gegründet. In der Gegend um die Bay liegen zahlreiche restaurierte, alte Häuser. Die etwas betuchteren Spanier, denen die Gegend der ersten Siedler nicht mehr fein genug war, zogen sich weiter in den Norden der Stadt zurück. Das Gebiet heißt heute **North Hill Preservation District** und besteht aus prachtvollen Villen und Parkanlagen.

Beim *Visitor Information Center* gibt es eine Informationsbroschüre mit Vorschlägen für eine Tour durch die Altstadt, die auch eine Karte enthält.

Einkaufen

■ **Alvin's Island,** Quietwater Beach Boardwalk, Pensacola Beach.
Riesenauswahl an Bademoden, *Sportkleidung* und Souvenirs.

■ **J. W. Pecan Co.,** 2400 W Fairfield Dr und 7145A N 9th Ave. Mo bis Fr 8–17 Uhr, Sa 9–13 Uhr.
Erd- und viele viele andere *Nüsse,* zum Teil direkt von der Farm.

Musik und Nachtleben

■ **Cinema Tavern Theatre,** in der *University Mall* am Davis Hwy nahe Interstate 10.
Billige Kinokneipe. Ausrangierte Filme werden für 1 $ pro Person gezeigt, an Wochenenden 2 $ Eintritt.

■ **Florabama,** 17401 Perdido Key Dr.
Urige Kneipe, die halb in Florida und halb in Alabama liegt und deshalb diesen witzigen Namen trägt.

■ **Holiday Inn Pensacola Beach,** 165 Fort Pickens Rd.
Das Hotel verfügt über eine Bar im 9. Stockwerk mit dem besten Blick über die Insel. Wir haben uns hier gerne zur *happy hour* zwischen 17 und 19 Uhr einen Cocktail genehmigt und dabei die schöne Aussicht genossen.

Ausflüge

Adentures Unlimited:
Zwölf Meilen nördlich von **Milton** am **Highway 87** liegt eine Campinganlage, wo man in einem von einer Quelle gespeisten Fluß schwimmen und bootfahren kann. Für Übernachtungen werden einfache Holzhütten für 20 $ vermietet, etwas komfortablere gibt es für 50 $. *Hochseefischen,* ein nicht gerade preiswertes Vergnügen, bieten zahlreiche Veranstalter in Pensacola an. Ein solcher Ausflug kann für rund 100 $ pro Stunde von verschiedenen Stellen aus organisiert werden. Die Boote fassen teilweise bis zu 40 Personen. Eine Anlegestelle ist beim Restaurant *Moorings* in Pensacola Beach.

Blackwater River State Park:
15 Meilen nordöstlich von Milton an der US 90. Tel. 623-2363. Zelt 8–19 $ je nach Saison.
Camping-, Picknick,- Bademöglichkeiten.

Abstecher nach New Orleans

Pensacola ist ein günstiger Ausgangspunkt für einen Abstecher nach New Orleans. Die größte Stadt Louisianas ist mit dem Greyhound und per Flugzeug zu erreichen. Die Busfahrt von Pensacola dauert fünfeinhalb Stunden. Mit dem Flugzeug geht's erheblich schneller, aber dafür gibt es unterwegs nichts zu sehen. Am häufigsten verkehrt *Royale Air Lines* zwischen Pensacola und New Orleans, und zwar dreimal täglich. Ein *roundtrip*, also Hin- und Rückflug, kostet 198 $, ein einfacher Flug 99 $. Das Roundtrip-Ticket ist bei *Northwest* zwar 20 $ preiswerter, es muß aber ein Umweg über Memphis in Kauf genommen werden. Greyhound-Busse fahren ebenfalls mehrmals am Tag nach New Orleans. Die einfache Strecke kostet 35 $, hin und zurück Mo bis Do rund 50 $ (an Wochenenden 69,90 $).

Panama City

An der sogenannten **Miracle Mile**, einem Küstenstreifen, der von Pensacola in Richtung Osten verläuft, liegt Panama City, eine Stadt, die zwar wie alle Küstenorte in dieser Region einen breiten, weißen Sandstrand zu bieten hat, aber durch Kitsch und *billige Attraktionen* selbst kritische floridianische Touristen schockiert. In keiner anderen Küstenstadt Floridas gibt es soviele aufgemotzte Burgerketten, Vergnügungsparks und Souvenirshops. Der Strand von Panama City ist bekannt als Amerikas *Redneck Riviera*, denn zahlreiche Südstaatler verbringen hier ihre Sommerferien.

Panama City ist längst nicht mehr „Florida's best kept secret" und könnte aufgeschlossenen Stadtplanern als Beispiel dafür gelten, wie ein unkontrollierter Bauboom eine Landschaft zerstören kann. Die Stadt selbst hat rund 35 000 Einwohner und liegt nördlich der **St. Andrews Bay**. Als offizielle Attraktion wirbt man in Panama City mit der *Tyndall Air Force Base*, einem der größten Luftwaffenstützpunkte der Welt. Über 6000 Menschen werden hier beschäftigt. Größter Arbeitgeber ist allerdings die *Tourismusindustrie* mit 10 000 Beschäftigen.

Verkehrsmittel

■ **Panama City-Bay County Municipal Airport,** Fannin Field, Tel. 763-6751.

- **Greyhound & Trailways,** 917 Harrison Ave, Tel. 785-7861 und 13498 W Hwy 98 A, Panama City Beach, Tel. 235-2915.

Informationen
- **Area Code:** 904.
- **Convention & Visitors Bureau,** P.O. Box 9473, Tel. 234-6575.
- **Post:** 421 Jenks Ave, Tel. 785-5288.
- **Zip Code:** 32407.

Unterkunft
- **Driftwood Lodge,** 15811 W Scenic 98, Tel. 234-6601. EZ und DZ 25–51 $ je nach Saison.
Schöne Anlage mit Pool.
- **Howard's Motel,** 4911 W Hwy 98, Tel. 763-4998.
EZ und DZ 20 $. Pro Woche 112 $.
- **Scottish Inns,** 4907 W Hwy 98, Tel. (*toll free*) 1-800-251-1962.
EZ 20 $, DZ 24 $. Pool.
- **Sea Aqua Motel,** 17643 W Hwy 98, Tel. 234-2163.
EZ und DZ 27–66 $ je nach Saison und Lage der Zimmer. Komfortabel und direkt am Strand gelegen. Pool.

Camping
- **Panama City Beach Koa,** 8800 Thomas Dr, Tel. 234-5731.
Der Platz liegt in unmittelbarer Nähe des Strandes und bietet Einkaufsmöglichkeiten, einen Pool und Picknicktische.
- **St. Andrews State Recreation Area,** 4415 Thomas Dr, Tel. 234-2522. 8 $ während 1.12.–28.2., 17–26 $ während 1.3.–31.8., 13–22 $ während 1.9.–30.11.
Ebenfalls am Strand befindet sich dieser Campingplatz inmitten eines State Parks. Das Wasser ist meist kristallklar und der Platz ist durch Sanddünen gegen Wind gut geschützt. Im Sommer können im Park Boote an der **Grand Lagoon** gemietet werden. Vom 1. Dez–28. Februar 8 $ pro Tag, in der übrigen Zeit etwa doppelt so teuer.

Essen und Trinken
- **The Gulf Buffet,** 12628 W Hwy 98, Tel. 234-6457.
Preiswerte Frühstücks- und *Seafood*-Buffets.
- **Mai Lin,** 14662 W Hwy 98 im Open Sands Shopping Center, Tel. 233-1311.
Dieses *chinesische* Restaurant bietet preiswerte *Familien-Dinner* an. Fünf Personen, die nicht unbedingt eine Familie sein müssen, können sich an sechs Gängen für 35 $ sattessen. Zwei Personen zahlen 14 $, drei 21 $.
- **Montego Bay,** 4920 Thomas Dr, Tel. 234-8686 und 9949 Thomas Dr, Tel. 235-3585.
Speziell für *Seafood-Lovers*, so der Menütitel, gibt es *lunch-specials* von 11–16 Uhr für 4 $. Freie Auswahl zwischen zehn Fischsorten, dazu Gemüse und Salat. Abends ist es teurer (Gerichte ab 6 $) und etwas für Nachtschwärmer, da bis 2 Uhr geöffnet.

American Lady in Key West. ▶

Sehenswert

■ **Ebro Greyhound Track:** Der Rennplatz liegt außerhalb von Panama City am Hwy 79 in Ebro. Tel. (904)234-3943.
In der Saison (erkundigen) jeden Abend außer sonntags Windhundrennen.

■ **International Institut of Diving,** Ecke US 98/SR 79 in Panama City Beach. Täglich 9–18 Uhr.
Ein Museum mit Ausstellung, die die Anfänge der Tauchgeschichte dokumentiert.

■ **St. Andrews State Recreation Area,** siehe Camping.

Musik und Nachtleben

■ **Pineapple Willie's,** 9900 Beach Blvd.
Musik, *comedy* und *dance-shows* täglich ab 17 Uhr. In-Treff während der *happy-hour* von 17–19 Uhr. Wer nach 19 Uhr unter 23 Jahre alt ist und zufällig den Paß vorzeigen muß, fliegt raus.

■ **Spinnaker,** 8795 Thomas Dr.
Riesiger Strandclub mit 19 Bars, zwei Bühnen am Strand, Pool und einer *Seafood-Bar*. Jeden Samstag findet ein Wettbewerb um den Titel *Miss Spinnaker* statt.

Schnee über Miami

Die unheimliche Hauptstadt Lateinamerikas.
Von Marie Luise Kaltenegger

Die Piña Colada in meiner Hand wird langsam lauwarm. Der Barkeeper hat einen verkniffenen Zug um die Mundwinkel, die Radiostation Cubanisima spielt Rumba, die Klimaanlage ist ausgefallen, und immer wenn die Tür des Etablissements aufgeht, schwappt feucht-heiße Luft herein. Draußen kocht der Asphalt.

Als ich mir eine Zigarette anzünden will, schaue ich in die Mündung einer Minipistole. Schnapp. Ein Flämmchen. Der Inhaber des Feuerzeugs bestellt einen Martini und eröffnet die Konversation. „Prima Klima", sagt er. „Schnee wär mir lieber", sage ich, und sowieso wünsche ich mir, ich hätte „Klar, Mann" gesagt oder so ähnlich. *It snows in Miami.* Wie soll ich jetzt dem Typ, der einen grünen Klunker am Ringfinger trägt, klarmachen, daß ich nicht von *Kokain* rede, sondern schlicht den atmosphärischen Niederschlag im heimatlichen Voralpengebiet meine. „Interessant", sagt der Smaragdträger. „Gar nicht so interessant", leite ich den Rückzug ein. „O doch", beharrt er, „wenn Sie einmal etwas brauchen sollten – a sus ordenes. Sie brauchen nur den da" – Handbewegung in Richtung Barkeeper, der angelegentlich Gläser wäscht – „nach Raoul zu fragen". „Ich glaube, ich bin hier falsch", sage ich, rutsche vom Hocker, lege die zwei Dollar fünfzig für den Drink auf die Theke und ab die Post.

Draußen ist *Cuba made in USA.* Häuserblock um Häuserblock, Straßenzeile um Straßenzeile nur *Little Havanna.* Ergeben trotte ich an den Jungfrau Marias vorbei, die in den Auslagen über Hemden und Plastiksandalen wachen, betrachte schrecklich bunte Torten, die sich in allen erdenklichen Formen in den Konditoreien stapeln, rund, viereckig, trapezförmig, dreieckig und mit phantasievollen Aufbauten in Rosa, Grün und Gelb, stolpere allenthalben über Domino spielende Altherrenkränzchen und lauthals plärrende Latino-Fratzen. Eine betriebsame Gegend. Die Schuhputzer putzen Schuhe, die Zigarrendreher drehen Zigarren, die Friseure frisieren, die Makler makeln, die Kaffeesieder sieden, die Schieber schieben, die Autoreparierer reparieren, und die Dealer dealen. Und alle Tätigkeiten werden von spanischen Wortkaskaden begleitet. Das schnelle Idiom der Cubaner dominiert, weit abgeschlagen folgt das Ratatata-Spanisch der Zentralamerikaner und die sanftere Sprechweise der Kolumbianer.

Auf einem amtlichen Papier ist vermerkt, daß Miami eine zweisprachige Örtlichkeit sei, denn erstens liege es immer noch im Dade County, Florida, USA, und zweitens gebe es ja nicht nur 600 000 Cubaner plus 50 000 Kolumbianer plus 100 000 Zentralamerikaner, sondern auch noch 800 000 *Anglos*. Englisch scheint jedoch nicht sonderlich essentiell zu sein. Latino-Stakkato überwiegt, und die Anglos müssen Spanisch lernen, wollen sie weiterhin in Miami etwas zu sagen haben.

Es gibt Leute in Miami, die nur über das Wetter reden. Sie sitzen auf ihren weißen Veranden, rechts das Sternenbanner, links der Rasensprenger, und unterhalten sich über das Wetter, weil es das einzige ist, was sich in Miami nicht geändert hat. Zufrieden stellen die Alteingesessenen, die Southerners, die Restbestände des Miami von vor zwanzig Jahren, fest, daß die Temperatur wieder um die 80 Grad Fahrenheit beträgt und die Luftfeuchtigkeit 50 Prozent nicht übersteigt. Very nice. Das Wetter in Miami ist von einer selbstverständlichen Stetigkeit, die es anderswo zu einem absoluten Null-Gesprächsstoff machen würde. Die alle paar Jahrzehnte über Florida hereinbrechenden *Fröste* machen gnädig beim Okeechobee-See halt, und die *Hurrikane*, die gelegentlich die Antillen und die Keys verwüsten, kommen knapp vor Miami jäh zur Ruhe. Die Jahreszeiten sind ein nicht weiter auffallendes Ereignis. Der Frühling findet an einem März-Nachmittag statt. Dann ist Sommer bis November. Der Herbst dauert zehn Minuten, und der darauffolgende Winter tut auch nichts anderes, als Touristengesichter zu bronzieren. So viel Kontinuität ist ein wahres Labsal für nostalgische Miamians, die viel lieber einen dicken Alligator zum Nachbarn hätten als einen neureichen Cubaner.

Miami war ein verschlafenes Provinznest im tiefen Süden gewesen, eine Mischung aus nonchalanter Elégance und pastoraler Einfalt. Miami Beach jenseits der Bay hatte für ein bißchen Neonglitter und Highlife gesorgt, und manchmal hatte es nach Orangenblüten gerochen. Das ganze Szenario war nicht sonderlich aufregend gewesen und auch nicht eigentlich schön zu nennen. Ein beschaulicher Erholungsort am Meer mit Palmen, Golfplätzen, springenden Delphinen und einem Affenzoo. Die wintermüden Besucher aus dem Norden lagen am Strand, die große Kolonie der New Yorker Juden im Pensionsalter saß im Lummus Park und redete *Jiddisch*, und die einzigen Orte, wo der Rausch der Schnelligkeit zelebriert wurde, waren die Pferde- und Windhundrennplätze. Damals hieß Miami Ma-ah-ma. Nicht Mai-äh-mi. Wer Mai-äh-mi sagte, war aus New Jersey oder so.

Aber dann passierte *Fidel Castro*, und ab 1960 ergoß sich in großen Wellen ein Strom von revolutionsunwilligen Exilcubanern nach Miami. Seither heißen die Milk shakes *batidos*, und statt Hamburger gibt es *arroz con pollo*.

Zunächst war das Anglo-Establishment in Miami nicht weiter alarmiert gewesen, als Flugzeug um Flugzeug aus Havanna anrauschte. Spics betätigten sich überlicherweise als Abwäscher und Zeitungsverkäufer, nennen sich Joe statt José und fallen nicht auf. Die Exilcubaner hingegen ließen jegliche Zurückhaltung vermissen. Sie drängten in das Banken- und Versicherungswesen, brachten den Grundstücksmarkt in Aufregung, lösten einen Bau-Boom aus, mischten sich in die Kommunalpolitik und kurbelten das Export/Import-Geschäft an. Binnen kurzem waren die Cubaner in Miamis Wirtschafts- und Sozialgefüge so allgegenwärtig wie der liebe Gott.

Kaum hatten sich die Cubaner in die Direktorensessel der Banken und Handelsfirmen gehievt, kamen auch schon die Geschäftsleute Lateinamerikas angehoppelt. Erfolg ist attraktiv, und das latinisierte Miami bot nicht nur sichere Banktresore für Fluchtkapital, lukrative Investitionsmöglichkeiten und funktionierende Telefone, sondern auch das richtige Ambiente.

In Miami ist Spanisch die *Lingua franca*. Man befindet sich im Schoß der Allmacht USA und ist doch unter sich. In New York oder Houston müßte man sich mit Englisch herumplagen. Das verdirbt den Preis und mindert das Selbstwertgefühl. Geschäftsleute sind wie Fußballer. Sie wissen den Heimvorteil zu schätzen.

Miami, das bis dato andächtig Richtung Norden geblickt hatte, woher die Touristen, Pensionisten und Millionäre gekommen waren, änderte jählings die Blickrichtung um 180 Grad. Es legte sich den Titel *geheime Hauptstadt Lateinamerikas* zu und stieg auf wie ein Meteor. Die Historie hatte Miami eingeholt.

Angefangen hat es mit *Juan Ponce de León,* der sich vor 450 Jahren aufmachte, um das Land des Goldes und der ewigen Jugend zu finden. Als er Florida, die *Insel der Blumen,* für die spanische Krone in Besitz nahm, revanchierten sich die neuerworbenen Untertanen mit einem Überraschungsangriff. Ponce de León bekam einen Pfeil in die Brust, und damit war sein kurzes Entrepreneur-Dasein beendet. Die Spanier sollten auch künftig keine Freude an Florida haben. „Die Indianer sind widerspenstig, die Moskitos eine Plage und die Sümpfe schrecklich", wie Bruder Villareal in einem Schreiben an die Alte Welt berichtet. Der Brief datiert aus dem Jahre 1568 und stammt aus einem Ort namens Mayami, was soviel wie „sehr groß" bedeutet. 1763 verschacherten die Spanier die unwirtliche Peninsula an die Engländer. Zwanzig Jahre später wurde sie von den Briten mit Dank zurückgegeben. Dann folgte ein kurzes französisches Zwischenspiel, und schließlich wurden die Spanier Florida endgültig los. Sie verkauften es für fünf Millionen Dollar an die Vereinigten Staaten von Amerika, die prompt zu zahlen vergaßen.

Zunächst war Florida auch bei den Anglos nicht sonderlich populär. Die Indianer waren immer noch widerspenstig und erklärten den USA kurzerhand den Krieg, und die Moskitoschwärme sorgten für Gelbfieberepidemien in der jungen Kolonie. Soldaten, Glücksritter und Plantagenbesitzer jedoch drängten allmählich sowohl die Sümpfe als auch die Indianer ins Abseits. Dortselbst lag auch noch das alte Mayami, Residenz behäbiger Alligatoren und wendiger Krokodile. Ihre Delogierung erfolgte schließlich auf Betreiben einer resoluten Dame. Die Plantagenbesitzerin Julia Tuttle bewegte den Eisenbahnmagnaten Henry M. Flagler, seine East Coast Railway nicht nur bis West Palm Beach zu bauen, sondern den Schienenstrang bis hinunter zum Miami River zu legen und gleichzeitig auch die Wasserpumpen zur Trockenlegung der Sümpfe mitzubringen.

Als Miami 1896 zur Stadt wurde, hatte es 1500 Einwohner. Seine Straßen waren dem zähen Palmettogestrüpp notdürftig abgerungen, und die Architektur bestand aus Bretterbuden und Zelten. Aber es gab doch schon ein elegantes Hotel, das „Royal Palm".

Was Julia Tuttle und Henry M. Flagler für Miami, waren die *Lum-Brüder* und ein Wirkwarenfabrikant namens *Carl G. Fisher* für Miami Beach. Die Lum-Brüder hatten beim kalifornischen Goldrausch ihr Geld gemacht, Fisher hatte das Prestolit erfunden. Die Lums werkten am Südzipfel des heutigen Miami Beach, und Fisher schaffte Arbeiter, Maschinen und zwei Elefanten aus dem nördlichen Teil der Miami vorgelagerten Inseln heran. Im Jahre 1915 wurde der Welt eine zusammenhängende Landmasse, gerodet und trockengelegt, übergeben: Miami Beach. Carl G. Fisher ließ am New Yorker Times Square Leuchtreklamen anbringen, die den von Januarstürmen gebeutelten Großstädtern verkündeten: „Jetzt ist Juni in Miami."

Die Sun-and-Fun-City der Nation beherbergte Touristen, Playboys, Gigolos, Gangster und Exzentriker. *Al Capone* kaufte sich eine Villa, und George Merrick schuf aus 3000 Morgen Obstkulturen eine maurisch anmutende Exklusivsiedlung für Superreiche: *Coral Gables*. Das Glanzstück war das Biltmore Hotel, vor dessen Auffahrt sich das teuerste Blech aller Zeiten versammelte: Pierce Arrows, Packard Phaetons, Auburn Boat Tails, Duesenbergs, Cords und Rolls-Royce.

Später passierte, was überall passierte. Dem Boom folgte ein Crash, dem Crash ein Krieg. Und dann passierte lange nichts, bis eben Fidel Castro passierte und die Erfolgsstory der Exilcubaner ihren Anfang nehmen konnte. Die Geschichte wurde zurechtgerückt und die Geographie bestätigt. Südflorida weist wie ein Zeigefinger auf den lateinischen Subkontinent, aber Miami hatte in frommer Abgewandtheit mit Lateinamerika gerade soviel im Sinn gehabt wie mit der Milchstraße.

Jetzt endlich waren die Dinge wieder im Lot, gracias a dios, und aus Miami konnte Greater Miami werden, ein Stadt-Monstrum, das irgendwo anfängt und nirgendwo aufhört. Unaufhaltsam schiebt es seine Bungalow- und Tankstellenlandschaften in alle möglichen Himmelsrichtungen. Wolkenkratzer allenthalben verstellen den Blick auf die subtropische Szenerie, und die Skyline schnappt wie ein unreguliertes Gebiß himmelwärts. Aus dem verschlafenen Anlegeplatz für Luxusdampfer wurde ein supermoderner Containerhafen. Aus zwölf Banken wurden 130 und aus keiner Konzernniederlassung 200. Geld drängt zu Geld. Zum Geld der Anglos gesellte sich das neue Geld der Latinos, und ganz neu Geld in Form von Petro-Dollars, japanischen Yen, Deutschen Mark und Hongkong-Dollars sorgte für die weitere Auspolsterung von Miami Babylon.

Böse Zungen verbreiten allerdings die Kunde, daß das Finanzgefüge Miamis bedenklich nach Kokain riecht. Lederköfferchen, mit Handschellen am linken Handgelenk befestigt, werden durch die vornehmen Foyers der Banken getragen, untermalt von dem sanften Knirschen handgemachter Stiefel aus Alligatorenleder. *The Columbians are in town.* Die Polizei nennt sie Kokain-Cowboys. Die betreffenden Herrschaften ziehen die Bezeichnung *Bogotá Connection* vor.

An der LeJeune-Straße erhebt sich eine mittelalterliche Burg aus der flachen Gegend, das Restaurant „El Cid". Ich taste mich durch dunkle Gewölbe an die Bar heran. Einer der dort sitzenden Herren, der sich als Mister Garcia vorstellt, Import von Meeresfrüchten, erklärt mir Miami und die Welt. Um zu wissen, wo es langgeht, müsse ich *Nobel House* lesen. Der Hongkong-Wälzer des Bestsellerautors James Clavell stünde unter dem wichtigsten Motto überhaupt: Think big or drop dead.

Ich solle doch das Artikelschreiben bleibenlassen, das bringe nichts ein. Da pflichte ich ihm bei und nippe versonnen an meinem Pisco Sour. Ich denke an das jährliche Umsatzvolumen des Rauschgifthandels im Dade County: 90 Milliarden Dollar. Das „El Cid" soll einige Hinterzimmer haben, wo der kolumbianische Drogenring sein Giftzeug en gros absetzt. Mister Garcia rattert inzwischen seinen Lebenslauf herunter. 1960 weg aus Cuba, dann wieder zurück, die Schweinebucht, ich verstünde, 17 Jahre Castro-Kerker, dann Miami und mit Köpfchen und Tatkraft zum Selfmade-Millionär mit junger Frau und Bungalow. Gestern sei seine Shrimp-Fangflotte nach Honduras losgetuckert.

Ich frage, ob er auch Meeresfrüchte aus Nicaragua importiere. Jamás, von den Sandinisten würde er nicht einmal einen Kieselstein erwerben. Wie ich auf eine solche Idee käme?

Nur so, sage ich. Garcia schreibt den Ausrutscher meiner Gringa-Naivität zu und empfiehlt mir, das Lokal „Los Ranchos" aufzusuchen. Dort würde ich von den Anhängern *Seiner Exzellenz*, Gott habe ihn selig, Dinge erfahren können, daß mir die Augen übergingen.

Mir wischt ein Bild durch den Kopf, das ich immer sehr erheiternd fand. Ich schildere dem bereits leicht verkniffen dasitzenden Mister Garcia, wie Seine Exzellenz Anastasio Somoza Debayle nach seiner Abdankung in Miami eintrudelte. Der Diktator hatte zwei Dinge bei sich: die Staatskasse und den Sarg mit den Überresten des Herrn Papa, ebenfalls Diktator.

Ich entnehme dem Gesichtsausdruck des Herrn Garcia, daß ich mir meinen Drink werde selber zahlen müssen. Und da ohnehin nichts mehr zu retten ist, mache ich einen Vorstoß in Richtung Kokain. Was er über die Bogotá Connection wisse, frage ich. Mister Garcia macht ein Pokerface und weiß von nichts. Es ist wie mit der Mafia. Von der hat auch nie jemand was gewußt.

Der Taxifahrer heißt Armando und quasselt mir die Ohren voll, während er das klapprige Checker-Cab durch die verstopften Stadtautobahnen Miamis manövriert. Er ist vor zwei Jahren von der Isla herübergekommen, im Ruderboot, si señora, 19 Tage auf hoher See, in Cuba ist er Sportlehrer gewesen, aber er fährt lieber ein Taxi in Miami, *todo es un problema en Cuba,* zwei Schachteln Zigaretten alle 14 Tage, ein Paar Schuhe im Jahr, eineinhalb Kilo Reis im Monat, eine Glühbirne alle vier Monate, und die Streichhölzer funktionieren nicht. Ay Dios mio. Dann nimmt er die Hände vom Lenkrad und zeigt mir Familienfotos. Der Onkel in Miami, noch ein Onkel in New Jersey, Papa und Mama in Havanna, die Verlobte und das Baby in Homestead und das neue Auto in der Garage. Miami Traumfabrik. Gold auf der Straße. *Get rich quick*. Hacerse la America. Blabla.

Die *Drug Enforcement Administration* hat ihr Büro weit draußen im Westen der Stadt. Vor vier Jahren gab es hier nur Sumpfhennen, jetzt pappt der DEA-Adler auf einem langgestreckten Glaspalast. Brent Eaton, Spezialagent der Rauschgiftfahndung, ist nett. Ungefähr so stelle ich mir Phil Decker vor. Ein bißchen rundlich, behende und mit rosa Wangen. Wir trinken *American coffee*. Ich erzähle von Jerry Cotton und seinem Partner Phil, und er kramt währenddessen Statistiken, Landkarten und Fotos hervor.

Zwanzig Millionen Amerikaner schnupfen, rauchen oder injizieren Kokain. Brent Eaton hält mir ein Foto unter die Nase. Die Coca-Pflanze. *Erythroxylum coca*. Sie wächst in den Anden und im oberen Amazonasbecken. Wieder ein Foto. Weiße, kleine Klumpen wie feuchtes Salz in einem Plastiksackerl. Das Endergebnis nach einem langen

Marsch der grünen Blätter durch die Laboratorien Perus, Boliviens, Ecuadors und Kolumbiens. Eine Landkarte. Die westliche Hemisphäre zwischen dem Äquator und dem 40. nördlichen Breitengrad, vollgesprenkelt mit Schiffchen und Flugzeugchen, die von Kolumbien aus ihre Routen Richtung Norden anzeigen. In der Karibik muß ein erhebliches Gedränge herrschen. Kein Wunder. Immerhin sind pro Jahr geschätzte 45 Tonnen Kokain, etwa 1200 Tonnen Marihuana und wer weiß wie viele Tonnen Quaaludes auf der Transportarmada der Bogotá Connection unterwegs.

Das Netz der Bogotá Connection erstreckt sich über mehr als 5000 Meilen von Kolumbien nach Miami, New York, Los Angeles und Chicago. Eine ganze Armee von Bauern, Chemikern, Piloten, Seeleuten, Killern, Rechtsanwälten und Bankiers steht auf ihren Gehaltslisten. Politiker und Polizisten sowieso.

Die DEA glaubt, daß es keinen „Mr. Big" gibt. Die Bogotá Connection stelle eher eine lose Geschäftsvereinbarung zwischen einigen großen Familien dar, die die entscheidenden Hebel bedienten und unter deren Baldachin etwa 70 000 Kleinunternehmer ihrem Schmuggelgewerbe nachgingen. Des weiteren gebe es eine Unzahl von Außenseitern, die im Einzelgang operierten.

„Vielleicht ist es eine Mrs. Big", sage ich „Martha Libia Cordona de Gaviria Montoya." Brent Eaton lächelt und kramt wieder in seinem Schreibtisch. Zack, ein Foto. Doña Martha ist etwa Mitte Dreißig und sehr schön. Sie wohnt im Nobelvorort „El chico reservado" in Bogotá, wo eine Parzelle Baugrund nicht unter einer Million Dollar zu haben ist. Ihre Villa ist mit Maschinengewehrnestern abgesichert. In Miami hat sie auch eine Residenz. Aber ohne MGs. Der Dame ist nichts nachzuweisen. Kein Milligramm Kokain und nicht der allerkleinste Mord.

Die Bogotá Connection ist ja nicht gerade zimperlich. Allein in Miami produziert sie so an die 200 bis 300 Leichen pro Jahr. Die *Kokain-Cowboys* arbeiten meist mit dem Messer, das den Unterleib des Opfers tranchiert.

Nur wenn ein lautstarkes Statement gewünscht wird, kommen MP-Salven zur Anwendung. Ob aufgeschlitzt oder durchlöchert, die *drug related murders* weisen so gut wie keine Aufklärungsergebnisse auf. Keine Rede von „who-dunnit", die Polizei kann nicht einmal das „who is it" beantworten.

„Von zwei Cocablättern als Flügeln getragen flog ich durch 77 348 Welten, eine immer prächtiger als die andere", entschlüpft mir ein Zitat des Gelehrten Paolo Montegazza. Brent Eaton hat keinen Sinn für Poesie. He talks business.

Ein Pfund Kokain kostet 7000 Dollar in Kolumbien. Einmal in den USA angelangt, bringt es 50 000 Dollar im Großhandel. En detail und bis auf das Achtfache mittels Babypuder oder dergleichen gestreckt, trägt es dem Dealer 600 000 Dollar ein. Kein Wunder, daß die Burschen in Geld schwimmen und 42 Cadillacs auf einmal kaufen.

Da die Bogotá Connection eher risikoscheu ist und den Kontaktpersonenkreis möglichst klein halten will, operiert sie nur en gros. Den Einzelhandel überläßt sie den in den USA ansäßigen Kolumbianern und Cubanern. Die US-Gangster halten sich wohlweislich aus dem Geschäft heraus. *„It's strictly Latin, you see."*

„Die Mafia läßt tatsächlich die Finger vom Kokaingeschäft?" frage ich.

„Uhuu", meint Brent, „die Ehrenwerte Gesellschaft hat mit dem Heroin genug am Hals, und außerdem ..."
„Und außerdem was?" „Die Kolumbianer vertragen keine Einmischung."
„Ach nein." „Doch. Wir glauben, daß sich die Mafia vor der Bogotá Connection fürchtet."

Ich bin baff. Bei Mario Puzo steht das ganz anders. Außerdem hat der deutsche Journalis Jürgen Mannsfeld, im Mai 1982 in Bogotá auf geheimnisvolle Weise vom Leben zum Tode befördert, etwas Gegenteiliges ausrecherchiert. Mannsfeld zufolge soll die Mafia für die Bogotá Connection die Verteilung der Drogen an die Endverbraucher organisieren.

Die DEA hat da andere Informationen. Zwar hätten vier Familien, die Lucchese, Colombo, Bonanno und Genovese, vor nicht zu langer Zeit in dem Hinterzimmer eines Restaurants in der Bronx den Einstieg ins Kokain-Geschäft erörtert, seien aber von einigen Kolumbianern mit Maschinengewehren beim Geplauder gestört worden. Na ja. Die Mafia ist auch nicht mehr das, was sie einmal war.

Brent Eaton ist inzwischen beim dritten Akt angelangt. Phase 1, Transport, und Phase 2, Verkauf, sind abgehakt. Jetzt kommt der mit viel Hirn zu befrachtende Teil der Geschäftsabwicklung: die Legalisierung des *Dope-money*.

Vorhang auf für Meyer Lansky, sage ich. Das Relikt aus den Großzeiten der Mafia ist gerade gestorben. In Miami natürlich. Ein zurückhaltender, sanfter alter Herr, der einst den Capi dei capi den Weg wies, ihren illegal erworbenen Zaster hochanständig in den Wirtschaftskreislauf einfließen zu lassen. Der „Magier" kaufte Reinigungsbetriebe, die als legale Fassade für illegale Reibachs herhalten mußten. Seither heißt die komplexe Prozedur, die aus schwarzem Geld weißes macht, *laundering*.

Die Bogotá Connection ist bei ihrem *Geldwaschanliegen* mit ernstzunehmenden Schwierigkeiten konfrontiert. US-Banken sind zumeist zimperlich. Kein Ausländer darf mehr als 10 000 Dollar deponieren, ohne entsprechende Formulare auszufüllen. Für einen kolumbianischen *Don* sind 10 000 Dollar einerseits ein Fliegenschiß, und andererseits mag er partout nichts Schriftliches von sich geben.

Im latinisierten Miami kann es schon vorkommen, daß ein verständnisvoller Bankier den Inhalt etlicher Koffer mit verknüllten 50- und 100-Dollar-Scheinen auf irgendwelchen Phantasiekonten unterbringt. No questions asked. Aber wenn so ein Alligator-Typ alle paar Wochen mit mehreren hunderttausend Dollar angerudert kommt, die noch dazu händisch abgezählt werden müssen, dann beginnt auch der diskreteste und cubanischste Bankdirektor zu resignieren. Also halten die Dons nach Strohmännern Ausschau, die Bars, Restaurants oder Tankstellen eröffnen. Das Problem ist nur, daß die Tageslosungen dieser Etablissements so ungewöhnlich üppig ausfallen. Den besten Ausweg aus dem Dilemma bieten Firmengründungen in Panama, Curaçao oder Bimini. Flugs wird sodann ein Konto in Miami eröffnet, und schon können sich die nunmehr gutbürgerlichen Kokain-Millionen friedlich am Bau-Boom beteiligen, Grundstücke erwerben und futuristische Bürohochhäuser hinklatschen.

Beladen mit Broschüren und Statistiken verlasse ich die DEA und sehne mich nach Idylle.

Sam Kaplan fischt jeden Morgen an der Biscayne Bay. Der Himmel dehnt sich weit und durchsichtig über der Brücke, an der der Pensionist aus Detroit seine Angeln ausgelegt hat. „Eine Brücke ist die Yacht des armen Mannes", sagt er. Das Wasser rollt in sanftem Türkis, und sonst ist nichts zu hören als das Geschrei der Möwen. Über den sich auftürmenden Wolkenkratzern von Miami jenseits der Bay steht ein heller Schein wie eine Gloriole. Unter der Brücke segelt eine dreieckige Rückenflosse hindurch. Der dazugehörige Hai befindet sich auf dem Weg hinaus in den Atlantik. Der langgestreckte schwarze Schatten, der ruhig dahinzieht, läßt die Möwen verstummen, und selbst die Pelikane verharren eine Zeitlang unbeweglich in der Luft, bevor sie fortfahren, nach ihrem Frühstück zu tauchen. Sam Kaplan kann Miami schon seit langem nicht mehr leiden. Es brät in der Sonne und stinkt nach Geld. Unter dem Asphalt brodelt der Dschungel, und die Zeichen der Zeit stehen auf Niedertracht. Und dann beginnt er wie ein alter Miamian über das Wetter zu reden. Very nice.

Spätestens um 7 Uhr ist die Idylle zu Ende. Endlose Autokolonnen treten ihren Weg über die Freeways an, und das Getöse der erwachenden Florida-Metropole reißt auch das beschaulichste Reptil in den Everglades aus der Morgenmeditation.

Ich begebe mich ins „El Pirata", um mit Maria Rodriguez einen *café con leche* zu trinken. Sie ist um die Dreißig und seit 1960 in Miami. Der Herr Papa war ein Amtsträger im Batista-Regime gewesen.

Er wohnt in einem weißen Bungalow in Hialeah, einem vornehmen

Wohnbezirk Miamis. In Hialeah gibt es nur weiße Bunglows, in denen Cubaner wohnen. Der alte Herr ist seit gut 20 Jahren im Land, aber sein englischer Wortschatz beschränkt sich dessen ungeachtet auf „Dollar, Dollar" und „give me, give me". Auf das Wesentliche also, wie Maria Rodriguez bemerkt. Der Herr Papa ist Geschäftsmann. Branche: *Anlageberatung*. Die Klientel spricht mit kolumbianischem Akzent. Rodriguez sen. ist ein *laundering*-Spezialist.

Mit seiner Tochter hat er seit fünf Jahren kein Wort mehr gewechselt. Sie mag seine Omega-Freunde nicht und hält nicht alles für mies, was *Er* getan hat. „Er", das ist Fidel Castro. In Miami erübrigt sich die Namensnennung. Das „Er", mit einem fast respektvollen Unterton ausgesprochen, wird meist von einer eindeutigen Handbewegung begleitet. Tiene cocos. „Er" hat immerhin eine ganze Insel samt zehn Millionen Einwohnern einkassiert und die Yankees für blöd verkauft. Muy macho, entiendes? Mir ist die Größe „Seiner" Geschlechtsorgane nicht bekannt, aber der Geste entsprechend muß „Er" ein sehr männlicher Mann sein. Aber eigentlich will ich ja den Herrn Papa sprechen. Maria winkt ab. Der Alte flüstere keinem was. Da könne ich genausogut mit einem Fisch im Aquarium reden.

Ich fahre trotzdem hin. Die Hausangestellte mit Schürzchen und Häubchen erklärt, daß der gnädige Herr beim *Windhundrennen* sei. Die Rasensprenger machen zwitsch-zwitsch, und die ineinandergehefteten Hoheitszeichen der USA und Cubas dokumentieren rechte Gesinnung.

Ich fahre auch zum Windhundrennen.

„Here comes Hollywood!" dröhnt es aus dem Lautsprecher. Acht magere Greyhounds schießen aus ihren Boxen und rennen einer weißen Attrappe hinterher. Ich setze auf „Short and sassy", weil das Vieh einen so melancholischen Blick hat. Prompt wird es von einem langbeinigeren Hundekollegen überrannt und produziert einen Kopfstand. Das Publikum lacht.

Der Kerl neben mir flüstert etwas von *Florida Snow*. Ich zische ihn hinweg. Ausgerechnet Florida Snow, ein Kunstpulver, ein Kokain-Surrogat, das durch das Gehirn donnert wie ein Bulldozer.

Maurice Ferre ist wie alle Bürgermeister. Er hat keine Zeit. Seit Miami boomt, hält er hof wie ein Großherzog. Für den Nachmittag haben sich vier japanische Handelsdelegierte, zwei Versicherungsexperten aus London, ein Bankier aus Pakistan und ein Botschafter aus Kolumbien zur Audienz eingefunden. Ich stehe am Gang herum, und jedes Mal, wenn der sehr fesche Ferre vorüberhastet, schmeißt er mir einen griffigen Einzeiler an den Kopf.

„Miami war wie ein Bahnhof, in dem kein Zug mehr hielt, heute wollen alle Züge hier halten." Aha.

„Wir brauchen das Kokain-Geld

nicht, was wir brauchen, ist ein gutes Image."

Aufschlußreich. Vor zwei Jahren erklärte Ferre der konsternierten Lokalpresse, daß Miami ohne den Kokain-Zaster etwa so dastünde wie Detroit ohne Autofabriken oder Pittsburgh ohne Stahlwerke. Das sei zwar alles sehr bedauerlich, aber ein Faktum.

„Miami ist nichts für pingelige Gemüter, aber schreiben Sie dennoch was Hübsches."

Eine Sekretärin erbarmt sich meiner und bringt mir Kaffee, der nach Styropor schmeckt. Ferre muß ins Fernsehstudio. Als ich aus dem vollklimatisierten Bürgermeisteramt hinaus auf die Straße trete, trifft mich fast der Schlag. Die Luft hängt klatschnaß an den verspiegelten Wolkenkratzerfassaden, und der tiefgraue Himmel scheint um etliche Lichtjahre näher gerückt.

Aus dem Autoradio scheppert die Stimme eines Sprechers, der eine Sturmwarnung verliest. Die Bevölkerung wird aufgefordert, in den Häusern zu bleiben. Pfeifton.

Ich flitze den Biscayne Boulevard entlang, vorbei an stocksteif dastehenden Palmen. Kein Mensch weit und breit. Ich rekapituliere, was ich über Hurrikane weiß. Ein Hurrikan ist ein Sturm mit einem Loch in der Mitte. Die Luftmassen wirbeln im Kreis. Einmal linksherum, dann rechtsherum, dann wieder linksherum und so weiter. Im Zentrum ist Ruhe. Das Ganze hängt wie ein Riesen-Schmalzkringel am Himmel, und wenn das Gebrause nach etwa zwölf Stunden vorbei ist, schüttet es wochenlang. Ich werde mir Gummistiefel kaufen müssen.

Eine halbe Stunde später kommt die Sturmentwarnung. Der Hurrikan hat knapp vor Miami Richtung Osten abgedreht. Brent Eaton klingelt mich aus der Dusche und fragt, ob ich ein *Muli* besichtigen wolle. Die DEA hätte gerade eins am Flughafen abgefangen.

Der International Airport of Miami ist einer *Boom-Town* würdig. Er wird von 84 Luftlinien angeflogen, 20 Millionen Passagiere werden hier alljährlich durchgeschleust, und der Luftfrachtumsatz von 4 Milliarden Dollar ist auch kein Dreck.

Das „Muli" ist ein verschreckter Jüngling aus einem Dorf in der Sierra Nevada de Santa Marta. Er hat den ersten Flug seines Lebens hinter sich und weiß nicht, wie ihm geschieht. Er fiel einer Stichprobe der Drogenfahnder zum Opfer und wurde flugs zum Röntgenapparat geschleppt. Die Durchleuchtung seines Magens ergab das klar erkennbare Konterfei vieler kleiner wurstförmiger Beutelchen. Jetzt wird er ins Krankenhaus geschafft, und ein DEA-Agent wird so lange bei ihm sitzen bleiben, bis er die Gummihüllen voll Kokain ausgeschissen hat. Danach kommt ein längerer Gefängnisaufenthalt in den *Estados Unidos* und schließlich Deportation nach Kolumbien. Laut Brent Eaton hat das Muli-Unwesen zugenommen. Ein Zeichen dafür, daß die Bogotá

Connection jetzt Schwierigkeiten mit dem Transport im großen Stil hat. Die DEA hat 250 Spezialagenten auf die kolumbianischen Dons angesetzt und versperrt ihnen überdies mit Hilfe der *US-Küstenwache* die Durchfahrtswege in der Karibik. Drei „Chokepoints" wurden eingerichtet: an der Yucatan-Passage an der Westspitze Cubas, an der Windward-Passage zwischen Cuba und Haiti und an der Mona-Passage zwischen der Dominikanischen Republik und Puerto Rico. Die Mutterschiffe müssen nun in großem Bogen ausweichen und sind auch dann nicht gegen eine Aufbringung gefeit. Die DEA überwacht den Raum auch von der Luft aus. Das Einfliegen der Ware nach Südflorida wurde ebenfalls durch eine strikte Kontrolle des Luftraumes erschwert.

Die Bogotá Connection ist irritiert, aber nicht um Lösungsmöglichkeiten verlegen. Sie läßt die Ware auf entlegene Inseln der Bahamas fliegen und in eine wahre Flotte von kleinen Booten umladen. Sodann tuckert das Zeug weitgehend unbehelligt zur Südostküste Floridas. Die Küstenpolizei des Dade County hat sieben Bote, die Bogotá Connection 4000.

Die DEA schätzt die Aufbringungsquote auf etwa 15 Prozent. Nicht sonderlich aufregend, aber für die Dons ist das Business doch risikoreicher geworden. Als besonders geschäftsstörend empfindet die Bogotá Connection die nunmehr institutionalisierte Zusammenarbeit von DEA und FBI, die in der *Operation Schwertfisch* erste Erfolge zeitigte. Als *Laundering*-Spezialisten getarnt ließen die Drogenfahnder reihenweise Kokain-Konten in Miamis Banken auffliegen. Dutzende von Bankiers, Rechtsanwälten, Großdealern, Anlageberatern und sonstigen Mittelsmännern der Bogotá Connection mußten vor den Kadi wandern.

„Einen Konsul haben wir auch geschnappt", sagt Brent Eaton und zwinkert mit den Augen.

„Ich weiß", sage ich. „Den von Österreich. Er hätte weiterhin Mozartkugeln verscherbeln sollen."

Es wird berichtet, daß in Houston und Dallas neuerdings auffallend häufig kolumbianischer Akzent zu hören sei. Die Dons halten nach neuen Märkten Ausschau. Die DEA nimmt es allerdings für gegeben hin, daß die Bogotá Connection Miami trotz aller Mißlichkeiten erhalten bleiben wird. Das latinisierte Gepräge der Stadt bietet ein kongeniales Ambiente. In Miami fallen die Dons nicht auf. In Houston schon.

(Dieser Artikel wurde das erste Mal im TransAtlantik, 9/83, veröffentlicht.)

Ortsregister

Alicetown 188
Andros 189
Apalachicola 30, **260ff**
Apalachicola National Forest 27, 262

Bahamas 125, **185ff**
Bahia Honda Key 173
Bal Harbour 80
Belle Glade 134
Big Cobbitt Key 175
Big Cypress-Nationalpark 28
Big Pine Key 173
Bimini 188
Biscayne-Nationalpark 28, 169
Boca Chica 175
Boca Raton 131
Bonita Island 147
Bonne Future Key 229
Bradenton 236

Cabbage Key 152
Canaveral National Seashore 28
Cape Canaveral 33, **52ff**, 206f
Captiva 141, **148ff**
Carl E. Johnson Park 147f
Cedar Key 235
Choctawhatchee National Forest 27
Cocoa Beach 207f
Coconut Grove 77, 87, 89, 95, **97ff**
Coral Gables 77, 87, 89, **101ff**
Cresent Beach 242
Crystal River 235
Cuba 34, 40, 42f, 79, 82, 168
Cudjoe Key 173f

Dania 130
Daytona Beach 28f, **214ff**
De Soto National Monument 28
Disney World 34, 47, 65f, 190, 192ff, **200ff**
Dry Tortugas 185

Eatonville 39
Eleuthera **189**
Estero Island 145
Everglades 27, 33, 36, 123, 128, 131, 135f, **153ff**, 139, 168, 242

Family Islands 186
Fernandina Beach 250
Fort DeSoto Park 229
Fort George Island 250
Fort Jefferson 28, 185
Freeport 186, 188
Ft. Lauderdale 29, 67, 70, **125ff**, 186ff
Ft. Myers 29, **139ff**, 236
Ft. Myers Beach 141, **145ff**

Gainesville 252
Garden Key 185
Grand Bahama 188
Gulf Island 28, 265

Hallandale 131
Homestead 28, **123f**, 168

Indian Key 171f
Islamorada 169, **171f**

Jacksonville 66, 68

Kennedy Space Center 52f
Key Biscayne 87, **106**
Key Largo 27, 34, **169ff**
Key West 28, 34, 168f, **175ff**
Keys 123, **168ff**
Kissimmee 197
Kolumbien 50, 79

Lake City 250ff
Lake Okeechobee 133f
Liberty City 79f
Lido 236
Lignumvitae Key 172
Little Haiti 80
Little Havanna **42ff**, 81f, **104ff**
Little Talbot Island 248, 250
Long Key 172
Longboat Key 236
Lower Keys 173ff
Lucaya 186, 188

Madeleine Key 229
Marathon 169, 172
Mayport 248
Merritt Island 52
Miami 28ff, 33, 39, 43, 45f, 48f, 51, 65, 67ff, 73, **75ff**, 168, 186f, **270ff**
Miami Beach 28f, 34, 40, 45, 49, 69, 77, 85f, 89, 95, **107ff**
Miami Downtown 90ff
Mullet Key 229

Naples 135ff
Nassau 186ff
New Orleans 267
New Providence Island 186
New Smyrna Beach 218f

Ocala 47, 208ff
Ocala National Forest 27, 213f
Ochlockonee River State Park 262f
Okeechobee 134
Okeechobee Lake 153
Olustee Beach 251
Opa-Locka 39, 77, 87
Orange Springs 213
Orlando 35, 65f, 68, **190ff**
Ormond Beach 219

Osceola National Forest 27, 251
Overtown 79

Palm Beach 131ff
Palm Island 77
Panama City 267ff
Paradise Island 186
Pennekamp Coral Reef State Park 27
Pensacola 28ff, **263f**
Pompano Beach 131

San Carlos Island 145
Sanibel 141, 148ff
Sarasota 29, 67, **236ff**
Sea World 191, 204f
Siesta Island 236
Silver Spring 66, 209f, **212f**
St. Augustine 30ff, 45, 47, **241ff**
St. Christopher Island 229
St. George Island State Park 263
St. Jean Key 229
St. Peterburg 28f, 33, **226ff**, 236
St. Rosa Island 265f
Stock Island 175
Sugarloaf Key 175
Suwannee River 251f

Tallahassee 29f, 32f, 37, 66, **253ff**
Tampa 29f, 33, 67, 69, **219ff**
Tarpon Springs 235
Thomasville/Georgia 258f

Venice 236
Vilano Beach 242

Wakulla Springs 66, 259f
Weeki Wachee Spring 235
West Palm Beach 132

Ybor City 27, 219f, 223

Sachregister

Amstrong, Neil 34, 61
Amtrak 89, 126, 132, 197, 210, 216, 221, 237, 248
Anreise 13ff
Apollo 11 34, 61
Art Deco 77, 107ff, 114f, 117f, 120f
Ausflüge
– Bahamas 185
– Daytona Beach 218f
– Ft. Lauderdale 130f
– Ft. Myers Beach 147f
– Georgia 258
– Jacksonville 250
– Key West 185
– Lake City 251f
– Naples 139
– New Orleans 267
– Ocala 212ff
– Orlando 206f
– Pensacola 266f
– Sanibel/Captiva 152
– Sarasota 240
– St. Petersburg 235
– Tallahassee 258
Ausrüstung 13
Auto 19ff
– Abkürzungen 22
– Autorennen 214
– Straßenkreuzer 121
– Straßennetz 21f

Bargeld 9f
Baseball 67f, 203
Baumwolle 48
Bed & Breakfast 23
Billigflüge 15
Bingo 130
Bodenschätze 48
Botanischer Garten 104, 128, 143f, 203, 233
Botschaften 9
Briefmarken 12
Buchhandlungen 100, 246

Bus 22, 88, 126, 132, 136, 141, 149, 179, 197, 216, 221, 228, 237f, 248, 255, 262

Cajun-Küche 25
Camping 24
– Apalachicola 263
– Daytona Beach 217
– Everglades 131, 156, 167
– Ft. Lauderdale 128
– Ft. Myers 142
– Ft. Myers Beach 148
– Islamorada 172
– Jacksonville 248
– Key Largo 171
– Key West 179f
– Lake City 251f
– Lower Keys 173
– Miami Beach 118
– Ocala 211
– Ocala National Forest 213
– Orange Springs 213
– Orlando 198f
– Palm Beach 133
– Panama City 268
– Pensacola 265f
– Sanibel/Captiva 150
– Sarasota 238, 240
– St. Augustine 243f
– St. Petersburg 229
– Tallahassee 256
Castro, Fidel 34, 40, 42ff, 104, 109, 226, 271
Challenger 34, 52ff
Charterflug 13ff
Collect call 12
Crack 39, 49

Dali, Salvador 231f
Delikatessen 100, 145, 152, 183, 266
Diplomatische Vertretungen 9

Disney World 34, 47, 65f, 152, 190ff, 200ff
Drivaways 21
Drogen 45, 49ff, 105, 177, 270ff

Edison, Thomas Alva 139ff, 143f
Einkaufen
− Coconut Grove 100
− Ft. Myers 144f
− Ft. Myers Beach 147
− Key West 183
− Miami 95
− Miami Beach 121
− Naples 138
− Orlando 205
− Pensacola 266
− Sanibel/Captiva 151f
− St. Augustine 246
− Tallahassee 257f
Epcot 192ff, 200ff
Essen 24ff
− Cajun-Küche 25
− Cocoa Beach 207f
− Coconut Grove 98f
− Coral Gables 103
− Daytona Beach 217f
− Early Birds 25f
− Fast-Food 26
− Ft. Lauderdale 128
− Ft. Myers 142f
− Ft. Myers Beach 146f
− Jacksonville 249
− Karibische Küche 25
− Key Largo 171
− Key West 180
− Lake City 251
− Little Havanna 105
− Miami 94
− Miami Beach 119
− Naples 138
− Ocala 211f
− Orlando 199f
− Panama City 268
− Pensacola 265
− Sanibel/Captiva 150f
− Sarasota 238f
− St. Augustine 244f
− St. Petersburg 229f
− Tallahassee 256
− Tampa 222

Fahrrad 101, 126, 147, 149, 179
Fernsehen 85
Feste 28ff, 101
Filmindustrie 65f
Fischerei 48
Fitneß 121f
Flagler, Henry M. 33, 75f
Flug 13ff
Football 28, 30, 67f
Fremdenverkehrsamt 10
Fußball 68

Galerien 100, 116, 183
Gay 125, 129f, 168, 184f, 258
Geld 10f
Geldtausch 10
Geschichte 31ff, 45, 95, 99, 128, 176f, 186, 203, 231, 241, 245, 249, 256f, 261
Gesundheit 13, 89, 127, 137, 142, 145, 149, 177, 197, 210, 222, 228, 238, 243, 248, 264
Gewichte 13
Greyhound 22, 89, 126, 132, 136, 141, 169, 179, 197, 207, 210, 216, 221, 228, 237f, 242, 248, 255, 264, 268
Größen 13

Hemingway, Ernest 175, 181, 183, 188
Hispanics 40, 42ff, 46, 78ff, 92, 103ff, 109, 219f, 223f, 270ff

Hotel 23
Hurrikan 17f, 33

Indianer 31, 35ff, 241f, 253
Informationen 10, 28
− Bahamas 186f
− Coconut Grove 98
− Daytona Beach 216
− Everglades 167
− Ft. Myers 142
− Ft. Myers Beach 145
− Gainesville 252
− Jacksonville 248
− Key Largo 170
− Key West 177
− Miami 89
− Miami Beach 117
− Naples 137
− Ocala 210
− Orlando 197
− Palm Beach 132
− Panama City 268
− Pensacola 264
− Sanibel/Captiva 149f
− Sarasota 238
− St. Augustine 243
− St. Petersburg 228
− Tallahassee 255
− Tampa 222
− Travel-Phone 12

Jai Alai 29, 68, 73, 90, 218
Juden 40, 80, 109, 114f
Jugendherberge 23, 127, 179, 216f

Karibische Küche 25
Klima 13, 17ff
Kokain 49ff, 270
Konsulate 9, 89, 187
Koreshan 144
Krankenhaus
− Ft. Myers 142
− Jacksonville 248
− Key West 177
− Miami 89

- Naples 137
- Ocala 210
- Orlando 197
- Pensacola 264
- Sarasota 238
- St. Augustine 243
- St. Petersburg 228
- Tiere 234

Krankenkasse 13
Kreditkarten 9f, 89
Kreuzfahrten 48, 93, 95, 125, 129, 186f, 219
Kriminalität 49ff, 116

Landwirtschaft 47f
Linienflug 13ff
Lotterie 68

Magic Kingdom 192, 200
Maße 13
Medien 83ff
Metro Goldwyn Mayer 65
Metromover 88, 92
Metrorail 34, 88
Miccosukee Indianer 161ff, 37
Mietwagen 10, 19
Mode 23, 100, 115, 121, 145, 183, 266
Motorrad 126, 147, 179
Musik 122f, 129, 138f, 147, 184, 205, 211, 226, 234f, 246f, 266, 269

Nachtleben
- Coconut Grove 101
- Daytona Beach 218
- Ft. Lauderdale 129
- Ft. Myers 145
- Ft. Myers Beach 147
- Key West 184
- Miami
- Miami Beach 122f
- Naples 138f
- Orlando 205
- Panama City 269
- Pensacola 266
- Sanibel/Captiva 152
- Sarasota 240
- St. Augustine 246f
- St. Petersburg 234f
- Tallahassee 258
- Tampa 226

NASA 52ff
Nationalparks 27f

Orchideen 124, 166
Orientierung
- Daytona Beach 216
- Everglades 163
- Ft. Lauderdale 126
- Ft. Myers 141
- Ft. Myers Beach 145
- Jacksonville 247
- Keys 168f
- Miami 85ff
- Miami Beach 111ff
- Naples 136
- Ocala 210
- Orlando 195f
- Sanibel/Captiva 148f
- Sarasota 237
- St. Augustine 242
- St. Petersburg 227f
- Tallahassee 255
- Tampa 221

Pferderennen 69ff, 90, 131, 223
Pferdezucht 208f, 212
Platten 95, 106, 246
Ponce de León, Juan 31, 57, 241, 272
Post 12
Presley, Elvis 192, 203f

Radio 85
Raumfahrt 48, 52ff, 206f
Reisepaß 9
Reiseschecks 9f
Reisezeit 18
Rennbahnen 89f

Restaurants 11
Ruheständler 40, 109

Schutzimpfungen 13
Schwarze 37ff, 46, 79, 94f, 123, 223, 256f
Schwule 125, 168, 184f, 258
Seafood 24f
Sea World 191, 204
Segeln 226
Sehenswert
- Apalachicola 263
- Coconut Grove 99f
- Coral Gables 104
- Daytona Beach 218
- Ft. Lauderdale 128
- Ft. Myers 143f
- Homestead
- Islamorada 171f
- Jacksonville 249
- Key West 180f
- Lake City 251
- Miami 94f
- Miami Beach 120f
- Naples 138
- Ocala 212
- Orlando 200ff
- Palm Beach 133
- Panama City 269
- Pensacola 265f
- Sanibel/Captiva 151
- Sarasota 239
- St. Augustine 245f
- St. Petersburg 231f
- Tallahassee 256f
- Tampa 222ff

Seminolen 32f, 35ff, 130, 153, 161, 241f
Spanien 31, 35, 45, 57, 67ff, 176f, 186, 239, 241, 246, 264, 272
Sprachen 46
State Parks 27f
Straßennetz 21f
Strom 13

Tabak 48, 177, 181, 219f, 223
Taxi 23
Telefon 12
– Collect call 12
– Travel-Phone 12
Temperaturen 18
Toll-Free-Number 12
Tornado 18
Tourismus 45, 47, 176f, 190f Trinken 24ff
Trinkgeld 11
Tuttles, Julia 75f

Universal Studios 65, 190, 205
Universität 37, 115, 223, 252, 255, 257
Unterkunft 11, 23
– Apalachicola 262f
– Cocoa Beach 207
– Coconut Grove 98
– Coral Gables 103
– Daytona Beach 216f
– Everglades 167
– Ft. Lauderdale 127
– Ft. Myers 142
– Ft. Myers Beach 146
– Homestead
– Jacksonville 248
– Key Largo 170f
– Key West 179
– Lake City 250f
– Miami 94
– Miami Beach 117f
– Naples 137f
– Ocala 210f
– Orlando 198
– Palm Beach 133
– Panama City 268
– Pensacola 264f
– Sanibel/Captiva 150
– Sarasota 238
– St. Augustine 243
– St. Petersburg 228f
– Tallahassee 255f
– Tampa 222
– Unterwasserhotel 169f

Veranstaltungen 28ff
Verkehrsmittel 19ff
– Apalachicola 262
– Cocoa Beach 207
– Daytona Beach 216
– Ft. Lauderdale 126f
– Ft. Myers 141f
– Jacksonville 248
– Keys 169
– Key West 177f
– Miami 88f
– Naples 136
– Ocala 210
– Orlando 197
– Palm Beach 132
– Panama City 267
– Pensacola 264
– Sanibel/Captiva 149
– Sarasota 237f
– St. Augustine 242
– St. Petersburg 228
– Tallahassee 255
– Tampa 221f
Viehzucht 47f
Visum 9

Wassershows 106, 128f, 130f, 172, 204f, 245
Wassertrips – Coconut Grove 100f
– Daytona Beach 218
– Ft. Myers Beach 147
– Jacksonville 249
– Miami 95
– Miami Beach 121
– Wakulla Springs 259f
Wechseln 10
Wetten 67ff
Wetter 17ff
Williams, Tennessee 175f
Windhundrennen 29, 69, 72f, 89f, 138, 205, 218, 223, 239, 265, 269

Wirtschaft 47ff
Wohnmobil 19

Zeitschriften 84
Zeitungen 83ff
Zirkus 237, 239
Zoo 124, 138, 204, 222f
Zug 22
Zwischen-Adapter 13

Bildnachweis

Angela Allemann: S. 108 oben/unten, S. 182 oben/unten
Capt. Flash: S. 124 unten
Fremdenverkehrsamt USA: S. 157 oben, S. 201 unten
Heidi Gredig: S. 38 unten, S. 53, S. 62 unten, S. 193 unten
Lothar M. Peter: S. 152 unten, S. 154 oben, S. 240 unten
M. Serlick: S. 71 oben
Presseagentur Dukas, Zürich: S. 30 unten, S. 41 oben, S. 62 oben, S. 71 unten, S. 86 oben/unten, S. 102 oben, S. 154 unten, 157 unten, S. 162, S. 215 oben/unten
Salvador Dali Museum: S. 232 oben/unten
Uta Preuße, Susanne L. Born: S. 38 oben, S. 41 unten, S. 96 oben/unten, S. 102 unten, S. 140 oben/unten, S. 269 unten, S. 134 unten
Walt Disney Productions: S. 193 oben, S. 201 oben

AUF EIGENE FAUST DIE WELT ENTDECKEN!

«Wer zu den Quellen will,
muss gegen den Strom schwimmen.»

**Dienstleistungen für echte Reisefans,
Weltenbummler, Tramper und Traveller:**

●günstigste Flugtickets
durch erfahrene, kompetente Globetrotter

●individuelle Beratung
mit 50 bewährten Airlines an über
200 Destinationen auf allen Kontinenten

- Unabhängiges Reise-Info-Zentrum
- Zeitschrift GLOBETROTTER-Magazin
- Immer die neusten Reisehandbücher
- Reise-Club mit Veranstaltungen
- Aktuelle «Geheimtips» (mündlich)
- Hilfe bei Problemen (Visa usw.)
- Gratis-Annoncen Reisepartner u.a.
- Trekkings und Abenteuerreisen
- und weitere Dienstleistungen

Der Reiseladen für Ein-,
Aus- und Umsteiger

GLOBETROTTER
TRAVEL SERVICE

8001 Zürich: Rennweg 35, Tel. 01-211 77 80
3001 Bern: Neuengasse 23, Tel. 031-21 11 21
4001 Basel: Freie Str. 47, Tel. 061-25 77 66
6003 Luzern: Rütligasse 2, Tel. 041-22 10 25
9001 St.Gallen: Merkurstr. 4, Tel. 071-22 82 22
8401 Winterthur: Stadthausstr. 65, Tel. 052-22 14 26

Inseln "selbst entdecken"

"Inseln"

Acubal/Stromer
FUERTEVENTURA/LANZAROTE
ISBN 3-85862-021-1 .... 16.80

Stromer, **GOMERA/HIERRO**
ISBN 3-85862-022-X 19.80

Stromer, **GRAN CANARIA**
ISBN 3-85862-027-0 .... 14.80

Stahel, **MALLORCA**
ISBN 3-85862-040-8 .... 16.80

DODEKANES/Griech. Inseln
ISBN 3-85862-045-9 .... 16.80

Naegele, **SARDINIEN**
ISBN 3-85862-034-3 .... 14.80

Naegele, **KORSIKA**
ISBN 3-85862-033-5 .... 14.80

"Globetrotter"

Möbius/Ster, **PORTUGAL**
ISBN 3-85862-046-7 .... 26.80

Möbius/Ster, **SÜDSPANIEN**
ISBN 3-85862-019-X 26.80

Klemann/Naegele, **SPANIEN**
ISBN 3-85862-023-8 .... 24.80

Leon, **KALIFORNIEN**
ISBN 3-85862-031-9 .... 24.80

Möbius, **PHILIPPINEN**
ISBN 3-85862-016-5 .... 24.80

McQueen, **JAPAN**
ISBN 3-85862-017-3 .... 29.80

Möbius/Ster **THAILAND**
ISBN 3-85862-038-6 .... 26.80

Treichler/Möbius, **SÜDOSTASIEN**
ISBN 3-85862-024-6 .... 32.80

Schwager, **INDIEN-SRI LANKA**
ISBN 3-85862-015-7 .... 26.80

Schwager / Treichler, **NEPAL**
ISBN 3-85862-014-9 ...... 22.80

ECUADOR, PERU, BOLIVIEN
ISBN 3-85862-044-0 ..... ca. 34.80

In jeder Buchhandlung